World Book 124

Kahlil Gibran

THE PROPHET/A TEAR AND A SMILE
예언자/눈물과 미소

칼릴 지브란/김유경 옮김

동서문화사

디자인 : 동서랑 미술팀

예언자/눈물과 미소
차례

The Prophet

예언자

예언자

배가 오다

알무스타파, 모든 사람 가운데서 선택받은 가장 사랑받는 이. 그리고 시대의 새벽을 여는 한 줄기 빛이었던 그는 올펄레즈에서 자신을 태우고 고향으로 돌아갈 배를 열두 해나 기다리고 있었다.

이윽고 열두 번째 맞는 해, 수확의 계절인 이엘룰(Ielool) 초이렛날 그는 도시의 성벽 밖 한 언덕에 올라 아득히 먼 바다를 바라보았다.

그때 그는 보았다. 푸른 안개를 휘감은 채 자신의 배가 오고 있음을.

그러자 그의 마음의 문이 활짝 열리고 기쁨이 넘치고 넘쳐 바다 저편으로 흘러갔다. 그는 고요한 영혼의 손을 모으고 두 눈을 꼭 감은 채 기도를 올렸다. 하지만 언덕을 내려오며 자신의 마음 깊은 곳에서 솟아오르는 슬픔에 잠겨 생각하기 시작했다.

나를 고향으로 데려다줄 배가 왔으나, 마음이 평온하지 않고 도리어 슬픔이 다가오는구나. 내 영혼의 깊은 상처를 지니지 않고서는 결코 이곳을 떠날 수 없으리라.

돌이켜보라, 이 높은 성벽에 갇혀서 보낸 고통스럽고 고독한 낮과 밤들은 너무도 길었다. 누가 이만큼의 고통과 고독 앞에 망설임 없는 이별의 말을 던질 수 있으리오.

이 도시 거리마다 내가 뿌린 그 숱한 영혼의 조각들, 온통 벌거벗은 채 저 언덕들 사이를 헤매는 내 무수한 갈망의 자식들, 과연 아무런 근심이나 고통 없이 내가 이들을 떠나갈 수 있을까.

지금 내가 벗어버리려 하는 것은 한낱 부끄러움을 가려주는 옷이 아니다. 바로 내 손으로 찢어낸 고통의 살이다.

또한 내가 머물던 그 자리에 남기고 가는 것은 그저 하나의 사상이 아니라 굶주림과 목마름으로 더욱 부드러워진 내 심장이다.

하지만 나는 더 이상 머무를 수 없구나. 저 바다의 정령이 푸른 손을 흔들며 나를 부르니 이젠 그만 배에 올라야 한다.

어딘가 한 곳에 머물러 있다면 비록 그 하룻밤 동안은 활활 불타오를지도 모르나 곧 굳어버리는 결정체가 되어 버림으로써 하나의 틀에 묶이고 말리라.

아아, 여기 이 섬의 모두와 함께 갈 수만 있다면 내 기꺼이 그렇게 하리라. 허나 어떻게 그럴 수 있단 말인가.

목소리는 자신을 날려보내는 혀와 입술을 함께 데리고 가지 못한다. 다만 홀로 머나먼 하늘을 향해 떠나갈 뿐이다.

일정한 거처도 없이 태양의 저편으로 날아가는 독수리는 그저 홀로 거침없는 날갯짓을 해야만 그곳에 닿을 수 있다.

언덕 기슭에 이르렀을 때 그는 다시 한 번 바다를 향해 돌아섰다. 그리고 자신의 고향 사람들인 선원들을 뱃머리에 싣고 항구로 들어오는 배를 바라보았다.

그는 영혼의 목소리로 그들을 향해 소리쳐 말했다.

내 그리운 어머니의 아들들이여, 거센 물결을 헤치고 내게로 온 자들이여!

그대들은 아주 오래전부터 내 꿈속 바다에서 얼마나 자주 항해했는지 모른다. 그러다 이젠 내가 그 꿈에서 깨어나려니 나를 찾아오는구나. 어쩌면 이것이 더 깊은 꿈은 아닐는지.

물론 나는 떠날 채비를 하고 있다. 오랜 갈망은 돛을 활짝 펼친 채 오로지 바람이 찾아오기만을 기다리고 있다. 고요한 대기 속에서 이제 단 한 번 숨을 쉬면, 오직 단 한 번 다정한 눈빛만 보내면 되리라.

그러면 나는 그대들 가운데, 바로 뱃사람 중의 뱃사람으로 그대들 중심에 설 수 있으리라.

오오! 당신, 아득히 넓은 바다, 영원히 잠들지 않는 우리 어머니여! 또한 홀로 생명의 젖줄 대지의 강과 시냇물에 자유와 평화를 주는 이여!

오직 한 번 더 굽이치는 것으로, 이 시냇물은 숲 속 나무들 사이로 다시 한 번 속삭이며 즐거이 흘러가나니.

그러면 나는 당신에게 가리라. 끝없는 바다. 끝없는 물방울.

그는 천천히 걸어가면서 몇몇 남녀가 포도밭을 떠나 성문을 향해 서둘러 가는 것을 보았다. 그들은 하나같이 그의 이름, 알무스타파를 부르고 있었다. 밭에서 밭으로 이어지는 그들의 외침이 그의 배가 가까이 다가왔음을 알려주고 있었다.

그래…….

그는 혼자 중얼거렸다.

이별이 곧 만남을 의미하는 것일까? 나의 고통스러운 저녁이 사실은 새벽이었단 말인가?

그렇다면 나를 위해 밭고랑에 쟁기를 내던지고 온 이를 어찌할까. 밤새 포도주를 만들던 기구의 바퀴를 멈추고 온 이에게 무엇을 주어야 할까?

내 가슴에 묵직한 열매가 맺히는 나무를 심고 그 열매를 나누어줄까?

그러면 내 욕망이 샘처럼 흘러넘쳐 그들의 빈 잔을 채워줄 수 있을까?

과연 나는 신이 손끝으로 퉁기는 하프, 또는 그분의 숨결이 불어넣는 피리인가?

나는 침묵의 탐구자. 하지만 그 침묵 속에서 어떤 귀한 선물을 찾아내어 당당한 손길로 나눠줄 수 있을까?

만약 오늘이 내 수확의 날이라면 나는 어느 잊힌 계절에, 어느 들판으로 나아가 씨앗을 뿌려야 할까?

내 영혼의 등잔을 켜 든다 한들 거기서 타오르는 불꽃은 결코 내 불꽃이 아닌 것을. 다만 나는 아무것도 담지 않은 채 어둠으로써 나의 등잔을 켜리라. 그러면 밤의 파수꾼이 기름을 채우고, 그의 손길로 심지에 불을 붙이리라.

그는 꽤 많은 말들을 중얼거렸다. 그러나 그의 가슴속에는 아직도 하지 못한 말들이 너무나 많았다. 왜냐하면 그보다 깊은 비밀을 그 자신의 혀로는 말할 수 없었으므로.

 그가 도시로 다시 돌아왔다. 그러자 모든 사람이 그를 만나기 위해 몰려들어 일제히 소리치기 시작했다. 도시의 원로들은 군중을 헤치고 앞으로 나와 이렇게 말했다.

 아직 우리를 떠나지 마십시오. 그대는 캄캄한 어둠 속에서도 빛나는 한낮의 태양으로, 그 젊은 영혼은 우리를 꿈에서 꿈으로 이끌었습니다.
 그대는 타인이나 손님이 아닌 우리의 아들이며, 우리가 가장 사랑하는 사람입니다. 그러므로 그대 모습을 그리워하는 우리 두 눈을 아직은 괴롭히지 말아주십시오.

 이번에는 남녀 사제들이 나서서 말했다.

 그대와 우리를 저 황량한 바다로 갈라놓지 마세요. 그저 우리와 함께 보낸 날들을 되새겨주세요. 우리는 언제나 그대의 영혼을 따라 걸었고, 그대 그림자는 유일한 빛이었지요.
 다만 그대를 얼마나 사랑했는지, 우리의 사랑이 침묵했을 뿐이에요. 그래요, 그대를 향한 우리의 사랑은 한 겹 베일에 가려져 있을 뿐이었어요.
 하지만 이젠 그렇지 않아요. 그 사랑은 더없이 큰 소리로 외치며 그대 앞에 나설 거예요. 이별의 순간이 오기 전까지는 자신의 깊이를 모르는 것이 사랑이니까요.

 다른 사람들도 앞다투어 그에게 간절히 청했다.
 그는 아무 말도 하지 않았다. 그저 고개만 숙일 뿐. 가까이 서 있던 이들은 그의 눈물이 떨어져 가슴을 적시는 것을 보았다.
 잠시 뒤, 그를 비롯한 모든 사람이 사원 앞의 넓은 광장으로 나아가기 시작했다.
 그때 사원의 신전에서 알미트라라는 이름의 여인이 모습을 드러냈다. 그녀는 그 도시의 예언자였다.

알무스타파는 무척 다정한 눈길로 그녀를 바라보았다. 왜냐하면 그녀는, 이 도시에 온 지 하루밖에 안 되는 그를 가장 먼저 찾아와 믿어준 사람이었으므로.

그녀 역시 그를 반갑게 맞으며 이렇게 말했다.

그대, 신의 대리인이며 예언자인 분이여! 또한 세상의 끝을 찾아다니는 분이여!

그대는 자신의 배를 찾아 오래도록 먼 곳을 헤맸습니다. 이제 기다리던 그 배가 왔으니 그대는 떠나야만 하겠지요.

그대 기억 속 저편의 나라와 더 큰 욕망의 땅을 향한 갈망이 그토록 깊으니, 우리의 사랑으로도 붙잡을 수 없어요. 우리의 애원이 아무리 강하다 해도 그대를 만류할 수 없을 테죠.

다만 그대가 이 도시를 떠나기 전에 간청하나니 우리에게 진실을 말해주세요. 우리는 우리 아이들에게, 아이들이 자라 다시 자신의 아이들에게 그대의 말을 전하도록 하겠어요. 그리하여 절대 잊지 않을 겁니다.

그대는 모진 고통과 고독을 안은 채 우리 시대를 지켜주셨습니다. 그 숱한 밤을 단 한 번도 잠들지 않고 우리의 꿈속 웃음과 울음에까지 귀를 기울이셨지요.

그러니 이제는 우리를 우리 자신의 눈앞에 드러나게 하시고, 모든 이들의 탄생과 죽음 사이에서 그대가 본 것들을 들려주십시오.

그가 대답했다.

올펄레즈 사람들이여! 지금 이 순간에도 그대들 영혼 속에서 떠도는 바로 그것 말고는 내 무슨 말을 더 할 수 있겠는가?

사랑에 관하여

그러자 알미트라가 말했다. 사랑에 관하여 말씀해 주십시오.

그는 천천히 고개를 들어 광장에 모인 사람들을 바라보았다. 그들의 머리 위로 정적이 드리웠다. 마침내 그는 목소리를 높여 말하기 시작했다.

비록 그대들 앞에 놓인 길이 험하고 가파를지라도, 사랑이 그대들을 부르거든 망설이지 말고 그를 따르라.

비록 사랑의 날개 속에 숨겨진 칼날이 그대들을 상처입힌다 해도, 사랑의 날개가 그대들을 감싸거든 온몸으로 맞이하라.

비록 매서운 북풍이 아름다운 뜰을 망치듯 사랑의 목소리가 그대들 꿈을 흩어놓을지라도, 사랑이 그대들에게 말할 땐 의심하지 말고 믿어라.

왜냐하면 사랑이란 그대들에게 기쁨의 관을 씌우는 만큼 그대들 마음을 괴롭히는 것이므로. 또한 사랑은 그대들 영혼을 성숙케 하는 만큼 그대들의 성장을 방해하기도 할 것이므로.

사랑이란, 어떤 때는 그대들 마음속 가장 높은 곳에 올라가 햇빛에 몸을 맡긴 그대들의 부드러운 가지들을 껴안지만 또 때로는 그대들 마음속 가장 낮은 곳으로 내려가 대지에 엉켜 있는 뿌리들을 마구 흔들어댈 것이다.

사랑은 마치 풍요로운 추수철 낟가리와 같아서, 그대들을 스스로 거두어들인다.

사랑은 그대들을 끊임없이 두드려 벌거벗게 한다.

사랑은 그대들을 고운 체에 밭쳐 모든 쓸모없는 껍데기들을 털어버린다.

사랑은 그대들을 갈아 순백색으로 변하게 한다.

사랑은 그대들을 그지없이 부드럽게 반죽한다. 그런 다음 신의 향연을 빛내줄 거룩한 빵이 되도록 자신의 성스러운 불꽃 위에 올려놓는다.

이렇듯 사랑은 이 모든 일들을 하여 그대들로 하여금 마음의 비밀을 깨닫게 한다. 그리고 그 깨달음으로 삶의 가슴의 한 조각이 되게 하리라.

그러나 그대가 오직 두려움 속에서 사랑의 평화와 기쁨을 찾으려 한다면, 그땐 차라리 자신의 알몸을 가린 채 사랑이 핍박받는 곳으로 떠나는 편이 좋으리라. 그곳은 어떤 계절도 없는 세계로, 그대들이 웃고 싶어도 마음껏 웃을 수 없고, 아무리 울고 싶어도 마음껏 울 수 없는 곳이다.

사랑은 오로지 저 자신 말고는 아무것도 주지 않으며, 저 자신 말고는 그 어떤 것도 원하지 않는다.

사랑은 다만 사랑하는 것으로 충분할 뿐, 소유하지도 소유당하지도 않는 것이다.

흔히 '신은 내 마음속에 계시다'라고 말한다. 하지만 그대들이 사랑을 하고 있다면 그렇게 말하지 말라. 그보다는 '나는 신의 마음속에 있다'라고 말해야 한다.

결코 그대들 자신이 사랑의 길을 선택할 수 있다고 생각지 말라. 그대들 스스로 가치 있음을 알게 된다면 사랑이 그대들에게 길을 가르쳐줄 것이다.

사랑은 스스로 만족하는 일 말고 다른 어떤 욕망도 갖지 않는다. 그러나 만일 그대들이 사랑을 할 때 자신의 의지와 달리 숱한 욕망에 사로잡힌다면 다음의 것들이 그대들의 욕망을 대신하게 하라.

굽이쳐 흘러흘러 어둠이 내리는 곳으로 노래하며 달려가는 한 줄기 시냇물처럼 되기를.

넘치는 다정함의 고통에 대하여 알게 되기를.

스스로 깨달은 사랑에 스스로 상처받아도, 기꺼이 즐거운 마음으로 피를 흘리게 되기를.

설레는 마음으로 새벽에 일어나 또 하루 사랑의 날을 향해 감사하게 되기를.

정오에는 평화로이 쉬면서 황홀한 사랑의 기쁨을 생각하게 되기를.

해질녘이면 끝없는 감사의 마음을 안고 집으로 돌아오게 되기를.

그리고 사랑하는 이를 위해 마음속에서 우러나는 진실의 기도를 하며, 그대들 입술로 찬미의 노래를 부르며 잠들게 되기를.

결혼에 관하여

그러자 알미트라가 다시 물었다. 스승이여, 그러면 결혼이란 무엇입니까?
그는 이렇게 대답했다.

그대들은 함께 태어났으며, 또한 영원히 함께 할 것이다.
죽음의 하얀 날개가 그대들 삶을 흩어지게 하는 그 순간까지 함께 하리라.

그렇다. 그대들은 영원히 함께 존재하리라. 신의 말없는 기억 속에서도 서로 맞잡은 손을 결코 놓지 않으리라.

그러나 그대들은 자신의 동반자와의 사이에 적당한 거리를 두어 천상의 바람이 그대들 사이를 자유로이 오가게 하라.

서로 사랑하라. 그러나 그 사랑에 속박받지 말라.

차라리 그대들 영혼의 기슭 사이에 쉼 없이 출렁이는 바다를 놓아두라.

서로의 잔에 포도주를 채우되, 어느 한쪽의 잔만 먼저 비우는 일이 없도록 하라.

서로의 식탁에 빵을 나누되, 어느 한쪽의 빵만 먹어서는 안 된다.

함께 노래하며, 춤추고, 즐거워하라. 하지만 그대들 각자의 영혼은 고독한 채로 두어라. 비록 한 가지 음악을 함께 연주할지라도 저 혼자는 늘 외로운 하프줄처럼.

서로의 가슴을 주고받아라. 그러나 간직하려고 하지 말라.

오직 생명의 손길만이 그대들 가슴을 간직할 수 있으리라.

그 자리에 함께 서 있어라. 하지만 서로에게 너무 가까이 다가서지는 말라.

사원의 기둥도 필요에 따라 떨어져 서 있으며, 참나무나 사이프러스 나무도 서로의 그늘에 가리우면 자랄 수 없다.

아이들에 관하여

그러자 자신의 품에 아기를 안고 있던 한 여인이 말했다. 저희 아이들에 대해 말씀해 주십시오.

알무스타파는 이렇게 대답했다.

그대들이 낳은 아이라고 해서 그대들이 베풀 수 있는 것은 거의 없다.

아이들이란 스스로 갈망의 샘을 찾아나서는 삶의·딸이며 아들로, 단지 그대들의 육신과 영혼의 집을 빌려 세상에 왔을 뿐, 결코 그대들에게서 온 것은 아니다.

그러므로 비록 지금은 그대들과 함께 있다 해도 그대들의 소유가 될 수는 없다.

그대들은 아이들에게 끝없는 사랑을 줄 수 있지만, 그대들의 생각까지 줄 수는 없다.

아이들도 자신만의 생각을 갖고 있기 때문이다.

그대들은 아이들에게 육신의 집을 만들어줄 수는 있으나, 영혼의 집을 줄 수는 없다.

왜냐하면 아이들의 영혼은 내일이라는 이름으로 불리는 집에 살고 있으므로.

아이들이 사는 그 집은 그대들은 결코 찾아갈 수도 없고, 꿈에서조차 엿볼 수 없는 집이다.

그대들은 아이들을 닮으려 애쓰되 아이들을 그대들과 똑같이 만들려 하진 말라.

우리 삶은 결코 과거로 돌아가지 못하며, 어제에 머물러 있지도 않는다.

그대들은 활이다. 그대들 아이들은 생명의 화살이 되어 그대들을 떠나 앞으로 날아간다.

그리하여 활쏘기의 명수이신 신께서는 무한한 길 위에 놓인 표적에 시위를 겨누고 온 힘을 다해 그대들을 구부린다. 그분의 화살이 더 빨리, 더 멀리 날아가도록 하려는 것이다.

그대들은 사수이신 신의 손길에 구부러짐을 기뻐해야 한다.

그분은 앞으로 날아가는 화살을 사랑하시는 것만큼, 제자리에 머무르는 활 또한 사랑하신다.

베푸는 일에 관하여

그러자 이번에는 도시의 부자 한 사람이 말했다. 남에게 베푸는 일에 관해 말씀해 주십시오.

그는 대답했다.

진실로 베푼다 함은 자신을 베푸는 것뿐이다. 그러므로 자신이 가진 것을 베푸는 것을 두고 진정 베푼다고 할 수는 없다.

사실 그대들이 가진 것이란 무엇인가? 혹시 내일 필요할지도 모른다는 두려움 때문에 간직하거나 지키는 것에 불과하지 않은가?

그렇다. 내일, 하지만 성지로 향하는 순례자들을 좇다가 제 뼈를 사막의 모래 속에 묻어버리는 지나치게 조심성 많은 개에게 그 내일이 무슨 의미가 있단 말인가?

부족할까 봐 두려워하는 것은 이미 부족하다는 확실한 증거이다.

그대들이 시원한 생명수가 흘러넘치는 샘을 두고도 그 목마름을 채울 수 없는 것은 목마름을 두려워했기 때문이 아닌가?

자신이 가진 것은 많으나 조금밖에 베풀지 않는 사람들은 남이 알아주기를 바라며 베푸는 사람들이다. 그리하여 그들의 은밀한 욕망은 소중한 선물마저 불결하게 만들어 버린다.

반면 자신이 가진 것은 조금밖에 없으나 그 전부를 베푸는 사람들도 있다. 이들이야말로 삶의 의미와 자비로움을 믿는 사람들이다. 그리하여 이들의 주머니는 결코 비워지지 않을 테다.

세상에는 기쁨으로 베푸는 사람들이 있으며 이 기쁨이 바로 그들에게 주어지는 신의 보상이다. 하지만 고통으로 베푸는 사람들도 있으니, 이 고통이 바로 그들의 세례식이다.

베풀되 고통을 모르고, 기쁨도 구하지 않으며, 덕행을 쌓는다는 생각도 없이 베푸는 사람들이 있다. 그들은 마치 깊은 골짜기의 상록수 향기가 허공에 날리듯 그렇게 베푼다.

그리하여 신께서는 이들의 손길을 따라 말씀하시고, 이들의 눈을 통하여 대지를 향하여 미소짓는다.

부탁을 받고 베푸는 것도 좋은 일이나 부탁을 받지 않고도 먼저 그 절박한 사정을 이해하고 베푸는 것은 더욱 좋은 일이다.

그러므로 마음이 넓은 사람에게는 받을 이를 찾음이 베푸는 일보다 더 큰 기쁨인 것이다. 그런데도 지금 그대들이 손에 쥔 채 놓지 못하는 것은 대체 무엇인가?

그대들이여! 지금 그대가 가진 것도 언젠가는 모두 내주어야 하는 것이다. 그러니 지금 스스로 주도록 하라. 베푸는 일의 기쁨이 그대들 자손의 것이 아니라 바로 그대들 것이 되게 하라.

그대들은 더러 말한다.
"나는 아낌없이 베풀리라. 단 마땅한 보답이 있을 것에만 그리하리라."
그러나 그대들 과수원의 나무들, 또는 목장의 양 떼들은 결코 그렇게 말하지 않는다. 다만 자신의 삶을 위하여 베풀 뿐이다. 서로 나누지 않고 제 손에 움켜쥐는 것이야말로 멸망으로 가는 지름길이므로.
부끄러움 없는 마음으로 새벽과 밤을 맞이하는 사람이라면 그대들에게서 모든 것을 받기에도 부족함이 없는 사람이다.
삶의 바다를 헤엄쳐도 될 사람이라면 그대들의 작은 시냇물을 그의 잔에 가득 채워도 좋은 사람이다.
생각해보라.
그대들의 베풂을 받아주는 그 용기와 확신, 또 그대들의 사랑 위에 선뜻 자신의 소중한 몸을 누이는 것보다 더 큰 보답이 어디 있을까?
하지만 그대들은 어떤가.
다른 사람을 시켜 자기 가슴을 찢게 하고, 자존심을 벌거벗게 하며, 그리하여 형편없이 추락한 인간의 가치와 자존심을 마주 보는 그대들의 하루하루는 과연 즐거운가?
무엇보다도 먼저 그대들 스스로 베풀 수 있는 자로서, 베풀 수 있을 만한 그릇을 가지고 있는가를 생각하라.
우리에게 삶을 주는 것은 오직 삶 자체뿐이다. 스스로 주는 자라고 믿고 있는 그대들은 단지 그 베풂의 증인일 따름이다.

그리고 그대들, 받는 이들이여!
무릇 인간은 남이 베푸는 것을 받는 존재지만 어떻게 감사해야 할지에 대해 생각지 말라. 그것이야말로 그대들 자신은 물론 베푸는 이에게도 멍에를 씌우는 일이다.
그보다는 베푸는 이와 함께 그의 선물을 날개 삼아 타고 날아올라라.
빚에 대한 그대들의 지나친 걱정은 베푸는 이의 자비를 의심하는 것일 뿐.

다만 기쁜 얼굴로 마음의 대지를 어머니로, 신을 아버지로 삼은 그의 자비를 받아들여라.

먹고 마시는 일에 관하여

그러자 머리가 센 노인이 앞으로 나왔다. 여관 주인인 그는 이렇게 물었다. 저희에게 먹고 마시는 일에 관하여 말씀해 주십시오.

그는 다시 입을 열었다.

저 태양의 빛만으로 살아가는 식물처럼, 그대들도 대지의 향기만으로 살 수 있다면 얼마나 좋을까?

하지만 그대들은 배고픔 때문에 도살하고, 목마름을 달래기 위해 어미 젖에서 갓난아이들을 떼어내야 한다. 그러므로 그 모든 행위를 하나의 경건한 예배로 삼아야 할 테다.

그대들 도마를 제단으로 삼고, 그 위에 숲과 들판의 순수한 것들이 인간 내면과 그보다 순결하며 무구한 것을 위해 희생되도록 하라.

그대들 두 손으로 산짐승을 도살해야 할 때는 마음속으로 이렇게 속삭여라.

"그대를 도살하는 힘에 나 또한 도살당하고 먹힐 것이며, 그대를 나의 손아귀 속으로 인도한 법칙은 머잖아 나보다 힘센 손아귀 속으로 나를 인도하리라. 그대의 피와 내 피는 단지 하늘나라의 나무를 키우는 수액에 지나지 않는다."

그대들의 억센 이로 사과를 깨물 때도 마음속으로 가만히 속삭여라.

"그대의 씨앗은 내 몸속에서 살 것이며, 거기에서 솟아난 미래의 새싹은 내 심장 속에서 꽃피울 것이다. 그대의 향기는 내 영혼의 숨결로 변하여 우리 함께 온 계절을 누리리라."

그리고 수확의 때인 가을에 이르러 포도주를 빚기 위해 그대들의 포도밭에서 포도송이를 거둬들일 땐, 마음속으로 이렇게 속삭여줘라.

"나 또한 포도밭이라, 나의 열매 역시 포도주를 만들기 위해 거둬질 게다.

그러면 나의 육신과 영혼도 새 포도주처럼 영원히 항아리 속으로 들어가게 되리라."

이윽고 겨울에 이르러 포도주를 그대들 잔에 따를 땐, 잔 하나 마다 노래 하나를 그대들의 마음속에 부르게 하라. 그리하여 그 포도주를 대하는 모든 이들로 하여금 지난 가을날의 포도밭과 포도주를 빚던 추억의 노래를 간직 하게 하라.

노동에 관하여

그러자 어떤 농부가 물었다. 이번에는 노동에 관하여 말씀해 주십시오.
예언자 알무스타파의 대답은 이러 했다.

그대들은 대지와 그 대지의 영혼이 이끄는 곳으로 함께 발맞춰 나아가기 위해 일하는 것이다.
그러므로 그대들의 게으름이야말로 계절의 이방인을 자처하는 일이며, 자 랑스러운 의무를 등에 진 채 영원으로 나아가는 엄숙한 삶의 행렬에서 벗어 나는 일이다.

땀 흘려 일하는 그대들은 피리가 되고, 시간의 속삭임은 신성한 음악으로 변하여 그 속에 울려 퍼진다.
모두 어울려 하나의 숨결로 노래할 때 그대들 중 그 누가 말 못하는 벙어 리 갈대가 되려 하는가?

그대들은 일이란 누구나 벗고 싶어하는 무거운 짐이요, 모든 노동은 대체 로 운 없는 자들의 몫이라는 말을 들어왔다.
그러나 지금 내가 말하건대, 그대들이 일하는 것은 모든 이의 어머니인 대 지의 가장 깊은 꿈 한 조각을 채우는 것이라. 그 꿈이 탄생할 때부터 그대들 의 몫은 정해져 있었다.
그대들은 노동으로 양식을 얻었을 때 비로소 자신의 삶을 사랑할 수 있다. 또한 노동의 즐거움을 통해 삶을 사랑하는 것만이 그 삶의 가장 소중한 비밀 을 얻게 되는 길이다.

하지만 그대들이 너무 괴로워 태어남을 고통으로 여긴다면, 육신으로 살아감을 자신의 이마에 새겨진 저주라 일컫는다면 나는 감히 대답하리라. 그대들 이마에 흐르는 노동의 땀방울만이 그 저주를 말끔히 씻어줄 것이라고.

또한 그대들은 삶이란 결코 걷히지 않는 암흑 속을 헤매는 것일 뿐이라는 말을 들어왔다. 그리고 그대들 역시 얼마 안 되는 고달픔만으로도 그 지친 자들의 한탄을 되풀이한다.

내 분명히 말하노라.

지금 그대들 앞에 놓인 강한 충동이 없을 때야말로 삶은 암흑 속 미로이다.

모든 충동이란 깨달음을 동반하지 않으면 아무 쓸모도 없다. 모든 깨달음은 노동 없이는 헛된 것이며, 사랑 없는 모든 노동 역시 공허한 것이다.

그대들, 진정 사랑으로 일하는 사람은 자신을 스스로 귀속하는 것이며, 다음에는 서로서로, 그리고 마지막에는 신께 귀속하는 것이다.

그러면 사랑으로 일함은 무엇을 의미하는가?

그것은 마치 그대들 사랑하는 이가 입을 옷을 그대들 마음에서 뽑아낸 실로 짜는 것과 같다.

그것은 마치 그대들 사랑하는 이가 살 집을 그대들 애정으로 짓는 것과 같다.

그것은 마치 그대들 사랑하는 이가 먹을 열매를 자비로 씨를 뿌려 기쁨으로 거두어들이는 것과 같다.

또한 그것은 그대들이 형상화하는 모든 것에 그대들 영혼의 숨결을 불어넣는 것과도 같다.

그리하여 그대들 곁에는 언제나 모든 복받은 성자들이 바라보고 있음을 깨닫는 것이다.

나는 가끔 그대들이 잠꼬대처럼 중얼거리는 말을 들었다.

"대리석을 조각하는 이, 그 차가운 돌 속에서 제 영혼의 모습을 찾아내는 이는 밭을 가는 자보다 고상하다.

또한 무지개의 갖가지 색을 우려내어 캔버스 위에 인간의 모습을 그리는 자는 우리가 신을 신발을 만드는 자보다 훨씬 고상하다."

하지만 지금, 내 꿈속에서가 아닌 그대들 앞에 또렷이 깨어 있는 한낮에 말하노라.

모든 바람은 길섶의 풀잎이나 커다란 참나무나 모두에게 다정한 눈길로 속삭인다. 그러므로 누구에게나 똑같은 바람 소리를 자신의 사랑으로 감싸 안아 부드러운 노래로 변화시키는 그만이 홀로 위대하다.

노동이란 모두의 눈에 보이게끔 만들어진 사랑이라.

만약 그대들이 사랑의 손길로 일하지 못하고, 다만 지겨운 불운을 탓하며 일할 수밖에 없다면 차라리 그만둬야 한다. 그리고 그대들의 신전 앞에 앉아 기쁨으로 일하는 다른 이들에게 구걸이나 하는 편이 훨씬 더 나으리라.

마치 그대들의 냉담한 손길로 빵을 굽는다면, 우리의 굶주림을 절반도 채우지 못할 쓴 빵만 구워낼 것과 같은 이치인 것이다.

마찬가지로 그대들 마음속에 원한을 품은 채 포도를 짓이긴다면, 그대들 원한은 포도주에 고스란히 녹아들어 독을 뿜으리라.

또한 그대들이 천사의 마음을 닮지 못한 채 천사처럼 노래를 부른다면 낮과 밤의 속삭임을 듣지 못하도록 인간의 귀를 먹게 할 뿐이다.

기쁨과 슬픔에 관하여

이번에는 한 여인이 말했다. 기쁨과 슬픔에 관하여 말씀해 주십시오.

그는 다시 말을 이었다.

기쁨과 슬픔은 서로 등을 맞대고 있는 형제와 같은 것이다. 그러므로 그대들의 기쁨이란 사실은 가면을 쓴 그대들의 슬픔임을 알아야 한다.

조금 전만 해도 웃음이 떠오르던 바로 그 샘이 어느새 그대들 눈물로 채워지지 않는가? 이처럼 기쁨과 슬픔은 그 근원이 같아 결코 어느 하나만 가려내어 지닐 수 없는 것이다.

그대들의 영혼이 슬픔에 잠기면 잠길수록 기쁨 또한 더욱 커지리라.

도공의 가마 속에서 모진 뜨거움을 견뎌낸 도자기만이 곧 그대들의 포도주를 담는 잔이 아닌가?

그대들의 영혼을 달래주는 피리 또한 누군가의 칼에 몸을 내어준 나무로 만들어진 것이 아닌가?

그대들 마음이 기쁠 때 가슴속 깊은 곳을 들여다보라. 그러면 곧 알게 되리라. 그리도 큰 기쁨을 주었던 것이 또한 모진 슬픔도 가져다준다는 것을.

그대들이 슬플 때도 다시 한 번 가슴속을 들여다보라. 그러면 그토록 큰 기쁨을 주었던 바로 그것 때문에 지금 울고 있음을 알게 되리라.

어떤 사람들은 '기쁨은 슬픔보다 위대하다'라고 말한다. 반대로 어떤 사람들은 '슬픔이야말로 정말 위대하다'라고 반박한다.

하지만 내 그대들에게 말하거니와 기쁨과 슬픔, 그 둘은 결코 떼어낼 수 없다. 이들은 언제나 함께 존재한다. 만일 어느 하나가 홀로 그대들의 식탁 앞에 앉아 있다면, 기억하라. 다른 하나는 그대들의 침대 위에 잠들어 있을 것이다.

그대들은 모른다. 그대들 영혼은 기쁨과 슬픔 사이에 마치 저울추처럼 매달려 있다. 그러므로 그대들 마음이 텅 비어 있을 때만 비로소 움직임을 멈추고 균형을 이루게 된다.

삶이란 보물을 지키는 자가 금과 은의 무게를 달고자 수시로 그대들을 들어 올릴 때, 그대들의 기쁨과 슬픔이 오르내리는 것 또한 어쩔 수 없는 일이다.

집에 관하여

다음에는 석수장이가 앞으로 나와서 이렇게 물었다. 저희가 사는 집에 관하여 말씀해 주십시오.

그리하여 그는 대답했다.

그대들은 도시의 성벽 안에 번듯한 집을 짓기 전에 마음의 초가집 하나를 광야에 지어라.

여명과 함께 들판으로 나갔던 그대들도 황혼 무렵이면 돌아오듯 그대들 영혼 속 외로운 방랑자도 결국 돌아오리라.

그대들에게 집이란 그대들 육체보다 더 큰 또 하나의 육체. 육체는 태양 속에서 자라고 밤의 고요 속에 잠들어 내일을 꿈꾼다.

그대들 집 또한 꿈꾸지 않던가? 아름다운 숲과 언덕 꼭대기를 향하여 도시를 떠나는 꿈을 꾸지 않는가?

나 역시 꿈꾼다, 그대들의 모든 집을 내 손바닥에 거두어 씨를 뿌리듯 숲과 초원에 뿌릴 수 있기를.

저 골짜기가 그대들의 거리가 되고 초록빛 길이 그대들 오솔길이 된다면, 그리하여 그대들이 포도밭 사이에서 서로를 찾아내고 대지의 향기를 옷깃에 품어오기를.

하지만 이는 초저녁 선잠 속에서 꾸는 얕은 꿈일 뿐.

그대들 조상들은 고독을 두려워하여 모든 이들을 너무도 가까이 모아 놓았다. 그리고 그 두려움은 얼마간 지속되어, 그대들 스스로 쌓은 성벽이 자연으로부터 그대들 터전을 떼어놓으리라.

이젠 내게 말해다오, 올펄레즈 시민들이여!

그대들 집 안에 쌓아둔 그것은 무엇인가? 그토록 견고한 자물쇠를 채워 지키는 것이 대체 무엇이란 말인가?

그대들에게 묻노라. 그대들에게 정녕 자신의 힘을 보여줄 말없는 영혼의 안식인 평화가 있는가?

과연 그대들은 서로 마음과 마음의 절정을 이어주며, 조용히 빛나는 아치의 문을 떠올릴 수 있는가?

그대들에게 아름다움이 있는가? 나무 한 그루 돌 하나로 만들어진 평범한 것에서 마음을 이끌어내어, 그대들을 거룩한 산으로 인도해 줄 아름다움이 있는가? 대답해보라. 그대들 집 속에 이런 것들이 담겨 있는가?

혹시 그대들은 제 한 몸만 편하려 드는 도적처럼 갈망에 빠져 있지는 않은가? 처음엔 손님으로 찾아왔지만 곧 주인이 되고, 이윽고 정복자가 되고야 마는 그런 음흉한 편안함에 자리를 내주지는 않은가?

그렇다. 결국 그자는 몽둥이와 채찍으로 그대들을 길들이는 폭군이 되어 더 큰 욕망의 꼭두각시로 만들어 버린다.

비록 그자의 손이 비단결 같아도, 그의 가슴은 차디찬 무쇠임을 그대들은 알아야 한다.

또한 그자는 그대들 침대 곁에서 다만 잠재우기 위하여 자장가를 부른다. 그러나 한편으로는 육체의 존엄성을 비웃고 있다.

그자는 그대들의 강건한 감각을 조롱하며 금방이라도 깨어질 그릇처럼 풀 솜 속에 그대들을 뉘어놓는다.

편안함에 대한 갈망은 실로 그대들 영혼의 정열을 말살시킨다. 그러고는 한껏 으스대며 그 영혼의 장례식장으로 걸어 들어간다.

그러나 우주의 자녀들이며, 잠 속에서도 잠들지 못하는 그대들은 그 덫에 걸리거나 길들여지지 말라.

그대들의 집을 닻이 아닌 돛대로 만들어라. 또한 잠시 상처를 덮어두는 화려한 덮개가 아니라 눈을 보호하는 눈꺼풀이 되게 하라.

그리하여 문을 지나기 위해 날개를 접지도 말고, 천장에 머리를 부딪힐까 숙이지도 말며, 벽이 무너질까 두려워 숨쉬기를 삼가지도 말라.

그대들은 결코 죽은 자가 산 자를 위해 만든 무덤 속에서 살지 말라.

그 집이 아무리 화려하고 거대하다 할지라도 그대들의 비밀과 동경을 간직할 수 없다.

왜냐하면 그대들 내면의 무한한 것들은 아침 안개가 문이며, 밤의 노래와 고요가 창문인 하늘나라의 집에 머물고 있으므로.

옷에 관하여

그러자 이번에는 직공 한 사람이 물었다. 저희가 입는 옷에 관하여 말씀해 주십시오.

그리하여 그가 대답했다.

옷이란, 그대들의 아름다움을 많이 가릴 뿐 추함은 가려주지 못하는 것이다.

그대들은 옷 하나로 눈에 보이지 않는 자유를 얻으려 하지만, 곧 그 옷이 바로 갑옷이 되고 사슬이 된다는 것을 알게 되리라.

내 그대들에게 바라노니 지금보다 옷을 덜 입음으로써 자기 육신이 태양이나 바람에 더 많이 닿도록 하라.

왜냐하면 우리 인간에게 주어진 삶의 숨결은 그 뿌리를 태양에 두고 있으므로, 그 손길은 바람이 주는 것이기 때문이다.

어떤 사람은 '우리의 옷을 짜준 자는 북풍'이라고 말한다. 나 역시 그것은 분명 북풍이라 말하겠다.

하지만 그의 베틀은 수치심, 그의 실은 연약한 힘줄.

그리하여 바람은 옷 짜는 일을 다 마쳤을 때 숲 속에서 웃는다.

그대들은 잊지 말라. 신중함이란 부정한 이의 눈을 가리는 방패일 뿐. 그리하여 부정한 이가 더는 존재하지 않을 때 그 신중함이란 결국 마음의 부패이며, 족쇄일 뿐이다. 그래서 대지는 그대들 맨발이 닿는 감촉에 기뻐하며, 바람은 그대들 머리카락과 어울리기를 간절히 바라는 것을 절대 잊지 말아야 한다.

사고파는 일에 관하여

그의 말이 끝나자, 어떤 상인이 물었다. 저희에게 사고파는 일에 관하여 말씀해 주십시오.

그가 대답했다.

대지는 그대들에게 자신의 모든 열매를 허락한다. 그러므로 그대들은 열매를 어떻게 얻어낼지 알아내면 결코 부족함이 없으리라.

그대들이 원하는 풍요와 만족의 열매는 달콤한 대지의 선물과 맞바꿈으로써 얻을 수 있다. 다만 그것이 사랑과 정의의 교역이 아니라면 그대들을 탐욕과 굶주림으로 이끌 뿐이리라.

바다와 들, 또는 포도밭 일꾼인 그대들은 장터에서 직공이나 도공, 그리고 향료장수를 만날 때마다 간절히 빌라.

대지를 주관하시는 절대 신께서 그대들 마음속으로 찾아와 서로의 값을 정하는 계산과 저울의 눈금에 성스런 입김을 불어넣도록 기원하라.

아무것도 지니지 않은 채 그대들과 거래하려는 자들을 결코 들이지 말라. 그자들은 달콤한 말로 그대들의 진정한 수고를 대신하려 할 것이다.

그대들은 그자들에게 이렇게 말해야 한다.

"자, 우리 함께 포도밭으로 갑시다. 우리 형제와 함께 바다로 나가 그물을 던집시다. 우리에게 그랬던 것처럼 대지와 바다는 그대들에게도 너그러울 것이오."

만약 그대들의 장터에 노래하고, 춤 추며, 피리 부는 이들이 온다면 그들의 재능을 사도록 하라.

향료장수나 과일장수들 또한 우주의 열매를 거두는 자들이다. 그들이 가져오는 것은 비록 꿈의 형상을 했지만, 그것은 그대들의 영혼에 입힐 옷이자 먹일 음식이다.

그 모든 것들이 이루어진 다음 떠나기 전 장터를 보라.

그러면 아무도 빈 손으로 가는 이가 없음을 볼 수 있으리라.

이처럼 대지를 주관하시는 절대 신은 그대들이 원하는 최소한의 요구가 이루어지기 전에는 결코 바람 위에 평화로이 잠들지 못한다.

죄와 벌에 관하여

그러자 이번에는 도시의 재판관 한 사람이 앞으로 나왔다. 그는 죄와 벌에 관해 듣기를 청했다.

그리하여 알무스타파는 이렇게 대답했다.

그대들의 영혼은 홀로 바람 속을 헤매다 누구에겐가 죄를 짓는다. 더불어 지켜주는 이 하나 없는 저 자신에게도 똑같은 죄를 되풀이한다.

그리하여 그대들은 자신이 지은 죄 때문에 천국의 문을 하염없이 두드리면서, 기다리고 또 기다려야 하는 것이다.

그대들의 신적 자아는 마치 드넓은 대양과도 같다. 그것은 영원히 더럽혀지지 않는다. 그것은 대지의 물방울을 빨아들이는 창공과도 같이 날개 단 것들을 안아 올린다.

또한 그대들의 신적 자아는 저 하늘의 태양과도 같다. 두더지의 길도 알지 못하며, 뱀 구멍도 찾지 않는다.

그렇다고 그대들의 신적 자아가 그대들 내면세계에 홀로 살고 있는 것은 아니다.

그대들 내면 대부분은 아직 미숙한 인간에 불과하며, 또 다른 부분은 미처 인간에도 이르지 못했다. 다만 잠에 빠진 채 자기 자신의 깨달음을 찾아 안개 속을 헤매는 볼품없는 난쟁이가 있을 뿐.

그리하여 지금부터 나는 그대들 내면 속 바로 그 인간에 대하여 말하려 한다.

자신의 죄와 그 죄에서 비롯된 벌을 아는 자는 안개 속의 난쟁이도, 신적 자아도 아닌 다만 내면 속 그이기 때문이다.

그대들은 죄인을 마치 자신들 중 한 사람이 아니라 아주 낯선 이방인인 듯 말한다. 어느 날 갑자기 자신들 세계로 뛰어든 무례한 침입자쯤으로 여기는 것이다.

그러나 감히 단언하건대, 제아무리 거룩하고 성스러운 자일지라도 그대들 한 사람 한 사람의 내면에 있는 가장 높은 분 이상을 결코 오를 수 없는 것이다.

그러므로 아무리 악하거나 약한 자일지라도 그대들 각자 내면에 있는 가장 낮은 자 이하로는 떨어질 수 없는 것이다.

자고로 나무 전체의 잠잠한 이해 없이 멋대로 갈색을 띠는 나뭇잎은 없다. 죄지은 자도 이와 같이 그대들 모두의 숨은 뜻 없이는 어떤 죄도 저지를 수 없는 것이다.

그대들은 단지 하나의 행렬을 짓고 자신들의 신적 자아를 향하여 끝없이 걸어가고 있을 뿐.

그대들은 자신의 앞에 놓인 길이며, 또한 그 길 위에 선 나그네이다. 그러므로 그대들 중 누군가가 넘어진다면 그는 바로 뒤에 오는 이들을 위해 장애물이 있음을 알리려 그렇게 한 것이다.

그렇다. 그는 자신을 앞서간 이들을 위해 넘어지는 것이기도 하다. 비록 그들이 빠르고 분명한 걸음으로 갈지라도 아직 나머지 장애물로부터 완벽하게 벗어나지 못했음을 알리고 있는 것이다.

또한 다음의 내 말이 그대들 마음을 괴롭힐지라도 이 역시 그러하리라.
살해된 자는 자신이 살해된 것에 대한 책임이 없지 않다.
도둑맞은 자는 자신이 도둑맞은 것에 대한 잘못에서 자유롭지 못하다.
정의로운 자는 사악한 자의 행위 앞에서 완전히 결백할 수 없다.
정직한 자는 중죄인의 행위 앞에서 완벽히 결백할 수 없다.
그렇다. 죄인은 때로 피해자의 희생물이기도 한 것이다. 그러므로 죄지은 자는 죄 없는 자의 짐을 대신 지고 가는 자라고 할 수 있으리라.
그대들은 결코 부정한 자와 정의로운 자, 사악한 자와 선한 자의 경계를 그을 수 없다. 그들은 모두 검은 실과 흰 실이 함께 엮이어 조화를 이루듯 태양빛 아래 나란히 서 있으므로.
생각해보라. 만약 검은 실이 끊어지기라도 한다면 직공은 헝겊 전부를 살펴보아야 할 뿐 아니라 베틀 역시 점검해야만 한다.

그대들 중 누군가 부정한 아내의 죄를 처단하려 한다면, 먼저 그녀 남편의 마음을 저울에 달아보고, 그 영혼을 자로 재어보게 하라.
또한 죄지은 자에게 채찍질하려 한다면, 그 죄지은 자의 영혼 먼저 살펴보게 하라.
그대들이 정의의 이름으로 죄인을 벌하려 한다면, 그 악한에게 도끼질을 하려는 자에게 먼저 그 악의 뿌리를 살펴보게 하라.
그러면 그대들은 비로소 선과 악의 뿌리, 그리고 열매 맺는 것과 그렇지 못하는 것의 뿌리가 대지의 잠잠한 가슴속에서 하나로 뒤엉켜 있음을 알게 되리라.

그대들, 정의로운 재판을 내리려는 자들이여!
그대들은 비록 육체적으로는 정직하나 정신적으로는 도둑인 자에게 어떤 판결을 내리겠는가?

육신은 살인자이나 정신적으로는 그 자신이 먼저 살해된 자에게 그대들은 어떤 형벌을 내리겠는가?

그대들은 어떤 죄목으로 고발하려는가? 비록 겉으로는 사기꾼이거나 가해자이지만 그 역시 위협받고 상처 입은 자를?

그리고 뉘우침이 이미 자신이 저지른 죄보다 더 크다면 그대들은 어떻게 처리하려는가?

정의의 실현은, 그대들이 기꺼이 감수하고 따르는 법으로 세우는 정의의 핵심은 결국 뉘우침이 아니겠는가?

물론 그대들은 죄 없는 자에게 뉘우침을 요구할 수 없으며, 죄지은 자로부터 뉘우침을 빼앗을 수도 없으리라.

뉘우침은 그대들이 요구하지 않아도 캄캄한 밤에 불현듯 찾아와 죄지은 자를 깨우고 스스로 영혼을 바라보게 할 테다.

그러므로 그대들이 정녕 정의를 깨닫고자 한다면 이 모든 행위를 신의 빛으로 비춰보지 않고서야 어떻게 구별해낼 수 있단 말인가.

그 순간 비로소 깨닫게 되리라.

선한 자와 악한 자의 차이란 단지 작은 인간의 밤과 신적 자아의 낮 사이의 경계를 비추는 희미한 빛 속에 서 있는 한 인간에 불과함을.

그리하여 사원 성전에 놓인 돌이 어느 길가에 뒹구는 돌보다 결코 높지 않음을 깨닫게 될 것이다.

법에 관하여
그러자 어떤 법률가가 말했다. 선생님, 그러면 법에 관해서는 어떻게 생각하십니까?

그는 거침없이 대답했다.

그대들은 법 만드는 일을 참으로 좋아한다. 그러나 한편으로는 법의 위엄을 깨뜨릴 때 더욱 즐거워한다.

그대들의 그런 모습은 마치 바닷가에서 끊임없이 모래성을 쌓았다 부쉈다 하면서 즐겁게 노는 아이들처럼 보인다.

그러나 그대들은 모른다. 그대들이 모래성을 쌓는 동안 바다는 더 많은 모래를 파도에 실어 보낸다. 그리고 그대들이 모래성을 부수며 웃음지을 때 바다도 그대들과 함께 웃는다.

이렇듯 바다는 언제나 순수한 자와 함께 웃는다.

하지만 그 삶이 바다와 같지 못한 자, 인간이 만든 법도 모래성과 같지 않은 자에겐 어떠한가?

삶을 단지 하나의 바위로 여기고, 법을 그 바위에 자신의 모습을 새기는 끌로 여기는 자에겐?

자유로이 춤추는 자들을 질투하는 절름발이에겐?

자신에게 씌워진 멍에를 사랑하면서도 길을 잃고 이리저리 마음이 내키는 대로 떠도는 사슴들을 생각하는 황소에겐?

다른 모든 뱀들을 벌거숭이, 또는 부끄러움도 모르는 것들이라고 소리치면서 제 허물을 벗지 못하는 늙은 뱀에겐?

그리고 결혼 잔치에 남보다 일찍 나타나 잔뜩 먹어치우고 돌아가는 길에, 모든 잔치란 법에 위배되는 것이며 잔치 손님들 역시 법을 위반하는 자들이라고 떠드는 자에겐 대체 어떤 의미인가?

나는 그들에게 뭐라고 할 텐가. 비록 한낮 태양 아래 서 있지만 정작 그 태양에 등을 돌린 채 있는 자에게 어떤 말을 할 수 있겠는가?

그들은 다만 자신의 그림자를 바라볼 뿐, 그것이 바로 그들의 법이지 않은가?

그러면 그들에게 태양은 그늘을 만드는 일 말고는 어떤 의미를 지니는가?

과연 법을 따르고 존중하는 일이 대지 위에 엎드려 그들의 그림자를 땅에 떨어뜨리는 것이란 말인가?

하지만 태양을 향해 걷고 있는 그대들이여! 대지 위에 수놓아진 그림자가 그대들 발길을 붙잡을 수 있단 말인가?

바람을 따라 여행하는 그대들이여! 어느 곳에 누가 만들어 놓은 풍향계가 그대들 길을 인도해주고 있는가?

만약 인간 스스로 만든 감옥의 문이 아닌 자신의 멍에를 부수는 것이라면 어느 법이 그대들 두 손에 족쇄를 채울 수 있을 것인가?

그대들이 결코 자신의 법이 내미는 쇠사슬에 물러서지 않고, 오히려 춤을 춘다면 어떤 법이 감히 두려움을 줄 것인가?

비록 그대들의 옷을 찢는다 해도 그것을 인간의 길에 버리지 않는다면 그 행위에 대한 판결을 내릴 자 누가 있겠는가?

올펄레즈 시민들이여!

분명 그대들은 경계의 북소리를 숨죽여 낼 수도 있고, 하프의 줄을 늘어뜨릴 수도 있다. 그러나 하늘을 나는 종달새에게 그 누가 노래하지 말라고 명령할 수 있겠는가?

자유에 관하여

그러자 이번에는 한 웅변가가 일어나더니 이렇게 말했다. 그러면 자유에 관하여 말씀해 주십시오.

그리하여 그는 다시 말하기 시작했다.

그대들이 성문 옆에서, 혹은 자기 집 마룻바닥에 엎드려 저마다의 자유를 위해 기도하는 모습을 나는 보았다.

마치 폭군의 발치에 머리를 조아리며, 설사 그가 자신을 죽일지라도 찬양해 마지않는 노예 같은 모습이었다.

그렇다. 나는 사원의 숲에서, 또는 성벽의 그늘 아래에서 그대들 중 가장 자유로운 자가 마치 자유를 굴레처럼 양 손목에 찬 것을 보았다.

그때 나는 가슴속으로 피를 흘렸다. 자유에 대한 욕망이 터져나오는 그대들의 입에 재갈을 물렸을 때, 그리고 자유만이 최후의 목적이며 기쁨이라고 외치기를 멈추어야만 그대들이 비로소 자유로울 수 있기에.

욕망과 슬픔조차 없는 밤이 아닌 걱정과 고통으로 가득 찬 한낮에 그대들은 실로 자유로우리라. 그대들 삶에 족쇄를 채운 것들을 기어이 벗어던지고 일어설 때 비로소 자유의 향기를 맛볼 수 있으리라.

절대로 잊지 마라. 그대들이 맞이한 깨달음의 새벽에 지난 한낮의 시간을 묶었던 사슬을 깨뜨리지 못한다면, 어찌 낮과 밤의 저편으로 나아가겠는가?

그대들이 명명한 자유는 그 사슬들 중에서도 가장 강한 사슬이다. 비록 그 사슬의 굵은 고리가 빛을 받아 반짝거리며 눈을 어지럽히더라도 절대 그대들 걸음을 멈추게 하지 못한다.

그대들이 자유로워지고자 내버리려는 것, 그것은 바로 자아의 파편이지 않던가?

그대들이 버리려는 법이 아무리 부정한 법이라 해도, 그것은 이미 그대들 이마에 자신의 손으로 새겨 넣은 것. 그러므로 법전을 불사르며, 재판관의 이마를 씻고 바닷물을 퍼붓는다 해도 그것을 돌이킬 수는 없으리라.

그러므로 그대들이 단죄하려는 자가 폭군이라면 먼저 확인해 보라. 그대들 내면에 높이 세운 그의 권좌가 틀림없이 무너졌는지를.

비록 그가 폭군이라 해도 자유 속에 조금의 포악함도 깃들어 있지 않고, 자긍심 속에 한 치의 부끄러움도 들어 있지 않다면 어떻게 자긍심에 찬 자유인을 지배할 수 있을 것인가?

지금 그대들이 벗어던지려는 것이 근심이라면, 그것은 누군가에 의해 강요된 것이 아닌 그대들 스스로 선택한 것이다.

또한 그대들이 뿌리치려는 것이 공포심이라면, 공포란 두려운 지배자의 손아귀에 있는 것이 아니라 바로 그대들 마음속에 있다는 사실을 먼저 알아야 할 것이다.

갈망하는 것과 두려워하는 것, 반갑지 않은 것과 그리운 것, 추구하는 것과 피하고 싶은 것 등 이 모든 것은 그대들 내면에서 언제나 뒤엉킨 채 움직임을 멈추지 않는다. 그대들 안에서 마치 한 쌍의 빛과 그림자처럼 서로 뒤얽힌 채 끝없이 요동치고 있다.

마침내 그림자가 사라지고 나면 홀로 남은 빛은 이리저리 서성거리다 또 다른 빛의 그림자가 되는 것이다.

그대들 자유 또한 자신을 구속하던 족쇄를 잃어버렸을 때 비로소 그보다 커다란 자유의 족쇄가 되리라.

이성, 그리고 열정에 관하여

그러자 여사제 알미트라가 말했다. 저희에게 이성과 열정에 관하여 말씀해 주십시오.

그는 이렇게 대답했다.

그대들이여!

영혼의 세계는 때로 이성과 판단력이 열정과 욕망에 대항하는 싸움터이므로, 내가 그대들 영혼의 조정자가 될 수 있다면 그 내면에 존재하는 모든 불화와 적대감을 하나로 만들어 일치와 조화의 노래를 부르게 할 것이다.

하지만 그대들이 스스로 그 영혼의 조정자가 되지 않는 한, 아니 그대들 내면의 모든 것을 사랑하지 않는 한, 그 누구도 그렇게 할 수 없으리라.

그대들의 이성과 열정이란 거친 바다 위를 달리는 영혼의 키이며 돛. 만약 그 돛과 키가 말을 듣지 않는다면, 그대들은 물결치는 대로 흐르거나 바다 가운데 가만히 멈춰 서 있을 수밖에 없을 테다.

이성은 홀로 모든 것을 지배하기에는 가진 힘이 모자라고, 열정은 단지 스스로 내면의 세계를 불태워버리는 눈먼 불꽃 같다.

그대들은 영혼으로 하여금 이성을 열정이 앉아 있는 높은 자리에까지 이르게 하라. 그리고 노래 부르게 하라.

그리하여 마치 잿더미 속에서 다시 살아나는 불사조처럼 이성의 손끝으로 열정을 인도하게 하라. 그대들 열정이 매일매일 스스로 부활하여 날아오르도록 무한한 힘을 부여하라.

나는 그대들이 자신의 판단력과 욕망을 자기 집에 초대한 귀한 두 손님처럼 생각하길 바란다. 분명 그대들은 어느 한 손님을 다른 손님보다 귀히 대할 수 없으리라.

만일 어느 한쪽에만 지나친 주의를 기울이면 결국 둘 모두의 신뢰와 사랑을 잃게 될 것이므로.

그대들이 백양나무 그늘에 앉아 눈 앞에 펼쳐진 들판을 바라보며 평화를 맛보고 있을 때는 그 가슴속으로 가만히 말하도록 하라.

"신은 이성 안에서 쉬고 계신다."

거대한 폭풍이 밀려와 세찬 바람이 숲을 흔들고 천둥 번개가 장엄한 하늘의 증거를 내보일 때면 가슴으로 하여금 두려움에 찬 목소리로 말하게 하라.

"신은 열정으로 움직이신다."

그러면 신이 주관하는 세계의 한 숨결이며, 신의 숲 속 잎사귀 하나인 그대들 역시 이성 안에서 쉬고 열정으로 움직이게 되리라.

고통에 관하여

그의 목소리가 내는 여운이 채 가시기도 전에 한 여인이 일어나 말했다. 선생님, 이번에는 고통에 관하여 말씀해 주십시오.

그러자 다시 그의 말이 울려 퍼졌다.

그대들의 고통은 그대들 마음의 능력을 싸고 있는 껍질이 깨어지는 과정. 과일의 씨앗도 햇빛을 보기 위해 스스로 살과 껍질을 버리듯 그대들 역시 그 고통을 이해해야 한다.

그대들이 매일 일어나는 삶의 기적들을 마음속 경이로움으로 간직할 수 있다면, 그 고통은 기쁨과 같은 놀라움을 던져주리라.

그리하여 그대들이 언제나 들판 위를 쓸고 지나가는 계절에 순응하듯 자기 가슴속 계절도 즐거이 받아들이게 되리. 더불어 슬픔의 겨울을 지날 때도 고요한 눈으로 삶의 흐름을 바라볼 수 있으리.

사실 그대들이 느끼는 고통의 대부분은 스스로 선택한 것. 곧 그대들 내면의 의사가 병든 자아를 치료하느라 권하는, 쓰디쓴 한 잔의 약일 뿐. 그러므로 그대들은 영혼의 의사를 신뢰하라. 그저 아무 말 없이 침착한 표정으로 그가 내주는 약을 마시라.

비록 그의 손이 차갑고 딱딱해 보일지라도, 보이지 않는 분의 부드러운 손길에 인도되고 있으므로. 그가 내주는 잔 또한 아무리 그대들 입술을 불태운다 해도 도공이신 그분의 신성한 눈물로 반죽한 흙으로 빚은 것이므로.

자기인식에 관하여

그러자 한 남자가 말했다. 저희에게 자기인식에 관하여 말씀해 주십시오.

알무스타파는 이렇게 대답했다.

그대들 가슴은 말없이도 낮과 밤의 비밀을 알고 있다.

하지만 그대들 귀는 가슴속 깨달음을 소리로써 들으려 한다. 그대들 영혼이 이미 알고 있는 것들도 말로써 확인하고자 한다.

그것은 마치 그대들 꿈의 실체를 제 손가락으로 만지려는 것과 같다.

사실 그대들 영혼이 그렇게 하려는 건 어쩌면 당연하다. 그대들 영혼 속을 흐르는 보이지 않는 샘이 반드시 솟아나 넘실거리면서 바다로 흘러가려는 것이기에.

그리하여 그대들 내면의 무한히 깊은 곳에 있는 보물들을 자신의 눈으로 똑똑히 확인할 수 있으리라.

다만 그대들은 그 소중한 보물의 무게를 결코 저울의 눈금으로 확인하려 하지 마라.

또한 그대들 인식의 깊이를 현실세계의 자로 재거나 조사하려고 시도하지도 마라. 자아는 무한, 무량한 바다와 같으므로.

부탁하건대 '나는 진리를 찾았다'라고 말하지 마라. 그보다 차라리 '나는 어떤 진리의 일면을 엿보았다'라고 말하라.

다시 한 번 강조하노니 절대 '나는 영혼의 길을 찾았다'라고 말하지 마라. 차라리 '내가 가야 할 길을 걸어가는 한 영혼을 잠깐 만났다'라고 말하라.

영혼은 모든 길을 거니는 것이지, 어느 한 길을 따라 걷거나 갈대처럼 자라나지도 않는다.

이렇듯 영혼은 무수한 꽃잎을 품은 연꽃처럼 때가 되면 스스로 열리는 것이다.

가르침에 관하여

그러자 이번에는 한 교사가 말했다. 가르침에 관한 말씀을 들려주십시오, 선생님.

그는 기꺼이 대답했다.

그 누구도, 그대들에게 다가온 깨달음의 새벽에 이미 반쯤 잠들어 누워 있는 것밖에 가르쳐주지 못한다.

수많은 제자를 거느리고 사원의 그늘 아래를 거니는 선생 역시 신념과 사랑을 줄 순 있으나 지혜를 나눠줄 순 없는 법.

그가 정말로 현명한 자라면, 그대들이 그의 지혜의 집으로 들어올 것을 바라지 않으리. 도리어 그대들 자신의 마음의 문으로 그대들을 인도할 테다.

뛰어난 천문학자는 그대들에게 우주에 대한 자신의 지식을 말해줄 수는 있으나 결코 자신의 깨달음을 전해주지는 못한다.

음악가는 그대들에게 이 우주에 가득 차 있는 리듬을 들려줄 수 있을지언정 그 리듬을 포착하는 귀와 그것을 울려내는 목소리까지 줄 수는 없다.

또한 세상에서 가장 우수한 수학자도 그대들에게 무게와 길이, 부피의 신비한 세계에 대해서는 말해줄 수 있지만 그대들을 그곳으로 인도하지는 못한다.

인간의 상상력이란 그 날개까지 타인에게서 빌릴 수는 없다. 결국 그대들은 자기만의 외로운 성찰로 신의 존재를 깨달아야 하듯 스스로 우주 속 신비를 하나하나 만나고 이해해야 하는 것이다.

우정에 관하여

그러자 이번에는 어떤 젊은이가 물었다. 우정에 대해 듣고 싶습니다. 부디 말씀해 주십시오.

그는 그 청년에게 미소를 지어 보이고 다시 말하기 시작했다.

친구란 그대들의 궁핍한 부분을 채워주는 존재이다. 그대들이 사랑으로 씨를 뿌리고 감사로써 수확하는 들판과도, 그대들의 아늑한 집에 차려진 따뜻한 식탁과도 같다.

그리하여 그대들은 굶주린 채 그를 찾아가도 마음의 평안을 얻게 되리라.

그대들 친구가 찾아와 속마음을 털어놓을 때 자기 마음속 생각으로 '그건 아니야' 하고 말하기를 두려워하지 말며, '그건 그래'라는 말도 억누를 필요 없다.

친구가 말없이 있다면 먼저 그대들 가슴으로 그의 가슴에서 들려오는 소리를 듣도록 하라.

우정 안에서는 말없이도 모든 생각과 욕망, 기대가 찬사나 대가 없이 기쁨으로 태어나고 나누어지니.

그대들 친구와 헤어질 때도 절대 슬퍼하지 마라. 헤어진 뒤에야 비로소 친구의 가장 사랑스러운 면들이 더욱 선명하게 드러날 테니.

이는 마치 산을 오르는 자보다 벌판에 서서 바라보는 자에게 그 산이 더욱 선명히 보이는 것과 같다.

그대들, 우정에는 결코 영혼의 결합 말고 다른 목적을 두지 마라. 자신의 내면에 감추어진 신비를 드러내는 것 말고 다른 무엇을 찾는 사랑은 이미 사랑이 아니므로.

그것은 바람직하지 않은 것들만 잔뜩 걸려드는 그물에 불과하다.

그러므로 그대들 친구를 대할 때는 항상 최선을 다하라. 그가 그대들 마음의 썰물 때를 안다면 밀물 때도 언제인지 알게 하라.

그러나 그대들, 그저 남아도는 시간을 함께 보내려고 찾는 친구라면 무슨 소용이 있겠는가? 언제나 생명력 있는 시간을 함께할 친구를 찾아라.

그대들의 요구를 만족시킴은 결코 그대들의 공허감만을 채우려는 것이 아니라 상대방의 요구도 만족시키는 것. 그러니 순수하고 부드러운 우정 속에 웃음이 배게 하여 늘 기쁨을 함께 나누라.

순결한 우정의 손만 있다면 숲 속 잎사귀에 맺힌 이슬 한 방울에서도 빛나는 아침을 찾아낼 수 있으며, 그것은 다시금 뜨겁게 불타오르리라.

대화에 관하여

이어서 한 학자가 말했다. 선생님, 대화에 관하여 말씀해 주십시오.

그러자 그는 이렇게 대답했다.

그대들은 미처 마음의 평화가 준비되지 않았음에도 말하는 버릇이 있다.

그대들 가슴에 찬 고독을 참지 못할 때 떠들기 시작하며, 그때 하는 말은 그저 약간의 기분전환이 될 뿐. 그러므로 그대들이 떠드는 동안 생각이란 것은 거의 사라지고 만다.

생각이란 우주를 나는 새. 그러므로 말의 울타리에 갇히면 날개는 간신히 펼 수 있을지라도 결코 날아갈 수 없다.

어떤 사람들은 다만 홀로 남을까 두려워 습관적으로 이야기꾼을 찾는다. 외로운 침묵은 벌거벗은 자신을 눈앞에 드러나게 하니, 어디론가 달아나고 싶어지는 것이다.

또한 그대들 중에는 자신도 이해하지 못하는 진리를 어떤 지식이나 사고 없이 드러내고 떠들어대는 자들이 있다.

반면에 자신의 내면 깊은 곳에 진리의 숨결을 담았으면서도 말로 흘리지 않는 사람도 있다. 바로 이런 사람의 가슴속에 영혼은 말없이 머물며 무한한 생명력을 유지하는 것이리라.

그대들, 장터에서든 길 위에서든 친구를 만나면 그대들 내면의 영혼으로 하여금 입술과 혀를 이끌게 하라.

그대 목소리 속에 또 다른 목소리로 하여금 그의 귓속 또 다른 귀에게 말하게 하라. 그리하면 그의 영혼은 잊을 수 없는 포도주 맛처럼 그대 가슴의 진실을 영원히 간직하게 되리라. 비록 그 빛이 희미해지고 그것을 담았던 잔조차 기억되지 않더라도.

시간에 관하여

그러자 뒤를 이어 천문학자가 말했다. 선생님, 시간에 대한 말씀을 듣고 싶습니다.

그리하여 그는 대답했다.

그대들은 끝도, 헤아릴 수도 없는 시간을 재려고 한다.

또한 자신의 움직임을 시간과 계절의 변화에 맞추려 하고, 심지어 자신의 영혼이 가야 할 길마저 인도하려 한다.

이는 시간을 강물로 만들어, 둑 위에 서서 그 흐름을 지켜보고자 하는 것이 아닌가?

그대 삶의 뿌리인 영원함은 이미 시간의 영원함을 깨닫고 있었다. 그리하여 어제는 단지 오늘의 추억이며, 내일은 그저 오늘의 꿈임을 잘 안다.

그대들 내면에서 노래하고 생각하는 이는 아직도 태초의 그 순간을 벗어나려 하지 않는다.

그대들은 정녕 그 무한한 사랑의 힘을 느끼지 못하는가?

무한한 존재의 고뇌에 둘러싸여 사랑의 생각에서 다른 사랑의 생각으로 움직이지도 않으며, 결코 한 사랑의 행위로부터 다른 사랑의 행위로도 움직일 줄 모르는 그 깊고 큰 사랑을 그대들은 아직 느끼지 못하는가?

모든 사랑이 그렇듯, 시간 또한 무한하며 절대로 나누어지지 않는다.

다만 그대들 생각대로 계절에 맞춰 시간을 재야겠다면, 각 계절로 하여금 다른 계절 모두를 감싸안게 하라. 그리하여 오늘로 하여금 추억으로 과거를, 그리고 소망으로 미래를 껴안게 하라.

선, 그리고 악에 관하여

이번에는 도시의 원로들 가운데 한 사람이 나와서 말했다. 저희에게 선과 악에 관하여 말씀해 주십시오.

그가 대답했다.

나는 그대 안에 깃든 선에 대해서는 말할 수 있되, 악에 대해서는 말할 수 없노라.

악이란 대체 무엇인가? 단지 스스로 굶주림과 갈증으로 괴로워하는 선 말고?

선이란 굶주릴 때면 캄캄한 동굴 안에서도 먹이를 찾고, 목마를 때면 썩은 물도 마다 않고 마시지 않는가?

그대들이여!

자아와 한 몸이 되어 있을 때는 선한 법이다. 물론 자아와 한 몸이 되어 있지 않다 해도 그대들이 무조건 악한 것은 아니다.

이는 가족들 간에 불화가 생긴 집이라고 해서 무턱대고 도둑의 소굴이라

할 수 없는 것과 같다. 그 집은 다만 불화가 생긴 집일 뿐.

비록 키가 고장난 배가 목적도 정하지 못한 채 위험한 암초 사이를 떠돌지라도 아주 가라앉지는 않듯이 말이다.

남에게 베풀고자 스스로 애쓸 때 그대들은 참으로 선하다. 허나 자신의 이익만을 찾는다 하여 악한 것은 아니다.

그것은 그대들이 이익만 보려 할 때도, 다만 대지의 가슴에 매달려 그 젖을 빠는 뿌리에 불과하므로.

"나를 닮아라. 잘 익고 넘쳐흘러서 언제나 그대의 풍요를 내주어라."

어떤 나무의 열매도 그 뿌리를 향해 이렇게 말할 수는 없으리라. 모든 뿌리는 언제나 받을 수밖에 없고, 모든 열매는 언제나 제 몸을 내주는 존재이기에.

그대들이 순수한 정신으로 말할 때는 매우 선하다. 하지만 그대들의 세 치 혀가 꼬부라지거나 잠들어 있다 해도 악한 것은 아니다.

그것이 비록 더듬는 말일지라도 그대들의 허약한 혀를 튼튼하게 만들지 모르므로.

그대들이 자신에 찬 걸음으로 목적지를 향할 때는 진정 선하다. 허나 그대들의 발길이 이리저리 흩어지며 망설일 때라도 악한 것은 아니다. 비록 절름거릴지라도 뒷걸음질을 하는 것은 아니기 때문이다.

그러나 참으로 강하고 재빠른 그대들은 결코 절름발이 앞에서는 절름거리지 않는다. 그것이 그에 대한 친절이라고 생각하므로.

그대들은 수많은 길 위에서 선하다. 또한 선하다고 할 수 없을 때도 악한 것은 아니다. 다만 빈둥거리는 그대들의 천성이 게으른 것일 뿐.

그를 가여워하라. 제아무리 재빠른 사슴일지라도 거북에게 빨리 달리는 법을 가르칠 수는 없지 않은가?

그대들이여, 더 큰 자아에 대한 갈망, 그것이 바로 선이다.
그리고 그 갈망은 그대들 모두의 가슴속에 있다.

어떤 이들에게는 그것이 언덕의 비밀과 숲의 노래를 이끌어 힘차게 바다로 달려가는 급류. 또 어떤 이들에게는 잔잔한 강물일 뿐이어서, 바다의 문에 이르기도 전에 강의 굽이굽이에서 방황한다.

하지만 여전히 열렬한 갈망의 창을 열고 있는 이로 하여금 아무것도 갈망하는 것 없는 이에게 '어째서 그대는 그다지도 느리고 멈칫거리는가?'라는 물음을 던지게 하지 마라.

진정으로 선한 이는 벌거벗은 이를 보고도 '그대 옷은 어디 있는가?'라고 묻지 않는 법이며, 또 집 없는 이에게 '그대의 집은 어떻게 되었지?'라는 물음을 던지지 않는 법이므로.

기도에 관하여

그러자 이번에는 또 다른 여사제가 물었다. 저희에게 기도에 관하여 말씀해 주십시오.

그는 다음과 같은 대답을 들려주었다.

그대들은 걱정거리가 있거나 무언가 필요할 때만 기도를 한다.

내 그대들에게 바라건대 기쁨이 넘칠 때도, 나날이 살림이 풍성할 때도 늘 기도하라.

기도란 무엇인가? 그대들 자신을 활짝 피워서 생명의 하늘로 날아가는 것이 아니던가?

또한 평안함을 위해 그대들의 어둠을 허공에 쏟아버리는 것은 기쁨을 위해 자기 가슴의 새벽빛을 쏟아내는 것이 아닌가?

영혼이 그대들을 기도에 임하게 해도 울 수밖에 없다면, 기도는 다시 그대들을 격려하리라. 마침내 그대들이 환한 웃음에 이르도록.

그대 기도할 때면 바로 그 시간에 기도하고 있을 무수한 이들과 만나기 위해 허공에서 일어서야 한다. 기도가 아니면 결코 만날 수 없는 그들을 위하여.

그러므로 보이지 않는 사원을 향한 그대들의 여행을, 영혼의 황홀한 친교를 위한 목적 말고는 아무 뜻도 없게 하라.

그대들이 뭔가를 구하기 위한 목적으로 그곳에 들어간다 해도 실은 아무 것도 받지 못하리.

단지 겸양의 마음으로 들어간다 해도 그대들은 결코 구원받을 수 없으리라. 심지어 타인의 행복을 빌기 위해 들어간다 해도 그 기도는 받아들여지지 않으리라.

오직 보이지 않는 사원으로 들어간다는 것, 그것으로 충분할 뿐.

내 그대들에게 어떤 말로 기도해야 할지를 가르칠 수는 없다.

신은 결코 그대들의 말을 귀담아듣지 않는다. 다만 몸소 그대들의 입술을 시켜 말씀을 내릴 뿐.

그러므로 내 그대들에게 바다와 숲과 산의 기도를 가르칠 수 없다.

단지 산과 숲과 바다에서 태어난 그대들만이 가슴속에서 그들의 기도를 찾아낼 수 있으리라.

그리하여 만약 한밤중의 고요에 귀 기울이기만 한다면, 그대들은 침묵 속에서 그들의 언어를 듣게 되리라.

"신이여, 날개 달린 우리의 자아여, 우리의 자아가 명하는 것은 저희들 속에 당신의 뜻이 임하는 것입니다.

저희의 욕망 또한 당신의 욕망입니다.

당신의 것인 우리의 밤을 역시 당신의 것인 낮으로 변화시키는 것, 그것 또한 저희 속에 있는 당신의 강한 충동입니다.

저희는 당신께 아무것도 청할 수가 없습니다. 저희에게 욕구가 생기기 전부터 당신은 이미 알고 계시기에.

저희는 당신이 필요합니다. 당신은 스스로를 더욱 주심으로써 저희에게 모든 것을 보내주십니다."

쾌락에 관하여

그러자 일 년에 한 번씩 도시를 방문하는 은둔자가 앞으로 나서며 말했다. 저희에게 쾌락에 관하여 말씀해 주십시오.

그리하여 그는 다음과 같이 대답했다.

쾌락이란 자유의 노래,
하지만 그것이 진정한 자유는 아니다.
쾌락이란 그대들 욕망이 피우는 꽃,
하지만 그 열매는 아니다.
쾌락은 정상을 향해 소리치는 심연(深淵),
하지만 그것이 바닥은 아니며 정상도 아니다.
쾌락은 날개 달린 새가 우리에 갇혀 있는 것,
그럼에도 사방이 가로막혀 있지는 않다.
그렇다, 진정 쾌락이란 자유의 노래.
그러므로 내 기꺼이 그대들로 하여금 가슴이 벅차오르도록 노래하게 하리라.
그렇지만 그 노래에 미쳐 기운을 잃게 하지는 않으리.

어떤 젊은이들은 간혹 쾌락이 전부인 것처럼 굴기도 한다. 그리하여 심판받고 비난받는다.
하지만 나는 결코 그들을 심판하지도 문책하지도 않으리라. 오히려 그들에게 쾌락을 구하게 하리라. 그들이 쾌락을 구해도, 결코 쾌락 자체만을 목적으로 하지는 않을 것이기에.
쾌락의 일곱 자매 중 가장 어린 자매도 쾌락보다는 아름답다.
그대들은 들어보았는가, 뿌리를 캐다가 땅 밑에 묻혀 있는 보물을 발견한 이의 얘기를?

어떤 노인은 간혹 술에 취해 저지른 잘못처럼 후회뿐인 쾌락을 추억한다.
하지만 후회란 마음의 벌이 아니라 단지 마음을 흐리는 것.
여름날의 수확과도 같이 그들은 감사로써 쾌락을 추억해야 하리라.
그러나 만일 후회가 그들을 위로한다면 그들로 하여금 위로받게 하라.

그대들 중엔 쾌락을 찾기엔 이미 젊지 않으나 또 회상할 만큼 늙지는 않은 이들도 있다.
그들은 탐구하는 일이나 회상하는 것이 두려워 모든 쾌락을 피한다.
행여 영혼을 돌보지 않게 되거나 죄를 짓게 될까 봐.

허나 이런 도피 속에도 쾌락은 있는 법.

비록 떨리는 손으로 뿌리를 캘지라도 보물은 찾게 마련이다.

그러니 내게 말해다오, 영혼을 더럽히려는 자가 누구인가.

나이팅게일이 밤의 정적을 모독하는가. 혹은 개똥벌레가 감히 밤하늘의 별을 넘보겠는가?

그대들의 불꽃, 혹은 그대들의 연기가 바람을 능멸할 것인가?

생각해보라, 그대들 영혼이 막대기 따위로 흐려놓을 수 있을 만큼 고요한 연못인가?

그대들은 때때로 쾌락을 거부하면서 자아 내부의 깊은 곳에 욕망을 감춰둔다.

누가 아는가, 오늘 없는 듯하지만 실은 내일을 기다리고 있을지?

그대들의 육체조차 타고난 소임과 당연한 임무를 알고 있으니, 결코 속일 생각은 하지 마라.

그대들의 육체는 영혼의 하프.

그것이 달콤한 음악을 울리게 하든지, 번잡스런 음악을 울리게 하든지 그건 그대들의 몫이다. 이제 그대들은 가슴속으로 이렇게 묻는구나.

"저희가 쾌락 속에서 어느 것이 선이며, 어느 것이 악인지를 어떻게 구별할 수 있습니까?"

그대들의 숲, 그대들의 정원으로 가보라. 그러면 거기 꽃에서 꿀을 모으는 벌의 쾌락을 알게 될 것이다.

벌에게 꿀을 바치는 것, 또한 꽃의 쾌락임을 배우게 될 것이다.

벌에게 꽃은 생명의 샘이며, 또한 꽃에게 벌은 사랑의 전령이므로.

그리하여 벌과 꽃 모두에게는 쾌락의 주고받음이 필요인 동시에 황홀한 기쁨인 것을.

올펄레즈의 사람들이여, 그대들도 부디 꽃과 벌처럼 즐겁기를.

미에 관하여

한 시인이 말했다. 저희에게 미(美)에 관하여 말씀해 주십시오.

알무스타파는 다음과 같이 대답했다.

그대들은 어디에서 미를 찾는가. 미가 몸소 길이 되고 안내자가 되지 않는다면 또 어떻게 미를 찾아낼 것인가?
또한 미 스스로 그대들의 언어를 엮어주지 않는다면 미에 대해서 어떻게 말할 것인가?

학대당한 사람과 상처받은 사람들은 말한다.
'미란 친절하고 자비로운 것. 마치 칭찬을 수줍어하는 젊은 어머니처럼, 미는 우리 사이를 거닐고 있다.'
열정적인 이는 또 이렇게 말한다.
'미란 힘차고 무서운 것. 마치 폭풍우처럼 우리 발밑의 땅을 흔들고 머리 위 하늘을 흔든다.'
지치고 연약한 사람은 말한다.
'미란 달콤한 속삭임, 우리 영혼 속에서만 표현되는 것. 마치 그림자를 두려워하여 떨고 있는 가느다란 빛처럼 우리의 침묵에 의지하는 속삭임.'
쉬지 않고 일하는 이는 말한다.
'나는 산속에서 미의 절규를 들었노라. 그와 더불어 말굽 소리, 날갯짓 소리, 사자의 포효도.'

도시의 밤을 지키는 야경꾼은 말한다.
'미는 새벽빛과 더불어 동녘에서 떠오르는 것.'
그리고 한낮이 되면 노동자와 나그네들은 말한다.
'우리는 황혼의 창으로, 아름다움이 대지 너머로 저무는 것을 보았노라.'

겨울이면 눈 속에 갇힌 이는 말한다.
'봄이 오면 미는 언덕 위로 뛰어오리라.'
여름날 볕 아래서 곡식을 거두어들이는 사람들은 말한다.
'우리는 미가 낙엽과 함께 춤추는 걸 보았지. 그 머리카락 사이로 눈발이 휘날리는 것도.'

이 모두는 그대들이 미에 대해 말한 것.

하지만 실제로 그대들은 미에 대해 말한 것이 아니라 다만 이루지 못한 욕구에 대해 말한 것일 뿐.

미는 욕구가 아니라 황홀한 기쁨.

그것은 갈증에 타는 입술도 아니고 적선을 바라고 내민 빈손도 아니다.

오히려 불타는 가슴이며 매혹된 영혼이다.

미는 그대들이 보았던 영상도 아니며, 들었던 노래도 아니다.

오히려 눈을 감아도 볼 수 있는 영상이며 귀를 닫아도 들을 수 있는 노래.

미는 주름진 나무껍질을 타고 흐르는 수액(樹液)도 아니며, 날카로운 발톱에 매달린 날개도 아니다.

오히려 언제나 꽃으로 만발한 정원이며 언제나 하늘을 날아다니는 천사의 무리.

올펄레즈의 시민들이여, 미란 거룩한 제 얼굴을 가리는 베일을 걷어버린 삶의 모습이다.

하지만 그대들은 삶인 동시에 삶을 가리는 베일.

미는 홀로 거울 속을 응시하고 있는 영원이다.

하지만 그대들은 영원이면서 또한 거울이라네.

종교에 관하여

한 늙은 사제가 간절히 청했다. 저희에게 종교에 대해 말씀해 주십시오.

그리하여 그는 다음과 같이 말했다.

내 오늘 그 얘기 말고 다른 무엇에 대해 말했던가?

모든 행위와 모든 명상이 종교가 아니고 무엇인가?

허나 그대들이 두 손으로 돌을 쪼고 베틀을 손질하는 동안에도 언제나 샘솟는 영혼의 경이와 환호가 없다면 그것은 행위도, 명상도 아니다.

누가 과연 신앙을 직업과 신념으로 구분 지을 수 있을까?

누가 시간을 자기 앞에 펼쳐놓으며, '이것은 신을 위해, 이것은 나 자신을 위해, 이것은 내 영혼을 위해, 이것은 내 육체를 위해'라고 말할 수 있을까?

그대들의 모든 시간이란 자아에서 자아로 허공을 날아다니는 날개.

다만 도덕을 최고급 옷으로 입으려는 자들은 차라리 벌거벗는 것이 나으리라.

바람과 햇빛도 그의 육신을 가르거나 어떠한 구멍도 뚫을 수 없다.

자기의 행위를 도덕으로만 정의하려는 자들은 노래하는 새를 새장 속에 가둔 것과 같다.

지극히 자유로운 노래는 홰나 쇠그물 사이로 나오지 않는다.

마치 열렸다가도 곧 닫히는 창문처럼 예배드리는 자, 그런 자들은 아직 제 영혼의 집엔 가보지 못한 사람들이다. 새벽부터 새벽까지만 창이 열리는 영혼의 집에.

나날이 이어지는 삶이야말로 그대들의 사원이며 종교인 것.

그곳으로 들어갈 때마다 그대들의 전부를 가지고 가라.

쟁기와 풀무, 망치와 피리.

필요에 의해서건, 기쁨을 위해서건 그대들이 만들어낸 모든 물건들을 가지고 가라.

그대들은 환상 속에서도 자신이 이룬 것 이상 오를 수 없고, 그대들의 실패 이하로 떨어질 수도 없기에.

그리고 모든 사람과 더불어 가라.

그대들은 예배 속에서도 그들의 희망보다 높이 날 수 없으며, 그들의 절망 이하로 스스로를 낮출 수도 없을 것이기에.

만약 신을 알게 되더라도, 그대들은 수수께끼의 해답자가 되려 하지 마라.

차라리 그대들 주위를 둘러보라. 그러면 그분이 여러분의 아이들과 놀고 계신 것을 보게 되리라.

그리고 허공을 바라보라. 그러면 그분이 구름 속을 거닐며 번개되어 손을 뻗고 비로 강림하심을 보게 되리라.

또 꽃 속에서 미소 짓다 조용히 일어나 나무들 사이로 손을 흔드는 그분의 모습도 보게 되리라.

죽음에 관하여

알미트라가 말했다. 이제 죽음에 관하여 말씀해 주소서.

그리하여 그는 다음과 같이 대답했다.

그대들은 죽음의 비밀을 알고 싶은가.

하지만 그대들 삶의 중심에서 죽음을 찾지 않는다면, 어떻게 그것을 찾아낼 수 있으랴?

낮에는 눈멀고 밤에만 앞을 보는 올빼미는 결코 빛의 신비를 벗길 수 없다. 진실로 죽음의 혼(魂)을 보고자 한다면 그대들 가슴을 삶의 몸을 향하여 넓게 열라.

강물과 바다가 한 몸이듯 삶과 죽음은 한 몸.

그대들은 희망과 욕망의 저 깊은 곳에서 은밀히 미지의 세계를 깨닫는다.

그리하여 눈(雪) 아래에서도 꿈꾸는 씨앗들처럼 그대들 가슴은 봄을 갈망한다.

꿈을 믿으라, 영원에의 문은 바로 그 꿈속에 숨겨져 있으니.

죽음의 공포란, 영광스러운 왕의 부름을 받아 왕 앞에 선 양치기의 전율과 같은 것.

양치기는 왕의 부름을 받은 것이 떨리면서도 실은 기쁘지 않겠는가?

한편으로, 그래서 더욱 자기가 떠는 것이 신경 쓰이지 않겠는가?

죽음, 그것이 다만 벌거숭이로 서서 바람을 맞으며 태양 속으로 녹아 스며드는 것이 아니라면 과연 무엇인가?

숨이 멎는다는 것, 그것이 다만 숨결이 끊임없는 조수(潮水)에서 해방되는 것이 아니라면, 그리하여 높이 오르고 퍼져서 어떠한 번민도 없이 신을 찾는 것이 아니라면 과연 무엇인가?

그대들은 오직 침묵의 강물을 마신 다음에야 진정 노래하게 되리라.

또 그대들은 산 정상에 이르렀을 때야 비로소 오르기 시작하리라.

그리하여 대지가 그대들의 육신을 요구하면, 그때에 진실로 춤추게 되리라.

고별에 관하여

어느새 때는 저녁이 되었다.

예언자 알미트라가 말했다.

이날, 이곳에서 이제까지 말씀해 주신 당신의 영혼이여, 축복받으소서.

이에 알무스타파가 대답했다.

내가 말한 자에 불과했던가? 나 또한 듣는 자가 아니었던가?

이윽고 그가 사원의 계단을 내려가자 사람들은 모두 그 뒤를 따랐다. 그는 배가 있는 곳까지 걸어가 갑판 위에 올라섰다.

그러고는 사람들을 향해 다시 소리 높여 외쳤다.

올펠레즈의 사람들이여, 바람이 내게 그대들을 떠나라고 명하는구나.

비록 바람만큼 서둘지는 않을지라도, 이제 나는 가야만 한다.

늘 더욱 외로운 길을 찾아나서는 우리 방랑자들은 하루를 끝냈던 그 자리에서 다음날을 시작하진 않는 법. 그러므로 어떤 새벽도 황혼이 우리와 이별했던 그곳에서 우리를 찾아내지는 못하리.

우리는 대지가 잠들어 있는 동안에도 길을 간다.

우리는 결코 죽지 않는 나무의 씨앗, 그리하여 가슴이 무르익고 은총으로 그득해지면 우리의 몸은 바람에 흩어지리라.

짧기도 해라, 그대들과 함께 보낸 날들이여. 내 그대들에게 들려준 말들은 그보다 더 짧았구나.

이제 내 목소리 그대들의 귓전을 떠나고, 내 사랑 그대들의 추억 속에서 지워지면 그때 나는 다시 오리라. 그리하여 나는 그보다 풍요로운 가슴, 더 풍요로운 입술로 영혼에 순종하며 말하리라.

그래, 나는 조수를 타고 되돌아오게 되리라.

죽음이 나를 가릴지라도, 거대한 침묵이 나를 껴안을지라도, 언제든 나는 또다시 그대들의 이해를 구하리라.

그러나 결코 헛된 소망을 품지는 않으리.

내 말에 조금이라도 진리가 담겨 있다면 더욱 명쾌한 목소리로, 더욱 그대들의 생각에 가까운 언어로 스스로를 드러내리니.

올펄레즈 사람들이여, 나는 바람과 함께 간다. 그러나 나는 허공으로 사라지는 것은 아니다.

만약 오늘 그대들의 욕구와 내 사랑이 충족되지 않았다면, 부디 다음날을 기약하기를.

인간의 욕구는 변한다.

하지만 사랑은, 또 사랑이 충족시켜줄 욕망은 변하지 않는다.

그러므로 깨우쳐라, 더욱더 거대한 침묵으로부터 내 다시 돌아오게 됨을.

들판에 이슬을 남기며 새벽을 떠도는 안개도 마침내 허공으로 솟아올라 구름을 모아 비로 내리게 됨을.

나 또한 그 안개와 다름없었노라.

고요한 밤 나는 그대들의 거리를 거닐었고, 내 영혼은 그대들의 집으로 들어갔다.

그리하여 그대들 심장의 고동이 내 가슴속에서 울렸고, 그대들의 숨결이 내 얼굴을 스치는 가운데 나는 그대들 모두를 이해했다.

그렇다, 난 그대들의 기쁨과 그대들의 고통을 이해했다. 그리고 그대들 잠속의 꿈은 바로 나의 꿈이었다.

나는 때로 산속의 호수처럼 그대들 가운데 있었다.

나는 그대들 속에서 산 정상의 모습을 비추었고, 비탈진 기슭과 심지어는 가축 무리처럼 스쳐가는 그대들의 생각과 욕망의 뿌리까지도 비추었다.

나의 침묵을 향해 아이들의 웃음소리가 시냇물처럼 밀려왔고, 젊은이들의 갈망이 강물처럼 밀려왔다.

이윽고 나의 심연에 다다랐을 때 시냇물과 강물은 끊임없이 노래를 불렀다.

그러나 늘 웃음소리보다도 달콤하게, 갈망보다도 위대하게 나를 찾아오는 것이 있었으니,

그것은 그대들 속에 존재하는 무한(無限).

광활한 인간의 대지 안에서 그대들은 세포이자 힘줄에 불과할 뿐.

그 노래 속에서는 그대들의 노래도 둔탁한 고동에 불과할 뿐.

광활한 그 인간으로 인해 그대들 또한 광활하고,

그를 봄으로써 내 그대들을 보고, 또 사랑했다.

사랑이라고 어찌 멀고도 광활한, 하늘에도 없는 곳에 이를 수 있을 것인가?

어떤 환상, 어떤 희망, 어떤 예언 따위가 사랑보다 더 높이 날아오르게 할 수 있을까?

사과꽃으로 뒤덮인 거대한 떡갈나무와도 같이 광활한 자는 바로 그대들 속에 있다.

그의 힘이 그대들을 대지 위에 묶고, 그의 향기가 그대들을 허공에 오르게 하며, 그의 영원 속에서 그대들은 결코 죽지 않는다.

그대들은 들었는가. 그대들의 존재는 마치 사슬과 같아서 그대들의 고리 가운데 가장 약한 고리만큼 허약하다는 말을.

그러나 이것은 절반의 진실에 불과할 뿐, 그대들은 그대들의 고리 가운데 가장 튼튼한 고리만큼 튼튼하기도 하다.

지극히 사소한 행위를 바탕으로 그대들을 재려는 것은 덧없는 거품으로 대양(大洋)의 힘을 평가하려는 것과 같다.

그대들의 실패로 그대들을 심판하려는 것은 다만 쉽사리 변한다는 이유로 계절을 책망하는 것과도 같다.

그렇다. 그대들은 대양과도 같다.

비록 좌초된 배가 기슭에서 조수를 기다리고 있을지라도 그대들이 조수를 재촉할 수는 없다.

그대들은 계절과도 같다.

그대들이 겨울이 지난 뒤 봄이 오는 것을 부정할지라도, 봄은 그대들 속에 누워 나른히 미소 짓는다.

그러나 내 말들이 그대들로 하여금 '그는 우리를 찬미했네, 그는 우리의 선(善)만을 보았네'라고 말해도 좋다는 것을 의미한다고는 결코 생각지 말라.

나는 다만 그대들이 스스로 깨닫고 있는 것을 말로 표현한 것일 뿐.

말의 인식이란 다만 말없는 깨달음의 그림자가 아니라면 무엇인가?

그대들의 생각과 나의 말이란 굳게 봉인된 추억으로부터 물결치는 파도, 그 기억에는 우리의 과거가 기록되어 있다.

우리는 물론 대지 스스로도 이해하지 못하던 태고(太古)의 낮과 혼돈으로 가득 찼던 대지의 밤이.

현명한 이들은 그대들에게 지혜를 주고자 온다. 그러나 나는 그대들의 지혜를 앗아가려고 왔다.

보라, 나는 지혜보다 더 위대한 것을 찾아냈으니.

그것은 그대들 속에서 언제나 더욱 불타오르는 영혼이다.

그러나 그대들은 퍼져가는 불꽃들은 외면하고 시들어가는 날만 슬퍼하고 있다.

육체 속에서만 살기 원하는 삶에게 무덤은 두려운 것.

하지만 여기 무덤은 없다.

이 산과 들판은 요람이며 디딤돌.

그대들 조상의 뼈를 묻은 들판을 지날 때마다 유심히 보라. 그대들은 거기 그대들 자신과 그대들의 아이들이 서로 손잡고 춤추는 것을 보게 되리라.

그대들은 종종 이해하지도 못한 채 기쁨에 겨워한다.

다른 이들이 그대들에게 왔지만, 그대들 신앙이 쌓아올린 귀중한 약속을 위해 그대들은 다만 부(富)와 권력과 영광만을 바쳤다.

내 약속은 하찮은 것이었으나, 그래도 그대들은 내게 더욱 관대했다.

그대들은 내게 더 깊은 삶에 대한 타는 목마름을 선사했다.

인간에게 자신의 온 뜻을 타오르는 입술로, 온 삶을 샘물로 변하게 하는 것만큼 더 큰 선물은 없으리.

결국 내가 받은 영광과 보상은 이 속에 들어 있는 것.

샘물을 마시러 올 때마다, 나는 언제나 샘물 자신도 목말라함을 깨닫는다.

그리하여 내가 샘물을 마시는 동안 샘물 또한 나를 마신다.

어쩌면 그대들 중 어떤 이는 내가 거만해, 호의를 지나치게 부끄러워한다고 생각할지도 모른다.

내 비록 가진 게 없어도 자존심은 강하나 선물에 대해선 그렇지 않다.

그대들이 나를 그대들의 식탁에 앉히고자 할 때, 나는 그저 들판의 딸기를 뜯어먹었다.

또 그대들은 기꺼이 내게 잠자리를 주고자 했지만, 나는 그저 사원의 회랑에서 잠들었다.

그럼에도 내가 언제나 달콤한 양식에 취하고, 꿈꾸며 잠들 수 있었던 까닭은 내 매일을 염려하는 그대들의 사랑 때문이 아니었던가?

그러므로 내 그대들을 아낌없이 축복하노라.

무수히 베풀면서도 자기가 무엇을 베풀었는지도 전혀 모르는 그대들의 무지를.

진실로 거울 속에 비친 자기 얼굴만을 바라보며 행하는 친절이란 무익하며, 또 스스로를 찬양하기 위한 선행이란 재앙의 어머니가 될 뿐이다.

그대들 중 어떤 이는 내가 너무 냉담하며 혼자만의 고독에 취해 있다고 말한다.

그리고 그대들은 이렇게 말한다.

"그는 숲의 나무들과는 속삭여도 인간들과는 그럴 마음이 없지. 다만 산꼭대기에 홀로 앉아 이 도시를 내려다볼 뿐."

그래, 내가 산을 오르고 인적이 드문 곳을 돌아다녔던 것은 사실이다.

그렇게 높이, 또 그렇게 멀리서가 아니었더라면 내 어찌 그대들을 볼 수 있었겠는가?

멀리 떨어져 있지 않고서 어떻게 진실에 가까워질 수 있는가?

그대들 중 어떤 이는 이렇게 나를 원망하기도 한다.

"낯선 분이시여, 낯선 분이시여, 닿을 수 없는 곳에 계시나 사랑하는 분이시여. 어째서 당신은 독수리들이나 집을 짓는 산꼭대기에서 사십니까?

당신은 무엇 때문에 불가능을 추구하시나요?

어떤 폭풍을 당신 그물에 가두려 하시나요?

어떤 덧없는 새를 잡으려고 허공을 헤매시나요?

오소서, 그리하여 우리와 하나가 되소서.

내려오소서, 그리하여 우리의 빵으로 당신의 굶주림을 달래고, 포도주로 목마름을 푸소서.”

고독한 영혼의 그들은 이런 말들을 했다.

하지만 그들의 고독이 조금만 더 깊었더라면 단지 내가 그대들 기쁨과 고통의 비밀을 찾고 있었을 뿐임을 그들은 깨우쳤을 것이다.

또한 내 오직 허공을 떠다니는 그대들의 좀 더 넓은 자아(自我)를 좇아 헤맸을 뿐임을 알았을 테다.

사냥꾼이란 동시에 자신도 사냥당하는 자,

그리하여 내가 당긴 무수한 화살들은 기어이 내 가슴을 찾아왔구나.

날아가는 자는 동시에 기어가는 자,

그리하여 내가 태양 아래에서 날개를 펼쳤을 때 땅 위에 비친 그 그림자는 거북의 모습을 하고 있었구나.

믿는 자는 또 동시에 의심하는 자이니,

때로 나는 내 상처에 스스로 손가락을 찔러넣고야 말았다. 그대들에게서 더 큰 믿음과 더 큰 지혜를 얻기 위하여.

그리하여 내 이 믿음과 깨달음으로 말하노니,

육체가 그대들을 감금하는 것이 아니며, 집이나 들판이 그대들을 가두는 것도 아니다.

바로 산 위에 살며 바람 따라 헤매는 그대들.

따뜻함을 찾아 햇빛 속을 기어다니거나, 안전함을 찾아 캄캄한 어둠 속에 구멍을 파는 행위가 아니라,

대지를 감싸고 창공을 흐르는 하나의 영혼처럼 다만 자유로운 것이다.

이 말들이 비록 모호하다 해도 결코 명백하게 밝히려고 애쓰지 마라.

모호하고 종잡을 수 없는 것이야말로 만물의 끝이 아닌 시초이니.

그러므로 바라건대 그대들은 언제나 나를 시초로서 기억해주기를.

삶, 살아 있는 모든 존재는 결정(結晶) 속에서가 아니라 안개 속에서 잉태되는 것.

허나 또 누가 아는가, 그 결정도 다만 사라지는 안개에 불과할는지?

나를 기억할 때면 그대들이여, 다음 내 말도 기억해다오.

그대들 안에서 가장 연약하고 가장 불확실한 것이 실은 가장 튼튼하고 확실한 것임을.

그대들의 뼈대를 똑바로 세우고 또 튼튼히 만드는 건 바로 그대들의 약한 숨결이 아닌가?

또한 그대들의 도시를 세우고 거기에 필요한 모두를 창조한 것은 일찍이 그 누구도 기억지 못하는 꿈이 아닌가?

그대들이 만약 그 숨결의 흐름을 볼 수만 있다면 그것 말고 다른 것은 결코 보려 하지 않을 것이다.

또한 그 꿈의 속삭임을 들을 수만 있다면 그대들은 그 어떤 소리도 들으려 하지 않으리라.

하지만 그대들은 보지 못하고 듣지도 못한다. 어쩌면 당연한 일이다.

그대들의 두 눈을 가린 베일은 그것을 짰던 손이 벗겨주리라.

또한 그대들의 두 귀를 가득 메운 진흙도 처음 그것을 반죽해 넣었던 손가락이 파내주리라.

이윽고 그대들은 보게 되리라.

또한 듣게 되리라.

그럼에도 그대들은 멀어 보지 못하는 자신의 눈을 한탄하지도 않으며, 귀먹었음을 후회하지도 않으리라.

그날이 오면 그대들은 만물에 깃들인 비밀의 목적들을 깨달아, 빛을 축복하듯 어둠 또한 축복하게 되리라.

말을 마치고서 알무스타파는 주위를 둘러보았다. 한쪽에선 선장이 키 옆에 서서 바람을 품은 돛과 수평선 너머를 번갈아 바라보고 있었다.

그는 말했다.

참으로 끈기 있도다. 선장이여.

바람이 불어 돛이 펄럭이고,

키도 주인의 명령이 떨어지기만을 기다리고 있다.

그럼에도 나의 선장은 내가 침묵하기만을 기다리고 있구나.

또 여기, 위대한 바다의 합창에 귀 기울였던 나의 선원들 또한 끈기 있게 내 말을 들어주었다.

그러나 이제 더는 기다리지 못하리.

나 또한 여한이 없다. 강물은 바다에 이르고, 위대한 어머니는 다시 한 번 아들을 가슴에 안는다.

잘 있거라, 올펄레즈 사람들이여.

이제 하루는 끝났다.

마치 내일을 향해 눈감는 수련(睡蓮)처럼 하루가 저물어갔다.

우리는 오늘 여기서 얻은 것을 간직하게 되리라.

만약 그로써 충분치 못한 날이 온다면, 우린 다시 와서 손을 내밀어야만 하리라.

잊지 마라, 내 그대들에게 다시 돌아오게 될 것을.

이윽고 내 갈망은 먼지와 거품을 모아 다른 몸을 이루게 되리라.

머지않아 바람이 일 때 짧은 휴식의 순간이 찾아온다면, 또 다른 여인이 나를 낳으리라.

안녕, 그대들이여, 우리가 함께 보낸 청춘이여.

그대들과 내가 꿈길에서 만났던 것도 다만 어제의 일.

내 고독할 때 그대들은 노래를 불러주었고, 그대들 소망으로 나는 하늘을 향해 탑을 세웠다.

이제 우리의 꿈도 끝났다. 새벽은 더 이상 지속되지 않는다.

한낮이 닥쳐와 잠은 완전히 사라져버렸으니, 이제 헤어져야 할 시간이다.

우리가 해질녘 추억 속에서 다시 한 번 만날 수 있다면, 우린 다시 함께 이야기를 나누고, 그대들은 나를 위해 더욱 아름다운 노래를 불러주게 되리라.

그리하여 새로운 꿈속에서 다시 손을 맞잡을 수 있다면 우린 하늘을 향해 또 하나의 탑을 세우리라.

마침내 그가 선원들에게 신호를 보내자, 그들은 곧 닻을 걷고 동쪽을 향해 나아가기 시작했다.

그러자 마치 한 사람의 가슴에서 터져나오듯 동시에 울음소리가 터져나왔다. 그 울음소리는 황혼 사이로 떠올라 거대한 나팔 소리처럼 바다 위로 울려 퍼졌다.

다만 알미트라만이 침묵을 지켰다. 그녀는 안개 속으로 배가 완전히 사라질 때까지 바다로 향한 눈길을 거두지 않았다.

그리고 사람들이 모두 흩어진 뒤에도 여전히 바닷가에 홀로 서 있었다. 가슴속 깊이 그의 말을 기억하면서.

"머지않아 바람이 일 때 짧은 휴식의 순간이 찾아온다면, 또 다른 여인이 나를 낳으리라."

A Tear and a smile
눈물과 미소

눈물과 미소

눈물과 미소

내 가슴에 쌓인 슬픔을 저 숱한 사람들의 기쁨과 바꾸지 않으리라. 내 몸 구석구석에서 흐르는 슬픔이 언제든 웃음으로 바뀔 수 있는 것이라면 그런 눈물 또한 흘리지 않으리라. 내 인생이 눈물과 미소를 잃지 않기를 바라네.

눈물은 내 가슴을 씻어주고 인생의 감추어진 의미와 비밀들을 이해하게 하네. 미소는 내 종족의 아들들에게 나를 이끌어주며, 또한 신들에게 바치는 찬미의 상징이라네.

눈물은 나를 저 부서진 가슴의 사람들에게 가깝게 하고, 미소는 살아 있는 내 기쁨의 표적이라네.

나는 지친 몸으로 절망 속에서 살아가느니 열망과 동경 속에서 죽기를 바란다네.

나는 내 영혼 깊은 곳에 사랑과 미에 대한 갈망이 자리잡기를 바라네. 나는 보았다네, 늘 배부른 사람이야말로 가장 비참한 사람이라는 것을. 나는 들었다네, 열망과 동경을 가진 사람들의 한숨소리를. 그 소리는 세상 그 어떤 음악보다도 더 달콤했다네.

저녁이 다가오면 꽃들은 저마다 그리움을 가슴에 안고 꽃잎을 접는다네. 그리고 아침이 다가오면 입술을 열어 태양의 입맞춤을 받아들이지.

그리움과 충족, 그리고 눈물과 미소로 이루어진 한 송이 꽃의 삶.

바닷물은 수증기가 되어 하늘로 올라가 구름이 되지.

언덕과 계곡 위를 헤매고 다니던 구름은 부드러운 바람을 만나 눈물을 흘리며 들판 위로 떨어지지. 그리하여 시냇물과 만나고 고향 바다로 돌아가는 강물과 합류한다네.

작별과 만남. 그리고 눈물과 미소로 이루어진 구름의 생애.

그렇듯, 하나의 위대한 영혼으로부터 분리되어 나온 영혼은 슬픔의 산과 기쁨의 평원 위를 구름처럼 떠돌아다니다 죽음의 바람과 만나 영원한 본향으로 돌아간다네.

사랑과 아름다움의 대양, 신에게로.

사랑의 생애

봄

오라, 사랑하는 이여. 와서 이 작은 언덕길을 함께 거닐어 보자. 눈은 녹고 생명은 그 긴 잠으로부터 깨어나 언덕과 계곡들 사이를 정처 없이 배회하고 있으니.

오라, 와서 우리, 저편의 아득한 들판으로 봄의 발자국들을 따라가 보자.

그대가 오면 우리는 높은 산정으로 올라가 그대와 함께 저 아래 파도치는 녹색 평원을 함께 굽어보리라.

새벽이 겨우내 감췄던 봄옷을 찾아 펼쳤다. 복숭아나무와 사과나무는 봄의 의상을 휘감고 영광의 밤을 맞은 신부처럼 치장하고 있었다.

잠에서 깨어난 포도나무의 덩굴손들은 마치 연인들의 포옹처럼 휘감겨 있었다. 시냇물은 환희의 노래를 부르면서 바윗돌 사이로 튀어올랐다.

꽃들은 파도 위로 튀어오르는 물거품처럼 대자연의 가슴으로부터 폭발하듯이 활짝 피어났다.

내 사랑하는 이여, 내게로 오라. 나로 하여금 나르키소스의 잔에서 빗방울의 마지막 눈물을 마시게 하고 우리의 영혼을 새들의 기쁨에 넘치는 노래로 가득히 채우자.

우리 함께 미풍의 향기로움을 마시며 돌틈 사이 보랏빛 제비꽃을 감추고 있는 저 바위 위에 앉아 사랑의 입맞춤을 나누자.

여름

깨어나라, 내 사랑이여. 들판으로 나가자. 바야흐로 수확의 날들이 가까워지고 있다.

대자연을 향한 따스한 사랑 속에서 곡식들은 태양빛에 익고 있다. 오라,

사랑이여. 새들이 우리가 공들여 키운 과일을 가로채기 전에, 개미들이 우리 땅을 먹어치우기 전에.

그리하여 우리의 가슴 깊은 곳에 만족의 씨앗을 뿌린 영혼이 행복의 낟알들을 거두어들이는 것처럼 우리도 대지의 농작물들을 거두어들이자.

오라, 우리의 창고를 대자연의 선물로 가득 채우자꾸나. 삶이 우리 영혼의 곳간마다 가득 상여금을 채우는 것처럼.

오라, 내 친구여. 풀밭을 침대 삼고 하늘을 이불삼아 누워보자.

우리의 머리를 부드러운 건초베개 위에 눕히고 노동으로 지친 하루의 휴식을 취하며 골짜기마다 종알대듯 흐르는 시냇물의 음악소리에 귀를 기울여보자.

가을

내 사랑이여, 포도원으로 나가자. 영혼이 세월의 지혜를 저장하는 것처럼 포도알을 으깨어, 그 즙을 병에 담아 포도주를 만들자.

따낸 과일들을 정제하여 향기를 빼내자.

일을 마쳤으면 이제 집으로 돌아가자. 여름이 끝나 잎사귀들은 다 시들어 노랗게 변하고, 바람이 낙엽들을 흩날려 비탄에 젖어 죽어가는 꽃들을 위한 장례식의 수의를 만들고 있을 때.

오라, 새들이 그 날개 위에 한낮 정원의 즐거운 환호를 간직한 채 재스민 나무와 도금양나무에 황혼의 고독을 남기며 잔디밭에 마지막 눈물을 뿌리고 바닷가로 떠날 때.

오라, 사랑하는 이여. 우리 함께 가자. 시냇물은 그 흐름을 멈췄고 기쁨의 눈물이 말라버린 샘물은 더 이상 샘솟지 않는다. 작은 언덕들도 그 찬란한 의상을 벗어던졌으니.

오라, 사랑하는 사람아. 잠으로 뒤덮인 대자연의 밤들이 슬프고 희망 어린 불면의 시간에 작별을 노래할 때.

겨울

내게로 가까이 오라, 영혼의 동반자여. 차가운 숨결이 우리의 몸과 몸을 떨어뜨리지 못하게 서로를 끌어안자.

겨울의 과실인 불꽃이 일렁이는 이 난롯가에 나와 함께 앉으라.

나와 함께 이 시대를 이야기하자. 나의 귀는 바람의 한숨소리와 폭풍우의 슬픈 탄식에 지쳤노라.

모든 문과 유리창을 단단히 잠그자. 대자연의 분노에 찬 얼굴이 우리의 영혼을 슬프게 만드는구나. 마치 죽은 어머니처럼 내 곁에 앉아 백설에 묻힌 도시를 내려다보며 내 가슴에서 피를 솟구치게 하도다.

그대여, 이제부터 등잔에 기름을 채우라. 날은 벌써 희미해지고 있으니, 어둠이 그대 얼굴 위에 무엇을 적고 있는지 볼 수 있도록 등잔을 그대 옆에 놓고 포도주 항아리를 이리 가져오라. 우리 함께 그 술을 마시며 포도밭을 거닐던 시절을 이야기하자.

좀더 나에게 가까이 오라, 내 영혼의 연인이여. 불길은 죽어가고 어느덧 재만 남았도다.

희미해진 등불의 빛조차 암흑이 삼켜버렸으니 그대여, 나를 포용해다오.

세월의 포도주에 취한 우리의 눈동자엔 졸음이 가득하구나.

무거워진 그대 눈동자를 들어 나를 바라보라. 잠이 우리를 포용하기 전에 나를 안고 부드럽게 입맞춰다오. 그대의 입맞춤만을 빼놓고 모든 것들은 흰 눈에 뒤덮여 보이지 않는구나.

오, 사랑하는 사람이여. 잠의 바다는 왜 이렇게 깊은가! 이런 밤 속에서 …… 아침은 또 얼마나 멀리 있는가!

불의 글자

수많은 밤이 우리 곁을 지나갔도다.

운명은 우리를 왜 이다지도 짓밟는 것인가?

그리하여 우리를 삼켜버린 세월은 우리를 기억하지 않고, 단지 잉크 대신 물로 쓰여진 이름만이 남는 것인가?

인생은 소멸하고

사랑은 사라지고

모든 희망들도 그처럼 꺼져버리는 것인가?

죽음은 우리가 애써 쌓은 것들을 파괴하고
바람은 우리의 언어를 흩어버리며
어둠은 우리의 발자취를 숨겨버리는가?

정녕 이것이 삶이란 말인가?
지나가버린 과거는 아무 흔적조차 없는데,
현재란 그 과거를 좇아가는 것인가?
또한 현재와 과거를 제외하고는, 미래란 아무 의미도 없는, 그런 것인가?
우리 가슴속의 모든 기쁨과
우리의 영혼을 슬프게 하는 모든 것들은
우리가 그 열매를 맛보기도 전에 사라지는가?

인간이란 바다의 얼굴 위에
한순간 머물렀다가 바람결에 사라져버리는
물거품 같은 것인가.
그것이 전부란 말인가?

아니다, 인생이란 인생의 진실이 있는 것,
인생이란 어머니의 자궁 속에서 태어났다가
죽음으로 끝을 맺는 그런 것이 아니다.

영원 속의 한순간이 아니라면 이 세월들은 무엇인가?

이 땅 위의 삶과 그 속의 모든 것들은
우리가 죽음과 공포라고 부르는 것들은
다만 선잠 속의 꿈에 불과한 것.
그러나 우리가 보고 그 안에서 행하는 모든 것들이 꿈일지라도
그 꿈은 신의 영속성 안에서 영속하는 것.

대기는 우리의 가슴으로부터 일어나는

모든 미소와 탄식을 품고,
사랑으로 비롯된 모든 입맞춤의 소리들을 모은다.
천사들은 슬픔으로 흘린 우리의
눈물을 헤아리고 있으며
방황하는 영혼들의 귀에
숨겨진 기쁨으로 만든 우리의 노래를 가득 채우리라.

아득히 먼 날
우리는 우리 심장의 고동소리를 느낄 것이며
신과 같은 우리 존재의 의미를 이해하게 되리라.
그러나 지금은 항상 절망이 우리의 발치에 머물며
우리에게 공허만을 안겨줄 뿐.

오늘 우리가 인간의 나약함이라 부르는 죄악은
내일이면 그 모습을 나타내리라.
인간의 존재 속에 켜진 횃불로.
보답되지 않은 생의 번민과 고난은
우리의 영광을 증거하기 위해 존재하는 것.
우리가 견디는 고통이란
우리에게 먼 훗날 명예의 왕관이 되는 것.

만일 저 음유시인 키츠가 자신의 노래들이 인간의 마음속에 사랑의 아름
다움을 끊임없이 심어주고 있음을 알았다면 그는 분명 이렇게 말했으리라.
"나의 비문에 이렇게 새겨주시오. '여기, 불의 글자로 하늘의 얼굴 위에
자기 이름을 썼던 한 인간이 누워 있노라'고."

내 영혼이여, 내게 자비를
아직도 나는 존재의 나약함을 느끼고 있는데
나의 영혼이여, 얼마나 더 비탄에 빠져 있으려는가?
언제까지 그대는 울부짖을 것인가?

아직도 나는 인간의 언어밖에 아무것도 가지지 못하였으므로
그것으로 그대의 꿈을 이야기할 뿐.

기억해보라, 내 영혼이여,
내 얼마나 많은 날들을 그대의 가르침에 귀기울였던가.
똑똑히 보라, 내게 번민을 안겨주는 그대여,
그대를 따르느라 내 육신이 얼마나 지치고 허약해졌는지를.
내 마음은 군주처럼 당당했으나
이젠 당신의 노예가 되었고,
나의 인내는 평화를 주는 것이었으나
이젠 나의 형벌이 되었노라.
나의 젊음은 친구처럼 호의적이었으나
오늘은 나의 비난자가 되었다네.
이 모든 것들은 신이 주신 것이니
그대는 더 이상 무엇을 바라는가.

나는 내 자신을 부정하고
삶의 기쁨도 포기하였노라.
그리하여 저 영광의 세월로부터 비켜섰으니
이제 당신을 제외하고 나에겐 아무것도 남지 않았다.
심판해다오, 이제, 공정하게,
공정함이란 그대의 광채이니,
아니면 죽음을 허락해달라, 그대의 감옥으로부터
나를 자유롭게 풀어달라.

내 영혼이여, 자비를,
그대는 내가 가져갈 수도 없는
사랑이란 짐을 지워 씌웠었다.
그대와 사랑은 하나의 힘으로 존재하지만
나와 내 육신은 두 개의 힘으로 나누어졌다.

강한 힘과 약한 힘이 싸움을 한들, 그것이 영원하겠는가?

내 영혼이여, 내게 자비를,
그대는 먼빛으로 나에게 행운을 보여주었다.
행운은 그대와 함께 높은 산 위에 있으나
나는 불운의 깊은 골짜기에 있노라.
그 높고 낮음이 서로 만날 수 있겠는가?

내게 자비를, 영혼이여,
그대는 나에게 아름다움을 보여주고는
곧바로 그것을 감추었다.
그대는 아름다움의 빛 속에 있으나
나는 무지의 어둠 속에 있다.
그 빛과 어둠이 합쳐질 수 있는가?

오, 그대 나의 영혼이여, 그날이 오기도 전에
그대는 내세의 기쁨에 취해 있다.
이 육신은 아직도
삶의 한가운데서 절망하고 있는데.

그대는 무한을 향해 질주하고 있다.
이 육신은 파멸의 발길 아래 비틀거리고 있는데
그대는 한곳에 오래 머물지 않으며 서두르지도 않는다.
오, 영혼이여, 이것은 절망의 극치로다.
그대는 하늘까지 높이 올려지고
내 몸은 지구의 힘에 이끌려 점점 아래로 떨어진다.
그대는 그런 나를 위로하지도 않으며
또한 육신이야 어찌 되든 개의치 않는다.
이것이, 내 영혼이며, 증오인 것이다.

나의 영혼인 그대는 지혜가 넘치는데
이 육신은 턱없이 무지할 따름이다.
그대는 너그러움으로 타협하지 않고
또한 너그러움도 그대를 따르지 않는다.
내 영혼이여, 이것이 불행의 전부이다.

그대는 사랑하는 사람을 향해
고요한 밤길을 거닌다.
또한 그의 포옹과 사랑에 기뻐한다.
이 육신은 영원토록
이별과 그리움에 학살당할 뿐이다.
나에게 자비를 내려다오, 영혼이여.

한 친구의 이야기

1

나는 인생의 이정표를 잃어버린 한 젊은이를 알게 되었다.

그는 젊음의 패기에 이끌려 욕망을 추구하다 못해 죽음마저 유혹하는 그런 사람이었다. 그는 마치 관능적인 욕망의 불가해한 바다를 향해 휘몰아치는 환상의 바람이 피워낸 한 송이 꽃과 같았다.

시골 작은 마을에서 유년기를 보낸 그는 아무 이유 없이 새들의 둥지를 부수고 어린 새끼들을 죽이는 잔인한 소년이었다. 툭하면 꽃들을 짓밟아버리기도 했다. 학창시절에는 학문과 평화의 적들을 경멸하며 사춘기를 보냈다. 훗날 그는 도시로 가서 상실의 시장에서 아버지의 명예를 팔고 수치의 장소에서 부를 낭비하며 술의 유혹에 빠진 젊은이가 되었다.

그래도 나는 그를 사랑하였다. 아, 나는 슬픔과 연민으로 뒤얽힌 복합적인 감정으로 그를 사랑하였다. 나는 그의 실수들이 진심에서 우러나온 영혼의 결실이 아니라 약하고 절망적인 영혼의 행위였기에 그를 사랑하였다.

오, 사람들이여, 우리의 영혼은 무심코 지혜의 길을 피하지만 결국 스스로 그 길로 되돌아오는 법이다. 무릇 젊음은 먼지와 모래를 휘몰아치는 회오리

바람 한가운데 있기 때문에 그 영혼을 눈멀게 하는 것이다.

나는 그 젊은이가 영혼이 따뜻한 사람이라 느꼈다. 자신의 사악한 부분과 싸우고 있는 양심의 비둘기를 보았기 때문이었다. 그 양심의 비둘기는 때론 그보다 강한 힘에 패배하곤 했지만 비겁함이 그 이유는 아니었다. 그 양심은 정당하면서도 약한 심판관이었고 양심의 약함이란 그 판단을 실천하는 과정에서 나타나는 법이다.

나는 그를 사랑했다고 고백하였다. 그러나 사랑은 여러 가지 모습으로 나타나게 마련이다. 종종 사랑은 지혜처럼 다가오고 어느 때는 정의로 나타나며 또 어느 때는 희망의 모습으로 다가오기도 한다. 그 젊은이에 대한 나의 사랑은 희망 같은 것이었는데, 이를테면 그가 강렬한 태양빛에 의해 일시적인 슬픔의 암흑에서 벗어났으면 하는 것이었다. 그러나 나는 알지 못하였다. 언제 어느 때 불결함이 깨끗해질 것이며, 잔인함이 친절함이 될 것인지, 또한 무지가 지혜로 변할 것인지를. 어떻게 하면 인간의 영혼이 물질로부터 자유롭게 되는지, 일단 그가 자유로워진 이후에야 비로소 알게 되는 것이다. 아침이 온 뒤가 아니면 꽃이 어떻게 미소짓는지 인간이 어떻게 알겠는가.

2

세월은 암흑 속에서 흘러갔다. 나는 번민에 찬 가슴으로 그 젊은이를 기억하면서 그의 이름을 불러보았다. 그리고 어제 한 통의 편지를 받았다.

"나에게 와주오, 친구여. 당신에게 소개하고 싶은 한 젊은이가 있소. 그를 만나면 당신은 분명 영혼의 기쁨을 알게 될 것이오."

나는 편지를 읽고 이런 생각을 해보았다.

"아! 그는 우리의 슬픈 우정에 자기를 닮은 또 하나의 교우 관계를 덧붙이고자 하는가? 그 자체가 스스로 잘못된 낱말로 이루어진 하나의 예문이 아닌가? 지금 그 예문의 여백에 새로운 친구의 낱말들까지 끼워넣고자 하는 것인가? 물질의 책 속에 적힌 단 한 글자라도 내 곁을 빠져나가지 못하도록 하기 위하여?"

그러나 다음 순간 나는 생각을 바꾸었다.

"나는 가리라. 아마도 그 영혼의 지혜라는 것도 엉겅퀴 속의 무화과와 마찬가지라는 것을 발견하게 되겠지만, 사랑으로 충만한 가슴은 어둠으로부터 빛을 끌어내게 되리라."

저녁 무렵, 나는 그 젊은이에게 갔다. 그는 방 안에서 시집을 읽고 있었다. 나는 그가 손에 책을 들고 있다는 사실에 놀라움을 감추지 못한 채 그에게 물었다.

"그런데 그 새로운 친구는 어디 있습니까?"

"내가 바로 그 사람입니다. 친구여, 내가 그 새로운 친구입니다."

그는 거듭 같은 말을 되뇌었다. 그는 내가 일찍이 그에게서 본 적이 없는 고요함 속에 침잠해 있는 모습이었다. 잠깐의 침묵이 흐른 뒤, 그가 나를 바라보았다. 그 눈동자 속엔 사람의 가슴을 찌를 듯한 이상한 빛이 감돌고 있었다. 오랫동안 거칠고 냉혹한 빛을 발하던 그 눈동자에는 사랑의 빛이 넘쳐흘렀다. 그는 마치 딴사람이라도 된 것처럼 달라진 목소리로 말했다.

"일찍이 당신의 소꿉동무였고 젊은 시절을 함께 보냈던 그 사람은 죽었답니다. 정말입니다. 그의 죽음으로부터 나는 태어났습니다. 이제 우리 악수를 합시다."

나는 그의 손을 잡으며 따뜻한 피가 통하는 영혼을 느낄 수 있었다. 아, 그 딱딱하고 차갑던 손이 한없이 온유하고 부드러워져 있었다. 예전엔 표범의 발톱과 같았던 손가락들이 이제는 가슴을 어루만지는 따스한 빛처럼 느껴졌다. 다시 나는 그에게 물었다. (내 말의 어색함을 나는 영원히 기억하게 되리라.)

"당신의 정체는 무엇이지요? 도대체 무슨 일이 일어났기에 당신이 이렇게 되었나요? 성령이 당신을 천국으로 데려가 성화(聖化)시킨 건가요? 아니면 당신은 지금 내 앞에서 시인 행세라도 하는 것입니까?"

그는 내 물음에 이렇게 대답하였다.

"아, 내 친구여, 당신 말대로 성령이 강림하여 나를 정결하게 씻겨주었답니다. 어떤 위대한 사랑이 내 가슴을 순결한 제단으로 만들었습니다. 바로 여성의 힘이었습니다. 이전까지만 해도 나는 여성이란 남자들의 노리개에 불과하다고 생각했습니다. 그런데 한 여성이 나타나 나를 어둠의 함정으로부터 해방시켜 주었고, 내게 천국의 문을 열어주었답니다. 그 진실한 여인은 나를 그녀의 사랑하는 조국 요르단으로 데려가 세례까지 받게 해주었습니다. 더구나 어리석게도 자신의 자매들을 농락했던 나를 영광의 보좌에까지

앉혔습니다. 또한 그녀는 자신의 동료들을 분별없이 약탈했던 나를 사랑으로 정화시켜 주었습니다. 그리고 자신의 동족들을 분별없이 노예로 만들었던 내 죄를 그녀의 아름다움으로 씻어주었습니다. 그녀는 자신의 욕망 때문에 에덴동산에서 첫 번째 남자를 추방시켰고, 그 남자의 약함은 다시 그녀의 연민을 자극하여 나를 에덴으로 되돌아올 수 있게 한 것입니다."

나는 그 순간 그 눈동자에 서린 눈물, 입술 위에 어리는 미소, 머리 위에 얹혀진 왕관 같은 사랑의 광채를 보았다. 나는 그에게 가까이 다가가 그의 이마에 축복의 입맞춤을 해주었다.

나는 그의 말을 속으로 되뇌며 작별을 고했다.

"그녀는 자신의 욕망 때문에 에덴동산에서 첫 번째 남자를 추방시켰고, 그 남자의 약함은 다시 그녀의 연민을 자극하여 나를 에덴으로 되돌아올 수 있게 한 것입니다."

환상과 진실

인생은 우리를 이리저리 끌고 다니고, 운명은 수시로 우리를 조종하려 든다. 우리가 가는 길에는 사방에 장애물이 깔려 있다. 또한 곳곳에서 우리를 두렵게 만드는 목소리가 들려온다.

아름다움의 여신이 우리 앞에 나타나 영광의 보좌에 앉으면 우리는 가까이 다가간다. 그리고 그리움의 이름으로 우리는 그녀의 옷깃을 더럽히고 그 순결한 왕관을 빼앗는다.

사랑이 정중하게 옷을 차려 입고 우리 곁을 스쳐가면, 우리는 두려움에 떨며 어두운 동굴 속으로 몸을 숨기거나 혹은 사랑의 이름으로 사악한 짓들을 저지르며 그녀를 뒤쫓는다.

무거운 멍에를 쓴 현자(賢者)가 우리들 가운데로 온다. 그 발걸음은 꽃의 숨결보다 더 부드럽고 레바논의 미풍보다 더 온화하다.

지혜는 군중들이 모인 거리의 모퉁이에서 우리를 부른다. 그러나 우리는 그러한 부름을 하찮게 생각하며 오히려 지혜를 따르는 자들을 경멸한다.

지혜는 자신의 식탁에 푸짐한 음식을 차려놓고 우리들을 부른다. 우리는 그곳에 가서 마음껏 먹고 마신다. 곧 그 식탁은 시시껄렁한 기회와 굴욕의 장소가 되어버린다.

자연은 아름다움 속에서 기쁨을 찾으라고 우리에게 우정의 손길을 내밀지만 우리는 그 고요함이 두려워 도시로 도망치고 으르렁거리는 늑대 앞에서 떨고 있는 양떼들처럼 정신없이 뒤엉켜 있다.

진실은 어린아이의 미소에 이끌리듯 우리를 찾아와 사랑의 입맞춤을 보낸다. 그러나 우리는 진실을 향해 부드러움의 문을 닫아버리고 오히려 불결한 것을 대하듯 팽개쳐버린다.

영혼은 우리의 가슴에 구원을 요청하지만 우리는 마치 돌덩어리에 대고 호소하는 것처럼 아무것도 듣지 못하고 아무것도 이해하지 못한다.
그리고 어떤 사람이 자신의 가슴의 절규와 영혼의 부름을 들었다고 하면, 우리는 그를 미친 사람 취급하며 오히려 그를 멀리한다.
그런 식으로 우리는 수많은 밤을 흘려보낸다. 그리하여 우리는 매일 밤과 낮을 두려움 속에서 맞이한다.
대지의 신들은 우리의 친척이다. 그러나 우리는 생명의 빵을 놓쳐버렸다. 그리하여 굶주림이 우리의 힘을 먹어치운다.
삶이란 얼마나 달콤한 것이며, 또한 우리는 삶으로부터 얼마나 멀리 있는 것인가!

나를 비난하는 사람에게
나를 비난하는 자여, 내 고독을 방해하지 말아다오.
사랑받는 자의 아름다움에
영혼을 동여매는 그런 사랑으로,
내 그대에게 탄원하노라.
그대의 가슴과 모성의 부드러움을
하나로 읽어주는 그런 사랑으로,
어린아이의 애정으로 그대를 끌어당기는 그런 사랑으로,
내 그대에게 기도하노니,

그만 나를 놓아달라.
아름다움을 위하여, 내 꿈을 위하여
나는 내일을 기다릴 것이며
그리고 운명은 그의 뜻대로 나를 심판하리라.

그대가 나에게 준 충고와 조언들,
그것들은 한낱 유령과 같은 것이어서
혼돈의 거처로 영혼을 이끌고
땅처럼 차가운 삶으로 영혼을 인도하는 것.

나는 아주 작은 심장을 가졌지만
내 가슴의 어둠으로부터
그것을 자유롭게 하고
그 깊이와 비밀을 탐구하며
내 손바닥 안에 그것을 간직하련다.
나를 비난하는 자여,
그대의 화살로 내 심장을 쏘지 말아다오.
두려운 일이 일어나지 않도록
비밀의 피를 쏟아버리지 않도록
늑골의 둥지 안에 그것을 감춰놓으라.
그리하여 신이 내린 사랑과 아름다움으로 심장이 고동칠 때
나 또한 신의 뜻을 따르리라.

태양이 떠오르자
밤 꾀꼬리가 지저귀며
도금양의 혼이 날아오른다.
나는 하얀 양들과 더불어 방랑하기 위해
잠의 덮개를 벗어 던지리라.
나를 비난하는 자여, 숲 속의 사자와
계곡의 독사들이 나를 겁먹게 하지 말아달라.

내 영혼은 공포를 알지 못하며
악마가 오기 전엔 그 어떤 위험도 눈치채지 못하노라.

나를 내버려두라, 나를 비난하는 자여.
나를 설득하지도 말아다오.
사랑이 내 눈동자를 밝혀주었고
눈물이 내 시야를 열어주었으며
슬픔은 나에게 가슴의 언어를 깨우쳐주었노라.

사물의 노래들을 억압하지 말아다오.
양심은 나를 정의롭게 판단해 줄
법정과도 같은 것.
내가 순결하다면 나를 벌하지 않을 것이며
내가 죄를 지었을 땐 내게서 은총을 거두어가리라.

사랑은 줄지어 자신의 길을 가고
아름다움도 천상의 모습으로 길을 건네.
그리고 젊음은 기쁨의 뿔피리를 불어대니
나를 방해하지 말아다오, 나를 비난하는 자여,
나의 길을 가로막지 말라.
그 길은 장미꽃과 향기로운 약초들이 우거져 있고
사향 내음이 대기를 가득 채우고 있다.

부(富)와 영광의 이야기들로부터 나를 자유롭게 해달라.
내 영혼은
신들의 영광만으로도 충분히 만족스럽고 분주하다.
허세나 지위 따위로부터 나를 초연하게 해다오.
이곳에 있는 모든 땅이 다 내 영혼이며,
모든 사람이 다 내 고향사람인 것을.

독백

내 사랑이여, 그대는 어디에 있는가.
어린아이가 어머니의 젖가슴을 사랑하듯이
당신은 사랑하는 꽃들에게 물을 주면서
그 작은 정원 어디에 있는가.
아니면 내 영혼과 가슴을 바친
당신의 그 순결한 제단에 있는가.
아마도 당신은 신들의 지혜를 수확해놓은
당신의 책들 사이에 있는지도 모른다.
그토록 지혜가 풍부한 당신이기에.

내 영혼의 동반자여, 그대는 어디에 있는가.
그 어느 성소에서 나를 위하여 기도하고 있는가.
아니면 자연을 노래하며 초원에 머물고 있는가.
당신의 경이와 꿈의 안식처인 그곳에,
혹은 아마도 불행에 빠진 사람들의 집에 있는가.
그대의 부드러움으로
조각난 심장들을 위로하면서
자비의 손길로 그들을 어루만져 주는가.
그대는 신의 영혼을 갖고 있기에 모든 곳에 존재하고
그대는 시간 그 자체보다 크고 강하기에
모든 시간 속에 존재한다.

우리가 하나로 결합했던 밤을 기억하는가,
그대 영혼의 빛이 후광처럼 우리들 머리 위에 서렸던 밤을.
또한 만물의 영혼 가운데 찬양하면서
하늘 아래 떠다니던 사랑의 천사들을 기억하는가

마치 갈비뼈가 성스러운 심장의 비밀을 감추듯이
사람들의 시선으로부터 우리를 숨겨주고

시원한 그늘을 내려주던 나뭇가지 밑에
우리가 앉아 있던 나날을 기억하는가.
그리고 우리의 안식처를 우리들 자신 속으로 옮기듯이
서로의 머리를 기댄 채
우리가 손을 잡고 걸었던
그 오솔길과 비탈길들을 기억하는가.

내가 그대에게 작별을 고하러 갔던 순간을 기억하는가.
그대는 나를 껴안고 성모의 입맞춤 같은 키스를 해주었지.
그대 입술이 닿는 그곳에서
혀는 알지 못하는 성스러운 비밀이 터져나오는 것을
나는 들었노라.

한숨의 전주곡 같은 그대의 입맞춤은
전지전능한 분이 진흙 속에 불어넣어
그것으로 인간을 만든
그런 숨결이었다.

그리하여 그 한숨은 하나된 우리 영혼의 영광을 선언하면서
피안의 세계를 향해 앞장서 갔노라.
그리고 한숨은 우리와 결합하여 일체가 될 때까지
영원히 사라지지 않으리라.

그대는 다시 한 번 입맞춤하며 나를 껴안았다.
그리고 눈물을 흘리며 말했지.
"모든 지상의 육신들은 알 수 없는 욕망의 덩어리.
때로는 세속적인 목적 때문에 헤어지기도 합니다.
혹은 세속적인 이유 때문에 이별할 때도 있지요.
그러나 모든 영혼은
죽음이 그를 신에게 인도해 줄 때까지

안전하게 사랑의 손 안에 있는 것입니다.
그러니 가세요, 내 사랑,
삶이 그대를 자신의 대표자로 파견하는 것이니.
가세요, 삶의 뜻에 복종하세요.
운명의 여신은 자기를 따르는 사람들에겐
환희로 가득 찬 천국의 강물을 마시도록 합니다.
당신의 사랑은 나에게 우울한 기다림과
당신에 대한 기억, 영원한 결혼을 주었답니다."

친구여, 그대는 지금 어디 있는가.
고요한 한밤중에 잠에서 깨어
내 심장의 고동소리와 가슴속 깊은 생각들을
그대에게 전해줄 바람을 기다리고 있는가.
혹은 그대의 젊은 시절 사랑의 초상을 보고 있는가.
그 초상은 이제 더 이상 예전의 모습이 아니리라.
슬픔은 이미 자신의 그림자를
어제 당신의 현존을 그토록 반기던 그 얼굴 위에 던져버렸다.
또한 눈물은 당신의 아름다움을 특별히 빛내주었던
눈동자를 시들게 하고
비탄은 사랑의 입맞춤으로 촉촉했던 입술을 메마르게 했노라.

사랑이여, 그대는 어디에 있는가.
바다 저편에서 나의 절규를 듣고 슬퍼하고 있는가.
나의 허약하고 치욕적인 모습을 보라.
그대는 나의 인내하는 모습을 보고 있는가.
우주에는 죽어가는 자의 마지막 숨을 지탱해줄 영혼들이 없단 말인가.
영혼들 사이엔
병든 애인의 탄식을 끌어낼
숨겨진 밧줄도 없다는 것인가

어디에 있는가, 사랑하는 사람이여.

어둠은 나를 감싸고, 슬픔은 승리자가 되었노라.

공중을 향해 미소를 날려다오, 그러면 나는 생기를 되찾게 되리라.

그대의 숨결을 하늘로 뿜어다오, 그러면 나는 살 수 있으리라.

어디에 있는가, 사랑하는 이여, 어디에······

오, 사랑은 얼마나 강한가,

또한 사랑은 얼마나 나를 움츠러들게 하는가!

만남

밤하늘이 보석 같은 별빛으로 치장을 끝마쳤을 때 나일강의 계곡으로부터 투명한 날개를 단 요정이 찾아왔다. 그녀는 은빛으로 물든 지중해 한가운데 높이 떠오른 구름의 왕좌에 앉았다. 바로 그녀의 앞에는 하늘나라 영혼들이 "성스럽도다. 성스럽도다. 영광이 땅을 가득 채우는 에집트의 딸이여, 성스럽도다" 하고 찬양하며 무리 지어 지나갔다.

그러자 삼나무숲 속에 있는 물기둥의 입구에서 천사들의 보살핌을 받으며 태어난 한 젊은이의 모습이 솟아올랐다. 그는 요정의 옆자리에 앉았다. 다시 영혼들의 무리가 그들 앞으로 지나가며 찬양의 노래를 불렀다. "성스럽도다. 성스럽도다, 그 영광이 시대를 가득 채우는 레바논의 젊은이여."

그리고 연인은 서로의 손을 잡고 눈동자를 들여다보았다. 그러자 바람과 파도는 이 땅의 모든 곳에서 하나가 되며 결합을 이루었다.

오, 아이시스의 딸이여, 그대의 영광은 완벽합니다. 그대에 대한 나의 사랑은 얼마나 위대한지요!

오, 이슈타르의 아들이여, 당신은 모든 젊은이들 중에서 가장 사랑스럽습니다. 그대를 향한 나의 그리움은 얼마나 큰지요!

내 사랑은 당신 나라의 피라미드와 같다오. 내 사랑, 세월도 그것을 파괴하지는 못할 것입니다.

내 사랑은 당신 나라의 삼나무와 같다오. 사랑하는 사람이여, 어떤 자연의 힘도 그것을 쓰러뜨리지는 못할 것입니다.

지상의 현자들이 그대의 지혜로움을 음미하고 그 비밀을 알아내기 위해 사방에서 오고 있습니다. 또한 지상의 위대한 인물이란 인물은 모두 그대가 빚은 아름다움의 술을 마시고 그대의 신비를 깨우치기 위해 먼 나라로부터 오고 있습니다.

사랑하는 이여, 진실로 그대의 손바닥은 풍요의 보고이자 원천입니다.

사랑하는 이여, 진실로 그대의 두 팔은 감미로운 물의 근원입니다. 신선한 미풍조차 그대의 숨결에서 비롯됩니다.

나일강의 궁전이며 사원들은 그대의 영광을 선언하고, 저 무시무시한 공포의 아버지 스핑크스도 그대의 위대함을 증거하고 있답니다. 내 사랑이여. 삼나무들은 그대 가슴의 고귀한 표적이며 그대 주변의 탑들은 그대의 용맹스러운 위력을 찬미하고 있답니다. 내 사랑이여.

그대의 사랑은 얼마나 크고 훌륭한 것이며 또한 그대에게서 찬양받고자 하는 희망은 얼마나 감미로운 것인지요, 사랑이여!

그대는 얼마나 너그러운 동반자이며 만족스러운 배우자인지요! 그대의 선물은 또 얼마나 멋지고 귀한지요! 그대가 내게 보낸 젊은이들은 마치 깊은 잠에서 깨어나게 하는 각성과 같았습니다. 그대는 내 민족의 연약함을 극복하게 하려고 용맹스런 사람을 보냈고 그들을 교육시키기 위해 현자를 보냈으며 그들의 영혼을 단련시키기 위해 고결한 사람을 보내주었습니다.

이제 그대에게 씨앗을 보내니 그것을 꽃피우소서. 그리고 어린 새싹들을 보내니 튼실한 나무로 키워주소서. 그대야말로 장미와 백합들에게 생명을 주고 삼나무들을 키워내는 처녀지(處女地)이기 때문입니다……

삶의 놀이터

아름다움과 사랑을 꿈꾸며 움직이는 한순간은 약자들에게 빼앗은 화려함으로 가득 찬 강자들의 시대보다도 더욱 위대하고 귀중한 것이다.

바로 그런 순간으로부터 인간의 신성은 솟구친다. 혼란스런 꿈의 베일에 가려진 시대에는 그러한 신성이 깊은 잠에 묻히게 된다.

아름다움과 사랑을 꿈꾸며 움직이는 바로 그런 순간에 우리의 영혼은 인간의 법률로부터 자유롭게 되며, 약자들을 억압하는 강자들의 화려함으로 가득 찬 바로 그런 시대에 우리의 영혼은 멸시의 벽에 갇혀 압제의 사슬에 짓눌리게 된다.

아름다움과 사랑의 그 순간은 솔로몬의 노래나 산상수훈, 혹은 앨프레드 서정시의 요람과도 같다. 그러나 강자들의 한 시대는 바알베크의 사원들을 파괴하고 팔미라의 궁전과 바빌론의 탑들을 파괴했던 맹목적인 힘이 존재하는 세계이다.

가난한 사람들의 권리가 사장되었음을 애도하고 정의의 상실을 슬퍼하는 가운데 영혼이 보낸 하루는 부자들이 쾌락에 탐닉하며 잃어버린 세월보다 훨씬 더 고귀한 것이다.

그런 영혼의 하루는 마음을 불로 정화하고 마음을 그 빛으로 가득 채워주지만 부자들의 그런 시대는 검은 날개로 마음을 봉합하여 땅 속 깊이 매장시켜버린다.

영혼의 하루는 사나이의 날이며 갈보리의 날이며 대탈주의 날이다. 그러나 쾌락의 시대는 네로가 죄악의 장터를 지나가고, 코라가 탐욕의 재판대 위에 영혼을 세우고, 또한 돈 주앙이 육체적 욕망의 무덤 속에 영혼을 묻었던 날들과 같다.

인생은 그런 것이다. 어두운 운명의 무대 위에서 비극처럼 연출되기도 하고 찬송가처럼 대낮에 불려지기도 한다. 그리고 결국은 하나의 보석처럼 무한정 보호되는 것이다.

시인

그는 이승과 내세를 이어주는
하나의 고리.
갈증을 몰아내는 향기로운 연못.
아름다움의 강가에
심어진 나무 한 그루.
굶주린 영혼들의 희망인 잘 익은 과실이 열린 나무.

언어의 가지를 타고 앉아
희망을 노래하는 한 마리 새.
그 노래로 부드러움과 감미로움을 만물에

가득 채워주는 새.
저녁 무렵 하늘에 떠 있는 하얀 구름.
하늘을 채우기 위해 솟구쳐 오르고
그 다음 인생의 들판에 핀 꽃들 위로
상금을 뿌려준다.

신들의 방식을 인간에게 가르치기 위해
인간 세상에 내려온 하늘의 천사.
어둠 속에서도 소멸되지 않는 한 점 빛나는 불빛.
이슈타르가 기름을 채웠고
아폴로가 불을 붙여준 환한 등불.

홀로,
그는 단순함의 옷을 입고
마음속으로 부드러움을 품고 있다.
그는 대자연의 무릎에 앉아 신의 섭리를 배우고
영혼의 강림을 기다리며
밤의 고요함 속에 깨어 있다.
그는 감정의 정원에 씨앗을 뿌리는 농사꾼.
그곳에서 씨앗들은
창고에 모아둘 심장의 양식으로 자란다.

시인이란 당대에는 주목받지 못하는 존재,
그리고 하늘의 거처로 되돌아가기 위하여
마침내 이 세상을 떠남으로써 알려지는 존재.

세상 사람들에겐 단지 작은 미소만을 기대하는 사람이 시인이다.
시인의 숨결은
살아 있는 환상으로 아름다움을 피워올리며
하늘을 가득 채운다.

그러나 사람들은 시인이 살 곳을 허락하지 않는다.

오 인간이여, 언제쯤이면
피와 흙을 빚어내는 시인들을 위해
명예의 집을 지어줄 것이며
오, 존재여, 언제까지
평화와 안식을 주는 시인들을 피할 것인가?
언제까지 당신들은
살인과 압제의 권력을 휘두르며 모가지를 굽히게 하는
저들을 찬양할 것인가?
밤의 암흑 속에서도 눈빛을 빛내며
그대들에게 대낮의 찬란함을 보여주려고 하는
시인들을 잊어버릴 것인가?
그들의 생애는 불행 속으로 지나가고
그 행복과 기쁨은 그대 곁에 머물지 않는데.

그리고 그대, 오 시인들이여,
삶 중의 삶이여.
그대들은 온갖 폭정에도 불구하고
한 시대를 정복하였다.
그리고 미망의 가시덤불에서
월계관을 얻었도다.
비록 사람들의 마음을 정복한 제왕이지만
그대의 왕국에는 꽃이 없도다.

아기 예수

어제 나는 이 세상에 홀로 버려진 몸이었습니다. 오, 사랑하는 이여, 나의 외로움은 마치 죽음처럼 무자비한 고통을 안겨주었어요. 나는 막강한 바위 그림자 속에 자라나는 한송이 꽃처럼 고독했지만 삶은 나의 존재를 외면해 버렸습니다. 그리하여 나 또한 삶의 존재를 거들떠 보지도 않았지요.

오늘 나의 영혼은 깨어나서 바로 옆에 서 있는 당신을 바라보았습니다. 영혼의 표정은 밝게 빛나고 있군요. 영혼은 마치 목동이 타오르는 숲을 바라볼 때처럼 당신께 엎드렸습니다.

어제는 공기의 감촉이 무척 차갑고 햇빛도 약했지요. 안개가 땅의 얼굴을 가렸고 파도소리는 폭풍의 울부짖음 같았습니다.

그래서 나는 고통에 잠긴 나 자신밖에는 볼 수가 없었지요. 바로 그 순간 어둠의 그림자가 마치 굶주린 까마귀떼처럼 내 주위로 치솟다가 떨어져내렸습니다.

오늘 공기는 투명하고 삼라만상은 햇빛으로 가득 찼으며, 바다의 파도는 잔잔하고 구름도 걷혔습니다. 어디에서나 나는 당신을 볼 수가 있고, 마치 고요한 호숫가에서 얼굴을 씻는 새가 내던지는 물보라 같은 삶의 비밀이 당신 주변에서 빛나고 있음을 봅니다.

어젯밤 나는 마음속에 깃든 소리 없는 한마디 말이었습니다. 그러나 오늘 나는 환희에 찬 노래가 되었습니다. 다만 이것은 한 번의 눈짓이나 한마디 말, 한 번의 한숨이나 한 번의 입맞춤을 통해 한순간에 지나가버립니다.

그런 순간은 내 영혼의 오랜 과거를 미래와 결합시켜줍니다. 사랑이여, 그것은 마치 어두운 땅 속에서부터 대낮의 햇빛 속으로 피어오르는 한송이 백장미처럼 귀하고 아름다운 순간이었습니다. 어쩌면 그 순간은 내 삶에 있어서 예수의 탄생과도 같은 것이었습니다. 왜냐하면 그 순간만큼은 내 영혼에 순수와 사랑이 가득했기 때문입니다. 그것은 심연과도 같은 어둠을 빛으로 변화시켜 주었고 절망을 행운으로 뒤바꾸어 주었으니까요.

사랑의 불꽃은 다양한 모습으로 하늘에서 내려오지만 땅 위에 찍히는 표식은 한 가지뿐입니다.

한 인간의 가슴을 밝혀주는 작은 불꽃은 민족의 어둠을 밝히기 위해 하늘에서 내려온 위대한 불꽃과도 같은 것입니다. 왜냐하면 한 영혼에 깃든 모든 욕망과 감정들은 온 인류의 영혼 속에 깃든 것과 조금도 다르지 않기 때문입니다.

내 사랑이여, 유다의 자손들은 이민족의 속박으로부터 벗어나려고 전능하신 분의 강림을 기다려왔습니다. 그 위대한 영혼은 주피터와 미네르바를 숭배하는 그리스에서는 어떤 가치도 발견하지 못하였으며 그들에게는 어떤 만족도 줄 수 없다는 것을 알았습니다.

그리고 아폴로의 신성함은, 로마에서는 숭고한 사상으로 받아들여졌지만 인간적인 감정과는 너무나 멀리 떨어져 있다는 것을 발견한 것입니다. 또한 시공을 초월한 비너스의 아름다움조차 이미 낡은 세대의 것임을 발견한 것이지요.

그들은 그 이유를 깨우치지도 못한 채로 물질의 세계를 초월하는 사건들 속에서 영적 가르침에 대한 갈망을 느꼈습니다. 그들은 태양의 빛과 삶의 아름다움을 이웃과 더불어 즐기도록 가르쳐주는 육신의 자유가 아닌, 또 다른 자유를 원했던 것입니다.

진정한 자유란 공포나 전율 없이 보이지 않는 힘으로 인간을 이끌어주는 것이기 때문이지요.

이 모든 것은 지금으로부터 2천 년이나 전에 있었던 일들입니다. 인간의 가슴속에 내포된 열망이 눈에 보이는 물질들 사이에서 갈팡질팡하고 우주적 영혼인 불멸의 존재 가까이 다가가기를 두려워하던 시기에 일어난 사건인 것입니다.

숲의 신인 판이 목동의 영혼에 두려움을 안겨주고, 태양의 신인 바알이 사제들을 충동질하여 신분이 낮고 힘없는 사람들의 영혼을 짓밟던 때의 일이지요.

어느 날 밤, 단 한 시간 만에, 아니 한순간에 모든 시대를 뒤엎는 사건이 벌어졌습니다.

왜냐하면 그 힘은 모든 시대를 단번에 압도할 만큼 강력했기 때문이지요. 성령의 입술이 열리고 성령과 더불어 시작되는 삶의 언어가 입술에서 흘러나왔습니다.

삶의 언어는 별빛과 달빛과 더불어 한 여인의 팔에 안긴 어린아이의 형상으로 강림하였습니다. 그곳은 양치기들이 양떼들을 밤의 위험으로부터 보호하기 위해 마련한 아주 작은 마구간이었지요.

구유의 마른 건초 위에서 잠든 한 아기가 있었습니다.

견딜 수 없는 속박의 무게로 인해 마음이 답답해진 군주는 자신의 보좌에 앉아 있었지요. 그 영혼은 성령에 굶주려 있었고 그 머리는 지혜를 갈구하고 있었지요.

어머니의 옷에 감싸여 있던 한 어린아이가 주피터의 손아귀에서 왕권을 부드럽게 빼앗아 양떼들과 함께 땅 위에서 쉬고 있는 가난한 목자에게 전해 주었습니다.

미네르바로부터 지혜를 빼앗아 호숫가 배 안에 앉아 있던 비천한 어부의 입술에 옮겨다 놓은 것도 바로 그 아기였습니다.

그는 자신의 슬픔으로 건져 올린 아폴로의 기쁨을 문 앞에서 애걸하며 서 있는 상처받은 영혼들에게 선사하였습니다. 그는 자신의 아름다움을 통하여 빼앗은 비너스의 아름다움을 타락한 여인들의 영혼 속에 심어주었습니다.

권력의 자리에서 바알을 끌어내리고, 땀 흘리며 들판에 씨 뿌리는 가난한 농부들을 그 자리에 앉힌 것도 그 아기였습니다.

사랑하는 이여, 지난날 이스라엘 민족이 겪었던 그 고통은 바로 내 고통이 아니겠습니까?

내가 밤의 고요함 속에서 나날의 속박으로부터 나를 해방시켜줄 구세주의 강림을 기다려왔다는 걸 아시나요?

영혼의 극심한 굶주림에 시달리는 그 옛날 동포들의 아픔은 나의 고통이 아니었나요?

나는 낯선 거리에서 길 잃은 어린아이처럼 삶의 행로에서 방황하지 않았던가요? 내 영혼은 바위에 뿌려진 씨앗처럼 새떼들이 쪼을 수도 없고 어떤 폭풍우도 파괴할 수 없으며 생명을 꽃피울 수도 없는 것이 아니었던가요?

이 모든 것은 내 꿈이 어두운 길목을 헤매며 빛 가까이 가는 것을 두려워했을 때 생긴 일이었습니다.

그러던 어느 날 밤의 단 한 시간, 아니 어느 한순간이 내 삶의 흔적들을 죄다 폐기시켜 버렸습니다. 왜냐하면 그 순간이 내 전 생애의 시간들보다도 더 아름다웠던 까닭입니다. 성령이 높은 곳에서부터 빛의 소용돌이를 이루며 강림하였고 당신은 눈동자를 들어 나를 응시하면서 당신의 언어를 들려주었습니다. 바로 그 응시와 그 언어로부터 사랑은 싹터, 나는 부서진 마음의 휴식처를 찾게 되었습니다.

전능하고 아름다운 사랑이 내 가슴의 구유 안에 깃들었고 자비의 옷으로 나를 감쌌습니다.

그 영혼의 가슴속에 부드러운 아기가 누워 나의 슬픔을 기쁨으로, 불행을 영광으로, 외로움을 즐거움으로 바꿔주었습니다.

높은 보좌에 한 왕이 올라 고귀한 음성으로 내 죽은 시간들에게 생명의 본질을 허락하고 눈물 흘리는 내 눈동자를 어루만져 빛을 주었습니다. 그의 오른손은 절망의 구렁텅이에서 건져 올린 희망을 움켜잡고 있었습니다.

사랑하는 이여, 밤은 길었지만 이제 새벽이 가까워졌습니다. 곧 낮이 될 것입니다. 아기 예수의 숨결이 하늘을 채우고 공중에 가득 찼습니다.

내 인생은 비통한 고뇌의 연속이었지만 이젠 환희로 물들기 시작했습니다. 이제 나의 삶은 축복으로 바뀌었습니다. 아기 예수의 두 팔이 내 심장을 감싸고 내 영혼을 껴안았기 때문입니다.

영혼의 결합
깨어나라, 내 사랑이여, 깨어나라!
내 영혼은 분노하는 바다 너머에서 그대를 부르고 있다.
내 영혼은 포효하는 성난 파도 위에서 날개를 활짝 펴고 있다.

깨어나라, 모든 것이 고요하다.
말발굽 소리와 행인들의 움직임도
잠잠해졌다.
잠이 사람들의 영혼을 감싸고 있다.
그러나 지금은 나만 홀로 깨어 있다.
잠이 나를 삼켜버리려 하지만 그리움이 나를 붙잡았기 때문이다.
환상의 세계가 나를 유혹하려 할 때도
사랑이 나를 그대 가까이 이끌었기 때문이다.

나는 의자에서 벌떡 일어났다. 사랑이여.
이불 속에 감춰진 안락의 그림자가 두렵기 때문이다.
읽던 책도 던져버렸다.
내 한숨이 책 속에 쓰인 구절들을 지워버려
책장마저 하얗게 텅 비어버릴까 두려웠기 때문이다.

사랑하는 이여, 깨어나라, 깨어나라, 그리고 내 이야기를 들어다오.

이제 나를 바라보라, 사랑이여,
나는 바다 건너 그대의 목소리를 들었고
그대의 날갯짓을 느꼈다.
나는 침대에서 일어나 풀밭을 거닐었고
밤이슬이 내 발과 옷자락을 적셨다.
편도나무 꽃그늘 아래 그대 앞에 서서
그대의 부름에 화답하고 있는 나를 바라보라.

이제 말을 해다오, 사랑하는 이여,
레바논의 골짜기로부터 나를 향해 불어오는 바람에
당신의 숨결을 얹으라.
시작하라, 나 말고는 아무도 그대의 이야기를 듣지 않으니.
밤은 삼라만상을 잠들게 하고
도시에 사는 사람들은 모두 깊은 잠에 빠져들었다.
지금은 나 홀로 깨어 있을 뿐이다.

하늘은 달빛으로 너울을 짜서
레바논의 영상을 새겨놓았다.
하늘은 밤의 외투를 맞춰 입고
공장의 연기와 죽음의 입김으로 그 선을 그렸다.
마지막으로 도시의 뼈다귀들을 그 옷깃 속에 감췄다.
마을 사람들은 호두나무 숲 속에 있는

오두막에서 잠들었으며
영혼은 꿈의 나라를 향해 서둘러 가고 있다. 내 사랑이여.

사람들은 황금의 무게로 등이 굽었고
탐욕으로 무릎이 허약해지고 말았다.
그들은 번민과 초조로 무거워진 눈을 감고
마침내 침대 위에 몸을 던져버렸다.
그들의 가슴은 불행과 절망의 망령들로 고통을 겪고 있다.

과거의 유령들이 골짜기를 배회하고
하늘에는 왕들과 예언자들의 혼령이 떠돌아다닌다.
생각은 내 기억의 장소들을 더듬어가며
칼데아의 권능과 아시리아의 자만심,
아라비아의 고귀함을 내게 보여주었다.

좁은 길 위엔 도적떼들의 어두운 그림자가 몰려다니고
갈라진 벽들의 틈 속에서는 색정의 화신인 독사가
대가리를 치켜들고 있다.
길모퉁이엔 병든 자의 숨결이
죽음의 고통과 뒤섞여 있다.
기억은 망각의 커튼을 찢어 올리며
소돔과 고모라의 그 혐오스런 광경을
내게 보여준다.

나뭇가지들이 흔들릴 때마다, 사랑이여,
사각사각 부딪는 잎사귀들의 소리가
깊은 산골 개울물의 웅얼거림과 뒤섞여
솔로몬의 노래와 다윗의 수금 가락
아라비아의 선율과 함께 들려오는 듯하다.
집안에 있는 아이들의 영혼은 전율하고

굶주림은 그들을 물어뜯는다.
불행한 어머니들은 근심에 잠겨
침대 위에 누워 있고
필요한 것에 대한 꿈들은
게으른 사람들을 겁에 질리게 한다.
울음과 절규로 육신을 가득 채우는
깊은 탄식과 쓰라린 한숨소리를 나는 듣는다.

백합과 수선화의 향기는 솟구쳐
재스민의 향내와 결합하고
삼나무의 감미로운 숨결과 입맞추며
꼬불꼬불한 언덕 너머로 산들바람을 타고 간다.
사랑으로 영혼을 가득 채우며
공중으로 비상하려는
그리움을 인내하면서.

좁은 골목길의 추악한 악취는
질병과 병폐와 뒤섞여
마치 숨겨진 화살처럼 은밀하게
감각을 상처 입히고 신선한 대기를 독으로 물들인다.

사랑하는 이여, 아침이 밝아온다.
잠에 취한 사람들의 눈동자를
따사로운 손길로 어루만지며
보랏빛 햇살은 언덕 위에서 솟아올라
삶의 찬란한 기운을 덮고 있던
밤의 휘장을 열어젖힌다.
골짜기에 몸을 기대고
평화로운 적막에 잠겨 있던 마을들도 깨어난다.
교회 종소리가 찬미가를 울리며

기도의 시간이 다가왔다고
경쾌한 울림으로 허공을 가득 채운다.
동굴은 메아리로 그 종소리들을 되울려준다.
흡사 모든 존재가 대자연의 기도 속에 서 있는 것 같다.

송아지들이 외양간에서 나오고
양들과 염소들도 우리를 나선다.
모두들 초원으로 달려나가
반짝이는 이슬방울에 듬뿍 적신 풀들을 먹는다.
목동들은 피리를 불며 앞서 가고
뒤로는 처녀들이 새들과 함께
아침이 오는 것을 반기고 있다.

사랑하는 이여, 이제 아침이다.
오밀조밀 늘어선 지붕 위로
하루의 무거운 손길이 얹힌다.
유리창에선 다시 커튼이 젖혀지고
모든 문이 활짝 열린다.

지친 눈망울의 고뇌 어린 표정들이 떠오르고
절망에 잠긴 영혼들은 일터로 향한다.
저마다 몸속에는 삶의 질량만큼 졸음이 깃들어 있으며
공포와 비참의 그림자가
마치 비틀거리는 것처럼
그 핍박받은 얼굴에 서려 있다.

탐욕스러운 영혼들이 저마다 바삐 움직이며
혼잡으로 신음하는 거리를 보라.
대기는 철컥이는 쇠붙이 소리와 바퀴 구르는 소리,
증기기관차의 기적소리로 가득 차 있다.

그리하여 도시는 강자와 약자가 싸우고
부자들이 가난한 자의 노동을 착취하는 아수라장이 되었다.

사랑하는 이여, 삶이란 그 얼마나 아름다운가!
마치 시인의 가슴처럼
빛과 영혼으로 가득 차 있으니.
사랑하는 이여, 삶이란 그 얼마나 잔혹한가!
마치 악인의 가슴처럼
죄악과 공포로 가득 차 있으니.

바람이여

어느 땐 기쁨의 노래를 부르고, 또 어느 땐 탄식의 눈물을 쏟는 그대여.

우리는 그대의 음성을 들을 수 있어도 보지는 못한다. 또한 그대의 존재를 느낄 수 있어도 눈으로 보지는 못한다.

그대는 바다와 같은 사랑으로 우리의 영혼을 적셔주지만 우리를 익사시키지는 않는다. 그대는 고요 속에서 우리의 심장을 뛰놀게 한다.

그대는 높은 곳으로 힘있게 불어 올랐다가 우아하게 골짜기로 하강하며 들판과 초원으로 퍼진다.

그대는 약한 자와 비천한 자들을 정의롭게 다스리는 자비로운 지배자와 같아서 강자와 힘센 자들을 다룰 때 종종 거칠어지기도 한다.

가을날 그대는 골짜기에서 한숨짓고 나무들도 그대와 더불어 탄식한다.

겨울날 그대는 몹시 거칠게 성내고 모든 대자연도 그대와 함께 고함치며 으르렁거린다.

봄날 그대는 약해지고 병들어 들판은 그 틈을 비집고 긴 겨울잠에서 깨어난다.

여름날 그대는 고요함의 수의를 걸치는데 우리는 태양의 열기 속에 매장된 그대를 죽은 것으로 잘못 알게 된다.

가을날 그대는 진정으로 한숨지은 것인가, 아니면 그대 자신이 발가벗긴

나무들의 부끄럼 타는 모습을 비웃는 것인가?

겨울날 그대는 진정으로 화가 난 것인가, 아니면 눈 덮인 밤의 묘지를 떠돌며 춤을 추는 것인가?

봄날 그대는 정말 병든 것인가, 아니면 멍하니 병든 사랑에 빠진 것인가, 혹은 계절의 젊음인 이때 사랑에 빠진 자의 뺨에 한숨 같은 숨결을 불어넣어 그를 잠에서 깨우려는 것인가?

여름날 그대는 진정 죽은 것인가. 아니면 과일들의 심장 속이나 포도넝쿨, 혹은 타작마당 주변에서 잠시 잠든 것인가?

그대는 대도시의 거리로부터 질병을 실어 오고 높은 곳에서 꽃의 영혼을 묻혀 온다.

그리하여 위대한 영혼들은 침묵 속에서 삶의 고뇌를 전파시킨다. 우리는 침묵 속에서 기쁨과 만나리라.

그대는 장미꽃의 귀에 대고 놀라운 비밀들을 속삭여준다. 때때로 그녀는 그대의 속삭임을 이해하고 고통스럽게 몸을 뒤틀거나 때로는 미소로 화답하기도 한다. 신들도 그와 같은 방법으로 인간의 영혼에 진리를 실어 나르는 것이다.

때때로 그대는 이쪽을 돌아보며 머뭇거리고 어느 땐 다른 곳으로 떠나기 위해 몹시 서두른다. 그대는 늘 어딘가로 달려가지만 한자리에 머무르지는 않는다. 인간의 생각 또한 마찬가지로 움직임 속에서 살다가 휴식 속에서 죽는다.

그대는 물의 얼굴 위에 시를 쓰고 곧이어 그것들을 지워 없앤다.

노래하는 시인들도 마찬가지다.

그대는 남쪽으로부터 사랑처럼 뜨겁게 오고

그대는 북쪽으로부터 죽음처럼 차갑게 온다.

그대는 동쪽으로부터 영혼의 애무처럼 부드럽게 다가오고

그대는 서쪽으로부터 증오심에 불타는 사람처럼 난폭하게 밀어닥친다.

그대는 노인처럼 변덕을 부리는 것인가, 아니면 인간의 숭배자가 되려는 하나의 방법인가?

그대는 분노에 차서 사막을 가로지르고 대상(隊商)들을 짓밟아 모래 무덤 속에 매장시켜버린다.

그대는 밝아오는 새벽, 나뭇잎 사이를 뚫고 가는 햇살의 홍수를 감추고 있는가?

그대는 꽃들이 그대의 사랑에 몸을 기울이고 초목들이 황홀하게 흔들리는 골짜기 너머로 꿈처럼 것인가?

그대는 종종 바다에 내려 그 깊은 심연의 평화를 휘젓고 다닌다. 그러면 바다는 분노에 차 솟구쳐오르며 그 큰 아가리로 선박이며 인간들을 삼켜버린다.

그렇다면 골목 사이를 달리며 어린애들과 놀던 그 온화한 친구는 그대가 아니었던가?

그대는 우리의 영혼과 마음속의 한숨들을 어디로 급히 데려가는 것인가?

우리의 미소들을 어디로 싣고 가는가? 무엇 때문에 우리들 마음속에서 타오르는 횃불들을 실어가는 것인가?

황혼 너머, 이승의 어딘가로 그것들을 데려가는 것인가? 아니면 그 횃불들이 희미하게 사그라질 때까지 저 아득한 동굴 속으로 제물처럼 끌고 들어가는 것인가?

우리의 영혼은 밤의 고요함 속에서 그 비밀들을 찾아내고 동틀 무렵이면 눈꺼풀을 깜박이며 모든 것을 희미하게 기억한다.

그대는 우리 영혼이 느끼는 것과 눈동자에 비친 그 모든 것들을 기억하고 있는가?

그대의 날개 사이에는 가난한 자들의 겁먹은 외침과 고아들의 울부짖음, 그리고 고통받는 여인들의 탄식만이 가득하다.

이방인은 그대의 옷주름 속에 자기 그리움을 의탁하고, 버림받은 사람은 슬픔을, 타락한 여인은 영혼의 울부짖음을 의탁한다.

그대는 이 남루한 사람들의 신뢰를 저버리지 않는 자인가?

그대는 그들의 외침과 아우성치며 흐느끼는 소리를 듣고 있는가? 아니면 자비를 구하며 허공에 내뻗친 손들을 외면하고 그 피맺힌 절규를 귓전으로 흘려듣는 인간 무리의 권력자처럼 무심한 것인가?

연인의 귀향

어둠이 내리자 적들은 도망치기 시작했다. 적들 가운데 대부분이 목숨을 잃었고 나머지는 칼에 찔리거나 창에 맞아 만신창이가 되어 있었다. 승리자들은 영광의 깃발을 높이 들고 돌아왔다. 그들의 말굽 소리와 함께 승리를 찬미하는 노래가 마치 쇠망치로 골짜기의 바위들을 두들기는 것처럼 우렁차게 울려 퍼졌다.

병사들은 좁고 긴 협곡 아래를 내려다보았다. 강물에 비친 달 그림자가 눈부시게 아름다웠다. 거대하게 치솟은 바위들은 군중들의 사기만큼이나 드높았고 삼나무숲은 지나온 과거의 시대가 레바논의 가슴에 달아주었던 영예의 훈장처럼 찬연하게 모습을 드러냈다.

병사들과 군중들의 행진은 한동안 계속되었다. 그들의 무기는 달빛을 받아 날카롭게 번쩍였으며 승리의 함성은 좀처럼 그칠 줄 몰랐다. 오르막길의 초입에 이르렀을 때 어디선가 낯선 말 울음소리가 들려왔다. 마치 바위들이 자기를 상처 입히기라도 하는 것처럼 한 마리 말이 회색빛 바위들 틈에서 꼼짝하지 않고 서 있었다. 말이 우는 이유를 알아보기 위해 가까이 다가갔던 사람들은 곧 피와 흙으로 뒤범벅이 되어 쓰러져 있는 시신을 발견했다. 병사들의 지휘관이 명령을 내렸다.

"그 사람 칼을 내게 가져오라. 칼을 보면 그 주인을 알 수 있다."

몇 명의 병사들이 말에서 내려 시신 주위를 살펴보았다. 잠시 후 그들 중 한 사람이 대장을 바라보며 이렇게 외쳤다.

"너무 세게 칼자루를 움켜쥐고 있어서 칼을 빼낼 수가 없습니다."

다른 병사가 그 말을 이었다.

"칼도 피범벅이 되어 어떤 금속으로 만들었는지 알아볼 수가 없습니다."

세 번째 병사도 한마디 거들었다.

"손과 칼자루에 온통 피가 엉겨붙고 칼날은 팔에 꽉 붙어서 한 덩어리가 되어버렸습니다."

그 말을 들은 지휘관이 말에서 내려 죽은 남자 곁으로 가 보았다.

"머리를 들어올려라. 달빛에 얼굴을 비춰보자."

병사들은 서둘러 그의 명령에 따랐고 죽은 병사의 얼굴이 곧 달빛에 고스란히 드러났다. 비록 죽음의 너울을 쓰고 있었지만 그 모습은 몹시 당당해

보였고 대담한 용기와 인내를 느끼게 해주었다. 병사의 얼굴은 남자다움의 표상이었다. 보일 듯 말 듯한 미소가 그 얼굴에 서려 있었다. 그것은 용기 있게 적과 맞서 싸우다 죽음을 맞이한 한 영웅의 미소였다. 그는 바로 그날 전쟁터에 있었고 승리의 선봉장으로 열심히 싸웠으나 자기 동료들과 함께 승리의 노래를 부르지 못하고 전사한 레바논의 영웅이었다.

병사들이 그의 투구를 벗기고 창백한 얼굴에서 전쟁의 흔적들을 말끔히 닦아 내자 지휘관의 입에서 신음소리가 흘러나왔다.

"알 사비의 아들이로군 아, 슬픈 일이야!"

병사들은 이름을 따라 부르며 한숨지었다. 승리의 술에 취해 한껏 마음이 부풀었던 그들도 이 한 사람의 영웅을 잃어버린 것이 승리의 영광보다도 더 큰 손실이라는 것을 느낄 수 있었다. 그리하여 모두들 순간적으로 침울한 분위기에 휩싸였다.

대부분의 병사들은 충격을 받은 듯 한동안 석상처럼 그 자리에 선 채 마른 침을 삼켰다. 죽음의 얼굴에 나타난 고귀한 넋이 그들의 혀를 얼어붙게 만든 것이었다. 흐느끼며 탄식하는 소리가 여인들 사이에서 흘러나왔다. 어린애들은 몸부림치며 소리내어 울었다. 칼을 든 병사들은 단지 침묵과 충격 속에 굳어 서 있을 뿐이었다. 그 침묵은 마치 먹이를 찾아낸 독수리의 발톱처럼 저들의 영혼을 강인한 힘으로 움켜쥐고 있었다. 침묵은 흐느낌과 탄식소리를 압도하며 떠올랐고 그들에게 닥친 불운은 그 숭고함 속에서 더욱 장엄하고 더욱 무시무시한 것이 되었다.

침묵은 거대한 폭풍과도 같은 위력을 갖고 있었다. 그것은 저 견고한 산봉우리에서부터 골짜기 깊은 곳까지 소리 없는 메아리로 울려 퍼지고 있었다. 그러나 아직 그 어떤 울림도 침묵보다 강해지지 않은 때였다.

그들은 죽음의 손이 어디에 놓여 있는지를 확인하기 위해 죽은 젊은이의 옷깃을 제쳤다. 젊은이의 가슴 위에는 마치 거품을 물고 있는 입처럼 칼자국이 벌어져 있었다. 어쩌면 그것은 야망에 불타는 사나이들의 밤을 조용히 말해주고 있는 듯했다. 지휘관은 무릎을 꿇고 시신을 자세히 살펴보던 중 그 팔뚝에 황금빛 실로 수놓은 손수건이 묶여진 것을 발견했다. 그는 그 손수건을 바라보며 골똘히 생각에 잠겼다. 그는 그 비단 위에 수를 놓은 손가락의 주인을 알고 있었기 때문이었다. 잠시 후에 그는 일그러진 표정을 애써 감추며 떨리는 손길로 손수건을 옷자락 속에 숨긴 다음 옷깃을 여며주었다. 용감하게 적군의 목을 베던 바로 그 손이 지금은 형편없이 떨리면서 자신의 눈물을 닦아 내고 있는 것이었다. 전쟁터에서 용감하게 싸우다 죽은 한 젊은이의 팔에 묶여진 그 손수건은 그가 사랑하는 여인이 만든 것이 분명했다. 지휘관은 손수건의 감촉만으로도 모든 걸 알 수 있었다. 이제 그는 죽었고 동료들의 어깨 위에 실려 그녀에게 돌아가게 될 터였다.

지휘관이 죽음에 대한 공포와 사랑의 신비감으로 혼란스러워하고 있을 때 어떤 병사가 이런 말을 했다.

"자, 그를 저기 참나무 밑에 묻어주도록 합시다. 나무뿌리는 그의 피를 마시고 무성하게 뻗어나갈 것이고 나뭇가지는 그의 유해를 자양분 삼아 더욱 튼튼하게 자랄 것입니다. 저 나무는 강인한 생명력을 갖고 자라 영원히 죽지 않을 것이며 그의 용기와 용맹을 증거하는 표식이 될 것입니다."

그러자 다른 사람이 앞으로 나섰다.

"그럴 게 아니라 시신을 삼나무숲으로 운반해서 교회 옆으로 데려갑시다. 그의 유해가 마지막 심판의 날을 기다리며 십자가의 그늘 아래 쉴 수 있도록 해줍시다."

또 다른 사람은 이렇게 말했다.

"그의 피가 땅에 스며들도록 그냥 여기 놓아둡시다. 그리고 그의 오른손에는 칼을 쥐어주고 그 옆에는 창을 꽂아둡시다. 그런 다음 그의 말을 죽여 그 무덤을 덮게 합시다. 무기들도 무덤가에 그대로 놓아두고 고독 속에 잠긴 그에게 위안이 되도록 하는 게 어떻겠소?"

누군가가 또 의견을 내놓았다.

"적의 피로 물든 칼을 신성한 무덤에 묻지도 말고 이미 다 죽어가는 말을 살해하지도 맙시다. 용감한 영웅의 강한 팔뚝에 익숙해진 무기를 황무지에 버려둔다는 것도 말이 안 됩니다. 그보다는 모든 유품들을 그의 친척들에게 갖다주어 가문의 자랑거리가 되게 합시다."

그러자 다른 사람은 이렇게 말했다.

"우리 모두 시신 앞에 무릎을 꿇고 나자렛 예수께 기도를 올립시다. 그의 죄를 모두 사하고 우리의 승리를 축복해달라고 말입니다."

"아니오, 우리 모두 시신을 어깨 위에 높이 메고 우리의 창과 방패로 그를 위한 상여를 만듭시다. 그리고 계곡을 돌며 승리의 노래를 부릅시다. 그에게 적들의 시체들을 보게 합시다. 그러면 적의 창칼에 찢긴 그 육신의 고통이 조금이나마 위안을 받게 될 것입니다. 차가운 무덤의 흙 속에 갇히기 전에 그의 영혼이 미소짓게 해줍시다."

"시신을 그의 말 위에 앉힙시다. 그리고 적들의 두개골을 모두 창에 꿰어 그 위엄을 과시한 다음 승리의 진영으로 그를 데려갑시다. 그는 많은 적군을 무찌른 다음에야 스스로를 희생시켰으니까요."

"그보다는 이 산기슭에서 그에게 작별을 고합시다. 우리가 떠나고 나면 동굴의 메아리가 그의 친구가 될 것이며 계곡물 소리가 그의 영혼을 위로할 것입니다. 그의 뼈는 이 황무지 안에서 평화롭게 쉴 것이며 밤의 부드러운 품안에서 안식을 찾게 될 것입니다."

"아니오, 그를 여기 그냥 두어서는 안 됩니다. 이곳은 황량하고 적막한 곳입니다. 그보다는 마을의 묘지로 그를 옮겨갑시다. 거기라면 우리 조상들의 영혼과 더불어 지나 온 전쟁과 영광의 역사를 이야기하며 서로 벗이 될 수도 있을 것입니다."

저마다 온갖 지혜를 짜내며 의견들을 내놓는 가운데 지휘관이 일어서서 조용히 하라는 신호를 보냈다. 그런 다음 한숨을 몰아쉬며 이렇게 말했다.

"전쟁의 기억으로 더 이상 그를 괴롭히지 말라. 지상을 떠도는 그 영혼의 귀가 더 이상 창칼에 관계된 이야기를 듣지 않게 하라. 이제 평화와 안식의 세계로 떠난 그를 다시 고향으로 데려간다는 것은 여러 모로 우리를 괴롭히는 일이다. 그러나 그곳에는 그를 기다리는 한 여인이 있다. 그 처녀는 오직 그가 살아 돌아오기만을 애타게 기다리고 있다. 자, 그러니 그를 그녀에게 되돌려 주자. 그녀로 하여금 그의 얼굴을 들여다보면서 그 이마에 입맞춤을 할 수 있도록."

그리하여 그들은 모두들 힘을 합쳐서 어깨 위에 그를 떠메고 고향으로 향했다. 다들 고개를 아래로 떨구고 우울하게 걸음을 옮겼다. 뒤로는 주인을 잃고 슬픔에 잠긴 말이 고삐를 질질 끌면서 걸었다. 때때로 말 울음소리가 동굴 벽에 메아리쳐 되돌아오기도 했다. 그 소리는 마치 동굴도 심장이 있어 지극한 말의 슬픔과 공감하고 있는 것 같았다.

그리하여 달빛으로 흥건하게 젖어든 골짜기 아래로는 죽음의 행렬이 앞서

가고 승리의 행렬이 그 뒤를 따르게 되었다. 맨 앞에 사랑의 정령이 부러진 날개를 한껏 추스르며 그 행렬을 인도해 가고 있었다.

죽음의 미학
나를 잠들게 하세요, 내 영혼은 사랑에 취했답니다.
나를 편안히 재워주세요, 내 영혼은 많은 낮과 밤에 지쳐 있답니다.
좀더 환하게
내 침상 곁의 향로에 불을 지펴주세요.
내 몸 가까이
장미와 수선화 꽃잎들을 흩날려주시고
내 머리카락 위로 사향수를 뿌려주세요.
발등에도 향기 나는 기름을 부어주세요.
그리고 찬찬히 읽어주세요,
죽음의 손이 내 이마에 써놓은 글귀를.

잠의 깊은 품속에 나를 놓아두세요.
나는 피로에 지쳐 더 이상 깨어 있기가 힘이 듭니다.
수금과 류트를 연주하여
그 은빛 현들의 메아리가
내 귓가에 울려 퍼지게 하소서.
피리와 플루트를 불어
그 투명한 선율로
내 가슴을 덮어주세요.
내 영혼은 서둘러 끝을 향해 달려가고 있습니다.
나에게 루아의 노래를 들려주시고
그 황홀한 멜로디로
내 영혼에 양탄자를 덮어주세요.
그리고 내 눈동자를 바라보세요.
그대는 희망의 빛을 보게 될 것입니다.

이제 눈물을 닦아요, 내 친구들이여.
스스로 왕관을 높이 쳐드는 새벽의 꽃송이들처럼
그대의 머리를 높이 들고
내 공허한 침대 곁에서
빛의 기둥처럼 서 있는 죽음의 신부를 보세요.
잠시 숨을 멈추고 같이 들어봐요,
나풀거리는 그녀의 날갯짓 소리를.

오세요, 내 형제들이여, 이제 우리 작별을 고해요.
미소짓는 입술로 내 이마에 입을 맞추고
내 눈꺼풀에도 키스해주세요.
아이들을 내 침대 가까이 데려와
그 장미꽃잎처럼 부드러운 손가락으로
내 머리를 쓰다듬게 해주세요.

노인들을 모셔와
그 마디지고 야윈 손가락으로
내 이마에 축복을 내리도록 해주세요.
자비의 딸들도 이 자리에 초대하여
내 눈동자 속에서 신의 형상을 바라보게 하고
서둘러 내 영혼을 데려가는
그 영원한 메아리를 듣게 해주세요.

이별
나는 이제 산꼭대기에 이르렀고
내 영혼은 자유와 해방의 정점을 향해 날아갑니다.
나는 형제들로부터 멀리, 아주 멀리 떨어져 있고
언덕은 안개 너머로 얼굴을 감추어버렸습니다.

계곡은 침묵의 바다 속으로 가라앉고

망각의 손길은 모든 길과 언덕들을 지워버렸습니다.
숲은 봄날의 구름처럼 하얗고,
태양 광선처럼 금빛이며,
저녁의 외투처럼 붉은 환각들 뒤로 모습을 감춰버렸습니다.

파도는 노래를 그치고
들판을 흐르는 시냇물의 연주도 희미해지고
군중들의 함성도 잦아들었습니다.
이제 무한의 찬미가만 들려오고
나는 영혼의 욕망에 흡수되고 있습니다.

안식
내 육신에서 아마포 수의를 걷어내고
백합과 재스민 잎사귀를 입혀주세요.
상아로 된 작은 상자에서 내 유골들을 꺼내
오렌지꽃으로 장식한 침대 위에 놓아주세요.
나를 위해 울지 마세요, 내 형제들이여,
청춘과 환희의 노래를 들려주세요.
눈물을 흘리지 말아요, 대지의 딸들이여,
수확의 계절, 포도를 밟던 날들의 노래를 불러주세요.

내 가슴을 한숨과 흐느낌으로 덮지 말고
당신의 손가락으로 그려주세요,
사랑의 상징과 기쁨의 표상을.
사제들의 영결 노래로
대기의 안식을 깨뜨리지 말고
불멸의 삶을 찬양하면서
나와 함께 당신도 기뻐해주세요.

통곡의 검은 옷을 벗어던지고

눈부시게 흰 옷을 입고 나와 함께 기뻐하세요.
나와의 이별을 탄식하지 마세요.
눈을 감으면 당신의 가슴속에 있는 나를
당신은 영원토록 보게 될 것입니다.
나를 잎이 무성한 나뭇가지들 위에 눕히고
그 꼭대기로 높다랗게 올려
조심스럽게 대자연 속으로 데려가 주세요.

나를 묘지로 데려가지 마세요.
번잡한 장례식은 나의 안식을 방해하고
뼈와 해골들의 바스락거림은 나의 잠을 앗아가니까요.
나를 삼나무숲으로 데려가 주세요.
바이올렛과 아네모네가 자라나는 그곳에
나의 무덤을 파 주세요.
홍수가 나의 뼈를 휩쓸어가지 않도록
무덤을 깊이 파 주세요.
가능하면 무덤을 넓게 파 주세요.
밤의 유령들이 내 곁에 앉을 수 있도록.

이 옷들을 벗어던지고
알몸으로 대지의 품에 안기게 해주세요.
내 어머니의 가슴 위에
나를 부드럽게 내려놓아 주세요.
부드러운 흙으로 나를 덮고
잔디도 심고
야생 장미와 재스민 씨앗도 뿌려주세요.
육신의 원소들로 영양분을 섭취하여
내 무덤 위에 꽃을 피우고
내 영혼의 향기가
널리 퍼지게 할 것입니다.

또한 내 안식의 비밀들을
태양의 얼굴 안에 높이 매달아놓고
선 채로 미풍에 흔들리면서
오고가는 사람들에게
흘러간 나의 그리움과 꿈들을 이야기할 것입니다.

이제 나를 놓아주세요, 내 형제들이여,
나를 고독 속에 혼자 내버려두고
조용히 떠나세요.
텅 빈 골짜기로 정적이 밀려들고 있습니다.
나를 그냥 내버려두고 떠나세요,
4월의 바람에 흩날리는 사과꽃처럼.
집으로 돌아가면
당신들은 비로소 알게 될 것입니다.
죽음조차
우리를 갈라놓을 수 없다는 것을.
어서 이곳을 떠나세요,
당신들이 찾고 있는 사람은 벌써 이승을 멀리 벗어나 있답니다.

어떤 노래

내 영혼의 심연 속에는 그 어떤 언어의 옷도 필요 없는 노래가 하나 있습니다.

내 마음의 언어와 더불어 존재하는 그 노래는 잉크처럼 종이에 스며들지도 않습니다.

그 노래는 내 감정을 거미줄 같은 외투로 감싸고 있어서
혀에 묻은 침방울처럼 튀어나오지도 않을 것입니다.
내가 그 참된 공기를 두려워하고 있는데
어떻게 그것을 한숨처럼 내뱉을 수 있겠습니까?
내 영혼이 아니면 존재할 길 없는 그 노래를
내가 누구를 위해 부르겠습니까?

나는 사나운 청각이 두려운 것입니다.

내 눈동자를 들여다본다면 그대는 그 노래의 영상을 보았을 것입니다.
내 손가락 끝을 스쳤다면 그대는 그 노래의 떨림을 느꼈을 것입니다.

호수가 빛나는 별들을 거울처럼 비춰주듯이
내 손길은 그것을 드러냈습니다.
따스한 기온으로 이슬방울들이 산화할 때
장미의 비밀을 선포하는 것처럼
내 눈물이 그 노래를 드러내는 것이랍니다.

그 노래는 침묵으로 불려지고
함성에 삼켜지며
꿈으로 연주됩니다.
깨어남으로 인해 숨겨지는 하나의 노래.

사람들이여, 이것은 사랑의 노래입니다.
이삭이 어찌 그것을 연주할 것이며
글쎄요, 다윗이 어떻게 그것을 노래할까요?

노래의 향기는 재스민 내음보다 더 감미롭습니다.
어떤 목청이 그 노래를 압도할 수 있을까요?
처녀의 비밀보다도 소중한 노래,
어떤 현악기가 그것을 흉내낼 수 있을까요?

누가 바다의 성난 포효와
밤 꾀꼬리의 지저귐을 엮어줄까요?
그 누가 어린아이의 한숨소리와 울부짖는 폭풍을 결합시켜줄까요?
어떻게 인간이 신들의 노래를 부를 수 있을까요?

파도의 노래

해변은 나의 연인입니다.
바람은 우리를 결합시키기도 하고 이별시키기도 합니다.

나의 은빛 포말과 해변의 금빛 모래를 하나 되게 하려고
나는 황혼 너머에서 왔습니다.
나는 나의 물기로 해변의 뜨거운 가슴을 차갑게 식혀줍니다.

새벽이 오면 나는 연인을 위해
정열의 율법을 읽어주고
그는 나를 가슴으로 끌어당깁니다.
저녁이면 나는 그리움의 기도문을 읊조리고
그는 나를 부드럽게 안아줍니다.

나는 불평이 많고 늘 분주하지만
내 연인은 인내심이 강합니다.
썰물이 지면 나는 그를 껴안고
밀물이 오면 나는 그의 발치에 쓰러집니다.
바다의 딸들이 바닷속에서 나와
별들을 바라보며 바위 위에 앉아 있을 때
나는 그 근처에서 얼마나 열심히 춤을 추었는지요!
그 아름다운 처녀들에게 내 연인의 정열이 옮겨갈까봐
얼마나 신경을 썼던지요.
때로 나는 한숨과 탄식으로 자비를 베풀었습니다.
바위들이 춥고 고독할 때
나는 그들을 위안해주기도 했고
그들이 슬퍼할 때면
나는 웃으면서 그들을 애무해주었습니다!
나는 얼마나 많은 사람들을 바닷속에서 건져
그들의 목숨을 구해주었는지요!

얼마나 많은 진주들을 바닷속에서 훔쳐
아름다움의 딸들에게 선물했었는지요!

모든 피조물들이 잠의 꿈에 취해 있는
고요한 밤마다, 나는 홀로 깨어나,
노래 부르고 때론 한숨짓기도 합니다.
아, 깨어 있음은 나를 파멸시키지만 나는 사랑하는 존재이며
또한 사랑의 진리는 깨어남인 것입니다.

나의 생애를 바라보세요.
내가 여태껏 살아온 것처럼 그렇게 나는 죽을 것입니다.

비의 노래
나는 신들이 하늘에서 떨어뜨린
은빛 실타래.
자연은 나를 골짜기로 데리고 다니며 장식합니다.

나는 이슈타르의 왕관에서 흩어져 내린
값비싼 진주.
들판을 아름답게 치장하려고 아침의 딸이 나를 훔쳤습니다.

내가 울면 작은 언덕들은 미소짓습니다.
내가 몸을 낮출수록 꽃들은 높아집니다.

구름과 들판은 서로 사랑하는 연인들
나는 전령사처럼 서로의 안부를 전해줍니다.
들판의 갈증을 충분히 식혀주고
구름의 병을 치료해줍니다.
천둥소리와 칼날 같은 번갯불은
나의 출발을 알리는 통보관이며

무지개는 내 여행의 마지막 순간을 알려줍니다.
그리하여 나는 죽음의 평화로운 손을 놓고
분노의 발 사이로 들어가
지상에서의 삶을 유지합니다.

나는 호수의 심장에서 솟구치고
공기의 날개에 실려
초록이 무성한 정원에 당도합니다.
그곳에서 나는 다시 아래로 내려가
꽃들의 입술에 입맞추고
그 나뭇가지들을 껴안습니다.

적막의 한가운데서, 나는 부드러운 손가락으로
유리창을 노크합니다.
이는 풍부한 정서를 소유한 영혼들에게만 들리는 하나의 노래입니다.

나는 지구의 열로 창조되었으나
또한 그 열을 소멸시키기도 합니다.
마치 여성이 남성에게서 가져온 힘으로 그들을 정복하는 것처럼.

나는 바다의 한숨이고
또한 하늘의 눈물,
들판의 미소입니다.
그렇듯이 사랑도
감정의 바다에서 생긴 한숨이고
사색의 하늘에서 쏟아지는 눈물이며
영혼의 들판이 떠올리는 미소입니다.

아름다움의 노래
나는 사랑의 안내자,

또한 영혼의 포도주,
나는 심장의 양식.

나는 한 송이 장미.
내 심장은 새벽에 열린다.
한 처녀가 내 몸을 꺾어 입 맞추고 가슴으로 껴안는다.
나는 행복의 집,
기쁨의 원천,
안식의 시작.

나는 한 처녀의 입술 위에 어리는 부드러운 미소.
청년은 나를 보면서 고통을 잊고 그의 삶은 감미로운 꿈의 무대가 된다.

나는 시인들의 상상력,
예술가들의 안내자,
또한 음악을 창조하는 사람의 스승.

나는 어린아이의 눈동자 속에 깃든
자비로운 어머니의 눈짓.
그 눈짓 앞에서 그녀는 기도하고 신을 찬미한다.

나는 아담에게 이브의 형상으로 나타나
그를 노예로 만들었다.
나는 솔로몬에게 연인의 모습으로 나타나
그를 시인이며 현자로 만들었다.
나는 헬렌에게 미소를 보내
트로이를 멸망시켰다.
나는 클레오파트라에게 왕관을 씌워 나일강에 평화를 안겨주었다.

나는 운명과도 같다.

오늘 내가 이룩한 것들을
내일이면 파괴시킨다.
나는 신이다.
나는 생명과 죽음을 창조한다.
나는 바이올렛꽃의 한숨보다 가볍고
폭풍보다 강건하다.
나는 진실이며, 오 인간이여, 하나의 참된 진실인 것이다.

행복의 노래

인간은 나의 연인이며, 나는 인간의 연인이다.

나는 그를 그리워하고 그 또한 나를 그리워한다.

비애는 나 자신이다. 왜냐하면 비애는 사랑 속에서 나를 괴롭히고 고통을 주는 슬픔의 분배자이기 때문이다. 비애는 물질이라 불리는 이름의 잔혹한 여신이다. 우리가 어딜 가든지 그녀는 우리를 분열시키기 위한 안내자처럼 뒤를 따라다닌다.

나는 나무 그늘이나 야생의 연못가에서 연인을 찾지만 그를 볼 수가 없다. 물질이 그를 유혹하여 썩어빠진 사람들의 도시로 데려가 버렸기 때문이다.

나는 학교와 지혜의 사원에서 그를 찾아보았지만 발견하지 못했다. 물질이 속세의 옷을 입고 나타나 이기심의 벽에 갇힌 사람들의 분주하고 하찮은 일상 속으로 그를 데려갔기 때문이었다.

나는 만족의 들판에서 그를 찾아보았으나 볼 수 없었다. 나의 적들이 그를 열망과 탐욕의 동굴 속에 감금시켜 버렸기 때문이다.

나는 동틀 무렵 그를 소리쳐 불러 보지만 그는 대답하지 못한다. 왜냐하면 그는 허욕의 잠에 취해 있기 때문이다.

나는 침묵이 세상을 감싸고 꽃들이 잠에 취한 밤에 그를 포옹한다. 그러나 그는 아무것도 느끼지 못한다. 왜냐하면 벌써부터 내일의 일에 대한 열망이 그를 사로잡고 있기 때문이다.

나의 연인은 나를 사랑한다. 그는 나를 자신의 행위 속에서 찾고 있지만 결코 나를 발견하지 못할 것이다. 나는 신의 행동 안에 있기 때문이다.

그는 약자들의 해골로 지은 영예의 궁전과 온갖 금은보화 속에서 나와의 결합을 바라고 있다. 하지만 나는 신들이 사랑의 강둑 위에 지은 소박한 집에서가 아니면 만족할 수 없다.

그는 학살자와 압제자들 앞에서 나를 포용하려 하지만 나는 순결한 꽃송이들 사이의 고독 속에서만 내 입술을 허락할 것이다.

그는 거짓으로 나와의 관계를 유지하려고 하지만 나는 오직 죄악으로부터 자유로운 행위가 아니면 다른 중개자를 필요로 하지 않는다.

나의 연인은 나의 적인 물질로부터 혼돈과 번잡스러움을 배웠다. 나는 그 영혼의 눈동자로부터 절실한 기도의 눈물과 만족스런 미소가 흘러나오도록 그에게 가르칠 것이다.

나의 연인은 나의 것이며, 나는 그의 것이다.

꽃의 노래

나는 자연이 내뱉어놓은 하나의 낱말.
그렇게 뱉어진 다음 다시
그녀의 가슴속으로 회수되고
이내 순간적으로 토해져 나온다.
나는 푸른 하늘에서
푸른 양탄자 위로 떨어지는 별.

나는 자연의 딸.
겨울에 이주하여
봄에 태어나고
여름에 자라나
가을엔 휴식을 위해 눕혀진다.

나는 연인들의 선물이며
결혼식의 왕관.
죽은 자에게 바치는 산 자의 마지막 예물.
아침이 오면
나는 미풍과 함께 빛을 선포한다.

저녁이면
새와 더불어 그 빛에 작별을 고한다.

나는 평원을 지배하며
아름답게 그들을 치장한다.
나는 대기에 나의 향기를 뿜어준다.
내가 잠과 포옹하면
밤의 온갖 눈동자들이 오랫동안 나를 응시한다.
나는 낮의 눈동자를 찾기 위하여 깨어남을 시도한다.

나는 이슬의 황홀을 마시고
지빠귀들의 노래를 듣는다.
풀잎이 연주하는 음악에 맞춰 춤춘다.
나의 영상을 바라보기 위해서가 아니라
빛을 바라보기 위해 항상 하늘을 향한다.
이게 바로 인간이 아직 배우지 못한 지혜이다.

인생의 찬가
나는 여태껏 살아왔고
지금도 존재하고 있다.
나는 무한한 존재이기에
시간의 끝까지 함께 존재할 것이다.

나는 무한의 광막한 공간을 헤치고 환상의 세계로 날아가 천상 위에 있는
빛의 고리 가까이 다가갔다.
아직도 물질의 포로인 나를 보라.
나는 공자의 가르침을 들었고 브라만의 지혜를 접했으며 지혜의 보리수
나무 아래 있는 부처 곁에 앉아 있기도 했었다.
그런데 지금 무지와 불신으로 싸우고 있는 나를 보라.
주께서 모세에게 나타났을 때 나는 시나이산에 있었다. 나는 요르단 강가

에서 나자렛 사람의 기적을 보았다. 메디나에서는 아라비아의 사도가 하는 말을 들었다.

그런데 지금 의심의 죄수가 된 나를 보라.

나는 바빌론의 권력과 에집트의 영광, 그리이스의 위대함을 목격하였다. 내 눈은 그 업적들의 사소함과 빈곤함도 보았다.

나는 엔더의 마녀와 마주 앉았고, 아시리아의 사제들과 팔레스타인의 예언자들과도 자리를 함께 했으며, 끊임없이 진리를 이야기하였다. 인도 사람들의 조상들로부터 전해져 내려오는 지혜를 배우기도 했고, 아라비아인들의 가슴에서 샘솟는 시상에 대해서도 정통하게 되었으며, 서구인들의 음악에 귀를 기울이기도 했다.

그럼에도 나는 눈이 멀어 아무것도 보지 못한다. 또한 귀가 막혀 아무것도 듣지 못한다.

나는 결코 만족할 줄 모르는 권력자의 횡포를 견뎌왔으며 독재자의 압박과 힘센 자들의 속박 속에서 살아왔다.

이제 나는 시대와 싸울 만큼 강해졌다.

이 모든 것들을 보고 들어왔지만 나는 아직도 어린아이에 불과하다. 앞으로도 나는 진실한 젊음의 행위들을 듣고 보고 배울 것이며 늙어가면서 삶의 완성에 도달하고 신에게 되돌아갈 것이다.

나는 여태껏 살아왔고
지금도 존재하고 있다.
나는 무한한 존재이기에
시간의 끝까지 함께 존재하리라.

시인의 목소리

1

용기는 내 가슴속 깊은 곳에 씨를 뿌리고, 나는 곡식을 추수하여 그 이삭들을 다발로 묶어 배고픈 사람들과 나눈다.

영혼은 작은 포도나무를 소생시키고 나는 그 포도즙을 목마른 사람에게 건넨다.

하늘은 이 등잔에 기름을 채우고 나는 밤길을 지나는 사람을 위하여 내 집 창가에 등잔을 놓아둔다.

내가 이런 일을 하는 이유는 내가 그들 곁에 살기 때문이다. 만일 나에게 대낮을 금지하고 밤이 내 손을 막는다면 나는 죽음을 택할 것이다. 죽음은 자신의 조국에서 추방당한 예언자와 망명한 시인에게 더 잘 어울리기 때문이다.

인류는 폭풍우와 같은 혼란에 휩싸여 있고 나는 침묵 속에서 한숨짓는다. 나는 태풍의 분노가 진정되어 시간의 심연 속으로 가라앉는 것을 보았지만, 한숨은 신의 영생 속에서 지속된다는 것을 알고 있기 때문이다.

인류는 백설처럼 차가운 물질에 집착한다. 나는 내 생명의 급소를 태우고 창자를 약화시키려고 내 가슴을 움켜쥐는 사랑의 불꽃을 찾는다.

물질은 고통 없이 인간을 죽음으로 몰고 가지만 사랑은 인간을 고통 속에서 부활시킨다는 것을 알고 있기 때문이다.

인류는 종파와 종족들로 나뉘어 있으며 국가와 영토에 속해 있다.

나는 어떤 땅에서는 이방인이었으며 어느 민족들 속에서는 국외자였다. 그러나 모든 대지는 내 조국이며 모든 인간은 나와 같은 종족이다. 인간은 약하고 스스로 분열되어 있는 존재라는 것을 나는 알고 있기 때문이다. 어리석게도 인간들은 이 좁은 지구를 왕국과 공국(公國)으로 갈라놓고 있다.

인간은 영혼의 성지를 파괴하기 위해 모이고 육신의 사원을 건설하도록 서로 돕는다.

나는 홀로 비탄에 잠긴 채 서서 어떤 음성을 듣고 있다. 그것은 내 안에서 들려오는 희망의 속삭임이었다.

"사랑이 진통을 이겨내며 인간의 가슴에 생명을 불어넣듯이 어리석음도 그와 같은 방법으로 지혜의 길들을 가르쳐준다. 고통과 어리석음은 위대한 환희와 완전한 지식으로 인도한다. 영원한 진리는 햇빛 아래 헛된 것은 아무것도 창조하지 않았기 때문이다.

2

나는 홀로 비탄에 잠긴 채 서서 어떤 음성을 듣고 있었다. 그것은 무언가 간절히 소망하면서 살아가는 사람들의 이야기였다.

그러나 만약 그들이 국가에 대한 사랑 때문이라고 그럴듯한 명분을 둘러대며 이웃 나라를 정복하고 그들의 재산을 약탈하며 어린아이들을 고아로 만들며 여인들을 과부로 만들고 그 아들들의 피로 물든 땅에서 먹이를 찾아 헤매는 야수들에게 어린 청년들의 살덩이를 던져준다면, 나는 내 조국과 민족을 증오할 것이다.

내가 태어난 고향을 떠올리노라면 마음속에서 정열이 불타오르고 어릴 적 내가 살았던 집에 대한 그리움에 빠져든다.

그러나 그 집에 사는 사람들이 한 끼 식사와 잠자리를 청하는 나그네를 내쫓아버린다면 나의 기쁨은 비탄으로 변할 것이며 나의 그리움은 환멸이 될 것이다.

"진실로 빵이 필요한 사람에게 곳간문을 닫아걸고, 쉴 곳을 구하는 사람에게 침대를 내주지 않는 집은 멸망하는 것이 마땅하리라."

나는 내 조국에 대한 사랑 때문에 고향을 사랑한다.

나는 세계를 향한 사랑 때문에 내 조국을 사랑한다.

나는 내 모든 것을 다 바쳐서 이 세상을 사랑한다. 이곳은 땅 위의 신성한 영혼인 인간의 목초지이기 때문이다. 성스러운 인간성은 땅 위의 성령과도 같다. 나그네가 지금 야윈 몸을 그 누더기로 감싸고 눈물을 흘리며 폐허 위에 서 있다. 그리고 슬픔에 가득 찬 목소리로 아들들을 부르고 있다.

아들들은 전쟁의 찬가를 외치느라 어머니의 부름을 듣지 못하고 번쩍이는 칼날에 눈부셔 어머니의 눈물을 보지 못한다.

홀로 버려진 그녀는 사람들에게 구원을 청하며 울부짖지만 아무도 그것을 의식하지 못한다. 어쩌다 그들 중 한 사람이 다가와 눈물을 닦아주며 그녀의 고통을 위로해주기도 한다. 그러면 다른 사람들은 이렇게 말한다.

"그냥 내버려두게. 비탄은 약한 자들을 더욱 가련하게 만들 따름이지."

인간성이란 땅 위에 존재하는 성령이다. 성스러움은 사랑을 깨우쳐주고 삶의 올바른 방법들을 제시한다.

그러나 군중들은 그러한 가르침들을 조롱하며 비웃는다. 옛날 나자렛 사람이 그 비웃음을 들었고, 그 때문에 그는 십자가에 못 박혔다. 소크라테스 역시 그런 조롱을 당했고, 사람들은 그에게 독약을 마시게 했다.

오늘날 많은 사람들은 나자렛 사람과 소크라테스의 말을 떠올리며 서로 이야기를 나눠도 군중들은 그들을 죽이지 못한다. 그러나 군중들은 "경멸은 죽음보다도 더 가혹하고 쓰라린 것"이라며 여전히 그들을 조롱한다.

예루살렘은 나자렛 사람을 죽일 수 없다. 왜냐하면 그는 영원히 살아 있기 때문이다. 아테네 사람은 소크라테스를 파멸시키지 못한다. 그 또한 영원히 살아 있기 때문이다.

조소와 경멸은 인간성을 신봉하며 신들의 발자국을 따라가는 사람들을 이길 수 없다. 그들 역시 영원히 살 것이기 때문이다.

3

우리는 우주적인 성령의 자식들, 그대는 나의 형제이다.

그대는 나와 똑같은 진흙으로 만들어진 육체의 포로이다. 그대는 내 삶의 동반자이며 구름으로 가려진 진실을 일깨워주는 나의 조력자이다. 그대들 인간이여, 나는 그대를, 내 형제를 사랑한다.

그대가 원하는 것을 나에게 말하라, 심판의 내일이 오면 그대의 말은 그 재판의 증거가 될 것이다.

그대가 원하는 것은 무엇이든 내게서 가져가라. 그러나 그대는 정당한 권리로 갖게 되는 그대 자신의 몫과 내가 탐욕으로 취한 것들 외에는 아무것도 가져가지 못할 것이다. 만일 그대가 이 계산에 만족한다면 그대는 그 대가를 취할 자격이 있다.

그대가 원하는 일을 나와 함께 행하라. 그대는 나의 실체를 만질 수 없기 때문이다.

내 피를 흘리게 하고 내 목을 자른다 해도 그대는 내 영혼을 다치게 하거나 그것을 파괴할 수 없으리라. 차라리 내 손과 내 발을 사슬로 묶어 나를 어둠의 감옥 속으로 던져넣으라.

그래도 그대는 나의 사상까지 가두지는 못할 것이다. 왜냐하면 사상이란 무한한 우주를 뚫고 지나가는 바람처럼 자유로운 것이기 때문이다.

그대는 나의 형제, 나는 그대를 사랑한다.

그대가 그대의 사원에 엎드려 있거나 교회에서 무릎 꿇고 있거나, 혹은 유대교 회당 안에서 기도하고 있을 때 나는 그대를 사랑한다.

그대와 나는 하나의 믿음, 성령의 자식들이다. 그리고 그 많은 나뭇가지들을 지배하는 우두머리로 선택된 사람들은 성령의 완전함을 가리키는 신성한 손가락과도 같다.

나는 그대를 사랑한다.

진실을 향한 그대의 사랑은 모든 사람들의 마음에서 솟구치고 있기 때문이다. 나는 지금 비록 눈멀어 그 진실을 볼 수 없지만 나는 그것을 성스럽게 여기고 있다. 그 진실은 언젠가 나의 진실과 만날 것이고 마치 꽃향기처럼 한 덩어리로 굳게 뭉쳐 불멸의 사랑과 아름다움으로 영원할 것이다.

나는 그대를 사랑한다.

나는 그대가 힘세고 잔인한 사람들 앞에서는 약하고, 부유하고 탐욕스런 자들의 궁전 앞에서는 가난하고 비천하게 보인다는 것을 알기 때문이다.

그리하여 나는 그대를 위해 눈물 흘렸다. 나는 내 눈물을 통해 그대에게 미소지으며 그대의 번뇌를 비웃는 정의의 두 팔 안에 그대가 안겨 있는 것을 보았다.

그대는 나의 형제, 나는 그대를 사랑한다.

4

그대는 나의 형제, 왜 그대는 나와 싸우려고 하는가?

어째서 그대는 내 땅에 와서 그대의 말로 인해 영광을 얻고 그대의 노고를 통해 기쁨을 찾는 사람들을 만족시키기 위해 나를 비하시키는가?

어째서 그대는 먼 나라로 죽음을 쫓아가기 위해 아내와 어린 자식들을 버리는가? 그대의 피로 명예를 얻고 그대 어머니가 흘린 눈물로 권력을 취하려는 자들을 위해서인가? 전쟁터에서 그대의 형제들과 싸우는 것이 고결한 짓인가?

그렇다면, 카인의 모습을 떠올리며 하난의 찬가를 외쳐라.

형제여, 그들은 말한다. 자기를 보존하는 것은 대자연의 첫 번째 법칙이라고. 그러나 나는 똑똑히 보았다. 그들이 특권을 탐하며 술수를 부려 그대의 형제들을 더욱 쉽게 노예로 만드는 것을.

마찬가지로 그들은 존재에 대한 사랑이란 자신의 권리를 다른 사람들이 강탈하도록 조장하는 것이라고 말한다.

그러나 나는 이렇게 말하리라. 다른 사람의 권리를 보호하는 것이야말로 인간의 행위 중에서 가장 고결하고 훌륭한 것이라고.

만일 나의 존재가 다른 사람을 파멸시키는 조건이 된다면 나는 이렇게 말하리라. 나에겐 죽음이 그보다 더 달콤하리라고.

만일 내 자신을 죽이는 길만이 명예롭고, 그것이 사람을 사랑하는 길이 된다면 나는 기꺼이 내 손으로 죽음의 시간을 앞당겨 영원으로 가리라.

형제여, 자아에 대한 사랑이란 맹목적인 논쟁을 일으키는 것이다. 또한 그 논쟁이 투쟁을 낳으며 투쟁은 권위를 불러들여 결국 이 모든 것으로 하여금 경쟁과 억압의 원인이 되게 하는 것이다.

영혼은 지혜와 정의를 무지와 독재 위에 올려 세운다. 그리하여 영혼은 쇠를 단련하여 날카로운 칼을 만드는 세상이 무지와 부정을 퍼뜨리지 못하게 힘을 발휘한다.

바로 그 힘이 바빌론을 파괴하고 예루살렘을 무너뜨렸으며 로마를 멸망시킨 것이다.

바로 그 힘이 피 흘리는 자와, 군중들의 칭송을 받고 작가들이 그 이름을 위대하게 만든 학살자들을 양산해낸 것이다. 그리고 책에서는 전쟁을 마치 그들이 순결한 피로 대지를 물들였으며, 그로 인해 대지가 땅을 등에 업어 옮겨준 것처럼 묘사하고 있는 것이다.

형제여, 도대체 무엇 때문에 그대는 자신을 속인 사람을 찬양하고 그대에게 해를 끼친 사람을 갈망하는 것인가?

진실한 힘이란 정의와 자연의 원리를 수호하는 지혜인 것이다.

살인자를 죽이고 도적들을 투옥시키며 이웃들을 습격하고 수천의 목숨을 앗아가는 통치권의 정의로움이란 대체 어느 곳에 있는 것인가?

살인자들을 처벌하는 살인자와 약탈자들을 강탈하는 도적들에게 열광하는 사람들은 무엇을 말하는가?

그대는 나의 형제, 나는 그대를 사랑한다.

사랑이란 그 최고의 표현에 있어서 정의인 것이다.

만일 그대를 향한 내 사랑이 모든 국가에서 정의롭게 펼쳐지지 않는다면 나는 단지 사랑이라는 황홀한 옷자락 속에 이기주의의 죄악을 감추고 있는 사기꾼에 불과한 것이다.

끝맺는 노래

내 영혼은 시대가 나의 실존을 억누를 때 나를 위안해주는 친구이다. 내 영혼은 삶의 번뇌가 켜켜이 쌓일 때 나를 위로해주기도 한다.

자신의 영혼에 대해 친밀함을 느끼지 못하는 사람은 인간에 대한 적이다. 자신의 내면에서 친구를 발견하지 못하는 사람은 절망으로 죽어갈 수밖에 없다. 왜냐하면 삶이란 인간 속에서 샘솟는 것이기 때문이다.

나는 지금껏 이러한 말을 했고, 앞으로도 그럴 것이다. 만일 내가 그 말을 다 하기 전에 죽어야 한다면 나머지는 미래가 대신하리라. 미래는 영원의 책 속에 감추어진 비밀들을 그대로 버려두지 않기 때문이다.

나는 사랑의 찬란함과 아름다움의 빛 속에서 살고 있다.

삶 속에 있는 나를 보라. 그 누구도 삶으로부터 나를 분리시키지 못한다.

만일 그들이 내 눈동자의 불을 꺼버린다면 나는 아름다운 사랑의 노래와 환희의 선율에 귀기울일 것이다. 만일 그들이 내 귀까지 막아버린다면 나는 아름다움의 향기와 사랑하는 사람들의 감미로운 숨결이 와 닿는 미풍의 애무에서 환희를 찾아낼 것이다.

만일 내가 하늘을 부정하게 된다면 나는 내 영혼과 더불어 살리라. 영혼은 사랑과 아름다움의 딸이므로.

나는 모든 것을 위해 존재하며 모든 것 안에 존재한다. 오늘 나의 고독한 외침이 다가올 미래에는 공공연한 진리로 선포될 것이다.

또한 오늘 내가 홀로 외친 말은 내일이면 많은 사람들의 입에 오르내리게 되리라.

The Broken Wings

부러진 날개

부러진 날개

머리글

사랑의 신비한 빛이 내 마음을 열고 그 뜨거운 손가락으로 처음 내 영혼을 건드렸을 때, 그때 내 나이 열여덟이었다. 셀마 카라미, 그녀의 아름다움은 내 영혼을 눈뜨게 했고 저 숭고한 사랑의 정원으로 나를 이끌었다. 그 곳에서 낮은 꿈처럼 흘러가고, 밤은 서로 간절히 사랑하는 연인들의 결혼식처럼 은혜로웠다.

셀마 카라미는 그녀 자신이 아름다움의 고유한 표상으로써 내게 아름다움을 예배하는 법을 일깨워주었다. 그녀는 내게 사랑의 비밀을 계시해준 여인이었고, 내게 진정한 삶의 시(詩)를 들려준 최초의 사람이었다.

젊은이는 누구나 첫사랑을 잊지 못하는 법이다. 그리하여 그 알 수 없는 온갖 비통함에도 불구하고 그의 마음속 가장 은밀한 곳을 변모시키고 그를 행복에 떨게 만들었던 저 추억의 시간, 그토록 낯선 신비의 시간들을 다시 붙잡고자 애쓰는 것이다.

젊은이는 누구나 자신의 인생에서 한 사람의 '셀마'를 갖게 된다. 인생의 봄날, 어디선가 불현듯 나타나선 고독을 행복으로 변모시켜 밤의 긴 침묵을 음악으로 가득 채워놓는 그런 여인을.

셀마의 입술을 통해 '사랑'이라는 언어가 내 귓전에 와닿았을 때 나는 비로소 자연의 의미를 탐구하게 되었다. 또 그와 더불어 온갖 책 속의 지혜와 성서(聖書)의 계시를 이해하고자 깊은 사색과 명상에 빠져들었다.

셀마를 만나기 전까지 내 삶은 마치 에덴동산에서 최초의 목숨으로 빚은 아담의 삶과 같이 텅 빈 혼수상태였다. 바로 그때 셀마는 빛의 기둥인 양 내 앞에 우뚝 서 있었다. 그녀는 삶의 공허를 신비와 경이로 가득 채워 내게 인생의 의미를 깨우쳐준 내 마음의 이브였다.

태초에 이브는 그녀 자신의 의지로 아담을 낙원 밖으로 이끌었지만, 셀마는 부드러움과 사랑으로써 나로 하여금 자진해서 저 지순한 사랑과 미덕의 정원으로 들어가게 만들었다. 하지만 낙원에서 아담을 추방시켰던 불칼(火劍)은 나에게도 그 번뜩이는 칼날을 겨누었다. 그것은 나를 공포에 떨게 하고 마침내 내 사랑의 낙원에서 나를 몰아내고야 말았다. 나는 신의 어떤 명령에도 거역한 일이 없었고, 금단(禁斷)의 열매를 맛보지도 않았건만.

그리하여 이제 숱한 세월이 흐른 뒤에, 저 아름다운 꿈으로부터 추방당한 내게 남겨진 건 아무것도 없다. 보이지 않는 날개마냥 내 주위를 둘러싸고 퍼덕거리며 내 가슴 깊은 곳을 슬픔으로 가득 채우는 고통스런 추억 이외는 아무것도. 그리고 내 사랑, 아름다운 셀마는 이제 죽고 없다. 사이프러스 나무로 둘러싸인 그녀의 무덤과, 갈기갈기 찢긴 내 마음 이외엔 그녀를 기념할 만한 게 아무것도 없다니 저 무덤과 이 가슴만이 셀마의 흔적을 간직하기 위해 남겨진 전부일 뿐.

무덤을 지키는 관(棺) 속의 고요에 깃들인 신의 비밀을 간직한 채, 나무 뿌리는 육신의 원소들을 빨아올린다. 살랑거리는 나뭇가지들조차 무덤의 신비를 털어놓지 않는다. 그러나 내 가슴의 괴로운 한숨은 사랑과 아름다움의 죽음이 완료된 드라마를 살아 있는 이들에게 들려주고자 하는 것이다.

오오, 베이루트에 흩어져 있는 내 젊은 날의 벗들이여, 만약 그대들이 소나무숲 근처에 있는 공동묘지 곁을 지나치게 된다면, 부디 침묵을 지켜다오. 행여 그대들의 쿵쾅거리는 발소리가 내 죽은 연인의 잠을 방해하지 않도록 천천히 걸어가다오. 그리고 셀마의 무덤 앞에 공손히 엎드려, 그 아름다운 주검을 에워싸고 있는 대지에 경배하기를. 그런 다음 깊은 한숨과 더불어 내 이름을 말하고 그대들이 나 대신 이렇게 말해주게나. "멀리 바다 건너 사랑의 포로가 되어 살고 있는 지브란의 온갖 희망이 이곳에 묻혀 있노라. 바로 이 장소에서 그는 인생의 행복을 잃었고, 그리하여 이젠 눈물도 말라버렸고 웃음도 사라졌노라"고.

그 무덤가에서 지브란의 슬픔은 사이프러스 나무들과 함께 자라고, 그의 영혼은 매일 밤 구슬프게 윙윙대는 나뭇가지와 어울려 셀마의 죽음을 목메어 애도하면서 하염없이 눈물짓는 것이다. 바로 어제까지만 해도 삶의 입술에서 울리는 아름다운 가락이었으나, 오늘은 말 없는 비밀이 되어 저 대지의 가슴 깊이 묻힌 셀마를 추모하면서.

오오, 젊은 날의 내 친구들이여! 내 사랑하는 연인의 잊혀진 무덤에 그대들이 사랑했던 처녀들의 이름으로 꽃다발이라도 놓아다오. 그대들이 셀마의 무덤 위에 얹어준 꽃들은 마치 새벽의 눈으로부터 시든 장미꽃 위에 떨어져 내리는 이슬방울과도 같으리라.

침묵하는 슬픔

나의 벗들이여, 그대들은 청춘의 활기찬 순간을 즐거운 마음으로 추억하고 그 한 시절이 지나감을 탄식한다. 그러나 나는 마치 한때 감옥에 갇혔던 사람이 쇠창살과 수갑을 떠올리듯이 내 청춘을 기억한다. 그대들은 유년기와 청년기 사이의 이 시절을 부모의 속박과 간섭으로부터 벗어나는 인생의 황금기처럼 말한다. 그렇지만 나는 이 시기를 말없는 슬픔의 시기라 부른다. 한 알의 씨앗이 내 가슴속에 떨어지고 그것이 점차 자라서 마침내 사랑의 이름으로 굳게 잠긴 마음의 문을 열어 그 깊은 구석을 비춰줄 때까지는 지식과 지혜의 세계로 통하는 어떤 출구도 발견할 수 없었다. 그리하여 나는 이 시기를 말없는 슬픔의 시기라 부른다. 사랑은 내게 말과 눈물을 잃게 만들었다.

그대들 내 청춘의 동포들이여, 그대들은 저 티 없이 순수한 나날 사랑의 밀어를 속삭이던 정원이며 과수원, 그리고 연인과 만나고 헤어졌던 그 모든 장소와 길모퉁이들을 기억하리라. 나 역시 북(北)레바논의 아름다운 마을을 기억한다. 언제나 신비와 위엄에 가득 찬 계곡들이며, 마치 하늘에 닿기라도 할 듯 영광과 장엄함으로 뒤덮인 산들이 눈감으면 떠오르곤 한다. 도시의 소음에 질린 귀를 막으면 시냇물의 속삭임과 작은 나뭇가지들이 살랑거리는 소리가 들려온다. 나는 마치 어린아이가 어머니의 품을 그리워하듯 그 시절을 갈망하는데도, 이 모든 아름다움은 청춘의 암흑 속에 갇혀 있다. 그리하여 상처 입은 내 영혼은 광활한 창공을 자유롭게 날아다니는 새떼를 고통스럽게 바라보며 새장 속에 갇혀 있는 한 마리 새와 같다. 그 아름다운 계곡과 골짜기는 내 상상력에 불을 지폈지만 그보다 더욱 비통한 상념이 내 영혼을 절망의 그물로 둘러쌌던 것이다.

들판에 나갈 때마다 커다란 실망감이 엄습해오곤 했다. 나는 그 실망의 이유가 무엇인지 이해하지도 못한 채 잿빛 하늘을 바라보며 가슴이 조여드는 것 같은 답답함을 느꼈으며, 귀를 기울일 때마다 까닭 없는 번민에 사로잡히곤 했던 것이다. 흔히 천진난만함은 인간을 공허하게 만들고, 이 공허함이 그를 태평스럽게 만든다고도 한다. 아마도 처음부터 죽은 영혼을 갖고 태어나 시체처럼 무의미한 삶을 살아가는 사람들에겐 그 말이 진실처럼 느껴질지도 모른다. 그러나 가슴으로 느끼는 것은 많지만 아는 것은 거의 없는 감수성이 예민한 나그네는 태양 아래 가장 불행한 피조물이다. 그는 두 개의 힘에 의해 갈기갈기 찢겨진다. 첫 번째 힘은 그에게 몽상의 구름을 통해 존재의 아름다움을 보여주지만, 두 번째 힘은 그를 철저히 이 세상에 묶어두고 공포와 암흑으로 그를 짓눌러버리는 것이다.

고독은 비단결처럼 부드러운 손을 갖고 있으나 그 매서운 손가락으로 가슴을 움켜잡아 우리를 한없이 고통스럽게 만든다. 고독은 정신적인 고향의 길동무인 동시에 슬픔의 반려자이기도 한 것이다.

슬픔에 지친 소년의 영혼은 이제 막 꽃봉오리를 피워낸 흰 백합과도 같다. 산들바람에도 몸을 떨고, 새벽빛에 잠시 봉오리를 열었다가도 어둠의 그림자가 깃들면 이내 그 꽃잎을 닫아버리는. 만약에 그 소년이 친구나 적당한 장난감을 찾지 못했다면 그의 삶은 마치 거미줄에 걸려든 곤충처럼 하나의 좁다란 감옥 안에 정지해 있게 될 것이다.

젊은 날 나를 휘어잡았던 슬픔은 오락의 결핍에서 온 것이 아니었다. 친구들이 모자라서 그런 것도 아니었다. 내 주변에는 장난감이며 친구들이 얼마든지 있었으니까. 슬픔은 나로 하여금 고독을 사랑하게 만든 마음의 병 때문에 생겨난 것이었다. 그것은 오락에 대한 취미를 죽여버렸고, 내 어깨에서 청춘의 날개를 꺾어버렸다. 그리하여 나는 산 가운데 놓인 연못처럼 고립된 삶을 살아야 했다. 연못의 고요한 수면엔 유령의 그림자처럼 갖가지 형상의 구름과 수목들이 투영되었지만 그 어디에도 바다로 흘러가는 출구는 보이지 않았다.

이것이 바로 열여덟 살이 되기 전의 내 삶이었다. 열여덟, 그것은 내 인생에서 우뚝 솟은 하나의 산꼭대기 같은 것이다. 이 시기는 나로 하여금 비로소 인간의 탄생과 죽음에 대한 한 가지 진리를 이해하게 만들었기 때문이다. 바로 그 해에 나는 한 인간이 거듭나지 않는다면 그의 삶은 생존의 책에서 한 장의 백지처럼 무의미하게 남으리라는 깨달음을 얻었다. 바로 그 해에 나는 한 아름다운 여성의 눈을 통해 나를 바라보는 천사들을 볼 수 있었다. 또 사악하기 짝이 없는 한 사내의 가슴속에서 미쳐 날뛰는 지옥의 악마들도 볼 수 있었다. 삶은 아름답고도 악의(惡意)로 가득 찬 모순투성이였다. 그 속에서 천사와 악마를 보지 못하는 사람은 결코 인생의 참모습도 깨닫지 못하리라. 그리고 사랑이 고갈된 그의 영혼은 텅 빈 동굴과 같으리라.

운명의 손길

눈부시게 아름다웠던 그 해 봄, 나는 베이루트에 있었다. 마치 천상의 계시가 이루어지기라도 한 것처럼 세상의 온갖 정원은 꽃들로 가득 차고 4월의 대지는 온통 초록빛 풀밭이었다. 어쩌면 시인의 영감을 자극하기 위해 자연이 보내준 천사처럼. 나무들은 향기 그윽한 꽃으로 그 우아한 자태를 뽐내고 있었다.

봄은 어느 곳이나 아름답지만 레바논의 봄은 특히 더 아름답다. 봄은 대지 위를 떠돌아다니는 정령, 예언자들과 더불어 대화를 나누고, 강물과 더불어 노래하며, 또한 레바논의 성스러운 삼나무와 더불어 옛 추억들을 되뇌면서 아름다운 레바논의 하늘을 향기롭게 수놓는다. 먼지가 말끔히 가신 봄날의 베이루트는 신부처럼 화사한 아름다움을 갖고 있다. 혹은 시냇가에 앉아서 태양빛에 자신의 매끈한 피부를 말리고 있는 인어처럼 싱그럽고 발랄하다.

4월 어느 날, 나는 이 아름다운 도시로부터 조금 떨어진 곳에 있는 친구의 집을 방문했다. 친구와 얘기를 나누고 있는 도중에 65세 정도 되는 한 노인이 집안으로 들어왔다. 무척 근엄하게 생긴 노인이었다. 나는 그에게 인사하려고 자리에서 일어섰다. 내 친구는 그 노인의 성함이 패리스 에판디 카라미라고 내게 소개하고는 그에게도 나를 추어올리며 인사를 시켜주었다. 노인은 어떤 기억을 되살리기라도 하듯 손가락 끝으로 이마를 문지르면서 잠시 나를 바라보았다. 그런 다음 마침내 내 이름을 기억한 듯이 이렇게 말하는 것이었다.

"자넨 바로 내 절친한 친구 아들이구먼. 얼굴 모습도 많이 닮았어. 이렇게 반가울 수가!"

그 순간부터 나는 마치 태풍이 오기 전에 본능적으로 자기 둥지로 돌아가 안전하게 몸을 피하는 새처럼 노인에게 마음이 이끌리는 것을 느꼈다. 그는 아버지와 함께 한 시절을 회상하면서 우리에게 두 분의 우정에 대해 이야기해주었다. 노인들은 대개 이방인들이 고국에 대한 향수로 애태우듯이 청춘 시절의 추억에 잠기기를 좋아하는 법이다. 그는 자부심에 들떠 자작시를 낭송하는 시인처럼 다소 흥분된 어조로 지난날의 이야기를 들려주었다. 그는 정신적으로는 과거 속에 살고 있는 것 같았다. 어차피 현재란 후딱 지나가버리는 것이고 미래란 망각의 무덤을 향해 가까이 가는 과정일 뿐이다. 패리스 에판디는 헤어질 때 내 어깨를 다독거리며 다정하게 속삭였다.

"자네 아버지를 못 본 지도 20년이나 되었네. 자네라도 자주 우리 집에 와서 나를 기쁘게 해주게."

나는 기꺼이 아버지의 절친한 친구분을 위해서 도리를 다하겠다고 약속했다.

노인이 떠나간 뒤 나는 그에 관한 이야기를 좀더 자세히 해달라고 친구를 졸랐다. 친구는 내게 이런 말을 들려주었다.

"부유한 천성이 사람을 친절하게 만들고 친절함이 또한 사람을 풍요롭게 만든다는 진리를 나는 그분을 통해서 배웠다네. 아마 그는 이 세상에 태어나 어떤 사람에게도 해를 입히지 않고 떠난 몇 안 되는 인물에 속할 걸세. 허나 불행하게도 이런 사람들은 다른 사람들의 간계로부터 자신을 구제할 수 있을 만큼 영악하지 못하다네. 그런 이유로 대개는 남에게 핍박을 당하거나 고통 받는 삶을 살아가게 되지. 패리스 에판디에겐 딸이 하나 있는데 그녀 또한 성품이 아버지를 빼닮았다네. 그녀는 정말 아름답고 착한 마음씨를 가졌지. 하지만 그녀 역시 불행해질 거야. 왜냐하면 아버지의 천성이 이미 그녀를 무시무시한 낭떠러지로 몰아가고 있기 때문이지."

여기까지 말했을 때 그의 안색이 흐려지는 것을 나는 놓치지 않았다.

"패리스 에판디는 고귀한 성품을 지닌 선량한 노인이지만 그분껜 좀처럼 남을 나쁘게 생각하지 않는 약점이 있어. 사람들은 바로 그 점을 이용해서 자기들 마음대로 그를 움직이려 한단 말일세. 그분 따님은 세상 누구보다도 영특하지만 아버지의 말이라면 무조건 순종하고 있는데, 이건 이 부녀간의 생활 속에 숨겨진 비밀이야.

그런데 이 비밀을 한 사악한 인간이 눈치채고 말았다네. 그는 복음을 전파한다는 핑계로 교묘하게 제 욕심만 채우는 비뚤어진 종교인이지. 그는 주교로서 자기가 얼마나 양심적이고 고귀한 인간인지를 사람들이 믿게 하려고 혈안이 되어 있어. 결국 종교를 숭상하는 이 땅의 사람들은 아무 의심 없이 그에게 복종하고 그를 숭배하게 되었지. 이 주교는 마치 도살장으로 양떼를 끌고 가는 목동처럼 사람들을 나쁜 길로 인도하고 있다네. 주교에겐 철저히 타락한 욕심 많은 조카가 하나 있는데 조만간에 그는 주교의 오른팔 역할을 하게 될 걸세. 주교는 바로 그자와 패리스 에판디의 딸을 결혼시킬 음모를 꾸미고 있어. 그 사악한 손으로 순결한 처녀와 음탕한 패륜아를 결합시키는 꽃다발을 걸어주겠지. 그야말로 태양의 심장을 밤의 가슴에 내맡기는 격이라네. 패리스 에판디와 그의 따님에 대해 내가 알고 있는 애기란 이게 전부일세. 그러니 더 이상 묻지 말아주게."

말을 마친 뒤 그는 고개를 창 쪽으로 돌렸다. 그 모습이 마치 먼 우주에서 인간 존재의 문제에 관한 해법을 찾아내려는 것처럼 느껴졌다.

나는 친구의 집을 나서면서 패리스 에판디와의 약속을 지키기 위해 수일 내에 그분을 방문할 작정이라고 친구에게 말해주었다. 한순간 그는 나를 조용한 눈길로 응시했다. 그 눈길은 내 말에서 어떤 새로운 영감을 얻기라도 했다는 듯 의미심장한 빛을 띠고 있었다. 그것은 참으로 이상스러운 시선이었다. 아무도 점칠 수 없는 미래를 예견하는 예언자의 눈길을 떠올리게 하는 사랑과 자비와 공포의 시선. 이윽고 그의 입술이 약간 떨리면서 곧 무슨 말이든 튀어나올 것 같았다. 그러나 내가 문으로 한 걸음 떼어놓자 그는 아무 말도 하지 않았다. 그 이상한 표정은 줄곧 나를 따라다녔다. 내가 그 의미를 완전히 이해할 수 있게 되기까지는 인간의 마음을 꿰뚫어볼 수 있는 직관과 영혼의 지식에 대한 참으로 오랜 경험과 시간이 필요했다.

성스러운 그곳의 문지방

친구의 집을 방문하고 돌아온 뒤 며칠이 지나자 나는 왠지 좀이 쑤셔 견딜 수가 없었다. 개강을 코앞에 둔 중압감 때문인지 읽어야 할 책들의 표지만 보아도 그만 질려버렸다. 나는 마차를 한 대 세내어 패리스 에판디의 집으로 향했다. 여기저기 봄나들이를 나온 소풍객들로 꽉 들어찬 소나무숲에 다다르자 마부는 길 양편으로 버드나무들이 죽 늘어선 샛길로 마차를 몰았다. 곧이어 마차는 녹색의 풀밭과 포도나무, 그리고 이제 막 피어나는 형형색색의 꽃밭을 지나쳐 갔다.

잠시 후 마차는 아름다운 정원 한가운데에 있는 외딴집 앞에 멈춰 섰다. 장미꽃과 치자꽃, 그리고 재스민 향이 진하게 풍겨왔다. 내가 마차에서 내려 널따란 정원으로 들어섰을 때 패리스 에판디가 마중나왔다. 그는 진심으로 반가움을 표시한 뒤 나를 집안으로 데리고 들어갔다. 그리고 마치 친자식을 대하듯 곁에 앉아선 나의 학교생활과 장래 문제에 대해 질문을 퍼부어대는 것이었다. 나는 진지하게 그 물음에 답했다. 그때만 해도 나는 희망에 부푼 꿈의 고요한 바다를 항해하는 야심찬 모험가였다. 바로 그때 흰 비단 가운을 걸친 한 아름다운 젊은 여성이 벨벳 커튼 뒤에서 나타나 우리 쪽으로 걸어왔다. 패리스 에판디와 나는 자리에서 일어났다.

"내 딸 셀마라네."

노인은 그녀를 나에게 소개한 다음 딸에게 이렇게 덧붙였다.

"살다보니 이렇게 기쁜 날도 있구나. 애야, 이 젊은이는 내 절친한 옛 친구의 아들이란다."

셀마는 손님이 자기 집을 찾아왔다는 것이 믿어지지 않는다는 듯 일순 나를 뚫어지게 쳐다보았다. 백합처럼 희고 아름다운 그녀의 손에 내 눈길이 닿았을 때 야릇한 아픔이 느껴졌다.

우리는 셀마가 마치 침묵의 성령(聖靈)을 방 안으로 데리고 오기라도 한 것처럼 한동안 묵묵히 앉아 있었다. 먼저 침묵을 깬 것은 셀마였다. 그녀가 내게 미소지으며 이렇게 말했다.

"아버지께서 젊은 시절 당신 아버님과 함께 한 얘기를 자주 들려주셨어요. 만약 당신 아버님께서도 같은 얘길 하셨다면 우린 초면이 아닌 셈이죠."

노인은 자기 딸이 이런 식으로 말하는 게 몹시 흡족한 눈치였다.

"셀마는 몹시 감상적이라네. 이 애는 영혼의 눈을 통해서 사물을 보는 능력이 있지."

그는 마치 추억의 날개 위에 그를 태우고 과거로 데려다주는 마법에라도 걸린 듯 내 얼굴을 꿈꾸듯이 바라보며 끝도 없는 이야기를 늘어놓았다.

나 또한 먼 훗날 내가 이 노인처럼 늙었을 때를 상상하며 진지하게 귀를 기울였다. 노인은 마치 폭풍우에도 쓰러지지 않고 꿋꿋이 견뎌온 우뚝 솟은 고목과 같은 표정으로, 또는 어린 나무에 쏟아지는 햇살처럼 그윽한 눈길로 나를 쳐다보는 것이었다.

하지만 셀마는 말이 없었다. 이따금 나와 노인을 번갈아 바라보기만 할 뿐이었다. 마치 인생이라는 드라마의 첫 장(章)과 마지막 장을 읽는 것처럼. 정원에서의 하루는 너무 빠르게 지나갔다. 나는 유리창을 통해 저녁노을이 황금빛으로 퍼지면서 레바논의 산들에 입 맞추는 광경을 망연히 쳐다보고 있었다. 패리스 에판디의 경험담은 계속해서 이어졌다. 나는 끝까지 성의 있게 그 이야기를 들어주었다. 자신의 이야기를 열심히 들어주는 누군가가 있다는 것만으로도 노인의 슬픔은 행복으로 바뀌는 듯했다.

셀마는 아무 말도 없이 슬픔이 가득한 눈길로 우리를 바라보며 창가에 앉아 있었다. 그녀는 입술로부터 흘러나오는 소리보다 훨씬 더 숭고한 언어를 갖고 있었다. 그것은 모든 인류에 공통되는 영구적인 언어—잔잔한 호수의 심연에서 길어올린 듯한 침묵의 언어였다.

오로지 영혼만이 아름다움을 이해할 수 있으며 혹은 아름다움과 더불어 살아가고 성숙할 수 있다. 아름다움이란 인간의 언어로는 충분히 묘사할 수 없는 것이다. 아름다움은 평범한 사람의 눈으론 볼 수 없는 것이다. 그것은 깨달은 자와 우러름을 받는 자에게서 우러나는 것이기 때문이다. 진정한 아름다움이란 영혼의 성전에서 발산되는 한 줄기 광명과 같다. 그것은 대지의 심연에서 솟아나와 한 송이 꽃에게 온갖 빛깔과 향기를 주는 생명과도 같이 인간의 존재를 빛나게 하는 것이다.

참된 아름다움은 한 남자와 한 여자가 경험하는 사랑이라는 영혼의 일치 속에 깃드는 것이다.

나의 영혼과 셀마의 영혼은 우리가 처음 만났던 바로 그 날 서로에게 도달했던 것이 아닐까? 나는 왜 그녀를 태양 아래 가장 아름다운 여인으로 믿게 되었던가? 혹시 다만 결코 존재한 적 없는 대상을 그리워하며 청춘의 술에 취해 있었던 것일까?

청춘이 내 눈을 멀게 하여 그녀의 눈빛과 그 입술의 감미로움, 그토록 우아한 자태를 상상하게 만들었던 것일까? 혹은 그녀의 빛나는 아름다움이 닫혔던 내 눈을 열어 사랑의 행복과 슬픔을 볼 수 있게 한 것일까?

지금으로선 이 같은 의문에 정확한 답을 찾기가 어려운 것이 사실이다. 하지만 내가 진심으로 말할 수 있는 것은 그때 나는 이전엔 결코 느껴본 적이 없는 감동을 맛보았다는 사실이다. 내 가슴에 고요히 깃드는 새로운 느낌은 바로 누군가를 간절히 원하는 사랑의 감정이었다. 마치 천지창조 때 바다를 떠돌아다니는 영혼처럼 나는 그 낯선 느낌의 언저리를 배회했다. 바로 그러한 연모의 정으로부터 나의 행복과 나의 슬픔이 시작된 것이다. 셀마와의 첫 만남은 이렇게 끝을 맺었다. 또 이렇게 해서 결국 나는 청춘과 고독의 속박에서 풀려나게 되었고, 동시에 사랑의 행로를 향한 첫걸음을 떼게 되었다.

오직 사랑만이 이 세상에서 유일한 자유의 길이다. 그것은 우리 영혼을 고양시켜 마침내 인간의 법률이나 자연 현상조차도 그 진로를 바꾸게 하지 못하기 때문이다.

내가 떠나려고 자리에서 일어섰을 때 패리스 에판디가 가까이 다가와서 이런 말을 했다.

"내 아들아, 이 집에 오는 길을 알았으니 이제는 자네 아버지를 찾아오듯 자주 찾아주게. 그리고 셀마를 누이로 생각하게나."

그는 마치 자기 말에 대한 동의를 구하듯이 셀마를 향해 돌아섰다. 셀마가 고개를 끄덕였다. 그러고는 마치 오랜 친구를 대하듯 나를 바라보았다.

이로써 패리스 에판디 카라미는 그의 딸과 나를 사랑의 제단 위에 나란히 세워준 셈이었다. 패리스 에판디의 입에서 흘러나온 말들은 환희와 더불어 시작해서 비애로 끝나버리는 천상의 노래였다. 그것은 그녀와 나의 영혼을 타오르는 불꽃의 왕국에까지 솟구쳐 오르게 하는 노래였지만 그와 더불어 행복과 고통으로 빚은 술잔을 안겨주기도 했던 까닭이다.

나는 그 집을 떠났다. 노인은 대문 밖까지 나를 배웅해주었다. 아름다운 정원을 걸어 나오는 동안 내 가슴은 마치 목마른 사람의 입술이 그렇듯 심하게 고동치고 있었다.

백열 (白熱)의 불꽃

4월은 거의 꿈처럼 지나갔다. 나는 첫 번째 방문 이후 수시로 패리스 에판디의 집 대문을 두드렸다. 정원에서 셀마를 만나 그녀의 아름다움과 지성에 경탄하며 슬픔에 찬 정적에 귀기울였다. 어떤 보이지 않는 손이 그녀에게로 나를 무한정 이끌어가고 있는 것 같았다.

만남이 거듭될수록 나는 그녀의 감미로운 영혼 속에서 새로운 아름다움을 발견하게 되었다. 마침내 영혼의 한 페이지 한 페이지는 내가 구절구절을 노래할 수 있는 한 권의 책이 되었다. 나는 그 책을 끝까지 읽었지만 결코 누구에게도 진실을 그대로 전할 수가 없었다. 신이 그 영혼과 육신에 아름다움의 날개를 달아준 여인은 드러난 동시에 감춰진 하나의 진리였다. 오로지 사랑에 의해서만 그것을 이해할 수 있고 미덕에 의해서만 그것을 느낄 수 있는 것이다. 그러므로 내가 셀마라는 여인의 아름다움을 아무리 애써 설명하려고 해도 그 실체는 여전히 베일에 싸여 있었다.

셀마 카라미는 육신의 아름다움과 영혼의 아름다움을 완벽하게 공유하고 있었다. 하지만 그녀를 한 번도 본 적이 없는 사람에게 무슨 수로 그녀를 이해시킬 것인가? 과연 죽은 자가 나이팅게일의 노래와 장미 향기, 시냇물의 한숨을 기억할 수 있을까? 족쇄로 사지를 짓눌린 죄수가 새벽의 미풍을 느낄 수 있을까? 셀마의 반짝이는 색채를 완벽하게 표현하려면 어떻게 말해야 할까? 과연 평범한 말로 그것을 묘사할 수 있을까?

셀마는 하얀 비단 옷을 입고 창문으로 스며든 달빛처럼 우아하게 정원을 거닐었다. 마치 바람 때문에 하늘거리는 꽃잎에서 떨어지는 이슬방울처럼 그녀의 입술에서 흘러나오는 말들은 나지막하고도 은은하게 울려 퍼졌다.

처음엔 격심한 내면의 고뇌를 반영하다가 곧이어 천상의 환희를 잇따라 되비추는 그 신비로운 표정을 어떻게 설명할 수 있을까.

셀마의 얼굴이 지닌 아름다움은 고전적인 것은 아니었다. 그것은 화가의 붓이나 조각가의 끌로선 도저히 흉내낼 수도 모사(模寫)할 수도 없는, 마치 꿈의 계시 같은 것이었다. 셀마의 아름다움은 그녀의 금발에 있는 게 아니라 그것을 에워싸고 있는 덕성과 순결에 있었다. 또한 그것은 그녀의 커다란 두 눈이 아니라 그 눈으로부터 발산되는 빛에, 붉은 입술이 아니라 거기서 흘러나오는 감미로운 언어에, 그 상앗빛 고운 피부가 아니라 다소곳한 고갯짓 속에 있었다. 아름다움은 그녀의 자태 속에 있는 것이 아니라 하늘과 땅 사이에서 백열광처럼 타오르는 고귀한 영혼 속에 있었던 것이다. 그녀의 아름다움은 마치 시(詩)의 축복과도 같은 것이었다. 시인이란 불행한 사람들이다. 그들의 영혼이 아무리 높은 곳에 도달할지라도 저들은 여전히 눈물의 봉인 속에 갇혀 있을 것이기 때문이다.

셀마는 늘 말없이 하루 종일 깊은 생각에 잠겨 있었다. 그녀의 침묵은 상대방에게 심장의 고동소리에 귀기울이게 하는 마력이 있다. 그 침묵하는 두 줄기 시선으로 그녀는 자기 앞에 있는 사람을 조용히 응시하곤 한다. 그리하여 그가 자신의 내면을 바라보게 하는 일종의 음악과도 같은 위력을 발휘하는 것이었다.

셀마는 평생을 통해 깊은 슬픔의 덮개를 쓰고 있었다. 그런데 이것이 오히려 그녀의 신비한 아름다움과 기품을 더해주는 것이었다. 마치 꽃이 만발한 나무가 새벽 안개 속에서 더욱 아름다운 것처럼.

슬픔은 그녀와 나의 영혼을 하나의 고리로 이어주었다. 우리는 상대방의 얼굴 속에서 서로의 심장이 느끼는 바를 읽을 수 있었고, 숨겨진 메아리를 들을 수 있었다. 그리하여 신(神)은 두 개의 육신을 하나로 만들었으니 곧 이별은 죽음과도 같은 고통일 뿐이었다.

슬픔에 잠긴 영혼은 자기를 닮은 영혼과 결합될 때 비로소 안식을 얻게 된다. 사랑은 두 개의 영혼을 융합시킨다. 마치 이방인이 낯선 이국에서 또 한 사람의 이방인을 만났을 때 용기를 얻는 것처럼, 슬픔이라는 매개체를 통해 결합된 영혼은 행복이라는 영광에 의해 단단하게 결속되는 것이다.

눈물로 씻겨진 사랑은 영원히 순결한 아름다움으로 남아 있으리.

태풍

어느 날, 패리스 에판디는 나를 점심식사에 초대했다. 나는 기꺼이 초대에 응했다. 실제로 내 영혼은 신(神)이 셀마의 손에 쥐어준 성스러운 빵에 굶주려 있었다. 그 빵은 먹으면 먹을수록 더욱더 갈망하게 되는 정열의 양식이었다. 저 아라비아의 시인 카이스와 단테, 사포도 이 빵을 맛본 뒤 가슴에 불이 붙지 않았던가. 그야말로 키스의 달콤함과 눈물의 비통함을 함께 맛보게 하는 바로 그 빵인 것이다.

패리스 에판디의 집에 다다랐을 때, 나무에 머리를 기댄 채 정원의 벤치에 앉아 있는 셀마의 모습을 보았다. 흰 비단 옷을 휘감은 그녀는 수줍은 신부처럼, 혹은 그곳을 지키고 있는 파수꾼처럼 꼼짝도 않고 있었다.

나는 말없이 경건한 자세로 그녀에게 다가가서 그 옆에 앉았다. 아무 말도 할 수가 없었다. 나는 심장의 유일한 언어인 침묵에 호소할 수밖에 없었다. 그러나 셀마가 나의 말없는 호소에 귀기울여, 내 눈에 깃든 영혼의 갈망을 감지하고 있음을 느낄 수 있었다.

노인은 언제나처럼 나를 반겨주었다. 그가 나에게 손을 내밀 때마다 나는 그 동작이 우리 둘만의 비밀스런 결합을 축복하고 있는 것처럼 느껴졌다. 그가 말했다.

"음식이 준비되었으니 애들아, 식탁으로 가자꾸나."

우린 일어나 그를 따랐다. 이럴 때면 셀마의 두 눈이 빛났다. 그녀의 아버지가 우리를 '애들아' 하고 불러준 것만으로도 그녀의 사랑에 또 하나의 새로운 감정이 덧붙여진 것이리라.

우리는 식탁에 앉아 오래된 포도주를 마시며 즐겁게 식사를 했다. 하지만 우리의 영혼은 아득히 먼 세계에서 살고 있었다. 우리는 미래와 그것이 가져다줄 쓰라린 고통에 대해 막연한 공포를 느꼈다.

세 사람은 각자 다른 생각에 잠겨 있었지만 사랑으로 결합되어 있었다. 감정은 풍부하나 세상 살아가는 방법에 대해선 무지한 세 사람. 즉 사랑하는 딸의 행복을 위해 마음 졸이는 한 노인과, 불안스레 미래를 내다보는 스무살 난 젊은 처녀, 그리고 삶의 단맛도 쓴맛도 알지 못한 채 사랑과 지식의 절정에 도달하고자 애쓰는 근심 많은 청년에 의해 한 편의 연극이 공연되고 있었던 것이다. 우리 세 사람은 저녁노을이 질 때까지 한가롭게 먹고 마시고 있었지만, 각자 손에 쥐어진 술잔 밑바닥에는 남모르는 비통과 번민이 깔려 있었다.

식사를 끝마쳤을 때 하녀가 들어와 손님이 찾아왔다고 전했다.

"누구냐?"

노인은 물었다.

"주교님의 심부름꾼입니다."

하녀가 대답했다. 패리스 에판디는 마치 예언자와도 같이 자기 딸을 빤히 응시했다. 잠시 동안 침묵이 흘렀다. 이윽고 그가 하녀에게 말했다.

"그 사람을 들여보내."

하녀가 나가자 동양식 복장에 턱수염이 덥수룩한 한 남자가 들어왔다.

"주교님께서 중대한 의논이 있어 당신을 모셔오라는 분부십니다. 마차에 오르시지요."

노인의 얼굴에 곧 그늘이 졌다. 그는 뭔가 골똘히 생각한 뒤에 속삭이는 듯한 어투로 내게 이렇게 말했다.

"내가 돌아올 때까지 이곳에 있어주게. 자네가 말동무가 되어주면 셀마가 덜 외로워할 걸세."

노인은 셀마에게 고개를 돌리며 그녀의 동의를 구했다. 그녀의 뺨은 붉게 물들었다. 그리고 그녀는 그 어떤 음악보다도 더 달콤한 목소리로 노인에게 대답했다.

"우리 집 손님을 즐겁게 해드리기 위해 최선을 다하겠어요, 아버지."

셀마는 아버지를 태운 마차가 눈앞에서 사라질 때까지 대문 밖에 서 있었다. 그런 다음 집 안으로 들어와 녹색 비단으로 커버를 씌운 소파에 앉았다. 그 모습이 마치 새벽녘 녹색 풀밭에서 고개 숙인 한 송이 백합과도 같았다. 수목으로 에워싸인 아름다운 셀마의 집에 그녀와 내가 단둘이 있게 된 것은 정녕 하늘의 뜻이었다. 침묵과 사랑, 아름다움과 덕(德)이 우리의 공간을 가득 채워주고 있었다.

우리는 둘 다 말이 없었다. 둘 다 서로가 먼저 말하기를 기다렸을 것이다. 하지만 말이란 것이 서로의 영혼을 이해하는 유일한 수단은 아니다. 우리의 마음을 한데 모으기 위해 반드시 말이 필요한 것은 아니었다.

우리에게는 말보다 더욱 위대하고 더욱 순수한 것이 있었다. 침묵은 우리의 영혼을 비춰 서로의 가슴에 둘을 함께 이끌어주는 것이다. 또한 우리를 우리 자신으로부터 떼어놓아 영혼의 창공을 향해하도록 하고 마침내 천국을 경험하게 하는 것이다. 그리하여 우리는 육체란 감옥에 불과하고 이 세계는 유형지에 지나지 않는다는 걸 깨닫게 된다.

셀마의 두 눈은 그 가슴의 비밀을 드러낼 듯 투명하게 빛났다. 이윽고 그녀는 조용히 입을 열었다.

"정원으로 나가요. 나무 아래 앉아 산 너머로 떠오르는 달을 구경해요."

나는 그녀의 뜻대로 자리에서 일어났지만 속으로는 망설였다.

"달이 떠올라 정원을 비춰줄 때까지 여기서 좀더 있는 게 어떨까요?"

나는 이렇게 덧붙였다.

"어두워서 지금은 아무것도 볼 수 없을 텐데."

"어둠이 나무와 꽃을 가려 볼 수 없게 할지라도 우리 가슴속의 사랑까지 가리진 못할 거예요."

말을 마친 그녀는 시선을 돌려 창 밖을 응시했다. 나는 그녀의 말 한 마디 한 마디를 곰곰이 되새기면서 침묵을 지켰다. 그러자 그녀는 순간적으로 자기가 한 말을 주워담고 싶어하는 표정이 되었다. 마치 자신의 두 눈으로 내 기억력을 마비시키려는 듯 나를 지그시 바라보는 것이었다. 그러나 그녀의 눈빛은 방금 전에 들은 말을 잊어버리게 하기는커녕 오히려 더욱 선명하고 절실하게 내 가슴속 깊이 그 감미로운 말들을 각인시켜줄 뿐이었다.

세상의 온갖 아름다움과 위대함은 오로지 한 인간의 내면에서 우러나는 단 한 번의 감동에 의해 탄생하는 것이다. 오늘날 우리를 풍요롭게 만드는 지난 세대의 모든 업적도 그것이 창조되기 전에는 한 남자나 한 여자의 마음속에 깃든 생각, 혹은 어떤 충동에 지나지 않았다. 인류 역사상 그토록 많은 피를 흘리게 했던 허다한 전쟁도 결국 지구상에 살고 있던 한 인간의 관념에서 비롯된 것이었다. 인간을 보다 자유로운 존재로 진보시킨 저 위대한 혁명도 결국은 한 개인의 사고에서 나온 것이었다. 인류의 행로를 바꾸어놓은 대단한 발견도 결국은 한 남자의 이상에서 나온 것이었다. 단 한 번의 사고(思考)가 그 거대한 피라미드를 탄생시켰고 이슬람의 영광을 구축했으며 학문의 도시 알렉산드리아의 도서관을 불태운 폭정의 원인이 되었던 것이다.

그대 역시 한밤중에 문득 떠오른 어떤 생각이 그대를 영광스럽게 높여줄 수도 있고, 혹은 정신병원으로 끌려가는 원인이 될 수도 있으리라. 단 한순간 여성의 눈짓이 그대를 세상에서 가장 행복한 남자로 만들 수도 있다. 또는 한 사람의 입에서 흘러나온 한마디가 그대를 부자로 만들거나 가난뱅이로 만들 수도 있으리라.

그날 밤 셀마의 입에서 나온 단 한마디의 말이 그랬다. 그것은 마치 대양 한 가운데에 닻을 내린 한 척의 배와도 같이 과거와 미래 사이에 나를 정박시켜 놓았다. 다시 말하자면 그 말은 청춘과 고독의 혼미한 상태로부터 나를 일깨워 인생의 무대 위에 올려놓았던 것이다.

미풍에 뒤섞여 꽃향기가 은은하게 흘러다녔다. 우리는 재스민나무 곁 벤치에 말없이 앉아 있었다. 푸른 하늘 저편 어딘가에서 천상의 눈이 우리들의 연극을 지켜보고 있으리라. 잠자는 자연의 숨소리에 귀기울이는 모습을.

달빛은 해안과 언덕이며 산들을 두루 비추었다. 달빛은 마술의 환영과도 같이 계곡 주변의 마을들을 한눈에 볼 수 있도록 해주었다. 그리하여 우리는 은색 달빛 아래 온통 모습을 드러낸 레바논의 아름다움에 흠뻑 취해 있었다.

서구의 시인들은 아담과 이브의 타락으로 인해 에덴동산이 소멸된 것과 마찬가지로 레바논 역시 다윗과 솔로몬과 선지자들이 사라진 뒤로 전설처럼 잊혀진 지역으로 생각하고 있었다. 그들에게 '레바논'이란 단어는 신성한 삼나무의 향내가 물씬 풍기는 굽이치는 산맥과 결부된 하나의 시적 표현이 되었다. 레바논은 금빛 사원과 대리석, 또는 계곡에서 한가롭게 풀을 뜯는 양떼의 이미지를 연상시키는 단어로써 존재한다. 그날 밤에는 나 또한 꿈결처럼 아름다운 레바논의 정경을 시인의 눈으로 바라보게 되었다.

사물의 외양은 보는 사람의 정서에 따라 변화하는 것이므로 우리는 각각 사물에 깃들인 마력과 아름다움을 발견하게 된다. 그것은 실상 우리 자신의 내부에 깃들어 있는 것이므로.

달빛이 셸마의 얼굴과 목덜미를 따라서 온몸을 두루 비출 때 그녀는 흡사 미와 사랑의 여신 이슈타르를 조각해놓은 듯 아름다웠다. 그녀는 조용한 눈길로 나를 바라보며 말했다.

"왜 아무 말도 없으세요? 당신의 과거에 대해 말해주시겠어요?"

어색했던 침묵이 그녀의 한마디로 깨져버렸고 내 입에선 절로 말이 흘러나왔다.

"조금 전에 이 정원으로 나오면서 내가 한 말을 듣지 못했던가요? 당신은 꽃의 속삭임과 침묵의 노래를 들을 줄 아는 영혼을 갖고 있습니다. 그러므로 당신은 지금 내 가슴의 외침도 들을 수 있을 겁니다."

그녀는 두 손에 얼굴을 파묻고 떨리는 목소리로 대답했다.

"그래요. 난 지금 듣고 있어요, 당신의 가슴속에서 솟아나오는 우울한 한숨과 심장의 뜨거운 절규를."

나의 과거는 물론이고 현재 내가 살아 있다는 사실조차도 깡그리 잊은 채 내 가슴속에는 온통 셸마에 관한 생각뿐이었다.

"들어봐요, 셸마. 대기 속에 고동치면서 전 우주를 온통 떨게 한 이 아름다운 음악소리를."

내 말이 끝나자 그녀는 두 눈을 지그시 감았다. 입술 언저리에는 슬픔과 기쁨이 뒤섞인 신비로운 미소가 피어올랐다. 이윽고 그녀가 속삭였다.

"전 이제 알았어요. 하늘보다도 더 높고 대양보다도 더 깊고 삶과 죽음의 시간보다도 더 신비로운 어떤 것이 이 세상엔 존재한다는 걸. 예전에는 상상조차 할 수 없었던 이 놀라운 사실을 말이에요."

그 순간 셀마는 내게 있어서 친구보다 소중하고, 누이보다 가깝고, 연인보다 더욱 사랑스러운 존재였다. 그녀는 내 영혼 속에 들어와 감히 거부할 수 없는 하나의 사상이 되었고 아름다운 꿈이 되었다.

사랑은 오랜 사귐과 끈질긴 갈망으로부터 온다는 생각은 잘못된 것이다. 사랑이란 정신적 친화력의 결과물인 것이다. 만약에 이 친화력이 한순간에 이루어지지 않는다면 아무리 오랜 세월이 지나도 사랑의 느낌은 창조되지 않으리라.

이윽고 셀마가 고개를 들었다. 그리고 그 깊은 눈망울로 허공을 응시하며 입을 열었다.

"어제의 당신은 마치 어린 시절부터 나와 함께 자라온 형제와 같았어요. 하지만 지금 나는 형제간의 애정보다 더욱 신비롭고 감미로운 어떤 감정을 느껴요. 내 가슴을 슬픔과 행복으로 가득 채우는 낯선 감정을."

나는 이렇게 대답했다.

"지금 우리를 뒤흔들어놓는 감정은 달을 대지의 둘레로 인도하고 태양을 신의 주변으로 안내하는 자연의 법칙이라오."

그녀가 내 머리에 손을 얹고 손가락으로 내 머리카락을 쓰다듬었다. 백합꽃 잎사귀에 매달린 이슬방울 같은 눈물이 그녀의 두 눈에서 떨어져내렸다. 그러나 그녀는 환한 얼굴로 이렇게 말했다.

"그 누가 이 이야기를 믿을까요. 지금 이 순간 우리가 이토록 서로에 대해 환하게 알고 있다는 것을 대체 누가 믿을까요?"

말하는 동안 내내 그녀의 손은 내 머리 위에 놓여 있었다. 만약 내 머리 위에 왕관이나 세상 그 어떤 영광의 화환을 얹어준다 해도 그것들보다는 내 머리카락을 어루만지는 부드럽고 아름다운 그녀의 손을 택했으리라.

나는 그녀에게 진실을 말해주었다.

"사람들은 믿지 않을 테죠. 사랑이 계절의 도움 없이 자라고 꽃필 수 있는 유일한 꽃이란 걸 그들은 알지 못하니까요. 하지만 우리를 처음으로 만나게 한 이 4월이 우리를 삶의 지성소(至聖所)에 가둬버렸습니다. 우리의 혼을 결속시키고 온 낮과 밤을 통해 우리로 하여금 서로의 포로로 만든 것은 신의 뜻이 아니겠어요? 인간의 삶이란 자궁 속에서 시작되는 것도 아니고 무덤 속에서 끝나는 것도 아니랍니다. 달빛과 별들로 가득 찬 저 하늘은 우리의 사랑과 영혼을 지켜줄 것입니다."

그녀가 내 머리카락에서 손을 빼내었다. 밤바람에 뒤섞인 일종의 전류가 내 머리카락의 뿌리로부터 흘러나오는 것 같았다. 마치 지성소에서 제단에 입맞춤으로써 신의 축복을 받은 구도자처럼 나는 셀마의 손을 잡고 내 불타는 입술을 그 위에 댔다. 그 길고 달콤한 입맞춤을 통해서 나는 내 영혼의 온갖 미덕을 일깨워 그녀의 손등 위에 새겨놓았던 것이다.

그 일 분 일 분은 사랑의 한 해처럼 길었다. 한 시간이 흘렀다. 밤의 침묵 아래 달빛은 교교히 흘렀고 꽃과 나무는 우리에게 사랑 이외의 모든 현실을 깡그리 잊게 만들었다. 그러던 어느 한순간 돌연 말굽소리와 마차 바퀴의 덜그럭거리는 소리가 들려왔다. 우리는 황홀한 몽환 상태에서 깨어나 당혹과 비탄의 세계에 다시 서게 되었다. 주교를 만나러 갔던 노인이 돌아왔다. 우리는 그를 마중하기 위해 정원을 가로질러 달려나갔다.

마차가 정원 입구에 도착했다. 패리스 에판디는 마차에서 내려 우리에게 천천히 걸어왔다. 마치 무거운 짐이라도 진 것처럼, 몸을 약간 앞으로 굽힌 모습이었다. 그는 셀마의 어깨에 두 손을 얹고 지긋한 눈길로 그녀를 바라보았다. 주름진 뺨에선 눈물이 흘러내렸으며 슬픔에 가득 찬 미소를 머금은 입술은 떨고 있었다. 이윽고 그가 목멘 소리로 입을 열었다.

"셀마야, 이제 곧 너를 내 품에서 떠나보내야 하는구나. 너는 이 한적한 집을 떠나 사교계의 드넓은 세계로 나아가겠지. 머지않아 이 정원을 걷는 네 발자국 소리도 듣지 못하겠구나. 넌 이제 출가외인이 되는 거야. 오늘 모든 게 결정되고 말았다. 신이 네게 축복을 내리기를."

셀마의 얼굴은 마치 사형선고라도 받은 것처럼 어두워졌다. 그녀의 두 눈이 차갑게 얼어붙었다. 그녀는 마치 총탄에 맞아 쓰러진 한 마리 새와 같이 바들바들 떨면서 날카롭게 부르짖었다.

"지금 무슨 말씀을 하시는 거죠? 대체 그게 무슨 뜻이에요? 저를 어디로 보낸다구요?"

그녀는 아버지의 의중을 간파하려는 듯이 탐색하는 눈초리로 쳐다보고는 이렇게 덧붙였다.

"알겠어요. 이제야 짐작이 가네요. 주교님이 저를 데려가려는 거죠. 그가 아빠에게서 저를 빼앗아, 날개 부러진 새를 새장에 가두려는 거죠? 하지만 설마 그게 아빠의 뜻은 아니겠죠?"

패리스 에판디는 깊은 한숨으로 대답을 대신했다. 그는 셀마의 어깨를 다 정하게 어루만지며 집 안으로 함께 들어갔다. 한동안 나는 멍하니 정원에 서 있었다. 가을날 나뭇잎들 위로 휘몰아치는 태풍과도 같은 혼란이 밀려왔다. 나는 그들을 따라 거실로 들어갔다. 당황한 모습을 보이지 않으려고 노인과 악수를 한 뒤 내 아름다운 별, 셀마를 바라보았다. 그런 다음 아무런 말도 하지 못한 채 그 집을 나섰다.

정원을 걸어나올 때 뒤에서 나를 부르는 노인의 목소리가 들려왔다. 나는 걸음을 멈추고 몸을 돌렸다. 노인은 마치 죄인처럼 내 손을 잡고 이렇게 말했다.

"이 늙은이를 용서하게나. 공연한 일로 자네의 저녁을 망쳐놓았네그려. 하지만 부디 날 외면하지 말아주게. 셀마가 떠나고 나면 이 집은 텅 빈 것 같겠지. 그러니 나를 만나러 와주게. 안 그러면 난 너무 외롭고 쓸쓸할걸세. 여보게, 아침이 밤과 만날 수 없듯이 젊음과 늙음은 서로 별개의 세계에 속해 있겠지. 하지만 자네는 부디 나를 버리지 말고 내가 자네 아버지와 함께 보낸 청춘 시절의 추억을 일깨워주게나. 그리고 자네 아니면 누가 내게 세상 돌아가는 이야기를 들려주겠나. 셀마가 떠나고 나면 이 늙은이 혼자 외롭게 남겨질 텐데. 자네, 앞으로도 날 찾아와 주겠지?"

노인의 넋두리가 이어지는 동안 나는 말없이 그의 손을 잡고 있었다. 내 손등에 그의 따뜻한 눈물이 떨어졌다. 나는 나 자신의 슬픔과 어버이를 향한 연민으로 질식할 것만 같았다. 결국 그는 내 눈물을 보고야 말았다. 그는 내 이마에 입을 맞추며 작별인사를 했다.

"가거라, 아들아. 잘 가거라."

노인의 눈물은 젊은이의 눈물보다 사람의 마음을 훨씬 아프게 한다. 눈물은 쇠잔해가는 육신에 남아 있는 삶의 찌꺼기인 까닭이다. 젊은이의 눈물은 장미꽃잎에 떨어지는 이슬방울과도 같지만, 노인의 눈물은 겨울이 다가올 때 바람에 흩날리는 낙엽만큼이나 처량한 것이다.

내가 패리스 에판디 카라미의 집을 떠난 뒤에도 셀마의 목소리는 계속해서 내 귓전에 울려 퍼졌다. 그녀의 아름다움은 혼령과도 같이 나를 따라왔다. 그리하여 그녀의 아버지가 내 손등에 흘린 눈물도 점차 내 기억 속에서 잊혀졌다.

나는 낙원에서 추방된 아담처럼 그 집을 떠났다. 그러나 내 가슴속 이브는 나와 함께 있지 않았다. 그리하여 그날 밤 나는 거듭 태어났건만 처음으로 죽음의 얼굴을 보았다.

빛나는 태양은 들판에 생기를 불어넣지만 그 열기로 들판을 말라죽게도 하는 것이다.

불의 호수

인간이 어둠 속에서 은밀히 도모하는 모든 일들은 한낮의 태양 아래 명백히 드러나는 법이다. 아무리 비밀스러운 속삭임들도 어느 틈엔가 소문처럼 흘러다니리라. 오늘 우리의 침대 밑에서 은밀히 행해지는 모든 일들도 내일이면 만천하에 드러나리라.

그리하여 뷸로스 갈리브 주교가 패리스 에판디 카라미와 나눈 밀담은 곧바로 온 동네에 쫙 퍼져 마침내 내 귀에까지 들어오게 되었다.

그날 밤 주교가 패리스 에판디를 불러들였던 이유는 가난한 사람들이나 불쌍한 과부들, 혹은 고아들에 관한 문제를 의논하려는 것이 아니었다. 패리스 에판디를 주교의 개인 마차에 태워 데려간 주된 목적은 셀마를 주교의 조카 만수르 베이 갈리브와 약혼시키기 위한 것이었다.

셀마는 패리스 에판디의 유일한 혈육이었다. 그리고 주교가 셀마를 택한 이유는 그녀의 미모나 지성 때문이 아니라 그녀의 아버지가 가진 막대한 재산 때문이었다.

소위 종교계의 우두머리라는 위인이 스스로 베푸는 것에 만족하지 않고 자기 측근을 권력의 앞잡이로 만들고자 노력하는 것은 슬픈 일이다. 주교는 종교 지도자에 대한 사람들의 존경심을 이용하여 그의 형제나 조카들에게까지 권력을 확산시켰다. 그것은 마치 수많은 촉수로 먹이를 낚아채 그 피를 빨아먹는 바다 괴물과도 같은 횡포였다.

주교가 자기 조카를 위해 셀마에게 청혼을 했을 때 패리스 에판디가 할 수 있는 대답은 깊은 침묵뿐이었다. 그는 자신의 유일한 혈육을 잃어야 한다는 슬픔에 하염없이 눈물을 흘렸다. 그토록 의지하며 살아온 무남독녀와 헤어지게 된다면 누구라도 영혼의 전율을 느끼리라.

딸을 시집보내야 하는 부모의 슬픔은 아들을 결혼시키는 부모의 심정과는 비교할 수도 없다. 왜냐하면 아들은 결혼함으로써 또 한 사람의 가족을 데려오지만 딸은 결혼으로 인해 영원히 남의 식구가 되기 때문이다.

패리스 에판디는 마지못해 주교의 요청을 받아들였다. 그러나 속으로는 결코 이 결혼에 찬성하고 싶지 않았다. 그는 주교의 조카를 너무나 잘 알고 있었다. 그가 위험한 인물이며 형편없이 타락한 인간이라는 사실을 모르는 사람이 없었던 것이다.

그러나 레바논에선 누구라도 주교에 대항했다가는 마음 편히 살아갈 수가 없었다. 그런 사람에게는 반드시 잔혹한 보복이 뒤따랐다. 자기 눈이 창에 찔릴 위험에 처한 마당에 그 창에 대항할 수 없는 법이다. 자기 팔이 떨어져 나간다는 사실을 알면서도 그 칼을 움켜잡을 수는 없는 법이다.

패리스 에판디가 주교의 청을 거절했다고 상상해보라. 셀마의 평판은 대번에 땅에 떨어져 그녀의 이름은 기필코 더럽혀졌으리라. 주교는 마치 높은 가지에 매달린 포도송이가 시어서 못 먹는다고 헐뜯는 여우처럼 그녀를 욕보였으리라. 결국 운명은 가련한 동빙의 여인인 셀마를 사로잡아 굴욕적인 노예의 길로 이끌었다. 그리하여 꽃향내 그윽한 달빛 속을 사랑의 흰 날개를 타고 훨훨 날아다니던 고귀한 영혼은 무참한 함정의 나락으로 떨어지고 만 것이다.

어떤 나라에선 양민의 부(富)가 자식들에겐 비참의 원인이 될 수도 있다. 부모가 자신들의 부를 지키기 위해 만든 튼튼한 금고가 자식들에겐 오히려 캄캄한 감옥이 된다. 사람들이 숭배하는 재물이 그들 자신의 영혼을 죽이는 악마가 되는 것이다. 셀마 카라미는 부모의 재물과 권력자의 더러운 탐욕 때문에 희생된 여인이었다. 자기 아버지 재산만 아니었던들 그녀는 여전히 행복하게 살고 있으련만.

일주일이 지났다. 내게 남은 유일한 위안이라고는 셀마의 사랑뿐이었다. 그녀의 감미로운 목소리는 밤이면 나를 위해 행복의 노래를 부르고, 새벽이면 삶의 의미와 자연의 비밀을 일깨워주듯 귓전에 울려 퍼지곤 했다. 그것은 질투가 섞이지 않은 순수한 사랑, 영혼에 해를 입히지 않는 성스러운 사랑,

또한 영혼의 자족(自足) 속에 박애로 그득 채우는 애정에 대한 뿌리 깊은 갈망이었다. 또한 영혼의 뒤흔들림 없이도 희망을 창조해 지상을 천국으로, 인생을 달콤하고 아름다운 꿈으로 바꿔놓는 한없는 부드러움이었다. 아침에 일어나 들판을 거닐면서 나는 자연의 영원한 섭리를 깨우치게 되었으며, 해변의 철썩이는 파도소리 속에서도 영원한 삶의 노래를 들을 수 있었다. 거리를 걷는 행인들의 모습과 노동자들의 움직임 속에서도 삶의 아름다움과 인간의 광채를 느꼈다.

하루하루가 환영처럼 지나가고 모든 것은 구름처럼 사라졌다. 그리하여 내겐 슬픔에 가득 찬 추억만 남아 있었다. 만물이 생동하는 봄의 아름다움에 취해 있던 내 두 눈은 모든 것을 비참하게 만드는 한겨울의 광포한 폭풍우 외에는 아무것도 볼 수 없었다. 이전에는 아름다운 파도소리에 취해 있던 내 귀에는 오직 울부짖는 바람소리와 더불어 절벽을 때리는 성난 바다의 포효만 들려왔다. 지칠 줄 모르는 활력으로 우주의 신비를 행복에 겨워 관망하던 내 영혼은 이제 낙담하고 좌절하여 갈기갈기 찢겨 나갔다. 저 사랑의 나날들보다 아름다운 것은 어디에도 없었고 저 슬픔의 잔혹한 밤들보다 더 고통스러운 것은 어디에도 없었다.

그녀를 향한 충동적인 갈망으로 더 이상 견디기 어려웠던 주말, 나는 다시 한 번 셀마의 집으로 찾아갔다. 우리가 아름다운 영혼으로 결합되어 사랑으로 축복받은 그 성스러운 안식처로. 나는 그곳에서 무릎꿇고 겸허히 영혼의 기도를 바치리라.

정원에 들어섰을 때 어떤 알 수 없는 힘이 느껴졌다. 그것은 나를 이 혼미한 세계로부터 말없이 끌어당겨 분쟁과 고난이 없는 초자연적인 영역으로 인도하는 마력과도 같은 힘이었다. 어느덧 나는 흡사 천상의 계시를 받아들이는 구도자처럼 온갖 수목과 꽃들로 에워싸여 있었다. 나는 꿈꾸듯이 현관을 향해 걸어갔다. 바로 그곳에서 재스민나무 그늘 아래의 벤치에 앉아 있는 셀마를 보았던 것이다. 운명이 나를 행복과 비애의 광장으로 이끌었던 일주일 전, 우리 둘이 나란히 앉아 있었던 바로 그날 밤 그 자리에 앉아 있는 그녀를.

그녀는 내가 가까이 다가서는 걸 알면서도 꼼짝도 하지 않았다. 한마디 말도 없었다. 나는 조용히 그녀 곁에 앉았다. 그랬더니 그녀는 잠시 그윽한 눈길로 나를 바라보고는 깊은 한숨을 토해내며 하늘을 우러러보는 것이었다. 비통한 침묵으로 가득 찬 한순간이 지나갔다. 이윽고 그녀는 고개를 돌리며 떨리는 손으로 내 손을 잡았다. 곧이어 그녀의 가냘픈 음성이 터져나왔다.

"날 좀 보세요. 내 얼굴을 들여다보고, 당신이 알고 싶지만 내가 도저히 말로 표현할 수 없는 진실을 읽어주세요. 어서요, 내 친구, 내 형제."

비로소 나는 그녀를 정면으로 바라보았다. 불과 며칠 전까지만 해도 나이팅게일의 날개처럼 생기가 넘쳐흐르던 두 눈이 고통으로 움푹 파이고 슬픔으로 잔뜩 흐려 있었다. 태양의 입맞춤으로 갓 피어난 백합꽃잎 같았던 그 아름다운 얼굴도 이제는 시들어 핏기마저 싹 가신 모습이었다. 감미로웠던 그녀의 입술은 늦가을 시든 꽃잎처럼 변해 있었다. 어디 그뿐인가 상아처럼 희고 탄력 있던 그녀의 목은 마치 슬픔의 무게에 짓눌린 듯 앞으로 굽어 있었다. 이 모든 변화는 지난 며칠 사이에 일어난 일이었다. 그러나 그런 변화가 셀마의 아름다움을 해치는 것은 결코 아니었다. 그것은 마치 달을 가리며 흘러가는 구름이 오히려 달의 아름다움을 부각시키는 것과도 같은 이치였다. 마음속의 모진 시련이 그대로 드러난 셀마의 표정은 그것이 비록 엄청난 고통을 담고 있다 할지라도 더없이 고혹적이었다. 그러나 비밀을 드러내지 않은 채로 침묵뿐인 얼굴은 아름다움과는 별개의 것이다. 포도주의 빛깔이 제 아무리 곱다 해도 직접 눈으로 확인할 수 없다면 술잔이 우리의 입술을 유혹할 순 없으리라.

그날 저녁 셀마는 삶의 비통함과 감미로움으로 빚어진 성스러운 포도주가 넘실대는 술잔과도 같았다. 그녀는 자기도 알지 못하는 사이에 부모의 곁을 떠나 결혼이라는 무거운 멍에를 지고 시어머니의 학대를 견디면서 노예처럼 살아야만 하는 가혹한 운명의 주인공이 되어 있었던 것이다.

나는 잠시도 눈을 떼지 않고 셀마를 응시했다. 그리고 그녀의 상처받은 영혼의 외침에 귀기울이고 그녀와 더불어 번민했다. 마침내 시간이 정지하고 우주가 존재하지 않게 됨을 느낄 때까지. 오로지 간절한 눈빛으로 나를 응시하는 그녀의 커다란 눈망울만이 내 눈에 들어왔다. 그리고 내 손을 꽉 쥐고 있는 그녀의 차갑게 떨리는 손길만이 내가 느낄 수 있는 유일한 감촉이었다. 그 순간 나는 거의 넋이 나간 상태였다.

셀마의 나지막한 음성이 문득 나의 귓전을 때렸다. 그리하여 비로소 나는 실신 상태에서 깨어났다.

"내 사랑, 끔찍한 일이 닥치기 전에 우리의 미래가 어떻게 될지 생각해봐요. 지금 아버지는 내가 죽을 때까지 섬겨야 할 남자를 만나러 그의 집으로 떠나셨답니다. 신이 나를 세상에 내보내기 위해 선택하신 나의 부모님은, 이제 남은 내 생애의 주인으로 선택된 바로 그 남자와 만나시겠죠. 지금까지 날 보살펴주신 늙은 아버지께서 앞으로 내 인생의 반려가 될 그를 만나 오늘 밤 혼인 날짜를 정할 거예요. 이 얼마나 가혹한 운명의 시간일까요! 지난주 바로 이 시각에, 바로 이 재스민나무 아래서 사랑은 처음으로 내 영혼을 사로잡았죠. 그리고 바로 그 시각에 운명은 주교의 저택에서 내 삶의 첫마디를 기록하고 있었답니다. 지금은 내 아버지가 딸에게 구혼한 남자와 결혼 날짜를 잡고 있는 동안, 난 당신의 영혼이 흡사 무서운 독사가 지키고 있는 샘 주위를 퍼덕거리며 날고 있는 목마른 새처럼 내 주위를 빙빙 돌고 있는 걸 본답니다. 아아, 이 밤은 어쩌면 이다지도 위대한지요! 이 얼마나 깊은 신비일까요!"

나는 그녀의 말을 듣고 절망의 어두운 그림자가 아직 요람 속에서 숨쉬고 있는 우리의 사랑을 질식시켜버리려는 걸 느꼈다. 나는 이렇게 대답했다.

"그 새는 갈증 때문에 스스로 목숨을 끊거나 땅에 떨어져 독사의 먹이가 될 때까지 샘물 위를 떠나지 않을 것이오."

그녀의 대답이 이어졌다.

"안 돼요, 내 사랑. 나이팅게일은 끝까지 살아남아서 노래를 불러야 해요. 밤이 오고 샘이 말라버려도, 세계의 종말이 올 때까지 영원토록! 그 노래를 멈춰선 안 돼요. 왜냐하면 그 노래가 죽어가는 내 생명을 소생시켜주기 때문이죠. 또한 그 날갯짓을 멈춰서도 안 돼요. 만약 그 날개가 부러지고 만다면 내 영혼도 온통 먹구름 속에 갇혀버릴 거예요."

"셀마, 내 사랑. 갈증은 기어이 새를 쓰러지게 만들 것이고 공포는 끝내 목숨을 앗아가고 말 거요."

셀마는 떨리는 입술로 이렇게 대답했다.

"영혼의 갈증은 물질세계의 포도주보다 더욱더 감미롭고, 정신의 공포는 육신의 안전보다 귀중한 것이랍니다. 들어봐요, 내 사랑. 지금 나는 새로운 삶의 문턱에 서 있어요. 나는 그 삶이 어떤 것인지 전혀 알지 못하기 때문에 넘어지지 않으려고 길을 더듬어 가는 장님과 다를 게 없답니다. 아버지의 재산이 결국 나를 권력의 노예시장에 내놓았고 한 남자가 나를 샀습니다. 나는 그를 알지도 못하고 사랑하지도 않지만, 어쩔 수 없이 그에게 순종하며 그를 행복하게 해주는 것이 나의 도리입니다. 나는 그에게 연약한 여인이 강한 남자에게 줄 수 있는 모든 것을 바쳐야 합니다. 하지만 내 사랑, 당신에겐 아직도 무한한 꿈이 있어요. 당신은 이제 막 인생을 꽃피울 시절에 살고 있어요. 꽃들로 뒤덮인 드넓은 길을 활보하며 자신의 가슴을 횃불 삼아 이 세상 어느 곳이나 자유롭게 돌아다닐 수도 있어요. 당신은 자유롭게 생각하고, 말하고, 행동할 수 있어요. 당신은 삶의 정수리에 스스로의 이름을 기록할 수 있습니다. 당신은 남자이기 때문에, 스스로의 주인으로서 살아갈 수 있습니다. 당신은 나처럼 아버지의 재산을 지키기 위해 노예시장에 팔려나가지 않아도 되기 때문이죠. 당신은 자기가 선택한 여성과 결혼할 수 있습니다. 그녀가 당신 집에서 살기 이전에는 당신 가슴속에 살게 할 수도 있어요. 누구의 방해도 받지 않고 서로의 속마음을 털어놓을 수도 있겠지요."

한순간 깊은 침묵이 흐른 뒤 셀마의 말이 이어졌다.

"당신은 남자로서의 모든 특혜를 누리며 이 세상의 영광을 이룩하고 나는 여성으로서의 임무를 따라야겠지요. 하지만 인생이 우리를 갈라놓는 때가 왜 하필 지금인가요? 어째서 이 순간 나이팅게일의 노래는 깊은 계곡에 묻혀버리고, 바람은 장미꽃잎들을 흩어버리며, 거친 말발굽이 성스러운 포도주 잔을 짓밟아버리는 걸까요? 우리의 영혼이 결합되었던 재스민나무 아래서 우리가 보낸 그 모든 밤들이 아무것도 아니었단 말인가요? 별들을 향해 그토록 빨리 날아갔던 우리 영혼의 날갯짓은 무엇이었나요? 그렇게 지치도록 쉬지 않고 날개를 파닥거렸기 때문에 지금은 한없는 수렁 속으로 떨어지고 있는 건가요? 어쩌면 사랑이 우리에게 왔을 땐 운명의 신은 잠들어 있었을까요? 그렇다면 그를 잠에서 깨운 죄로 그가 우리를 벌주려고 작정한 것일까요? 그것도 아니라면, 한밤의 미풍을 돌풍으로 돌변하게 만들어 우리를 갈기갈기 찢어놓고 저 깊은 계곡 속으로 먼지처럼 흩날려버리도록 한 것이 우리 영혼이란 말인가요? 우리는 어떤 죄도 범한 적이 없고, 신의 금기를 어긴 적도 없건만 도대체 무엇 때문에 이 낙원으로부터 쫓겨나야 하는 거죠? 우리는 음모를 꾸미지도 않았고 세상을 어지럽히지도 않았는데, 왜 우리를 지옥으로 몰아내려는 거죠? 아니, 아니, 절대로 그럴 순 없어요. 우리를 하나로 결합시킨 그 순간은 영원보다 위대하고, 우리의 영혼을 비추어주던 빛은 어둠보다 강한 것이었습니다. 설사 운명의 태풍이 우리를 거친 사막으로 날려버릴지라도 파도는 우리를 고요한 해안으로 데려다줄 거예요. 비록 현실이 우리를 죽음으로 몰아간다 해도 우리는 죽음으로써 하나가 될 거예요. 아무리 오랜 세월이 흐르고 계절이 바뀐다 해도 여자의 마음이 쉽게 변하는 것은 아니랍니다. 설사 심장이 멎는 한이 있어도 결코 그 마음은 달라지지 않습니다. 여인의 가슴은 전쟁으로 폐허가 된 들판과 같답니다. 비록 나무가 뿌리째 뽑히고 풀꽃들은 잿더미에 휩쓸리고 돌멩이 하나까지 붉게 물들어 마침내 이 대지가 하나의 거대한 무덤이 된다 해도 들판에는 여전히 평화로운 기운이 남아 있습니다. 왜냐하면 새로운 계절이 찾아와서 마치 아무 일도 없었던 것처럼 모든 걸 제자리로 돌려놓기 때문이죠.

하지만 내 사랑, 이제 우린 어떻게 해야 하나요? 우리가 어떻게 헤어질 수 있으며 또 언제 다시 만날 수 있을까요? 사랑이 저녁에 찾아왔다 아침에 떠나버리는 나그네라고 생각할까요? 아니면 차라리 지금의 사랑이 잠에서 깨어나면 잊혀지는 꿈이라고만 여길까요?

이 한 주일을 단지 분별없이 취해 있었던 도취의 시간이었다고 생각해야 할까요? 고개를 들고 날 좀 보세요, 내 사랑. 무슨 말이든 해주세요. 제발! 폭풍우가 우리 사랑의 배를 침몰시켜버린 뒤에도 당신은 날 기억할 건가요? 밤의 침묵 속으로 퍼져나가는 내 슬픈 메아리를 들어줄 수 있나요? 당신을 향해 절규하는 내 영혼의 소리에 귀기울여줄 수 있어요? 밤마다 당신의 이름을 부르며 탄식하는 한숨소리를 들을 수 있나요? 당신은 저녁노을 아래 서성이던 내 그림자가 새벽이 올 때까지 정처없이 방황하는 걸 보게 될까요? 말해줘요, 내 사랑. 내 눈엔 마술의 빛으로 다가오고, 내 귀엔 달콤한 노래를 들려주며, 내 영혼엔 자유로운 날개를 달아준 다음에 당신은 어떻게 될 것인지를. 대체 당신은 무엇이 될까요?"

셀마의 이야기를 듣는 동안 나는 심장이 녹아내릴 것만 같았다. 나는 그녀에게 이렇게 대답했다.

"당신이 바라는 대로 되겠소, 내 사랑."

그녀가 말했다.

"자신의 슬픔에 매혹된 시인처럼 나를 사랑해주세요. 그리고 목마른 나그네가 물을 마시며 자기 모습을 비춰주는 고요한 우물을 기억하듯 날 기억해주세요. 이 세상의 빛을 보기도 전에 죽어버린 자식을 기억하는 어머니처럼 날 기억해주세요. 또한 사면령을 알리는 병사가 도착하기 전에 죽은 죄수를 기억하는 제왕처럼 날 기억해주세요. 이후로도 당신은 내 마음의 벗이 되어주세요. 이따금 우리 집에 찾아와서 내 아버지의 슬픔을 달래주셔야 해요. 이제 며칠 후면 아버지와 나는 남남이 되고 말 테니까요."

"내 기꺼이 그 모든 걸 다 하겠소. 나는 내 영혼을 당신의 영혼을 담을 주머니로 만들고 내 마음에 당신의 아름다움이 깃들일 보금자리를 만들겠소. 그리고 내 가슴은 당신의 슬픔을 매장시킬 무덤으로 만들겠소. 나는 초원이 봄을 사랑하듯 당신을 사랑하겠소. 햇볕 속에서 살아 숨쉬는 꽃처럼 나 또한 당신 속에 살겠소. 계곡이 교회 종소리를 메아리로 들려주듯이 나는 당신의 이름을 노래하겠소. 또한 바닷가 모래알들이 파도의 속삭임에 귀기울이듯이 나는 당신의 영혼이 들려주는 말을 귀기울여 듣겠소. 이방인이 조국을 기억하듯, 또한 굶주린 사람이 잔칫날을 기억하듯, 왕관을 잃은 제왕이 지난날의 영광을 추억하듯, 그리고 죄수가 한때 자유로웠던 시간을 아쉬워하듯 그렇게 나는 당신을 기억하겠소. 농부가 씨 뿌리며 타작마당에 쌓인 볏단을 기억하듯이, 또한 목동이 푸른 초원과 맑은 시내를 기억하듯이 나는 당신을 기억하리다."

셀마는 한숨을 내쉬며 내 말에 귀를 기울였다. 이윽고 그녀가 다시 입을 열었다.

"내일이면 진실조차 헛된 것이 되어버리고 모든 게 꿈처럼 몽롱해질 거예요. 과연 사랑하는 사람의 그림자를 포옹하는 것만으로 그 영혼이 위안받을 수 있으며, 목마른 사람이 꿈 속에서 물을 마신다고 해서 갈증을 잠재울 수 있을까요?"

나는 그녀를 바라보며 대답했다.

"내일이면 운명은 당신을 평화로운 가정의 한가운데로 데려다놓겠지요. 대신 나는 끊임없는 투쟁과 고통의 세계로 내던져질 겁니다. 당신은 아마도 최고의 행운아가 될 운명을 타고난 남자의 집에 있게 될 것이고, 그 반대의 운명을 타고난 나는 저주받은 거리에 홀로 남겨질 테죠. 당신은 삶의 문으로 들어가겠지만 나는 죽음의 문으로 들어가겠지요. 당신은 하객들에 둘러싸여 있겠지만 나는 고독 속에 버려질 것입니다. 하지만 나는 죽음의 계곡에 사랑의 형상을 세우고 거기에 예배드릴 것이오. 오로지 사랑만이 나를 취하게 만드는 유일한 위안이므로 나는 그것을 포도주처럼 달게 마시고 옷처럼 따뜻하게 내 몸에 걸치겠소. 새벽이면 사랑이 나를 깨워 먼 들판으로 데려갈 것이고, 한낮엔 나무 그늘로 이끌어 태양의 열기로부터 나를 쉬게 할 거요. 그리고 저녁이면 지는 노을을 바라보며 자연의 노래를 들을 수 있도록 휴식을 취하게 해줄 테죠. 또한 밤이면 사랑은 나를 연인들과 시인들의 영(靈)이 살고 있는 천상의 세계로 이끌어 줄 것이고 그리하여 나는 사랑의 따스한 가슴을 꿈꾸며 잠들 수 있을 거요.

봄이 되면 오랑캐꽃과 재스민꽃 향내 그윽한 꽃길을 사랑과 더불어 거닐고, 백합 꽃받침 속에 아직 남아 있는 겨울의 신선한 물방울을 마시겠소. 여름이면 건초더미를 베개 삼아 풀밭 위에 누울 것이오. 그러면 푸른 하늘은 이불이 되어 내 사랑을 감싸줄 것이오. 또한 가을엔 포도 짜는 기계 곁에 앉아 그 황금빛 가지를 발가벗기는 포도덩굴들을 지켜보며 내 사랑과 더불어 살겠소. 그럴 때 철새 떼들은 우리 머리 위를 날아서 어디론가 멀리 가겠지. 그리하여 이윽고 겨울이 오면 우리는 먼 나라의 역사를 이야기하면서 난롯가에 앉게 될 거요. 젊은 시절엔 사랑이 내 스승이 되어줄 것이고, 중년엔 나의 협조자, 노년엔 나의 기쁨이 될 것이오. 내 사랑, 셀마. 사랑은 내 목숨이 다하는 날까지 나와 더불어 있을 거요. 그리고 죽음 뒤에는 하느님의 손길이 우리를 다시 원래대로 결합시켜줄 거요."

이 모든 말들은 마치 난로 안에서 사납게 튀어올랐다가 한줌의 재가 되어 사그라지는 불똥처럼 내 가슴 저 깊은 곳으로부터 솟구쳐나왔다. 셀마의 두 눈엔 말로 형언할 수 없는 눈물이 흘러넘치고 있었다.

'사랑'이 날개를 달아주지 않은 사람들은 저 슬프도록 행복한 시간에 셀마와 나의 영혼이 함께 했던 신비로운 세계를 보기 위해 유령들의 구름 너머로 날아올 수가 없다. '사랑'의 부름을 받지 못한 사람들은 결코 그 사랑의 실체를 느낄 수 없다. 그러므로 이 이야기는 그런 사람들을 위한 것이 아니다. 설사 그들이 이 한 페이지를 이해한다 해도 말로 다 하지 못하고 글로 다 쓰지 못하는 그 느낌을 제대로 파악할 수는 없으리. 그런데 사랑의 포도주를 마셔본 적도 없는 자는 대체 어떤 사람인가? 또한 남자와 여자의 가슴이 하나의 길이 되고, 천장이 내밀한 꿈의 베일로 가려진 사원의 불 밝힌 제단 앞에 한 번도 경건하게 서본 적이 없는 영혼이란 대체 어떻게 생겼을까? 새벽이 와도 그 잎사귀에 이슬방울을 맺지 않는 꽃은 대체 어떤 모습이며, 바다에 이르지도 못한 채 그 흐름을 잃어버린 시내란 대체 무슨 의미가 있을까?

셀마는 얼굴을 들어 창공을 점점이 수놓고 있는 별들을 응시했다. 그녀는 두 눈을 커다랗게 뜨고 입술을 떨며 양팔을 들어올렸다. 나는 그녀의 창백한 얼굴에서 슬픔과 억압, 절망과 고통의 징후를 읽을 수 있었다. 그녀는 비통하게 울부짖었다.

"오, 주여, 이 몸이 당신의 마음을 상하게 한 일이라도 있었나요? 제가 이런 벌을 받을 만큼 잘못한 게 무엇이란 말인가요? 대체 무슨 죄를 지었기에 이토록 모진 형벌을 받아야만 할까요? 오, 주여, 당신은 강하고 저는 연약한 존재입니다. 어째서 당신은 저를 고통 속으로 내몰았나요? 저는 다만 전능하신 당신의 보좌 앞을 기어다니는 한낱 보잘것없는 미물에 지나지 않습니다. 그런데 어째서 당신은 이토록 저를 짓밟으시나요? 당신이 사나운 폭풍우라면 저는 한낱 먼지와 같은 존재입니다. 주여, 어째서 당신은 저를 차디찬 땅바닥에 내동댕이쳤나이까? 당신은 크고 위대하지만 저는 무력한 존재입니다. 그런데 무엇 때문에 당신은 제 능력을 시험하는 것입니까? 당신은 동정심 많은 존재이고 저는 공손합니다. 그런데도 왜 저를 파멸시키려는 것입니까? 당신은 사랑으로 한 여인을 창조했나이다. 그럼에도 어째서 한 여인을 사랑 때문에 멸망시키려는 것입니까? 왜 당신은 오른손으로 이 여인을 들어올리시고 왼손으로는 까마득한 심연 속으로 내던져버리나이까. 저는 그 까닭을 알지 못합니다. 당신은 제 입술에 생명의 숨결을 불어넣고 가슴속에는 죽음의 씨를 뿌리나이다. 당신은 제게 행복의 길을 보여주고는 비참으로 인도하나이다. 당신은 제 입술에 행복의 노래를 심어주고 곧이어 슬픔으로 그 입을 닫게 하고 고통의 족쇄를 채우나이다. 내 상처마다 옷을 만들어 입힌 신비한 손가락으로 이제 당신은 고통의 공포를 안겨주고 있나이다. 당신은 내 침상에 기쁨과 평화를 숨겨놓고 바로 곁에 장애물과 공포를 세우나이다. 당신의 뜻대로 내게 사랑의 기쁨을 알게 하고 이제는 그 사랑을 수치스럽게 만드나이다. 당신은 내게 새로운 아름다움을 일깨워주었지만 아름다움에 대한 나의 사랑은 끔찍한 갈망으로 변했나이다. 당신은 나로 하여금 죽음의 잔 속에서 삶을 마시고 삶의 잔 속에선 죽음을 마시게 하나이다. 당신은 나를 눈물로 정화시키지만 나의 삶은 눈물 속에서 흘러가버리나이다. 오, 주여, 당신은 사랑으로 내 눈을 뜨게 했지만 사랑으로 눈멀게 했나이다. 당신은 내게 입맞추고는 당신의 억센 팔로 나를 내리쳤나이다. 당신은 내 가슴속에 백장미를 심어주었지만 주변엔 가시 울타리를 쳤나이다. 당신은 내가 사랑하는 사람의 영혼을 내 마음속에 묶어주었지만 내 남은 인생을 사랑하지도 않는 남자의 육체와 결합시켰나이다. 그러니 주여, 이토록 처절한 싸움을 견딜 수 있도록 나를 도와주시고 죽는 날까지 진실되고 고결한 삶을 살아갈 힘을 베풀어주소서."

한동안 침묵이 이어졌다. 셀마는 창백하고 처연한 모습으로 고개를 떨구었다. 그녀는 마치 탈진한 사람처럼 팔을 힘없이 아래로 내려뜨렸다. 그 모습이 내겐 흡사 폭풍우에 꺾여 땅바닥에 내동댕이쳐진 고사 직전의 나뭇가지처럼 보였다.

나는 그녀의 차디찬 손을 붙잡고 입을 맞추었다. 그러나 정작 지금 위로를 필요로 하는 사람은 바로 나 자신이었다. 나는 우리의 맹세를 마음속으로 되새기며 조용히 내 심장의 소리에 귀를 기울이고 있었다. 더 이상 우리는 둘 다 아무 말도 하지 않았다.

고통이 극에 달하면 비명조차 나오지 않는 법이다. 우리는 둘 다 넋이 나간 채로, 마치 지진이 일어나 모래에 파묻혀버린 대리석 기둥처럼 무기력한 침묵 속에 빠져 앉아 있었다. 지금 이 순간 우리의 가슴은 약하디약한 실오라기와도 같아서 숨소리만 내도 끊어져버릴 지경이었다. 그러므로 우리는 상대방의 말을 듣는 것조차 두려워하고 있었던 것이다.

한밤중이었다. 순닌산 너머에 초승달이 떠 있었다. 수많은 별들이 총총한 가운데, 달은 마치 희미한 촛불에 둘러싸여 관 속에 누워 있는 죽은 사람의 얼굴만큼이나 창백해 보였다. 달빛 아래 드러난 레바논의 모든 마을이 흡사 어둠을 지켜보며 새벽을 고대하는 불면증에 걸린 노인처럼, 혹은 폐허가 된 왕궁에서 불타버린 옥좌에 앉은 제왕처럼 초라하게 보이는 것이었다.

산과 나무와 강은 시간의 흐름에 따라서 그 모습을 바꾼다. 마치 인간이 그의 경험과 감정에 따라 변모하는 것처럼. 한낮의 태양 아래선 제법 위엄을 과시하던 키 큰 포플러도 저녁이면 연기 기둥처럼 음산하게 보이리라. 낮에 난공불락의 요새 같던 거대한 바위도 밤이면 하늘을 이불삼아 아무데서나 몸을 눕히는 거지처럼 처량하게 느껴지리라. 그리고 아침에는 영원을 찬미하듯 흘러가던 시냇물소리도 저녁이면 자식을 잃은 어머니의 눈물 젖은 울부짖음으로 변하리라. 레바논의 달도 마찬가지였다. 우리의 영혼을 결합시켰던 한 주일 전에는 달은 만월이었고 위엄에 가득 차 있었다. 그러나 이날 밤에 떠오른 초승달은 사무치게 외로운 빛을 띠고 있었다.

우리는 작별인사를 나누기 위해 자리에서 일어났다. 우리 사이에는 사랑과 절망이라는 두 개의 유령이 버티고 서 있었다. 그리하여 그 중 하나 날개 달린 손길이 우리의 목을 어루만졌을 때 한편으론 울음이 나오고 한편으론 끔찍한 웃음이 터져나오는 것이었다.

나는 셀마의 손을 잡고 입을 맞추었다. 그러자 그녀는 내게 가까이 다가와 이마에 입을 맞추었다. 그런 다음 벤치 위에 쓰러지듯 몸을 던졌다. 그리고 눈을 감고 이렇게 외쳤다.

"오, 주여, 부디 자비를 베푸시어 내 부러진 날개를 고쳐주소서!"

결국 나는 셀마를 정원에 홀로 남겨두고 그 집을 떠나왔다. 나는 내 모든 감각이 안개로 뒤덮인 호수처럼 흐릿해지는 것을 느꼈다.

깊은 고요 속에 잠긴 수목과 달빛의 아름다움도 그 순간 내겐 추하고 소름 끼치는 모습으로 비쳐졌다. 내게 우주의 경이로운 아름다움을 느끼게 했던 그 빛은 이제 내 가슴을 태우는 격렬한 불꽃으로 바뀌었다. 그리하여 전까지만 해도 나를 충분히 매료시켰던 '영원'의 음악은 이제 사나운 맹수의 포효보다도 더욱 끔찍한 아우성이 되고 만 것이었다.

얼마 후 나는 집으로 돌아와 사냥꾼의 총탄에 맞은 새처럼 침대에 쓰러졌다. 입에서는 셀마가 했던 말이 주문처럼 흘러나왔다.

"오, 주여, 부디 자비를 베푸시어 내 부러진 날개를 고쳐주소서!"

죽음의 보좌 앞에서

오늘날 결혼이란 대개 남자와 부모에 의해서 연출되는 하나의 웃음거리에 불과하다. 대부분 결혼문제로 의견 차이가 빚어진다면 결과는 젊은 아들의 승리로 끝난다. 이럴 때 상대편 여성의 입장 따위는 문젯거리도 되지 않는다. 여자는 마치 상품처럼 결혼시장에 전시되었다가 구애자가 나타나면 반항조차 못해 보고 다른 집으로 배달되는 것이다. 그리하여 조만간 그녀의 아름다움은 퇴색하고 그저 어두운 구석에 놓인 가구처럼 낡아갈 뿐이다.

문명은 여성을 점차 지혜롭게 만들었지만 그와 더불어 고통도 배가 되었다. 이 모든 것이 남자들의 그칠 줄 모르는 탐욕 때문이다. 그래도 과거의 여성들은 가정에선 행복한 아내였으나 오늘날에는 하녀처럼 가련한 처지가 되었다. 지난날에는 눈먼 장님처럼 불빛 속을 걸었지만 이제는 눈을 뜨고도 어둠 속을 걷는 것이다. 무지(無知)는 차라리 여성을 아름답게 지켜주었고 그만큼 단순하기 때문에 정숙하게 살아갈 수도 있었다. 또한 여성은 나약한 존재였기 때문에 스스로를 강하게 단련시켰다. 여성은 그가 가진 지식으로 인해 오히려 경박하고 추해졌다. 여성에게서 아름다움과 지성, 재능과 미덕, 허약한 육신과 강건한 정신이 공존하게 될 날은 도대체 언제인가?

정신의 진보는 모름지기 인간 생활의 한 법칙이지만 완성에 도달하는 과정은 느리고 고통스러운 것이다. 만일 한 여성이 어떤 면에서 스스로를 향상시키면 다른 면에선 부진할 수도 있다. 그것은 산 정상에 오르기 위해서는 곳곳에서 도적들을 만나고 이리떼의 소굴을 지나쳐야 하는 것과 마찬가지 이치이다.

이 이상야릇한 세대는 눈먼 시간과 눈뜬 시간 사이에 존재하고 있다. 이를테면 그 손에 과거의 토양과 미래의 씨앗을 같이 들고 있는 것이다. 그러면서도 우리는 종종 미래를 상징하는 여성을 발견하게 된다.

베이루트에서 셀마 카라미는 미래 여성의 상징이었다. 그러나 시대를 앞질러 살아간 많은 여성처럼 그녀 또한 현실의 희생양이 되어야 했다. 그녀는 마치 줄기에서 떨어져 강물에 휩쓸려 떠내려가는 한 송이 꽃처럼 패배자의 비참한 행로를 걸어갔던 것이다.

만수르 베이 갈리브와 셀마는 결혼 후 라스 베이루트 거리의 아름다운 집에서 살게 되었다. 레바논의 부유하고 신분이 높은 사람들은 거의 다 그곳에 살았다. 패리스 에판디 카라미는 정원과 과수원이 딸린 자신의 저택에 양떼에게 에워싸인 목자처럼 홀로 남겨졌다.

결혼식의 들뜬 분위기 속에서 첫날밤을 보낸 그들은 신혼여행을 떠났다. 그러나 밀월여행은 비통한 슬픔의 시간을 추억으로 남겼다. 마치 전쟁이 휩쓸고 간 자리엔 해골과 시체더미가 남는 것처럼. 결혼이라는 의식의 위엄은 젊은 남녀의 가슴에 생기를 불어넣어주지만 그것이 영원히 이어지는 것은 아니다. 때로는 그것이 육중한 맷돌처럼 그들을 바다 밑바닥으로 떨어뜨릴지도 모른다. 그러므로 결혼식의 들뜬 기분은 파도에 휩쓸려가기 전까지만 남아 있는 모래 위의 발자국과도 같은 것이다.

그리하여 봄날은 갔다. 여름과 가을도 그렇게 가버렸다. 하지만 셀마에 대한 나의 사랑은 계절이 바뀔수록 더욱더 커져갈 뿐이었다. 그녀는 나에게 말 없는 숭배의 대상이었다. 나는 고아가 죽은 어머니를 그리워하듯 그녀를 갈구했다. 그녀를 향한 동경은 맹목적인 슬픔으로 바뀌었고, 눈물이 넘치도록 뜨거운 정열은 내 가슴의 피를 솟구치게 만드는 당혹감으로 변했다. 또한 나의 애정어린 탄식은 셀마와 남편의 행복과 그녀의 아버지인 패리스 에판디의 평화를 갈구하는 끊임없는 기도가 되었다.

그러나 나의 희망과 기도는 헛되고 헛된 것이었다. 셀마는 결혼으로 인해 오로지 죽음만이 치유할 수 있는 마음의 병을 앓게 되었던 것이다.

만수르 베이는 생활의 온갖 호사에 길들여진 사람이었다. 그럼에도 불구하고 그는 만족을 모르는 탐욕의 노예였다. 그는 셀마와 함께 살면서 그녀의 아버지를 전혀 돌보지 않았을 뿐만 아니라, 오히려 그 가련한 노인의 죽음을 빌어마지 않았다. 노인이 죽고 나면 남겨질 재산을 하루빨리 차지하고 싶은 욕심 때문이었다.

그의 성품은 삼촌인 주교와 영락없이 닮은꼴이었다. 다만 둘 사이에 유일한 차이가 있다면 주교가 종교적 위력의 비호 아래 자기가 원하는 것은 무엇이든 은밀히 손에 넣는 데 반해 그의 조카는 공개적으로 그 탐욕을 채운다는 점이었다. 주교는 아침마다 교회로 나갔지만 하루의 나머지 시간은 과부와 고아들, 그 밖에 힘없고 무지한 사람들을 착취하는 일로 소일했다. 그러나 만수르 베이는 오로지 육체의 쾌락을 추구하는 것에 모든 노력을 기울였다. 일요일이면 주교는 순진한 성도들 앞에서 복음을 전했지만 평일에는 온갖 정치적 음모로 머리를 짜내느라 자신의 설교 내용을 실천한 적은 한 번도 없었다. 만수르 베이는 이 같은 삼촌의 이름과 신분을 이용해서, 뇌물로 이권을 구하는 사람들에게 그 대가를 제공하는 일을 직업으로 삼고 있었다.

불로스 주교가 어둠 속에서 은밀히 활동하는 도적이었다면 조카 만수르 베이는 뻔뻔스럽게도 대낮에 활개치고 다니는 도적의 앞잡이였다. 그러나 유감스럽게도 불행한 나라의 어리석은 시민들은 이런 위인들을 전혀 의심 없이 받아들이는 것이다. 탐욕으로 자신들의 국가를 멸망시키고, 억압으로 이웃들을 짓밟는 이리떼 같은 백정의 무리를.

어째서 나는 사랑을 잃어버린 한 여인의 불행한 인생을 이야기하기 위한 이 모든 지면을 유보하고 불행한 나라의 반역자들에 관한 말로 이 페이지를 채우고 있는가? 무엇 때문에 나는 사자의 이빨에 생명을 강탈당한 한 가련한 여인을 추억하기 위해 내 모든 눈물을 삼키는 대신 억압받는 사람들을 위해 눈물을 흘리는 것일까?

친애하는 나의 독자들이여, 하지만 바로 그러한 여인의 일생은 썩은 성직자들과 통치자들의 횡포로 인해 신음하고 있는 국가의 운명과 같은 것이라 생각지 않는가? 한 여인을 죽음으로 몰고 간 사랑의 좌절은 인간의 영혼을 침식하고 있는 절망과 같지 아니한가? 여성의 운명과 국가의 관계는 마치 램프와 불빛의 관계와도 같다. 만약에 등잔의 기름이 떨어져간다면 불빛도 희미해질 수밖에 없지 않은가?

가을이 지나가고, 바람은 겨울을 불러들이기 위한 길을 닦기라도 하듯 낙엽을 휩쓸어가기 시작했다. 그리하여 겨울은 세찬 바람소리와 함께 울부짖으며 다가오고 있었다. 한 사람의 벗도 없이 나는 여전히 베이루트에 살고 있었다. 꿈꾸는 일 외엔 특별히 할 일도 없었다. 꿈은 내 영혼을 하늘 높이 이끌어 올렸다가도 어느 한순간 대지의 가슴 깊숙이 파묻어버리곤 했다.

슬픔에 잠긴 영혼은 고독 속에서만 위안을 찾는 법이다. 마치 총상을 입은 사슴이 그 상처가 낫거나 혹은 죽게 될 때까지 무리를 떠나 동굴 속에 숨어 살듯이 슬픔은 사람들 속에 섞여 있기를 꺼린다.

어느 날 나는 패리스 에판디가 몹시 아프다는 소식을 들었다. 나는 참으로 오랜만에 내 거처를 떠나 그의 집으로 향했다. 이번에는 마차를 타지 않았다. 사람들의 발길이 잦은 큰길도 피했다. 그 대신 올리브나무들 사이로 난 오솔길을 택했다.

패리스 에판디는 몹시 초췌해진 몰골로 침대에 누워 있었다. 두 눈은 움푹 들어가 흡사 유령들이 출몰하는 두 개의 계곡처럼 깊고 어두운 그늘이 드리워져 있었다. 언제나 그 얼굴을 윤택하게 만들어주던 미소는 고통과 번민으로 사그라졌고 부드럽던 손은 마치 폭풍우에 시달린 나뭇가지처럼 앙상한 마디를 드러내고 있었다. 내가 다가가서 안부를 묻자 노인이 창백한 얼굴을 옆으로 돌리며 희미하게 미소지었다.

"옆방으로 가서 셀마를 위로해주게. 그 애를 이리로 데리고 와서 내 침대 곁에 앉혀주게나."

노인의 목소리는 가냘프게 떨려 나왔다. 나는 옆방으로 들어갔다. 셀마는 두 팔로 머리를 감싸쥐고 베개에 얼굴을 묻은 채 숨죽여 울고 있었다. 나는 그녀가 엎드려 있는 소파를 향해 천천히 다가가면서 차라리 한숨에 가까운 목소리로 그녀의 이름을 불렀다. 그녀는 마치 끔찍한 꿈에서 깨어난 것처럼 소스라치게 놀라며 고개를 들었다. 곧이어 무슨 유령이라도 본 것인지 확인하려는 듯한 흐릿한 눈빛으로 나를 바라보았다. 그리하여 맨 처음 우리가 저 사랑의 포도주에 취했던 때처럼 깊은 침묵의 시간이 흘렀다. 이윽고 추억의 날개를 타고 시간을 거슬러 올라갔던 셀마는 다시 현실로 돌아왔다. 돌연 그녀는 눈물을 닦으며 이렇게 외쳤다.

"보세요, 시간이 우리를 얼마나 끔찍하게 변화시켰는가를! 시간이 우리 인생을 어떻게 바꿔놓았고 얼마나 황폐한 모습으로 우리를 타락시켰는지를 좀 보세요. 이곳에서 봄은 우리를 사랑으로 결합시켰고, 바로 이곳에서 우리는 죽음의 계곡으로 밀려났어요. 봄은 그토록 아름다웠건만 이 겨울은 왜 이토록 혹독한지요!"

그녀는 마치 눈앞에 악령이 버티고 서 있기라도 한 듯 또다시 두 손으로 얼굴을 감쌌다. 나는 그녀의 머리를 손으로 감싸며 이렇게 말했다.

"이리 와요, 셀마. 자, 우리, 폭풍우에도 무너지지 않는 탑처럼 강해집시다. 우리, 적의 총칼 앞에서도 겁내지 않는 용감한 병사처럼 됩시다. 우리는 죽더라도 사랑의 순교자처럼 죽을 것이며, 만약에 승리한다면 영웅처럼 살아갈 거요. 고난에 용감하게 맞서는 것은 장벽을 피해 평온을 구걸하는 것보다 고귀한 거요. 죽음을 불사하고 등잔불 밑으로 달려드는 나비가 컴컴한 굴속에서 목숨을 부지하는 두더지보다는 훨씬 고결하다오. 자, 셀마. 우리가 가시덤불 가운데를 걷게 되더라도 해골이나 뱀 따위를 겁내지 맙시다. 오직 태양을 향해 우리 눈을 붙박아 두고 이 험난한 바위투성이 길을 꿋꿋이 걸어 갑시다. 만약에 우리가 두려움에 떨며 길 한가운데에 멈춰선다면 오직 조롱

속에서 밤을 맞이하게 될 거요. 하지만 우리가 용감하게 산정에 오를 수만 있다면 환희에 찬 승리의 노래 속에서 천상의 영혼들과 합세할 거요. 기운을 내요, 셀마. 당신 얼굴에서 슬픔을 거둬요. 눈물을 닦고 일어나요. 그리고 당신 부친의 침상으로 갑시다. 당신의 미소는 그분 생명을 구하는 오직 하나의 치유법이 아니겠소?"

그녀는 애정이 담뿍 어린 시선으로 나를 부드럽게 바라보며 입을 열었다.

"어쩌면 당신은 내게 인내를 요구하시나요? 정작 인내가 필요한 사람은 당신 자신이 아닌가요? 굶주린 자가 다른 허기진 자에게 빵을 내줄 수 있나요? 혹은 병든 자가 자신을 위해서 반드시 필요한 약을 다른 병자에게 줄 수 있을까요?"

그녀는 앞으로 다소곳이 고개를 숙인 채 자리에서 일어섰다. 우리는 노인의 방으로 함께 가서 그의 침상 곁에 앉았다. 셀마는 가까스로 미소를 지어 보였다. 그러자 노인은 덕분에 한결 기분이 좋아졌고 원기를 많이 회복했다는 것을 딸에게 보여주느라 안간힘을 쓰는 모습이었다. 그러나 아버지와 딸은 둘 다 서로의 슬픔을 눈치채고 상대방의 소리 없는 한숨을 듣고 있었다. 그들은 말없이 서로를 갉아내는 두 개의 대등한 힘과 같았다. 노인의 심장은 딸의 가련한 처지를 애석해하며 녹아내리고 있었다. 그들은 사랑과 죽음의 의지로 서로를 부둥켜안은 채, 한편으로는 차라리 이승을 버리고 싶어하고 또 한편으로는 비탄에 젖어 번민하는 두 개의 순수한 영혼이었다. 그리고 나는 흐트러진 가슴을 안고 이 둘 사이에 끼어 있는 것이었다. 우리는 운명의 손길에 하나로 결합되었다가 결국은 그 손길에 으스러진 세 사람이었다. 말하자면 홍수로 폐허가 된 집처럼 볼품없이 변해버린 노인과, 날카로운 낫에 휘둘려 목이 잘린 백합처럼 비참한 신세로 전락한 젊은 여인, 폭설에 휘어진 어린 나무처럼 무력한 존재였던 나 자신까지, 우리 셋은 모두 운명의 손에 희롱당하는 장난감에 불과했던 것이다.

패리스 에판디는 천천히 몸을 움직여 셀마에게 힘없이 손을 뻗쳤다. 그가 입을 열었다.

"내 손을 잡으렴, 애야."

부드럽고 자애로운 목소리였다. 셀마가 손을 잡자 그는 이렇게 덧붙였다.

"나는 삶의 온갖 열매들을 양껏 맛볼 만큼 충분히 오래 살았다. 그 동안 너무나 한가롭게 인생의 여러 국면들을 경험했다. 너는 세 살 때 엄마를 잃었지. 그녀는 세상에서 가장 진귀한 보물인 널 내 무릎에 남겨두고 떠났다. 나는 네가 자라는 걸 주욱 지켜보았다. 마치 고요한 웅덩이에 비치는 양의 그림자처럼 너는 점차 엄마의 모습을 닮아갔단다. 성격이며 지혜로운 마음가짐, 그리고 네 아름다운 자태도 엄마를 쏙 빼닮았지. 말투나 몸짓마저도 쌍둥이처럼 닮았어. 바로 네 어머니의 분신과도 같았기 때문에 너는 내겐 이 세상에 남은 유일한 위안이었던 거야. 이제 나는 늙었다. 난 죽음의 부드러운 날개 사이에서 영원한 안식을 찾겠지. 그러니 마음을 즐겁게 가지렴, 내 사랑하는 딸아. 나는 네가 의젓한 여인이 된 것을 볼 만큼 오래 살았다. 그러니 부디 슬퍼하지 말거라. 죽은 후에도 나는 너와 함께란다. 어차피 한 번은 가야 할 길이고 누구나 이 길을 피할 순 없잖니. 결국 우리의 일생도 가을날의 낙엽 같은 거란다. 이제 나는 가야 할 때가 된 것 같구나. 어서 이곳을 떠나 혼백이나마 네 어머니의 영혼과 함께 있고 싶구나."

노인의 얼굴은 환하게 빛나고 있었다. 잠시 후 베개 밑에 손을 넣어 금테를 두른 사진 한 장을 끄집어낸 노인은 그 작은 사진을 바라보며 이렇게 말했다.

"자, 셀마야, 이리 와서 네 어미를 보려무나."

셀마는 눈물을 닦고 한참 사진을 들여다보았다. 그런 다음 몇 번이고 거기에 입을 맞추었다. 그녀는 울음을 터뜨렸다. 그러더니 마치 자기 영혼을 사진 속에 쏟아붓고 싶다는 듯이 떨리는 입술을 갖다대며 이렇게 절규하는 것이었다.

"아아, 어머니! 사랑하는 나의 어머니!"

인간의 입에서 흘러나오는 말 중에서 가장 아름다운 단어는 '어머니'라는 말이다. 그것은 희망과 사랑으로 충만한 가슴 밑바닥에서부터 솟아나오는 감미롭고도 다정한 속삭임이다. 어머니는 모든 감정의 대명사이다. 어머니라는 말 자체가 슬플 때의 위안이요, 불행할 때의 희망이며, 약할 때의 힘인 것이다. 어머니는 사랑과 자비의 근원이면서 동정과 화해의 원천이다. 그러므로 어머니를 잃은 사람은 끊임없이 그를 의지하며 축복해주는 지순한 영혼을 잃은 것이다.

모든 자연은 어머니란 존재의 구현이라 할 수 있다. 태양은 대지의 어머니로서 빛과 영양을 공급한다. 그리하여 바다와 새들이 노래하고 시냇물이 대지를 잠재우는 자장가를 부를 때 태양은 결코 우주를 버려두지 않는다. 또한 대지는 수목과 꽃들의 어머니로서 그들을 낳고 젖먹이고, 그들이 다 자란 후에는 젖을 뗀다. 수목과 꽃들은 다시 그들의 위대한 열매와 씨앗들의 다정한 어머니가 된다. 따라서 어머니라는 말은 모든 생존의 원형인 동시에 영원한 아름다움과 사랑으로 충만한 하나의 정신인 것이다.

셀마 카라미는 어머니에 대한 기억이 전혀 없었다. 아주 어렸을 때 어머니를 잃은 그녀였음에도 사진을 보자마자 '아, 어머니!'라고 절규하며 눈물을 흘렸다. 이와 같이 어머니란 말은 모든 사람의 가슴속에 숨어 있다. 흡사 장미꽃의 심연으로부터 솟아나온 향기가 맑거나 혹은 흐린 대기와 뒤섞이듯 어머니라는 이 한마디는 슬플 때나 기쁠 때나 자연스럽게 우리의 입가에 맴도는 것이다.

셀마는 어머니의 사진을 뚫어져라 응시했다. 그러고는 쉴새없이 키스를 퍼붓더니 마침내 아버지의 침상 위로 쓰러지는 것이었다.

노인이 두 손을 딸의 머리 위에 얹고 이렇게 말했다.

"오늘에서야 네 어머니의 사진을 보여주게 되었구나. 애야, 내 말을 잘 들거라. 이제부터 네 어머니에 관해서 이야기해주마."

노인의 말이 끝나자마자 셀마는 마치 둥지 속의 어린 새가 어미 새의 날개 소리를 듣기라도 한 것처럼 고개를 치켜들었다.

패리스 에판디는 계속해서 이야기를 들려주었다.

"네 어머니는 널 낳은 지 얼마 안 되어 아버지를 여의었단다. 아버지를 잃은 슬픔이야 이루 말할 수 없었지만 네 어미는 현명하고 인내심 강한 여자였지. 그녀는 장례식이 끝나자마자 바로 이 방에서 내 손을 잡고는 이렇게 말했단다. '여보, 아버지는 돌아가셨어요. 이제 당신만이 제 유일한 위안이에요. 제 가슴은 삼나무 가지처럼 갈라져버렸지만, 튼튼한 가지 하나 잃었다고 해서 나무가 죽지는 않아요. 물론 고통스럽기야 하겠지만 그 나무는 자기의 모든 생명력을 다른 가지에다 송두리째 쏟아넣을 거예요. 그 가지가 더욱더 튼튼하게 자라나서 빈 자리를 채울 수 있도록 말이에요.' 이것이 바로 아버지와 사별한 뒤에 네 어머니가 내게 했던 말이란다. 그러니까 애야, 죽음이 내 영혼을 하느님의 손길에 맡길 때 너 또한 그런 마음가짐을 갖도록 하렴."

셀마는 눈물을 흘리면서 아버지를 바라보았다.

"어머니가 아버지를 잃은 슬픔으로 상심하고 계실 때 남편이신 아버지께서 그 자리를 대신하셨어요. 하지만 이제 아버지께서 돌아가신다면 제겐 누가 있나요? 어머니는 남편의 자상한 보살핌을 받았고, 어린 딸에게서 위안을 얻으셨어요. 그런데 아버지마저 떠나버리시면 대체 전 어디서 그런 위안을 찾아야 할까요? 제게는 아버지가 곧 어머니였고, 어릴 때부터 유일한 벗이었는데."

말을 마친 셀마는 고개를 돌려 나를 보았다. 그리고 내 옷깃을 부여잡고 울먹이는 목소리로 탄식하듯 덧붙였다.

"이 사람이 바로 아버님이 돌아가시면 제게 남을 유일한 친구예요. 하지만 그 자신도 비탄에 잠겨 있는데 과연 절 위로할 수 있을까요? 상처 입은 영혼이 어떻게 낙담한 사람의 영혼 속에서 위안을 발견할 수 있을까요? 슬픔에 잠긴 사람은 그 이웃의 슬픔으로 위안받을 수 없고, 새는 부러진 날개로는 날 수 없어요. 그는 제 영혼의 벗이지만 저는 이미 너무나 무거운 슬픔의 짐을 그에게 지워주었어요. 또한 제 눈물로 그의 눈을 흐려놓았기 때문에 암흑밖에는 볼 수 없답니다. 저는 그를 진정 형제처럼 사랑하지만, 그는 제모든 슬픔을 나누어 가졌기 때문에 오히려 저를 더욱 비통하게 만들고 제 가슴을 갈기갈기 찢어놓는 슬픈 피붙이 같은 사람이에요."

셀마의 말은 내 가슴을 송곳으로 찔러대는 것처럼 아프게 다가왔다. 나는 더 이상 견딜 수 없는 고통에 휩싸였다. 노인은 그녀의 말에 귀를 기울이며 바람 앞의 등불처럼 떨고 있었다. 이윽고 그가 딸에게 손을 내밀며 입을 열었다.

"부디 내가 편히 떠나도록 해주렴, 얘야. 나는 내가 갇혔던 이 새장의 창살을 부러뜨렸다. 그러니 내가 날아가는 걸 막지 말아다오. 네 엄마가 날 부르고 있지 않느냐, 하늘은 맑고 바다는 고요하니 출항 준비를 서둘러야겠다. 부디 항해를 지연시키지 말아다오. 내 육신이 영원한 휴식을 취하도록 해주려무나. 이제 내 영혼이 새벽과 함께 꿈에서 깨어나게 해주렴. 내 영혼을 포옹하고 희망의 입맞춤을 해다오. 내 육신이 꽃과 풀들의 양식이 될 수 있도록 내 몸에 어떠한 슬픔이나 통한의 눈물방울도 떨어뜨리지 말아다오. 그러면 내 무덤 위에 가시 나무가 자라날지도 모르니까, 내 이마 위에 고뇌의 주름살을 긋게 하지 말려무나. 그러면 바람이 내 뼛가루를 푸른 초원으로 날려 보내주길 거부할지도 모르니까……. 애야, 살아 있는 동안 나는 널 진심으로 사랑했다. 죽어서도 나는 변함없이 널 사랑할 것이고 내 영혼은 끝까지 너를 지켜줄 게다."

패리스 에판디는 반쯤 눈을 감은 채 내게도 유언을 남겼다.

"내 아들아, 그대의 아버지께서 그랬던 것처럼 셀마에게도 참된 형제가 되어주게. 필요할 때 내 딸의 도움이 되고 친구가 되어주게. 내가 죽은 뒤에도 이 아이가 제발 눈물일랑 흘리지 않도록 해주게. 죽은 자에 대한 애도는 잘못된 것이라네. 이 아이가 슬픔을 잊을 수 있도록 즐거운 이야기를 들려주고 삶의 희망을 잃지 않도록 도와주게. 그리고 자네 아버지께도 내 이야기를 전해주게. 내가 내 생애의 마지막 시간에 그 아들을 만났고 또한 모습을 보면서 더욱 그를 사랑했었다는 말을 부디 잊지 말고 전해주게나."

잠시 무거운 침묵이 내려앉았다. 나는 노인의 얼굴에 죽음의 창백한 그림자가 어리는 걸 볼 수 있었다. 그는 가까스로 눈꺼풀을 치뜨며 간신히 말을 이었다.

"절대로 의사는 부르지 말거라. 행여 약의 힘으로 이 감옥에서의 판결이 늦춰질까 두렵구나. 마침내 내게 주어진 노예의 날들은 지나갔다. 내 영혼은 하늘의 자유를 갈망하고 있어. 사제들도 지금은 부르지 말거라. 만약에 내가 죄인이었다면 그들의 기도가 날 구하진 못할 것이고, 또 설사 내가 선한 인간이었다 해도 그들이 날 곧바로 천국으로 인도하진 않을 테니까. 인간의 의지가 신의 의지를 변경할 수는 없단다. 점성가가 별자리를 바꿀 수 없는 것처럼 말이다. 하지만 내가 죽은 뒤에는 의사든 사제든 저들 좋을 대로 하게 하렴. 그들이 와서 무슨 일을 하든 내 배는 목적지에 다다를 때까지 항해를 계속할 테니까."

패리스 에판디는 마지막으로 셀마에게 힘없는 시선을 던졌다. 그녀는 아버지 곁에 무릎을 꿇은 채 앉아 있었다. 노인은 이제 더 이상 말을 이을 수가 없었다. 죽음이 이미 그의 목소리를 거둬가고 있었다. 그는 최후의 기력을 짜내어 겨우 이 한마디를 남겼다.

"밤은 지나갔다…… 아아, 셀마야…… 아……아…… 셀마."

마침내 그의 고개가 옆으로 꺾였다. 밀랍처럼 창백한 얼굴로 그가 마지막

숨을 몰아쉬었을 때 그 입술 위에 희미한 미소가 떠올랐다.

셀마는 차갑게 식어버린 아버지의 손을 만져보았다. 그런 다음 고개를 치켜들고 죽음의 장막이 드리워진 얼굴을 응시했다. 잠깐 그녀는 눈물조차 흘리지 못했다. 너무나 숨이 막혀 비명도 토해내지 못했고 몸을 움직일 수조차 없었다. 한순간 그녀는 석고상처럼 굳어버린 시선으로 멍하니 아버지의 시신을 바라볼 뿐이었다. 그러다가 이마가 마루에 닿도록 허리를 굽히면서 이렇게 외쳤다.

"오, 주여, 부디 자비를 베푸셔서 우리의 부러진 날개를 고쳐주소서."

패리스 에판디 카라미는 죽었다. 그의 영혼은 '영원'의 품에 안겼고 육신은 대지로 돌아갔다. 결국 주교의 조카 만수르 베이 갈리브는 그토록 원하던 노인의 재산을 차지했고, 셀마는 슬픔과 불행이라는 삶의 감옥에 갇힌 죄수가 되었다.

나는 거의 넋을 잃은 채 슬픔과 몽상으로 날을 지새웠다. 시간은 독수리가 그 먹이를 약탈하듯이 나를 집어삼켰다. 몇 번이고 지난 세대의 서책과 성경 읽기에 매달려 나 자신의 불행을 잊으려고 애를 썼지만 그것조차 기쁨과 더불어 사그라지는 불꽃처럼 허망한 일이었다. 과거의 역사를 통해서 통곡을 부르는 비극밖에는 아무것도 발견할 수 없었기 때문이다. 〈욥기〉는 〈시편〉보다 매혹적이었으며 〈솔로몬의 아가(雅歌)〉보다 〈예레미야 애가(哀歌)〉의 슬픈 대목들이 내 마음을 온통 끌어당겼다. 《햄릿》은 서구 작가들이 써낸 그 어떤 드라마보다 내 가슴에 깊이 와닿았다. 이렇게 절망은 우리의 눈을 흐리게 하고 우리의 귀를 막아버리는 것이다. 절망에 빠진 사람은 파멸의 유령밖에 아무것도 볼 수 없게 된다. 들리는 것이라곤 오직 터질 듯한 심장의 고동소리뿐.

그리스도와 이슈타르 사이에서

베이루트를 레바논과 연결하는 언덕 한가운데 흰 바윗덩이를 파내서 세운 아주 오래된 사원이 한 채 있다. 사원은 올리브와 편도나무, 그리고 버드나무숲으로 에워싸여 있다. 시내에서 반 마일 가량 떨어진 이곳은 고대 유적에 흥미를 가진 극소수의 사람들만이 간혹 찾아들곤 했다. 그곳은 레바논에서 잊혀진 숱한 장소 중의 하나였다. 더구나 시내에서 동떨어진 한적한 사원이었던 까닭에 그곳은 예배자들을 위한 안식처이기도 했지만 외로운 연인들을 위한 성소(聖所)가 되기도 했다.

이 사원에 들어서는 사람은 누구나 바위에 새겨진 옛 페니키아의 그림을 볼 수 있다. 동쪽 벽 위에 새겨진 이 그림은 각각 벌거벗은 채 다른 자세로 서 있는 일곱 명의 처녀들에게 둘러싸여 옥좌에 앉아 있는 사랑과 미의 여신 이슈타르를 묘사한 것이다.

첫 번째 처녀는 횃불을 들고 있고, 두 번째 처녀는 기타를 들고 있다. 세 번째 처녀는 향로를, 네 번째 처녀는 술 항아리를 들고 있으며, 다섯 번째 처녀는 장미꽃 가지를, 여섯 번째 처녀는 월계수 꽃다발을 들고 있다. 또한 일곱 번째 처녀는 활과 화살을 들고 있는데, 이 일곱 처녀들이 하나같이 이슈타르를 경건하게 바라보고 있는 모습으로 그려져 있다.

두 번째 벽에는 또 다른 그림이 있는데, 첫 번째보다 한결 현대적인 그림이다. 십자가에 못 박힌 그리스도를 상징하는 그림 곁에는 비탄에 잠긴 성모 마리아와 막달라 마리아, 그리고 울고 있는 두 여인이 서 있다. 이 그림은 15~16세기경의 비잔틴 양식을 보여주고 있다.

(고대 유적을 연구하는 학자들에 의하면 대부분 동양에 세워진 그리스도 교회는 옛 페니키아와 그리스의 신들을 위한 사원이었음이 밝혀졌다. 다마스커스나 안티오키아, 콘스탄티노플에는 수많은 이교도들의 대건축물이 있는데 이들 또한 나중엔 교회로, 다음엔 회교사원으로 탈바꿈했던 것이다.)

서쪽 벽에 딸린 두 개의 둥근 환기창을 통해 들어오는 태양 광선을 받은 그림은 마치 황금 물감으로 그린 것처럼 느껴지는 특징이 있다. 사원 한가운데에는 옛 그림이 하나씩 그려진 정사각형의 대리석이 있는데 그 중에 어떤 것들은 고대 사람들이 제물을 바치고 그 위에 향료와 포도주와 기름을 부었음을 말해 주는 흔적들로 덮여 있어 거의 알아볼 수 없다.

그 작은 사원 안으로 들어서면 언제나 깊은 정적이 감돌았다. 마치 살아 있는 사람들에게 지난 세대의 비밀과 종교의 진화에 관해 말없는 교훈을 전해주는 것처럼. 오랜 침묵과 신비의 베일에 가려진 환상적인 분위기에 압도되어 시인은 현실 세계를 벗어난 상상의 나래를 펼칠 수 있게 되고, 철학자라면 인간이 태어날 때부터 종교적이라는 사실을 깨닫게 된다. 그러므로 이 같은 정경은 인간의 눈으로 볼 수 없는 세계에 대한 동경과 당대를 살아가는 사람들의 숨겨진 욕망의 비밀을 드러내는 여러 가지 상징을 나타내고 있는 것이다.

그 이름 없는 사원 안에서 나는 한 달에 한 번씩 셀마를 만나 그 생경한 그림들을 감상하고 십자가에 못 박힌 그리스도를 생각하며 시간을 보냈다. 또한 이슈타르 여신을 위해 향을 피우고 예배드리며 여신의 성스러운 모습 속에 구현된 사랑과 의미를 찬미하며 살다 간 젊은 페니키아의 연인들을 떠올리기도 했다. 지금 그 사람들은 '영원'의 피안에 머물며 단지 몇몇의 이름으로만 기억되리라.

그곳에서 셀마를 만났을 때의 추억을 이야기한다는 것이 나로선 몹시 고통스러운 일이다. 행복과 슬픔, 희망과 불행으로 뒤섞였던 저 천상의 시간에 대해서 내가 어떻게 표현할 수 있을까. 우리는 그 오래된 사원에서 남몰래 만나 지난날을 회상하기도 하고 현실 혹은 미래에 대한 막연한 공포에 사로잡히기도 했다. 우리는 가슴속 밑바닥에 숨겨진 비밀을 끄집어냈고, 서로의 비참한 처지와 고통을 호소하면서 헛되고 슬픈 희망으로 우리 자신을 위로하려고 애쓰기도 했다. 이따금 서로의 눈물을 닦아 주면서 평온한 마음으로 시간을 보낼 때도 있었다. 그럴 때 우리는 '사랑' 이외엔 일체의 것을 망각한 채 미소지을 수 있었다. 우리는 가슴이 녹아내릴 때까지 서로를 포옹했다. 언제 보아도 청순한 셀마가 내 이마 위에 입술을 새겨놓을 때면 내 마음은 황홀경에 취했다. 이때 그녀의 볼은 동산 위에 비치는 첫새벽의 햇살처럼 발그레한 빛을 띠었고, 곧 수줍은 듯 상앗빛 목을 숙이곤 했다. 그러면 나는 그녀의 입맞춤을 되돌려주며 또다시 행복감에 빠져들었다. 그런 다음 구름이 오렌지빛으로 물드는 먼 지평선을 말없이 바라보기도 했다.

우리의 대화는 단지 사랑에만 국한되지는 않았다. 우리는 종종 세상 돌아가는 이야기를 나누며 서로의 사상을 교환하기도 했다. 대화가 진행되는 동안 셀마는 지난 세대의 낡은 관습에 의해 희생당한 여성의 사회적 지위를 비롯해서 그런 불합리한 사회적 관습이 자신의 성격 형성에 미친 영향이며 남편과 아내의 관계, 그리고 결혼 생활을 위협하는 영혼의 질병과 타락에 관해서 이야기했다. 나는 그녀가 이런 말을 했던 걸 기억한다.

"많은 시인들과 작가들이 여성의 실체를 이해하려 노력해왔지만 사실 그들은 아직 아무것도 제대로 알고 있는 게 없어요. 왜냐하면 그들은 단지 성적인 관점에서만 여성을 바라보기 때문에 결국 외형밖엔 보지 못하지요. 증오의 확대경을 통해 여성을 바라보면 연약함과 복종을 강요당하는 존재 외에는 아무것도 보지 못하는 거예요."

언젠가 또 그녀는 사원의 벽에 새겨진 그림을 가리키며 이렇게 말했다.

"이 그림엔 여성의 본질을 묘사하고 그 영혼에 숨겨진 비밀을 드러내는 두 개의 상징이 있군요. 말하자면 사랑과 슬픔 사이, 애정과 희생 사이에, 옥좌에 앉아 있는 이슈타르와 십자가 곁에 서 있는 마리아 사이에 서 있는 여성의 모습이에요. 결국 남자들이 영광과 명예를 사기 위해선 여성들이 그 값을 치러야 하는 것이지요."

사원 위를 날아다니는 새들과 하느님을 제외하고는 아무도 우리의 밀회를 눈치채지 못했다. 셀마는 항상 파샤 공원이라 불리는 곳까지는 마차를 이용했고, 그곳에서부터 사원까지 오랜 시간을 걸어와서 초조하게 자신을 기다리고 있던 나를 만나는 것이었다.

우리는 결코 사람들의 눈을 두려워하지 않았다. 양심이 우리를 괴롭히지도 않았다. 우리의 영혼은 불꽃으로 정화되고 눈물로 씻겨진 것이었기에 사람들의 이목 따위에 움츠러들 필요가 없었다. 우리는 인간의 가슴에 품은 진실한 애정을 부정하는 낡은 관습이나 노예법 따위에 얽매이고 싶지 않았다. 그러므로 우리의 영혼은 하느님의 보좌 앞에서 부끄러움 없이 당당히 설 수 있었던 것이다.

무려 7천 년 동안이나 부패한 법률에 굴복해왔던 인간 사회의 통념으로는 보다 우월하고 영원한 법률의 의미를 이해할 수 없을 것이다. 이미 오래전부터 촛불의 희미한 빛에 익숙해져버린 인간의 두 눈으로는 햇빛을 쳐다볼 수 없는 것과 마찬가지인 것이다. 그리하여 영혼의 질병은 한 세대에서 다음 세대로 유전되었다. 그 결과 사람들은 그것을 질병이 아니라 마침내 하느님이 아담에게 내려준 자연의 선물로 생각하기에 이르렀다. 만약에 그들이 이러한 질병에 감염되지 않는 누군가를 발견한다면 그는 곧 치욕의 상징으로 낙인찍힐 수밖에 없으리라.

셀마 카라미가 남편이 있는 가정을 떠나 사원에서 나를 만났다는 사실 하나만으로 그녀를 사악하다고 몰아붙이는 사람들은 건강하고 건전한 사람을 병들고 심약한 사람으로 매도하는 것과 같다. 그들은 섣불리 대낮에 거리로 나왔다가 짓밟혀 죽을까봐 두려워서 어둠 속을 기어다니는 벌레 같은 인간들이다.

아무 죄도 없이 감옥에 갇혔고 도망칠 수 있는 상황에서도 탈옥하지 않는다면 그는 비겁자인 것이다. 죄 없이 억압받는 처지에 놓여있던 셀마는 자기 자신을 해방시킬 수가 없었다. 그렇듯 깨끗한 그녀가 감옥의 창문을 통해서 녹색의 들판과 드넓은 창공을 바라본다고 해서 비난받아야 한단 말인가? 그리스도와 이슈타르 사이에 있는 셀마가 잠시 내 곁에 앉아 있기 위해 가정을 벗어났다고 해서 사람들은 그녀가 남편을 배신했다고 생각할 수 있을까? 어쨌거나 상관없는 일이다. 셀마는 영혼을 잠식하는 늪에 빠져 이리떼와 독사들 때문에 도저히 옴짝달싹 할 수 없는 몸이었다. 나에 대해서도 저들 좋을 대로 지껄여대지만 아무래도 상관없다. 죽음의 정령을 목격한 영혼이 도적떼와 맞닥뜨렸다고 해서 겁먹을 이유가 없기 때문이다. 머리 위에서 칼날이 번쩍이고 발 아래 무참한 피의 강물이 넘쳐나는 광경을 목격한 병사는 거리에서 아이들이 던지는 돌 따위엔 마음조차 쓰지 않는 법이니.

희생

늦은 6월의 어느 날, 사람들이 더위를 피해 도시를 떠날 무렵 나는 안달루시아의 아름다움을 노래한 자그마한 시집을 손에 들고 셀마를 만나기 위해 사원으로 향했다. 그리고 사원 한 구석에 앉아 시집을 읽으며 셀마를 기다렸다. 시를 음미하는 동안 가슴속으로 황홀한 도취감이 가득 차오르는 것을 느꼈다. 내 영혼은 그 옛날 모든 희망을 뒤로 한 채 그라나다에 작별을 고하고 회한의 눈물을 흘리며 저들의 궁궐을 떠나야 했던 제왕들과 시인들, 기사들에 대한 걷잡을 수 없는 연민에 빠져들었다.

한 시간이 채 못 되어서 셀마가 정원 한가운데를 가로질러 사원으로 가까이 다가오고 있었다. 그녀는 마치 세상의 온갖 근심을 양어깨에 짊어지고 있는 것처럼 양산을 무겁게 받쳐들고 나를 향해 다가왔다. 이윽고 그녀가 내 곁에 앉았을 때 나는 그녀의 눈 속에서 뭔가 심상찮은 변화가 있었음을 알 수 있었다. 나는 대체 무슨 일이 있었는지 묻고 싶어 애가 탔다.

셀마는 내 마음이 원하는 것이 무엇인지 곧바로 알아차렸다. 그녀가 내 머리 위에 손을 얹으며 입을 열었다.

"가까이 와요, 내 사랑. 어서 내 마음속의 갈증을 달래줘요. 결국 이별의 시간이 오고 말았으니까요.”

“당신 남편이 이곳에서 우리가 몰래 만나고 있다는 걸 알아냈군요?”

그녀는 내 물음에 이렇게 대답했다.

“남편과는 상관없는 일이에요. 그는 내게 신경 쓰지도 않고 심지어 내가 하루를 어떻게 보내는지조차 알지 못한답니다. 왜냐하면 가난하고 불쌍한 매춘부들과 놀아나느라 정신이 없기 때문이죠. 그 여자들은 정말이지 빵을 위해 몸을 팔 수밖에 없는 피와 눈물로 빚어진 사람들이에요.”

나는 재차 물었다.

“그렇다면 당신이 이곳으로 와서 나를 만나지 못하도록 방해하는 게 대체 뭐죠? 하느님 앞에서도 떳떳한 우리에게 이별을 요구하는 것이 당신 자신이란 말입니까?”

그녀의 두 눈에 눈물이 맺혔다.

“아니에요, 내 사랑. 내 영혼은 이별을 원하지 않아요. 당신은 나의 분신이나 마찬가지니까요. 내 눈은 당신을 아무리 오래 보고 있어도 결코 지치는 법이 없어요. 당신이 바로 내 눈의 빛이니까. 하지만 만약에 무거운 족쇄에 묶여 삶의 험난한 길을 걸어가야 하는 것이 내 운명이라면 당신마저 그렇게 만들 순 없어요.”

그러더니 셀마는 이렇게 덧붙였다.

“지금 모든 걸 이야기할 수는 없어요. 내게 닥친 불행과 고통 때문에 혀는 얼어붙었고 입술은 닫혀버렸기 때문이에요. 다만 한 가지 말할 수 있는 것은 당신마저 나와 같은 함정에 빠질까봐 두렵다는 것뿐이에요.”

“그게 대체 무슨 말이오, 셀마? 당신이 누굴 두려워한다는 게요?”

그녀는 두 손으로 얼굴을 감싸면서 대답했다.

“주교는 내가 자신이 만든 무덤에서 한 달에 한 번씩 빠져나가고 있다는 사실을 진작 눈치챘어요.”

“우리가 여기서 만나는 걸 주교가 알아냈다구요?”

그녀가 대답했다.

“아니요, 만약 그랬다면 당신 곁에 이렇게 앉아 있을 수도 없겠죠. 하지만 그는 의심을 품기 시작했고 하인과 문지기한테까지 나를 철저히 감시하라고 시켰어요. 집에서는 물론이고 길을 걸을 때도 모든 사람들이 나를 지켜보는 것 같고, 나를 손가락질하며, 내 마음속 생각까지도 엿보는 것 같은 느낌이 들어요."

한동안 그녀는 침묵을 지켰다. 그러더니 이윽고 양 볼에 눈물을 떨구면서 이렇게 덧붙이는 것이었다.

"그렇다고 해서 주교를 두려워하는 건 아니에요. 기왕 물에 빠진 사람이 옷 젖는 것을 겁낼 리 없으니까요. 하지만 나는 당신까지 주교의 함정에 빠져 희생당할까봐 두렵답니다. 당신은 아직 젊고 햇빛처럼 자유로우니까요. 나는 내 가슴에 독화살을 쏘아댄 운명이 두려운 게 아니라 당신이 사악한 뱀에게 발목을 물려서 미래의 기쁨과 영광을 예비하고 당신을 기다리는 저 산꼭대기로 끌려가게 될까봐 겁나는 거예요."

나는 그녀에게 이렇게 말했다.

"대낮에 뱀에게 물려보지 않고 한밤중에 이리에게 뜯겨보지 않은 사람은 언제까지나 낮과 밤의 위험을 알지 못하게 될 거요. 하지만 정신 차리고 내 말을 들어봐요, 셀마. 사람들의 사악함과 비열한 함정을 피하는 유일한 수단이 이별뿐일까요? 오로지 죽음의 뜻에 복종하는 길밖에는 사랑과 자유를 지킬 수 있는 길이 없단 말이오?"

"그래요, 우리가 서로 작별인사를 하는 것밖엔 달리 방법이 없어요."

순간 분노가 울컥 치밀어올랐다. 나는 그녀의 손을 쥐고 흔들며 흥분해서 목청을 높였다.

"우린 오랫동안 양보만 하고 살아왔어요. 처음 만난 순간부터 오늘 지금 이 순간까지 눈먼 자들에게 이끌려 저들의 우상 앞에서 고개를 숙여왔단 말입니다. 주교는 우릴 손 안에 쥐고 흔들며 자기 마음 내키는 대로 두 개의 공을 던지듯 이리저리 내몰았어요. 언제까지 이런 식으로 주교의 허수아비 노릇을 하자는 거요? 대체 하느님은 죽는 날까지 우릴 그런 자들에게 짓밟히며 살아가라고 이 세상에 내보냈단 말입니까? 우리가 노예를 위한 그늘이 되라고 자유를 주었을까요? 스스로 영혼의 불꽃을 꺼버리는 사람이야말로 이단자가 되는 거요. 우리 영혼 속에서 타오르는 불을 지펴주신 분이 바로 하느님이기 때문이죠. 억압에 맞서 싸우지 않는 자는 스스로 불의를 저지르고 있는 것과 같소. 셀마, 당신을 사랑하오. 당신 또한 나를 사랑하잖소. 사랑은 신이 내린 우리 영혼의 귀중한 보물이라오. 이토록 소중한 보배를 함부로 내팽개쳐서 저 돼지들이 짓밟아 산산이 부서지도록 놔두잔 말이오? 이 세상은 아름다움과 신비로 가득 차 있소. 무엇 때문에 우리가 주교와 그 앞잡이들이 파놓은 이 좁은 굴 속에서 살아야 한단 말이오? 삶은 행복하고 자유로운 것이오. 그런데도 왜 우린 이 무거운 멍에와 쇠사슬을 끊어버리고 평화를 향해 자유롭게 걸어가지 못하는 거요? 일어나요, 하느님의 위대한 사원을 향해 떠납시다. 모든 노예적 굴종을 강요하는 무지한 도적들의 손이 미치지 않는 멀고 먼 나라로 갑시다. 밤이 오길 기다렸다가 해안으로 가서 대양 건너로 우릴 태워다줄 배를 탑시다. 이 나라를 떠나면 행복과 이해로 가득 찬 새로운 삶을 발견할 수 있을 거요. 서두릅시다. 셀마. 지금 이 순간이야말로 우리에겐 왕관보다 더욱 값지고 천사의 날개보다 더 숭고한 순간이 될 것이오. 자, 이 황폐한 사막을 벗어나 향기로운 꽃과 식물들이 자라는 푸른 들판으로 우릴 인도해 줄 빛의 기둥을 따라갑시다."

셀마는 내 말에 고개를 저으며 허공을 응시했다. 그녀의 입술 위엔 슬픔을 자아내는 미소가 떠올랐다.

"아니, 그건 안 돼요, 내 사랑. 하느님은 식초와 담즙으로 가득 찬 잔을 내 손에 쥐어주셨어요. 나는 그 밑바닥에 깔린 시고도 쓴맛을 알기 위해 마지막 한 방울까지 억지로라도 마셔야 해요. 어쨌거나 나는 이 고통의 잔을 끈기 있게 다 비울 거예요. 나는 사랑과 평화가 넘치는 새 삶을 누릴 자격이 없어요. 인생의 감미로움을 감당할 만큼 충분히 강하지 못하니까요. 날개 부러진 새가 창공을 날 수 없잖아요. 나 또한 촛불의 희미한 빛에 길들여졌기 때문에 태양을 똑바로 쳐다볼 수가 없답니다. 제발, 내게 행복에 대해서 말하지 마세요. 그런 추억은 날 고통스럽게 만들 뿐이니까요. 평화에 대해서도 말하지 말아요. 그 역시 날 두렵게 하니까요. 나를 똑바로 쳐다봐요. 내 가슴의 잿더미 속에 불붙은 성스러운 불꽃을 당신에게 보여주겠어요. 당신은 알고 있겠죠? 어머니가 단 하나뿐인 자식을 사랑하듯이 내가 당신을 사랑한다는 것을. 사랑은 어떤 경우라도 당신을 보호할 것만을 내게 가르쳐주었습니다. 심지어 나 자신으로부터도……. 그리고 이곳을 떠나 다른 세상으로 당신을 따라가지 못 하도록 날 막는 것은 불로써 정화된 사랑이랍니다. 사랑은 당신이 자유롭고 고매하게 살 수 있도록 내 욕망을 버려야 한다고 가르칩니다. 사랑하는 대상을 소유하려는 것은 끝이 보이는 사랑입니다. 오로지 사랑 그 자체만을 요구하는 사랑만이 무한한 사랑입니다. 천진난만한 젊음이 깨어나는 시기에 오는 사랑은 소유에 만족하고 포옹과 함께 성장하지요. 하지만 하늘의 무릎에서 태어나 밤의 비밀과 더불어 내려온 사랑은 영원불멸의 가치만을 추구합니다. 또한 신성한 목적 외에는 그 어떤 경우에도 고개 숙이지 않는답니다.

주교가 나를 감시하며 내 유일한 즐거움을 박탈하려는 걸 알았을 때 나는 내 방 창문 앞에 서서 바다를 바라보았습니다. 바다 건너 저 넓은 세상에서 찾을 수 있는 진정한 자유와 나 자신의 독립을 떠올리자 나는 당신 영혼의 그림자에 에워싸여 애정의 대양에 몸을 담그고 당신과 함께 살고 있음을 느꼈어요. 하지만 한 여인으로 하여금 낡은 관습에 반기를 들고 자유와 정의의 그늘에서 살고 싶은 열망을 갖도록 만든 이 모든 생각은 곧 내가 연약하기 때문에 우리의 사랑이 유한하고, 아직은 모든 게 부족하기 때문에 태양의 면전에 바로 설 수조차 없다는 사실을 깨우쳐주었어요. 나는 마치 멸망한 왕국의 제왕처럼 슬프게 흐느껴 울었어요. 하지만 곧 내 눈물에 어린 당신의 얼굴과 나를 바라보는 당신의 두 눈을 보게 되었죠. 그러자 어느 땐가 당신이 내게 했던 말이 떠올랐어요. '이리 와요, 셀마. 자, 우리, 폭풍우 앞에서도 결코 무너지지 않는 탑처럼 강해집시다. 우리, 적의 총칼 앞에서도 겁내지 않는 용감한 병사처럼 됩시다. 우리는 죽더라도 사랑의 순교자처럼 죽을 것이며, 만약에 승리한다면 영웅처럼 살 거요. 고난에 용감하게 맞서는 것은 장벽을 피해 평온을 구걸하는 것보다 고귀한 거요.' 내 사랑, 당신은 죽음의 날개가 내 아버지의 침상 주위를 떠돌고 있을 때 이 말을 해주셨죠. 그것을 나는 어제 절망의 날개가 내 머리 위를 떠돌고 있을 때 기억해냈어요.

나는 스스로 기운을 내자고 다짐하며 용기를 북돋웠어요. 그리하여 어둠의 감옥 속에 갇혀 있는 동안 우리를 곤경에서 구해주고 슬픔을 덜어줄 어떤 종류의 값진 자유를 느꼈던 거예요. 나는 우리의 사랑이 대양처럼 깊고 별처럼 높으며 하늘처럼 넓다는 것을 깨달았어요. 그런 다음 당신을 만나기 위해 이곳으로 달려왔어요. 이제 내 연약한 영혼 속에는 새로운 힘이 생겨났어요. 이 힘은 보다 위대한 것을 위해 그보다 조금은 사소한 걸 희생시킬 수 있는 능력이랍니다. 그리고 그 능력이란 바로 당신이 여전히 고결하고 명예로운 존재로 남아 있고 타인들의 박해로부터 안전해질 수 있도록 내 자신의 행복을 희생하는 것이랍니다…….

 지난날 이곳에 왔을 땐 마치 무거운 쇠사슬에 묶여 금방이라도 쓰러질 것만 같았어요. 하지만 오늘 나는 그런 쇠사슬 따위를 무시하고 깃털처럼 가벼운 마음으로 여기에 왔답니다. 노상 겁에 질린 유령처럼 이 사원으로 향했던 내가 오늘은 고통의 진가를 아는 용감한 여인처럼 기꺼이 희생을 감수하러 왔던 거예요. 사랑하는 사람을 보호하기 위해, 무지한 권력자들 심지어 자신의 굶주린 영혼까지도 경계하는 여인처럼 말이에요. 이제껏 나는 줄곧 떨리는 그림자로서 당신 곁에 앉아 있곤 했지만, 오늘은 이슈타르와 그리스도 앞에서 당신에게 내 참모습을 보여주려고 이곳에 왔답니다.

 나는 그늘 속에서만 커온 나무와 같아요. 오늘 나는 잠시나마 햇볕 아래서기 위해 떨리는 내 가지들을 내뻗은 거예요. 나는 당신께 이별을 고하려고 이곳에 왔어요, 내 사랑. 우리의 이별은 우리의 사랑처럼 위대한 선택이 될 거예요. 그것이 바로 제 희망이랍니다. 우리의 이별이 뜨거운 불로 황금을 단련시키듯이 고통으로 더욱 눈부시게 빛나는 불꽃이 되도록 만들어요."

 셀마는 무슨 말이든 내게 반박할 여지를 주지 않았다. 그녀의 두 눈은 강인한 빛을 내뿜고 있었다. 그녀의 눈빛과 얼굴은 천사처럼 고요한 위엄을 간직하고 있었다. 갑자기 그녀가 내게로 온몸을 던지며 그 보드라운 두 팔로 나를 힘껏 껴안았다. 이것은 이전까지만 해도 결코 상상조차 할 수 없는 일이었다. 셀마는 내 입술에 길고도 깊은 불의 키스를 새겨주었다.

 태양이 수목들에 비친 모든 빛을 거두어가고 있었다. 셀마는 사원 한가운데로 걸어가 그 벽 구석구석을 오랫동안 응시했다. 마치 그 그림 위에 자기 눈의 광채를 온통 쏟아붓고 싶은 듯이. 곧이어 그리스도의 벽화 앞에 경건하게 꿇어앉아 다음과 같이 속삭였다.

 "오, 주여, 저는 이슈타르의 쾌락과 행복의 세계를 버리고 당신의 십자가를 택했나이다. 또한 월계수 꽃다발을 버리고 가시관을 택했으며, 향료 대신 피와 눈물로 제 자신을 씻었나이다. 포도주와 감로수도 버리고 식초와 담즙이 든 술잔을 들었나이다. 그러니 부디 당신을 따르도록 허락하소서, 주여. 그리하여 고난과 슬픔을 기꺼이 받아들이며 당신을 택했던 무리들과 더불어 저를 갈릴래아로 인도하소서."

 기도를 마친 뒤 그녀는 일어서서 나에게 말했다.

"이제 나는 소름끼치는 유령들이 득시글대는 나의 어두운 동굴로 기쁘게 돌아갈 거예요. 내 사랑, 날 동정하거나 가엾게 여기지도 말아주세요. 한 번이라도 하느님의 그림자를 영접했던 영혼은 결코 악마의 유령을 두려워하지 않으니까요. 일단 저 하늘의 세계를 보게 된 눈은 이 세상의 고통 따위로는 감기지 않는답니다."

말을 마친 뒤 셀마는 사원을 떠나갔다. 그리고 나는 온갖 상념의 깊은 바다에 빠진 채 엇나간 듯이 거기에 남아 있었다. 하느님이 보좌에 앉아 있고 천사들은 사랑과 슬픔과 불멸의 찬미가를 부르며 인생의 비극을 예언하고 있었다. 나는 그러한 계시의 세계에 흠뻑 빠진 채 점차 의식이 몽롱해지는 것을 느꼈다. 떠나기 전 셀마의 말 한 마디 한 마디를 몇 번이고 떠올리며 그녀의 침묵, 그녀의 동작과 표정, 그 손의 감촉 등을 하나하나 되새기며 사원 한가운데에서 넋이 빠져 있던 내가 문득 정신을 차렸을 때는 이미 날이 어두워져 있었다. 그제야 나는 이별의 의미와 외로움의 고통을 사무치게 깨달았다. 비로소 내 마음은 갈기갈기 찢어졌다. 비록 남자들이 자유롭게 살아간다고는 해도 어차피 오래전부터 저들의 조상들이 만들어놓은 법률에 대해서만큼은 절대로 자유로울 수 없는 존재였다. 그리고 하늘의 뜻이란 것도, 우리는 그것이 불변의 진리라고 여겨왔지만 실은 내일의 뜻에 대한 오늘의 양보이며, 오늘의 뜻에 대한 어제의 복종일 뿐이라는 걸 그날 밤 나는 처음으로 깨달았다.

나는 셀마로 하여금 삶을 포기하고 죽음을 택하게 만든 이른바 영혼의 법률에 관해 수없이 번민했다. 또한 고결한 희생과 운명에 거역함으로써 얻어지는 행복 중에서 어느 것이 더 아름다운 선택인가에 대해서도 몇 번이나 생각해보았다. 그러나 이날까지 그 모든 문제로부터 내가 얻을 수 있었던 결론이란 오로지 단 하나의 진실뿐이었다. 그 진실이란 바로 '성실'이었다. 성실이야말로 우리 인간의 온갖 행위를 아름답고 고귀하게 이끌어주는 것이다. 이 '성실'이란 바로 셀마 카라미라는 여인과 동격으로 존재하고 있었다.

구원자

5년에 걸친 셀마의 결혼 생활은 한마디로 허망한 것이었다. 그녀와 남편 사이에는 서로 영혼을 함께 묶어줄 자식이 없었다.

아이를 못 낳는 여성은 어디서나 멸시의 눈총을 받게 마련이다. 대부분의 남성들은 자손을 번성시킴으로써 자기 자신의 존재를 영속시키고자 하는 욕망을 갖고 있기 때문이다. 더구나 좀더 현실적인 남자들은 아이를 못 낳는 아내를 적으로 간주하기까지 한다. 그리하여 단지 아이를 낳지 못한다는 이유만으로 아내를 내쫓거나 증오하며 마침내 그녀의 죽음을 바라기도 한다. 만수르 베이 갈리브는 그런 부류의 남자였다. 물질적으로 그는 강철같이 단단하고 무덤처럼 탐욕스러웠다. 그는 자신의 대를 이어 가문의 명예를 빛내줄 자식을 바라는 욕심 때문에 아름다운 셀마를 학대했던 것이다.

동굴 속에서 자라는 나무는 열매를 맺지 못한다. 마찬가지로 셀마는 삶의 그늘에서 살았기 때문에 아이를 낳지 못하는 것이다……

나이팅게일은 자기 새끼들의 운명까지 노예처럼 되지 않도록 아예 새장 안에다 보금자리를 만들지 않는다……. 셀마는 불행의 수인(囚人)이었다. 그녀가 자신의 비천한 삶을 이어갈 또 한 명의 분신을 갖지 못한 것은 정녕 하늘의 뜻이었다. 들판의 꽃들은 태양과 자연의 사랑으로 낳은 아이들이다. 그와 같이 인간의 아이들 또한 사랑과 연민의 꽃들인 것이다.

불행하게도 사랑과 연민의 정신이 라스 베이루트에 있는 셀마의 아름다운 집에 머물렀던 적은 한 번도 없었다. 그럼에도 불구하고 그녀는 매일 밤마다 무릎을 꿇고 앉아, 가정에 평화를 가져다줄 아이를 낳게 해달라고 기도했다. 그리하여 신은 마침내 그녀의 기도에 응답하게 되었다……

나무는 결국 열매를 맺기 위해 꽃을 피웠다. 새장 속 나이팅게일도 스스로 날개를 움직여 보금자리를 만들기 시작했다.

셀마는 신의 귀중한 선물을 받기 위해 사슬에 묶인 두 팔을 하늘을 향해 내뻗었다. 실상 어머니가 되는 것보다 그녀를 행복하게 만들 수 있는 것은 이 세상에 아무것도 없었다……

셀마는 하루하루 손꼽아 기다리며 자기 아이의 목소리가 천상의 감미로운 선율처럼 귓전에 울리게 될 시각을 고대했다.

마침내 그녀는 보다 밝은 미래의 새벽을 바라보기 시작했다……

셀마가 생사의 갈림길에서 산고를 겪으며 마지막 진통을 시작한 것은 이듬해 4월이었다. 의사와 산파가 곁에서 그녀를 돌보며 이 세상을 찾아오는 새로운 손님을 받아들일 준비를 하고 있었다. 그날 밤 늦게 고통에 가득 찬 셀마의 울부짖음이 온 집안을 뒤흔들기 시작했다……. 생명이 생명으로부터 떨어져나오는 소리……. 무(無)의 창공에서부터 끊임없이 이어지는 울부짖음……. 위대한 힘의 침묵 앞에 몸부림치는 연약한 힘의 울부짖음……. 생과 사의 발 아래 누워 있는 가련한 셀마의 울부짖음.

새벽녘에 셀마는 사내아이를 낳았다. 그녀가 눈을 떴을 때 방 안 가득 죽음의 그림자가 느껴졌다. 그녀는 불안스레 주위를 둘러보았다. 산파와 의사의 표정이 몹시 어두웠다. 순간적으로 불길한 예감에 휩싸인 그녀는 눈을 감고 이렇게 부르짖었다.

"오, 내 아들."

산파가 아기를 비단 포대기에 싸서 셀마 곁에 눕혀주었다. 그러자 의사는 슬픔에 가득 찬 얼굴로 셀마를 바라보며 고개를 젓는 것이었다.

셀마가 아들을 낳았다는 기쁜 소식은 순식간에 이웃사람들을 잠에서 깨웠다. 그리하여 이들은 아이의 아버지가 된 만수르 베이에게 후계자의 탄생을 축하해주기 위해 앞다투어 달려왔다. 그때까지도 의사는 셀마와 갓난아기를 곤혹스럽게 지켜볼 따름이었다.

하인들은 만수르 베이에게 아들이 태어났다는 소식을 전하려고 분주하게 움직였다. 그러나 의사는 여전히 낙심천만한 얼굴로 셀마와 그녀의 아이를 응시하고 있었다.

해가 떠올랐을 때 셀마는 마침내 의식을 되찾았다. 그녀는 갓난아기를 품에 안았다. 아기는 처음으로 눈을 뜨고 가만히 어머니를 바라보았다. 그러나 아기는 온몸을 바르르 떨며 마지막으로 두 눈을 감아버렸다. 의사는 셀마의 팔에서 아기를 받아들었다. 그의 뺨에 눈물이 흘러내렸다.

"이 아이는 떠나가는 손님이었군."

의사의 탄식이었다.

이웃 사람들이 만수르 베이와 더불어 후계자의 탄생을 축하하며 축배를 드는 동안 갓난아기는 저 세상으로 떠났다. 그 순간 의사를 붙잡고 애원하는 셀마의 절규는 사람들의 웃음소리에 묻혀버렸다.

"제발 아이를 데려가지 말아주세요. 그 애를 껴안게 해주세요."

비록 아이는 죽었지만, 홀에선 술잔 부딪치는 소리가 점점 요란해졌다.

아이는 새벽에 태어나서 해가 떠오르자 죽었다…….

아이는 사상처럼 태어나 한숨처럼 사그라들었고 이내 그림자처럼 소멸해 버렸다.

아이는 자기 어머니에게 위안을 줄 수 있을 만큼 살지 못했다.

아이의 삶은 밤의 끝에서 시작해서 낮의 시작에서 끝이 났다. 마치 어둠의 두 눈에서 쏟아져 빛의 손길에 말라버린 이슬방울처럼.

밀물이 들 때 해안으로 밀려왔다가 썰물에 깊은 바다 밑으로 쓸려 내려간 한 알의 진주……. 삶의 꽃봉오리로 막 피어났다가 죽음의 발 아래 짓이겨진 한 송이 백합.

잠시 동안이지만 셀마의 가슴에 불을 밝히고 곧바로 셀마의 영혼을 죽여버린 귀한 손님.

이것이 바로 한 인간의 생애이고 한 나라의 운명이며 해와 달과 별들의 한 생애인 것이다.

셀마는 의사에게 매달려 하염없이 울부짖었다.

"제 아이를 이리 주세요. 그 애를 껴안게 해주세요. 제 아이를 주세요. 그 애한테 젖을 먹이게 해주세요."

마침내 의사는 고개를 떨구었다.

"아이는 죽었습니다, 부인. 진정하십시오."

의사는 목이 메어 더 이상 말을 잇지 못했다. 순간 셀마는 끔찍한 울음을 터뜨렸다. 한순간 조용한 침묵이 흘렀다. 그런 다음 문득 그녀 얼굴에 환한 미소가 떠올랐다. 마치 무슨 새로운 사실이라도 발견한 것처럼. 이윽고 그녀가 조용히 입을 열었다.

"제 아이를 좀더 가까이 볼 수 있게 해줘요. 작별인사를 해야겠어요."

의사는 셀마의 팔에 죽은 아이를 안겨주었다. 그러자 셀마는 아이를 꼭 껴안고 벽 쪽으로 얼굴을 돌린 다음 이렇게 중얼거렸다.

"애야, 너는 날 데려가려고 왔구나. 나를 해안으로 인도하기 위해 잠시 들렀던 거야. 자, 내 아들아, 이제 나와 함께 이 캄캄한 동굴을 빠져나가자꾸나."

잠시 후 햇빛이 유리창을 뚫고 들어와서, 이제는 죽음의 날개에 덮여 침상 위에 누운 두 개의 고요한 육체 위로 내려앉았다. 의사는 눈물을 머금은 채 방을 나갔다. 그가 커다란 홀에 들어서자 축제의 마당은 곧 장례식으로 바뀌었다. 의사는 모든 사람들에게 셀마와 그 아들의 죽음을 전했다. 그러나 만수르 베이 갈리브는 한마디의 말도 없었고 눈물 한 방울도 흘리지 않았다. 그는 마치 석고상처럼 굳은 표정으로 꼼짝도 하지 않았다. 오른손에는 여전히 술잔이 들려 있었다.

......

이튿날 셀마는 수의 대신 하얀 웨딩드레스를 입고 관 속에 누웠다. 강보에 싸인 갓난아기의 관은 어머니의 두 팔이었으며, 그 무덤은 어머니의 고요한 가슴이었다. 두 구의 시체는 하나의 관 속에 담겨 운반되었다. 나는 셀마와 그녀의 아들을 묻어주기 위해 장지로 향하는 수많은 군중들의 뒤를 말없이 따라갔다.

공동묘지에 도착하자 갈리브 주교가 장례식을 집전하는 가운데 다른 사제들은 기도를 올렸다. 그들의 우울한 얼굴엔 무지와 공허의 베일이 짙게 드리워져 있었다.

하관식이 끝났을 때 조문객 중 한 사람이 이렇게 중얼거렸다.

"하나의 관 속에 두 구의 시체를 장례 지내는 걸 보기는 평생 처음일세."

또 다른 사람이 그 말을 받았다.

"이 애는 마치 무자비한 남편의 억압으로부터 자기 어머니를 구하기 위해 온 것 같군."

세 번째 사람이 입을 열었다.

"만수르 베이의 눈을 좀 보게. 마치 아무 생각도 없는 사람 같군. 도저히 하루아침에 아내와 자식을 모두 잃어버린 사람처럼 보이지 않아."

그러자 네 번째 사람이 이렇게 덧붙였다.

"내일이면 주교가 그를 재산도 많고 더 건강한 여자와 결혼시키겠지."

무덤 파는 인부가 구덩이를 다 메울 때까지 주교와 사제들은 계속 기도문을 읊고 성가를 불렀다. 사람들은 저마다 주교와 그의 조카에게 다가가 입에 발린 동정의 말로 조의를 표했다. 아무도 내게는 관심을 두지 않았다. 나는 마치 이방인처럼 무덤가 한켠으로 밀려나 외롭게 서 있었다. 셀마와 그녀의 아이가 내겐 아무 상관도 없다는 듯이.

장례식이 끝나자 사람들은 뿔뿔이 흩어져 공동묘지를 떠났다. 무덤 파는 인부 한 사람만이 손에 삽을 든 채, 새 무덤 곁에 서 있었다.

내가 그에게 물었다.

"혹시 패리스 에판디 카라미가 묻힌 곳을 기억하시나요?"

그가 잠시 나를 쳐다보더니 셀마의 무덤을 가리켰다.

"바로 여기요. 나는 그의 딸을 그 시신 위에 묻었고 그 딸의 아들 또한 그 어머니의 가슴 위에 묻었다오. 그리고 이 모든 것 위에 삽으로 흙을 덮었소."

나는 그에게 이렇게 말했다.

"이 무덤 속에 내 가슴도 함께 묻혔답니다."

무덤 파는 인부는 포플러나무들 뒤로 천천히 걸음을 옮겼다. 그가 완전히 모습을 감췄을 때 나는 더 이상 참을 수가 없었고, 비로소 셀마의 무덤 위에 쓰러져 목놓아 울 수 있었다.

The voice of Master
현자의 목소리

현자의 목소리

머리말

나는 한마디 말을 전하기 위해 이 세상에 왔으니, 이제부터 말하리라. 설사 죽음이 나를 저지한다 해도 언젠가는 그것이 밝혀지리니, '내일'이란 결코 '영원'의 책에 비밀을 남겨두지 않는 까닭이다.

나는 하느님의 반영인 사랑의 영광과 아름다움의 광명 안에 살기 위해 왔노라. 나는 여기 이렇게 살아 있으니, 누구든 나를 삶의 영토에서 추방시킬 수 없도다. 살아 있는 말을 통해, 죽음 가운데서도 나는 살아 있으리라.

나는 만인과 더불어 있기 위하여 이곳에 왔노라. 그러므로 오늘 내가 고독 가운데서 행하는 일은 내일이면 군중 속으로 되돌아가리라.

지금 내가 하나의 가슴과 더불어 전하는 말은 내일이면 수천의 가슴으로 전해지리니.

스승과 제자

스승의 베니스 여행

어느 날 한 제자는 스승이 말없이 정원을 이리저리 거니는 모습을 보게 되었다. 스승의 창백한 얼굴엔 깊은 슬픔의 그늘이 서려 있었다. 제자는 알라신의 이름으로 스승에게 경배드리며 그 슬픔의 원인이 무엇인지 물었다.

스승은 제자에게 지팡이를 들어 보이며 연못 옆에 있는 바위에 앉으라는 시늉을 했다. 제자는 스승의 명령에 따랐다. 스승은 곧바로 이야기를 시작했다.

"자네는 내 마음의 무대에서 밤낮으로 재연(再演)되는 비극에 관해 듣고 싶어 하는군. 그 동안 자네는 나의 긴 침묵과 비밀에 지쳤고, 나의 한숨과 탄식에 마음이 혼란스러웠겠지. 아마도 속으로 이렇게 생각했겠지. '만약에 스승이 나로 하여금 당신이 구축해놓은 슬픔의 신전 속으로 들어오는 것을 허락하지 않는다면 어떻게 내가 스승의 사랑을 받는다고 할 수 있겠는가?'

내 이야기를 깊이 새겨 들어보게……. 그러나 나를 불쌍히 여기진 말게. 연민은 약자를 위한 것일 뿐, 적어도 나는 아직 고통에 강한 사람이라네.

젊은 시절부터 내게 늘 이상한 여인의 환영이 따라다녔지. 밤에 혼자 있을 때면 그녀가 내 곁에 앉아 있는 모습을 보곤 했어. 한밤중의 침묵 속에서도 천상의 목소리가 들려왔다네. 눈을 감으면 종종 그녀의 부드러운 손가락이 내 입술에 닿는 것을 느끼기도 했지. 그러다 눈을 뜨면 나는 두려움에 압도되어, 불현듯 무(無)의 속삭임에 귀기울이기 시작했다네……

나는 그럴 때마다 내 자신에게 묻곤 했지. '구름 속에서 길을 잃은 것처럼 나를 혼미하게 만드는 것은 공상 때문일까? 나는 꿈의 마력에 이끌려 아름다운 목소리와 부드러운 감촉을 지닌, 신비한 존재를 창조해낸 것일까? 난 광기를 부리듯 이토록 기막히게 사랑스러운 동반자를 만들어냈단 말인가? 나는 내 숭배의 대상과 더불어 인간의 사회에서 멀리 벗어나버린 것일까? 그녀를 좀더 가까이 보고 그녀의 거룩한 목소리를 좀더 잘 듣기 위해 나는 도시의 소음으로부터, 삶의 굴곡으로부터 두 눈과 두 귀를 닫아버린 것일까?' 그러나 현실이란 우리가 원한다고 해서 우리 마음에서 지워버릴 수 있는 것은 아니라네.

그 환상의 여인이야말로 나와 온갖 삶의 기쁨과 슬픔을 공유해온 나의 반려자였다네. 아침에 눈을 뜨면 그녀는 언제나 모성애로 빛나는 눈으로 나를 응시하면서 내 베개 위로 몸을 굽히고 있었다네. 그리하여 나는 무슨 일을 계획할 때면 항상 그녀의 눈을 통해 해답을 찾곤 했지.

자주 나는 이런 회의에 빠져들곤 했다네. '나는 고독의 망상으로부터 자기 영혼을 위한 동반자를 만들어내는 미치광이일까?'

자네는 내 말을 이상하게 생각하는군. 하지만 살다보면 얼마나 자주 그런 이상한 체험에 당황하곤 하나? 그녀는 항상 나와 함께 있으면서 모든 일이 순조롭게 성사되도록 돕곤 했지. 내가 식탁에 앉으면 그녀는 내 곁에 앉고, 우리는 서로의 생각을 교환하고 대화를 나누었다네. 저녁이면 그녀가 이런 제안을 해올 때도 있었지. '우린 너무 오래 집안에만 있었어요. 들에 나가 풀밭을 산책해요'라고. 그러면 나는 일을 멈추고 그녀와 함께 들로 나가 높은 바위 위에 앉아 먼 지평선을 바라보았다네. 그녀는 황금빛 구름을 가리키고, 새들이 밤의 안식처로 돌아가기 전에 자유와 평화의 선물을 주신 신께 감사하면서 노래하는 소리에 함께 귀 기울이기도 했지.

내가 불안하고 어지러운 생각에 잠겨 있을 때마다 그녀는 내 방으로 온다네. 그녀가 나타나기만 하면 내 모든 걱정과 근심은 기쁨과 평온으로 변하지. 내 영혼이 불의에 대해 분노를 느낄 때, 또한 내가 뿌리치고 싶은 사람들의 얼굴 가운데서 그녀의 얼굴을 볼 때면 내 마음속 태풍은 가라앉고, 신기하게도 고요한 평화의 목소리가 깃들게 되지. 내가 외로울 때나 삶의 비통한 창살이 내 가슴을 찌를 때, 또한 내 존재가 삶의 굴레에 묶여 있을 때, 나는 사랑으로 나를 응시하는 반려자의 따뜻한 눈길을 느낄 수 있다네. 그러면 슬픔은 기쁨으로 변하고, 인생은 에덴처럼 행복한 낙원이 된다네.

그대는 어떻게 내가 그런 이상한 존재와 더불어 공존의 기쁨을 누릴 수 있느냐고 생각할지도 모르네. 또한 아직 인생의 봄철에 있는 사나이가 어떻게 환영 속에서 기쁨을 누릴 수 있느냐고. 그러나 그 시절이야말로 내게 진정한 삶과 아름다움, 행복과 평화를 알게 된 축복받은 시간이었네.

내 상상의 동반자 덕분에 나는 태양의 면전을 떠돌거나 바다의 표면을 떠다니며, 혹은 달빛 속에서 노래 부르며 자유롭게 유영하기를 좋아하게 된 걸세. 그리하여 나는 평화의 노래를 부르며 영혼을 풍요롭게 가꾸고 뭐라 형용할 수 없는 삶의 아름다움에 도취되어 나날이 꿈꾸듯 살아왔다네.

삶은 정신을 통해서 보고 경험하는 것일세. 우리는 우리를 둘러싼 세계를 이해심과 이성을 통해 알게 되는 걸세. 따라서 이 같은 지식은 커다란 기쁨이나 슬픔을 가져다주지. 서른이 될 때까지는 오직 슬픔만이 내 체험의 전부였어. 어쩌면 그런 슬픔 때문에 나는 내 가슴의 피가 고갈되기도 전에 죽어버렸을 걸세. 그리하여 나는 마치 산들바람에도 더 이상 흔들리지 않고, 새들도 둥지를 틀지 않는, 마른 가지뿐인 한 그루 나무처럼 되고 말았을 걸세."

스승은 잠시 입을 다물었다. 그리고 잠시 뒤 그 자신도 제자 옆에 앉으며 이렇게 덧붙였다.

"지금으로부터 20년 전 마운트 레바논의 총독이 나를 베니스로 보낸 적이 있었지. 나는 학문의 사절로 총독이 베니스 시장에게 보내는 추천서를 들고

4월에 레바논을 떠났네. 봄기운은 향기롭고, 흰 구름은 몹시 매혹적인 그림처럼 지평선에 걸려 있었지. 내가 이 여행에서 느꼈던, 그 미칠 듯한 기쁨을 어떻게 설명할 수 있을까? 말이란 인간의 깊은 감정을 표현하기엔 너무나 빈약한 수단이라네.

그 이전까지만 해도 나는 꿈속의 반려자와 함께 기쁨과 평화로 가득 찬 만족스러운 삶을 누릴 수 있었지. 앞날에 고통이 나를 기다리고 있으리라고는 상상조차 못했다네. 하물며 내 기쁨의 컵 밑바닥에 비통한 현실이 잠복하고 있으리란 것을 짐작이라도 했겠나.

마차가 조국의 언덕과 계곡들을 뒤로 한 채 해안으로 나를 싣고 갔을 때 그녀는 내 곁에 앉아 있었지. 기쁨에 넘친 사흘 동안 그녀는 나와 함께 베이루트를 떠돌아다녔어. 내가 멈추면 따라 멈추고, 내 친구가 내게 말을 걸면 미소지으면서 줄곧 나와 같이 있었다네. 내가 여관의 발코니에 앉아 도시를 내려다보고 있을 때도 그녀는 내 곁에서 몽상에 잠겨 있었지.

그런데 마악 배를 타려고 했을 때 내게 굉장한 변화가 닥쳐왔다네. 어떤 낯선 손이 내 목을 거머쥐고 뒤로 당기는 걸 느꼈어. 곧이어 내 안에서 '돌아와요! 가지 말아요! 배가 출항하기 전에 어서 해안으로 돌아와요!'라고 속삭이는 소리가 들려왔다네.

나는 이 목소리를 흘려듣고 말았네. 하지만 배가 닻을 올렸을 때 갑자기 내 자신이 매의 발톱에 걸려 공중 높이 들어올려진 작은 새처럼 느껴졌다네.

저녁이 되자 레바논의 산과 언덕이 지평선 너머로 모습을 감추었고 나는 뱃머리 쪽에 혼자 있는 자신을 발견했지. 순간 내 꿈속의 여인, 내 마음의 사랑을 바친 여인, 내 평생의 동반자를 찾아보았지만 그녀는 아무 곳에도 없었어. 창공을 응시할 때면 언제나 눈에 보이던 그 얼굴, 밤의 고요 속에서 들려오던 그 목소리, 베이루트 거리를 거닐 때면 언제나 내 손을 잡아주던 그 아름다운 여인―그녀는 더 이상 내 곁에 있지 않았다네.

대양을 항해하는 배 위에서 나는 난생처음으로 자신이 철저히 혼자라는 것을 발견했던 걸세. 나는 마음속으로 그녀의 얼굴을 볼 수 있으리란 희망을 가지고 갑판 위를 거닐었지. 그러나 아무 소용도 없는 일이었네. 한밤중이 되어 다른 모든 선객들이 잠자리에 들었을 때 나는 불안감에 싸여 갑판 위에 혼자 남아 있었네.

그러다 문득 고개를 들었더니 그녀의 모습이 나타났어. 뱃머리에서 조금 떨어진 구름 속에 내 삶의 반려자인 그녀가 나를 내려다보고 있었네. 나는 기쁨으로 발을 구르며 두 팔을 활짝 벌리고 외쳤지. '어째서 당신은 날 버렸던 거요, 내 사랑! 그 동안 어디에 있었소? 대체 왜 이제야 나타난 거요? 부디 내 곁에 있어주오. 날 또다시 외롭게 버려두지 마오!'

그녀는 꼼짝도 하지 않았네. 그녀의 얼굴에는 이전엔 내가 한 번도 본 적이 없는 슬픔과 고통의 흔적들이 역력했다네. 부드럽고 슬픈 어조로 그녀가 이렇게 말하더군. '마지막으로 당신을 보려고 대양의 심연에서 올라왔어요. 이제 당신의 선실로 내려가 잠을 청하세요.'

그녀는 말을 마친 뒤 구름 속으로 사라졌다네. 나는 미친 듯이 그녀를 불러댔네. 사방으로 팔을 벌렸지만, 무거워진 밤공기만을 껴안았을 뿐이라네.

나는 마치 내면으로부터 광포한 생명력이 밀려왔다간 다시 휩쓸려나가는 것을 느끼면서 침대 속으로 들어갔지. 나는 그 순간 절망의 거친 파도 위에 던져져, 전혀 낯선 세계를 항해하고 있는 듯한 기분이었다네.

참 이상한 일이지만, 그러면서도 나는 베개를 베자마자 잠이 들었어.

곧바로 꿈을 꾸었는데, 십자가처럼 생긴 사과나무를 보았네. 그리고 내 인생의 반려자인 그녀가 마치 십자가에 못 박힌 듯이 거기 매달려 있는 것을 보았지. 그녀의 두 손에선 핏방울이 떨어져내렸고 두 발등 위로는 무수한 꽃잎들이 떨어져 있었다네.

항해는 밤낮으로 계속되었지. 나는 마치 꿈을 꾸고 있는 것 같았네. 내가 진짜 살아 있는 인간인지, 아니면 구름 낀 창공을 떠도는 유령인지 확실히 알 수 없었지. 몹시 외롭고 두려웠네. 그리하여 나는 그녀의 목소리를 들려달라고, 혹은 그녀의 그림자만이라도 보게 해달라고, 그 부드러운 손가락의 감촉을 내 입술에 느끼게 해달라고 신께 기도했다네.

항해를 떠난 지 열나흘이 지나도록 여전히 나는 외로웠네. 보름째 되는 날 오전에 멀리 이탈리아 해안이 눈에 들어오더군. 해질 무렵 배는 항구에 도착했네. 요란스럽게 치장한 곤돌라를 타고 마중나온 사람들이 우리 일행들을 도시로 실어 갔네.

베니스는 주변의 무수한 작은 섬들 가운데 위치해 있는 물 위의 도시라네. 이곳에서 곤돌라는 유일한 운송 수단이지. 곤돌라의 사공은 내게 어디로 갈 것이냐고 물었어. 내가 베니스 시장을 만나러 가는 길이라고 했더니, 그는 몹시 당혹스러운 시선으로 날 쳐다보더군. 곤돌라가 운하를 뚫고 나아갈 때, 밤은 그 검은 망토로 도시를 휘감고 있었네. 궁전과 교회당의 열린 창문에서 반짝이는 불빛이 물 위에 반사되어 도시는 마치 시인의 꿈속처럼 매혹적이고 신비로운 형상으로 비쳐지더군. 곤돌라가 두 운하의 접점인 정류소에 이르렀을 때 갑자기 교회 종소리가 들려왔네. 내 비록 영적인 탈진 상태에서 일체의 현실감각을 잃어버린 상태였지만 그 종소리는 내 가슴을 꿰뚫고 들어오는 느낌이었네.

이윽고 포장도로로 이어지는 대리석 발판에 곤돌라를 매어둔 사공이 바로 앞에 보이는 거대한 궁전을 가리키며 이렇게 말하더군. '당신의 목적지는 저곳입니다.' 나는 천천히 궁전으로 이어지는 계단을 올라갔지. 사공이 내 짐을 들고 뒤따라왔네. 그리하여 드디어 문 앞에 이르렀을 때 나는 그에게 감사의 인사와 함께 요금을 지불해주었지.

나는 벨을 눌렀고, 곧 문이 열렸네. 그런데 안으로 들어서자마자 어디선가 구슬픈 울음소리가 들려오더군. 나는 몹시 곤혹스러웠네. 나이 지긋한 하인이 다가와 슬픔에 잠긴 목소리로 무슨 일로 왔느냐고 묻더군. '여기가 시장 댁이오? 내가 이렇게 묻자 그는 예의 바르게 목례를 하더군. 나는 레바논 총독의 친서를 그에게 보여주었네. 그걸 보더니 하인은 어딘가로 들어가더군. 나는 그가 안으로 들어간 뒤 다른 하인에게 안에서 울음소리가 들리는 원인이 무엇이냐고 물었지. 그랬더니 그는 시장의 따님이 바로 그날 목숨을 잃었다고 말하면서 얼굴을 가리고 비통하게 눈물짓더군.

온갖 희망과 절망 사이를 떠돌며 대양을 건너온 사람이, 슬픔과 비탄의 잔혹한 망령이 깃든 궁전 앞에 서게 되었을 때 심정을 상상해보게나. 그토록 먼 길을 달려온 그를 기다리고 있던 것은 오직 죽음의 흰 날개뿐이었을 때, 그 심정이 어떠했겠나?

잠시 후 접견실로 들어갔던 늙은 하인이 돌아왔네. 그가 정중하게 예의를 갖추며 '시장님이 당신을 기다리십니다'라고 말하더군.

그는 복도의 맨 끝에 있는 문으로 날 안내하더니, 그 안으로 들어가라는 몸짓을 했어. 접견실에는 몇몇 사제들과 고관들이 있었는데, 하나같이 깊은 침묵에 빠져 있었네. 흰 수염을 길게 기른 노신사가 방 한가운데서 걸어나오며 내게 악수를 청했어. '애석하게도 우리가 불행한 운명에 처해 있을 때 당신을 맞이하게 되었군요. 오늘 우린 세상에서 가장 사랑스러운 딸을 잃었답니다. 하지만 우리가 당한 고통으로 인해 당신에게 누를 끼치고 싶진 않습니다. 안심하고 쉬십시오. 가능한 한 최선을 다해 당신을 돕겠습니다.'

나는 그에게 고맙다는 인사와 함께 깊은 조의를 표했다네. 곧 그는 내게 의자를 권했고 나는 그 말없는 사람들과 한 자리에 있게 되었네.

사람들의 슬픈 얼굴과 비통한 한숨소리를 듣고 있자니, 내 마음도 비탄과 애도의 감정으로 가득 차게 되더군.

얼마 안 되어 문상객들은 차례로 떠나고, 방 안에 딸을 잃은 슬픔으로 망연자실한 시장과 나만 남게 되었지. 나 역시 곧 그곳을 떠날 채비를 했다네. 그런데 시장이 나를 붙잡고 간청을 하는 것이었네. '친구여, 제발 부탁이니 가지 말아주오. 이렇듯 슬픔에 잠긴 우리를 이해할 수 있다면, 부디 우리와 함께 있어주시오'라고.

그 말은 나를 깊이 감동시켰네. 나는 기꺼이 그의 청을 수락하는 뜻으로 그에게 절을 했네. 그랬더니 그가 이런 말을 하더군. '레바논 사람들은 이방인에게 가장 인심이 후한 사람들이오. 나는 그대들의 후덕한 인심에 대해서 익히 알고 있었소. 아무쪼록 친절과 성의를 다해 당신을 대접하겠소.' 시장이 말을 마친 뒤 종을 울리자 곧 훌륭한 제복을 입은 시종이 나타났네.

'동쪽 끝에 있는 방으로 손님을 안내하게. 손님께서 이곳에 머무는 동안 불편한 점이 없도록 각별히 유의하고.'

시종은 주인의 명령에 따라 호사스럽게 꾸며진 널따란 방으로 날 안내했네. 그가 방에서 나간 뒤 나는 소파에 파묻혀 이런저런 상념에 빠져들었네. 고향 땅에서 멀리 떨어진 낯선 이국땅에 도착하자마자 겪은 그 짧은 순간의 일들이 주마등처럼 뇌리를 스쳐갔지.

잠시 후 시종이 은쟁반에 저녁식사를 가져왔더군. 나는 저녁을 먹고 나서 방안을 거닐었다네. 이따금 창문으로 베니스의 하늘을 내다보기도 하면서, 곤돌라를 운행하는 사공들의 고함소리와 흥겹게 노를 젓는 소리에 귀를 기울이기도 했지. 그런 가운데 졸음이 밀려오더군. 나는 지친 몸으로 침상에 누워 망각 속에 스스로를 맡겼네. 반은 잠에 취하고 반은 깨어 있는 몽롱한 상태였지.

그렇게 몇 시간이 흘러갔는지 모른다네. 영혼이 관통하는 삶의 광대한 공간은 인간이 만든 시간으로는 측정할 수 없으니까 말일세. 다만 그때 내가 느꼈고, 지금도 분명히 말할 수 있는 것은 나 자신이 비참한 조건 속에 놓여 있다는 사실이었네.

불현듯 내 머리 위에서 떠도는 망령의 존재가 느껴졌네. 확연하게 모습이 드러난 것은 아니었지만 어떤 천상의 영혼이 나를 부르고 있음을 깨닫게 되었지. 나는 일어섰네. 그러고는 마치 신성한 힘에 이끌려가듯 홀 쪽을 향해 걸어갔네. 그 모든 것이 내 의지와는 상관없이 이루어진 일이었네. 어쩌면 시간과 공간의 피안에 있는 세계를 여행하고 있는 기분이었다네.

홀의 끝에 있는 문을 열어보았더니 커다란 방이 나타나더군. 그리고 그 방 한가운데 촛불과 흰 꽃다발로 둘러싸인 관이 있었네. 나는 관 옆에 무릎을 꿇고 앉아 죽은 이의 얼굴을 바라보았네. 그런데 거기에 바로 내 사랑하는 여인이 누워 있지 않겠나. 죽음의 베일에 가려진 내 삶의 오랜 반려, 나의 사랑, 그토록 내가 숭배했던 여인이 거기 있었단 말일세. 그녀가 흰 수의를 감고, 흰 꽃들에 둘러싸여 차디찬 주검으로 시대의 침묵에 묻혀 있었네.

'오오, 사랑의 주님이여, 삶과 죽음의 주님이여! 우리 영혼의 창조자시여! 당신은 우리의 영혼을 광명과 암흑으로 인도하십니다. 우리의 가슴에 평화를 안겨주기도 하고, 희망과 고통이 세차게 고동치게도 하십니다. 이제 당신은 이 차디찬 주검의 형태로 제 젊음의 반려를 보여주셨나이다. 주여, 당신은 저를 고향에서 끌어내어 낯선 이국땅에 데려다놓고, 삶을 지배하는 죽음과 기쁨을 말살시키는 슬픔의 힘을 보여주셨나이다. 당신은 제 가슴의 황야에 흰 백합을 심어주셨다가, 아득한 벼랑 끝에서 시들게 하셨나이다.'

오오, 내 고독과 소외의 친구들이여, 하느님은 내가 인생의 쓴잔을 마셔야 한다고 생각하셨다. 그분의 뜻은 이루어질 것이다. 우리는 무한의 창공 속에 떠도는 연약한 원자에 불과하다. 그리하여 우리는 신의 섭리에 따르고 순종하는 수밖에 도리가 없는 것이다.

우리가 서로 사랑을 한다 해도 사랑은 우리 자신의 내부로부터 나오지도 않고, 우리를 위해 존재하는 것도 아니다. 기쁨 또한 우리 안에 있는 것이 아니라 인생 자체에 있는 것이다. 설사 우리가 고통을 당한다 해도 고통은 우리의 상처 속에 있지 않고, 바로 자연의 가슴속에 있는 것이다.

내가 이야기를 하면서 신의 의지를 불평하는 것은 아닐세. 삶을 의심하는 자만이 불평을 말하는 법일세. 그렇지만 나는 확고한 삶의 믿음을 갖고 있다네. 나는 삶의 모든 술잔에 섞여 있는 비통의 가치를 믿네. 나는 내 가슴을 꿰뚫는 슬픔의 아름다움을 믿네. 나는 내 영혼을 으스러뜨리는 저 강철과도 같은 손가락의 궁극적인 자비를 믿는다네.

어떻게 하면 내 이야기의 끝을 맺을 수 있을까? 사실은 끝이 없는 이야기였으니 말일세.

나는 거의 넋이 빠진 채 관 앞에 무릎을 꿇고 앉아 그 천사 같은 얼굴을 응시하며 밤을 꼬박 지새웠다네. 날이 밝아올 무렵에야 일어나서 내 방으로 돌아왔네. 영원의 무게에 짓눌려 기가 꺾이고, 인간적인 고통으로 처참하게 무너지는 나 자신을 추스르면서.

그로부터 3주일 뒤 베니스를 떠나 레바논으로 돌아왔네. 그때 나는 마치 광대한 침묵의 심연에서 영겁의 세월을 보내고 온 기분이었다네.

그러나 환상은 남아 있었네. 나는 오직 죽음에 의해서만 그녀를 다시 보게 되었지만, 그녀는 여전히 내 마음 깊은 곳에 살아 있었지. 나는 그녀의 그림자 속에서 일하고 배웠네. 제자여, 내가 어떤 일을 했는가는 그대가 잘 알지 않나.

나는 스스로 깨우친 지식과 지혜를 나의 이웃과 그들의 통치자들에게 전하기 위해 애썼네. 레바논의 통치자인 알하리스에게 불의에 으스러진 민중들의 절규를 상기시키고, 교회와 정부 관리들의 악행을 일깨웠지.

나는 그에게 그의 선조들이 그렇게 했듯이 자비와 덕과 이해로써 백성들을 다스리라고 충고했네. '인민은 우리 왕국의 영광이며, 부의 원천입니다.' 나는 그에게 이런 말과 함께 '통치자는 그의 영토에서 네 가지 것, 즉 분노·탐욕·어리석음·폭력을 추방해야 합니다'라는 충고를 덧붙였지.

결국 나는 그렇게 통치자에게 불경스런 충고를 했다는 이유로 추방되었고 교회에선 파문을 당했다네.

알하리스는 그 뒤로 잠 못 이루는 밤이 많아졌지. 그는 종종 창가에 서서 명상에 잠기곤 했다네. 이 얼마나 놀라운 현상인가! 그렇게도 많은 별들이 무한 속으로 사라졌다! 대체 누가 이 신비스럽고 놀라운 세계를 창조했단 말인가? 멀리 떨어져 있는 유성들은 서로 어떤 관계에 있는 것일까? 나는 누구며, 어째서 이곳에 있는 걸까? 이 모든 것에 대한 의문이 알하리스의 내면을 온통 뒤흔들어 놓았던 걸세.

어느 날 문득 그는 자신이 내게 내린 형벌을 기억해냈고, 그 가혹한 처사에 회의를 느끼게 되었지. 그는 내게 사람을 보내어 용서를 빌었네. 그리고 모든 백성 앞에서 내 손에 황금열쇠를 쥐어주며 나를 자신의 고문으로 추대했지.

유형지에서 보낸 지난 몇 년간의 일에 대해 나는 아무런 유감도 없다네. 진리를 추구하고 인류를 깨우치려는 사람은 고통을 당하게 마련이니까. 내 슬픔은 동포의 슬픔을 이해하도록 나를 깨우쳐주었네. 어떤 박해나 추방도 나의 꿈을 소멸시키지는 못했다네.

그리고 이제 나는 지쳤네……."

스승은 자신의 이야기를 끝마치며 제자를 물러가게 했다. 제자의 이름은 알무타다로 귀의자란 뜻을 갖고 있다. 스승은 잠자리로 돌아가 옛 추억으로 쇠잔해진 육체와 영혼에 휴식을 취했다.

스승의 죽음

2주일쯤 지나자 스승은 앓아누웠다. 수많은 추종자들이 그의 건강을 염려하며 암자로 찾아왔다. 군중들은 스승의 거처에서 신부와 수녀와 의사, 그리고 알무타다가 나오는 것을 보았다. 스승의 총애를 받던 제자가 그의 죽음을 알렸다. 군중들은 눈물을 흘리며 곡소리를 냈지만 알무타다는 한마디 말도 없었다.

한동안 알무타다는 굳은 표정으로 생각에 잠겨 있었다. 얼마 후 그는 연못 옆에 있는 바위 위에 서서 이렇게 말했다.

"그대들은 지금 막 스승의 죽음에 관한 비보를 들었습니다. 불별의 예언자께선 영원의 잠 속으로 돌아가신 것입니다. 이제 그분의 축복받은 영혼은 온갖 슬픔과 고통의 피안, 저 높은 영혼의 천국에서 우리를 지켜보고 계십니다. 그분의 영혼은 비로소 육체의 고된 짐에서 벗어났으며, 속세의 노역으로부터 해방되신 것입니다.

스승께선 이 속세를 떠나 영광의 의상을 몸에 두르시고, 고난과 역경에서 벗어나 다른 세계로 가셨습니다. 이제 우리는 어디서도 그분을 볼 수 없고,

그 분의 목소리를 들을 수 없습니다. 그분은 당신을 지극히 연모하는 이들이 거주하는 영혼의 세계에 살고 계십니다. 이제 스승께선 새로운 우주 속에서 지식을 모으고 계실 것입니다. 이 새로운 우주의 아름다운 역사는 언제나 스승을 매혹시켰으며, 스승께선 언제나 그곳의 언어를 깨우치기 위해 노력하셨지요.

이 속세에서 영위한 그분의 삶은 하나의 위대한 행위로 이어진 사슬이었습니다. 그것은 끊임없는 사색의 삶이었고, 스승께선 일체의 휴식도 취하지 않으셨습니다. 그분은 일을 사랑하셨고, 그것을 눈에 보이는 사랑이라 정의하셨답니다.

그분의 영혼은 불침번의 무릎 위에서가 아니면 잠시도 편안히 쉴 수 없는 목마른 영혼이었습니다. 그분의 마음은 친절과 열성이 넘치는 사랑의 마음이었습니다.

이것이 바로 그분의 일생이었습니다…….

그분은 영원의 가슴으로부터 나온 지식의 샘물과도 같은 존재였으니, 이 샘에서 흘러나온 순결한 지혜의 시내는 우리의 영혼을 싱그럽게 적셔주었던 것입니다. 이제 그 샘물은 영원한 삶의 해안에 도달했습니다. 스승을 위해 그분의 귀향에 눈물을 흘리는 훼방꾼은 되지 말도록 합시다!

그대들의 눈물과 애도의 대상이 되어야 할 사람들은 삶의 성전 앞에서 자신들의 땀방울로 대지를 비옥하게 해준 적이 한 번도 없는 사람들뿐이라는 사실을 명심하십시오.

그러나 스승께선 어떠하셨습니까. 그분은 인류의 이익을 위해 평생 하루도 빠짐없이 피땀 흘려 일하지 않으셨던가요? 그분의 순결한 지혜의 샘에서 아무것도 얻지 않은 사람이 그대들 가운데 한 사람이라도 있습니까? 그러므로 만약 그대들이 그분 일생을 욕되게 하지 않겠다면, 그분의 축복받은 영혼에게 찬미가를 불러드릴지언정 결코 구슬픈 애도의 울음소리를 내지는 마십시오. 만약 그대들이 그분께 합당한 숭배의 제물을 바치고 싶다면, 그분께서 이 세계에 유산으로 남기신 지혜의 책들에 담긴 지식의 일부분이라도 자기 몫으로 가지십시오.

천재에게는 무엇이든 주려고 하지 말고 그저 받으십시오! 그렇게 하는 것만이 그대들이 그분을 영예롭게 해드리는 길입니다. 그분을 위해 슬픔의 눈물을 흘리지 말고 기쁘게 보내드리시고, 그분의 지혜를 깊이 들이켜십시오. 그래야만 그분에게 합당한 경의를 표하는 것입니다."

제자의 말을 듣고 난 군중들은 미소 띤 얼굴로 집으로 돌아갔다. 저마다 가슴속에는 감사의 노래를 가득 담은 채.

알무타다는 이 세상에 홀로 남겨졌다. 그러나 고독은 결코 그의 영혼을 잠식하지 못했다. 스승의 목소리가 언제나 그의 귓전에 맴돌고 있었기 때문이다. 그 목소리는 그에게 자신의 뒤를 이어 모든 사람들의 마음속에 예언자의 가르침을 심어놓으라고 속삭였다. 그는 오랜 시간 스승이 남긴 두루마리를 펼쳐보며 명상에 잠겼다. 그 속에는 온갖 지혜의 말들이 담겨 있었다.

40일 동안의 명상을 마친 뒤 알무타다는 스승의 암자를 떠났다. 그리고 고대 페니키아의 크고 작은 도시들을 두루 떠돌아다니기 시작했다.

어느 날, 그는 베이루트의 시장바닥을 가로지르고 있었다. 군중들이 그의 뒤를 따랐다. 그가 널따란 공터에 멈춰서자 군중들이 그를 둘러쌌다. 그는 스승의 목소리로 그들에게 가르침을 전하기 시작했다.

"내 가슴의 나무는 무수한 열매로 무거워졌노라. 그대들, 배고픈 자들이여, 와서 이 과실들을 따서 배불리 먹도록 하시오…… 와서 내 가슴의 선물을 받아가시오. 그리하여 내 짐을 가볍게 해주시오. 내 영혼은 금과 은의 무게에 짓눌려 있도다. 숨겨진 보물을 찾는 자들이여, 와서 지갑을 채우시오. 그리하여 나를 자유롭게 풀어주시오……

내 가슴은 오래 묵은 포도주로 넘쳐흐르고 있도다. 오시오, 목마른 자들이여, 와서 그대들의 갈증을 채우시오.

어느 날 나는 온갖 진귀한 보석들을 손에 들고 성전 앞에 서 있는 부자를 보았소. 그는 지나가는 모든 행인들에게 그 보석들을 흔들어 보이며 이렇게 말했소. '나는 불쌍한 인간이오. 그러니 나를 돕고 싶다면 이 보석들을 내게서 가져가시오. 이것들은 내 영혼을 병들게 하고 내 가슴을 차가운 얼음덩이로 만들어버렸소. 제발 나를 불쌍히 여겨 이것들을 가져가시오. 그리하여 나를 다시 태어나게 해주시오.'

그러나 행인들은 아무도 그의 외침에 귀를 기울이지 않았소.

그때 나는 그를 바라보며 이런 생각을 했다오. '차라리 베이루트 거리를 헤매는 거지가 저보다 나았으리라. 저렇듯 떨리는 두 손을 뻗쳐 적선을 구하

지만 결국은 빈손으로 집에 돌아가는구나.'

나는 어떤 부유하고 마음 착한 다마스쿠스의 족장이 아라비아의 황야에서 산등성이 옆에다 천막을 치는 것을 보았소. 저녁에 그는 노예를 시켜 거리의 여행자들을 천막으로 데려오도록 했소. 그들에게 안식처를 제공하기 위해서 였소. 그러나 천막으로 가는 길이 워낙 험한 탓에 한 사람의 손님도 데려오 지 못했던 거요.

나는 그 외로운 족장에 대해 곰곰이 생각했소. '차라리 거리의 부랑아가 되는 편이 그보다는 나았을 것을…… 텅 빈 물통을 들고 거리를 헤매다가 후미진 도시의 쓰레기더미 옆에서 동료들과 우정의 빵을 나누어 먹는 게 저 보다는 나았겠지……'

레바논에서는 아침 일찍 잠에서 깨어나 값비싼 옷으로 치장한 통치자의 딸을 보았소. 그녀의 목에선 사향 내음이 진하게 풍겨나왔소. 그녀는 사랑할 사람을 찾아 궁전의 정원을 거닐고 있었소. 정원에 깔린 풀에 맺힌 이슬방울 들이 그녀의 옷자락을 젖게 했다오. 그러나 가련하게도 궁전의 모든 신하들 가운데 그녀를 사랑하는 사람은 한 사람도 없었소.

통치자의 딸이 그토록 가련한 처지에 있는 것을 보며 나는 속으로 이렇게 생각했소. '차라리 농부의 딸이었다면 한결 나았을 텐데. 아침이면 양떼를 몰고 나가 풀을 먹이고, 저녁노을을 바라보며 집으로 돌아오는 그녀의 허름 한 옷자락에는 대지의 향기가 흠씬 배어 있을 게 아닌가? 그렇다면 적어도 부친의 오두막에서 살짝 빠져나와 냇가에서 그녀를 기다리고 있을 연인을 향해 밤의 침묵 속으로 달려갈 수 있으련만.'

내 가슴의 나무에는 너무 많은 과일이 열렸도다. 오라, 그대 굶주린 영혼 들이여, 와서 이 과실을 배불리 먹고 굶주림을 면하라. 내 영혼은 오래된 포 도주로 넘쳐흐르고 있도다. 오라, 오, 그대 목마른 가슴들이여, 와서 마음껏 마시고 갈증을 식힐지어다……

내 차라리 꽃도 피지 않고, 열매도 맺지 않는 한 그루 나무였더라면 다산 (多産)의 고통보다 한층 가혹한 불모(不毛)의 비통을 겪지 않아도 될 것을. 또한 부자의 고통은 가련한 빈자의 불행보다 한층 더 끔찍한 것을.

내 차라리 메마른 우물이 되어 사람들이 밑바닥에 돌을 던질 수 있었다면 좋으련만. 목마른 입술을 축여주지 못하는 맑은 샘보다는 텅 빈 우물이 한층 나은 것을.

내 차라리 인간의 발길에 부서진 갈대피리나 될 것을. 손가락은 물집투성이에, 음악엔 귀머거리인 사람의 집에 놓인 수금(竪琴)이 되는 것보다는 그 편이 훨씬 나으리라.

오오, 그대들, 내 모국의 아들딸들이여. 예언자의 목소리를 들을지어다. 그대들 가슴의 영토에 이 말들을 새겨놓으시오. 그리하여 지혜의 씨앗들이 그대들 영혼의 정원 안에서 꽃피우게 하시오. 그것이야말로 주님의 고귀한 선물이니."

알무타다의 명성은 얼마 안 되어 온 땅에 퍼졌다. 많은 사람들이 그에게 경의를 표하고, 심지어 다른 나라에서 온 추종자들도 위대한 스승의 대변자가 하는 말에 귀를 기울였다.

의사들과 법률가, 시인, 철학자들은 거리에서나 교회에서 또는 회교 사원이나 유다교 집회소 등 사람들이 모이는 곳이면 어디서나 수시로 그를 압도할 만큼 수많은 질문을 던졌다. 알무타다의 주옥 같은 언어는 그들의 정신을 풍요롭게 가꿔주었고 이 말은 곧 입에서 입으로 널리 퍼졌다.

그는 그들에게 삶의 본질에 대해 이렇게 말해주었다.

"인간은 바다의 표면에 일렁이는 파도의 거품과 같도다. 바람이 불면 거품은 사라져버리니, 그것은 마치 존재하지 않았던 것과 같으니라. 이렇듯 우리의 삶도 죽음에 불려가 사라져버리도다……

삶의 실체는 삶 그 자체이니, 자궁 속에서 시작되는 것도 아니요, 무덤 속에서 끝나는 것도 아니다. 지나가는 세월은 영원한 삶의 한순간에 불과하다. 또한 물질의 세계에 속한 그 모든 것은 우리가 죽음이라 부르는 깨우침에 비하면 하나의 꿈일 뿐이다.

대기는 우리의 가슴에서 나오는 모든 웃음소리와 한숨소리를 실어가 메아리를 남기는 것이니, 그 메아리는 기쁨의 원천이요, 모든 입맞춤에 대한 화답이다.

천사들은 슬픔 때문에 흘리는 눈물을 빠짐없이 보상해줄 것이니, 무한의 창공 속에 떠도는 영혼의 귀에 우리의 애정으로 지은 기쁨의 노래를 들려주리라.

거기, 미래의 세계에서 우리는 모든 감정의 울림과 영혼의 움직임을 보고 느낄 것이니, 우리의 내면에 담긴 신성(神性)의 의미를 이해하게 되리라. 우리 모두 절망에 이끌려 한탄해 마지않는 그 신성을.

오늘 우리가 죄진 가운데 나약함이라 부르는 우리 행위는, 내일은 인간의 본질적인 굴레 안에서 하나의 고리로 나타나게 되리라.

삶이란 아무런 보상도 받지 못하는 고된 노역과도 같은 것, 그러나 그것은 먼 훗날 광휘 속에서 빛나며 우리를 영광스럽게 하리라. 우리가 참고 견디는 고난은 승리의 꽃다발로 우리의 머리 위에 얹혀지게 되리라……."

알무타다는 말을 마친 뒤 군중들로부터 물러나 잠시 휴식을 취하려 했다. 그때 그는 곤혹스러운 눈빛으로 한 아리따운 처녀를 응시하는 젊은 남자를 발견했다.

그리하여 그는 그 젊은 남자를 향해 이렇게 물었다.

"그대는 인류가 서로 믿는다고 고백하는 그 많은 신앙 때문에 혼란스러운 것인가? 상충하는 신앙의 계곡에서 넋을 잃기라도 했는가? 그대는 이단의 자유가 복종의 멍에보다 덜 무겁다고 생각하는가? 또 저항의 자유가 순종의 요새보다 안전하다고 여기는가?

만약 그렇다면, 아름다움을 그대의 종교로 삼으라. 그녀를 그대의 신으로 숭배하라. 아름다움이야말로 우리가 눈으로 볼 수 있는 명백하고 완전한 하느님의 수공품이기 때문이다. 그대는 하느님의 신성을 마치 모조품인 것처럼 탐욕과 오만에 차서 희롱하는 사람들과 절연하라. 대신 아름다움의 신성을 숭배하라. 그것은 곧 그대의 삶에 대한 숭배요, 그대가 굶주려 있는 행복의 원천이기 때문이다.

아름다움 앞에서 그대의 죄를 참회하라. 아름다움은 그대의 가슴을 여인의 보좌 곁에 더욱 가까이 데려다줄 것이니, 여인은 그대의 애정을 비추는 거울이요, 생명의 본향인 자연의 법칙에 따라 그대를 가르치는 스승인 것이다."

떠나기 전에 그는 군중들을 향해 덧붙였다.

"이 세상엔 어제의 사람들과 내일의 사람들, 바로 두 종류의 인간이 있다. 형제들이여, 이들 가운데 그대들은 어느 쪽에 속하는가? 그대들이 과연 빛의 세계로 들어가고 있는 사람들인지, 아니면 어둠의 땅을 향해 가는 사람들인지 판단할 수 있도록 해다오. 그대들은 누구이며, 무얼 하는 사람들인가 내게 말해다오.

그대는 '내 자신의 이익을 위해 내 조국을 이용해야지'라고 스스로에게 다짐하는 정치가들인가? 그렇다면 그대는 다른 사람들의 육체를 좀먹는 기생충에 불과한 존재요, 아니면 그대는 마음속으로 '나는 충실한 종처럼 내 나라를 섬기고 싶다'고 외치는 헌신적인 애국자인가? 그렇다면 그대는 여행자들의 갈증을 채워줄 사막의 오아시스 같은 존재이다.

그대는 사람들의 필요로부터 이득을 끌어내고, 싼값에 물건을 사들여서 터무니없는 값으로 되파는 상인인가? 그렇다면 그대의 집이 궁전이든 감옥이든 아무 문제도 되지 않을 것이다. 그대는 파렴치한 인간이기 때문이다.

또한 그대는 농부와 직공들로 하여금 그들이 생산한 물품을 서로 교환할 수 있게 하고, 물건을 살 사람과 팔 사람 사이를 중개하여 정당한 방법으로 자신과 이웃을 이롭게 하는 정직한 사람인가?

만약에 그렇다면, 그대가 다른 사람들로부터 찬양을 받건 비난을 당하건 그건 조금도 중요한 일이 아닐 것이다. 그대는 올바른 사람이기 때문이다.

그대는 신앙의 단순성을 자신의 육신을 덧입힌 주황빛 의상으로, 신앙의 온정을 자신의 머리를 빛내는 황금 왕관으로 만들어내는 종교 지도자인가? 또한 자신은 사탄의 소굴에 살고 있으면서 사탄을 증오하노라고 공공연히 떠벌려대는 사람은 아닌가? 그렇다면 그대가 하루 종일 탄식하면서 온밤 내내 기도한들 헛된 일이 될 것이다. 그대는 이단에 빠져 있기 때문이다.

그대는 사람들의 미덕 속에서 온 국민의 선행을 이끌어내기 위한 토대를 찾아내는 성실한 사람인가? 그리고 그대는 저들의 영혼 속에서 성신(聖神)으로 인도하는 완벽에로의 사다리를 볼 수 있는가? 그렇다면 그대는 진리의 정원에 피어난 한 송이 백합 같은 존재이다. 따라서 그대의 향기가 사람들을 취하게 하거나 혹은 공기 중에 흩어져 영원히 떠돌아다니거나 아무래도 괜찮은 일이다.

그대는 자신의 원칙을 노예시장에 내다 팔고, 가십과 불행의 범죄를 먹고 사는 저널리스트인가? 그렇다면 그대는 마치 썩은 고기를 향해 게걸스럽게 덤벼드는 독수리와 같은 인간이다.

그대는 과거의 영광을 인류에게 전하고, 또 자신의 가르침을 몸소 실천하면서 역사의 가파른 계단 위에 서 있는 교사인가? 그렇다면 그대는 병든 인간성을 살려내는 강장제요, 상처입은 가슴을 다독거리는 진정제와 같다.

그대는 그대가 다스리는 백성들을 하찮게 여기며, 그들의 주머니를 강탈하거나, 혹은 그대 자신의 이익을 위해 그들을 착취할 때가 아니면 결코 한 발자국도 움직이려고 하지 않는 통치자인가? 그렇다면 그대는 국가의 타작마당에 솟아난 강아지풀 같은 인간이다.

그대는 백성들을 사랑하고, 언제나 그들을 보호하며, 그들이 좀더 행복하게 살 수 있도록 최선을 다하는 헌신적인 머슴인가? 그렇다면 그대는 땅의 곡식 창고를 지키는 축복과도 같은 존재이다.

그대는 자신의 부정은 정당한 것이라 여기면서, 아내의 부정은 죄악이라 생각하는 남편인가? 그렇다면 그대는 동굴 속에서 짐승의 가죽으로 알몸을 덮고 살던 야만인과 마찬가지로다.

그대는 늘 아내 곁에 있으며 자신의 모든 생각과 기쁨을 공유하는 성실한 반려자인가? 그렇다면 그대는 이른 새벽부터 국가의 정의와 이성과 지혜의 정오를 향해 걸어가는 사람과 같도다.

그대는 시대의 누더기와 쓸모없는 폐물로 가득 찬 과거의 심연 속에 뇌를 처박고 있으면서 머리로는 군중들을 내려다보고 있는 작가인가? 그렇다면 그대는 고여 있는 물과 같은 사람이로다.

그대는 자신의 내면을 사려깊게 통찰하며 모든 쓸모없고 낡은 것, 사악한 것들을 던져버리고 유용하고 선한 것만을 추구하는 사상가인가? 그렇다면 그대는 굶주린 자를 위한 달고 맛있는 과실이면서, 목마른 자를 위한 차고 맑은 물이로다.

그대는 소음처럼 공허한 구호를 외치는 시인인가? 그렇다면 그대는 그 울음이 우리를 웃게 하고, 그 웃음이 우리를 울리는 피에로와 같도다.

아니면 그대는 천상의 음악으로 이웃들의 영혼을 어루만져 그에게 삶의 아름다움을 한층 일깨워주는 천부적 자질을 타고난 예술가인가? 그렇다면 그대는 우리의 길을 비춰주는 횃불이요, 우리 가슴속의 감미로운 동경이며, 우리 꿈속의 신성한 예언자로다.

이렇게 인류는 두 줄의 긴 행렬로 갈라지는 것이니, 그 한쪽은 지팡이에 몸을 의지한 채로 삶의 정상을 향해 오르는 사람들로 이루어졌다. 그 삶의 행로는 흡사 산꼭대기로 올라가는 것처럼 부산스럽지만, 실제로는 그들은 아득한 심연 속으로 추락하고 있도다.

두 번째 행렬은 발에 날개가 달린 듯 민첩한 젊음으로 이루어졌다. 이들은 마치 목구멍이 은의 현(絃)으로 퉁겨지듯 아름답게 노래하며, 어떤 마법의 힘에 이끌리듯 손쉽게 산정을 향해 올라가도다.

형제들이여, 이 두 행렬 가운데 그대는 어느 쪽에 속하는가? 그대는 밤의 침묵 속에 홀로 있을 때 스스로에게 이 물음을 던질지어다.

과연 그대는 어제의 노예에 속하는지 아니면 내일의 자유인에 속하는지는 그대 스스로 판단할지어다."

마침내 알무타다는 자신의 암자로 돌아갔다. 그는 스승이 남긴 두루마리에 기록된 지혜의 말씀을 되뇌면서 몇 달이나 은둔 생활을 계속했다. 참으로 그는 많은 것을 배웠다. 그러나 아직도 자신이 깨우치지 못한 많은 일들이 세상에 널려 있었다. 심지어 스승으로부터 직접 들어본 적이 없는 사실들도 많이 있음을 발견했다. 그는 좀더 완벽하게 공부해서 스승이 가르쳐준 모든 진리에 통달할 때까지, 그리하여 많은 이들에게 그것들을 모두 전할 수 있을 때까지 결코 암자를 떠나지 않을 결심이었다. 그 후로 알무타다는 자기를 둘러싼 모든 것을 잊고, 베이루트의 시장바닥과 거리에서 자신의 말을 경청하던 모든 사람들과 자기 자신마저 잊은 채 스승의 말씀을 마음에 새기는 데 열중하게 되었다.

많은 추종자들이 그에게 접근하려고 애썼지만 허사였다. 마운트 레바논의 총독이 관리들에게 연설 해달라는 명목으로 불러들였을 때도 그는 거절했다.

"모든 사람들을 위한 특별 메시지를 가지고 곧 그대에게로 돌아가리다." 이런 말로 거절의 뜻을 밝혔다.

총독은 알무타다가 암자에서 내려오는 날 모든 시민들은 집과 교회에서, 또는 회교 사원과 유다교 집회소 및 학교에서 그를 영예롭게 환영해야 하며 그가 전하는 메시지에 한 사람도 빠짐없이 귀를 기울이도록 선포했다. 왜냐하면 그가 바로 예언자의 목소리를 전할 것이기 때문이었다.

마침내 알무타다가 암자에서 나와 입을 열었다. 이 날은 모든 사람들에게 기쁨과 축제의 날이 되었다. 알무타다는 거침없이 자신의 주장을 펼쳤다. 그는 사랑과 형제애에 관한 복음을 전했다. 감히 그를 국가에서 추방하거나 교회에서 파문하겠다고 위협하는 사람은 아무도 없었다.

어쩌면 스승이 처했던 운명과 이다지도 다른 것인가! 결국 사면령을 받고 되돌아오긴 했지만 추방과 파문이 저 위대한 스승의 운명이 아니었던가!

알무타다의 말은 곧 레바논 전역에 퍼졌다. 훗날 그의 말은 편지글 형식의 책으로 만들어졌다. 그리고 이 책은 고대 페니키아와 그 밖의 아라비아 지방으로 널리 배포되었다. 편지글의 일부는 스승의 고유한 말씀을 기록한 것이지만, 그 밖의 지혜와 학식에 관한 것들은 고대의 저서로부터 스승과 제자가 공동으로 채집한 것이었다.

현자의 말씀

인생에 대하여

인생은 고독이란 대양 위에 떠 있는 한 점 섬과 같다. 그 섬의 바위들은 희망이요, 수목들은 꿈이고, 꽃들은 고독이며, 또한 시냇물은 갈증이로다.

형제들이여, 그대들의 삶은 다른 모든 섬과 영토에서 멀리 떨어진 외톨이 섬이니, 그대들의 해안을 떠나 다른 지방으로 향하는 배들이 아무리 많고 그대들의 해안에 잠시 머무는 배들이 아무리 많아도, 그대들은 여전히 비통한 고독에 묻혀 행복을 갈망하는 한 점 외로운 섬으로 남아 있을 뿐이다. 동포들조차 그대들의 존재를 알지 못한다. 그대들은 그들의 동정과 이해로부터 그렇게도 멀리 떨어져 있는 것이다.

나의 형제여, 나는 그대가 황금의 동산에 올라앉아 자신의 부(富)를 과시하며 우쭐해하는 모습을 보았노라. 그대가 쌓아둔 황금이 다른 사람들의 욕망과 그대의 탐욕을 결합시키는 보이지 않는 끈이 되리라는 믿음이 그대를 안심시키고 있으리라.

나는 그대가 위대한 정복자로서 적의 요새를 함락시키기 위해 자신의 군대를 이끄는 모습을 보았노라. 그러나 내 마음의 눈에는 황금의 금고 뒤에서 그리움에 젖는 고독한 영혼만이 보였노라. 황금 새장에 갇힌 한 마리 목마른 새. 그 앞에 놓인 물 접시는 텅 비어 있도다.

나의 형제여, 나는 보았노라, 그대가 영광의 보좌에 앉아 그대의 위엄을 칭송하는 백성들에 둘러싸여 있는 것을. 그들은 그대의 위대한 공적을 찬양하고, 그대의 지혜를 찬미하면서 마치 예언자가 현존하기라도 한 듯 그대를 바라보았노라. 그런 이유로 저들의 기쁨은 창공을 찌를 듯 높아만 가도다.

그대가 그대의 백성들을 응시하고 있을 때, 나는 그대의 얼굴에서 행복과 승리의 표정을 보았노라. 그대는 마치 그들의 영혼과도 같았노라.

그러나 다시 한 번 그대에게 눈길을 돌렸을 때 보라. 그대의 보좌에 고독만 남아 있지 않은가. 그대는 마치 보이지 않는 유령들을 향해 자비를 간청하듯 사방으로 손을 뻗친 채 안식처를 달라고 구걸하는 추방자와 같았다.

나의 형제여, 나는 보았노라. 그대가 아름다운 여성에게 매혹되어 그녀의 사랑스러운 제단에 가슴을 기대고 있는 모습을, 모성적 사랑으로 가득 찬 그녀의 시선이 그대에게 향하고 있음을 보았을 때 나는 이렇게 되뇌었노라. "사랑이여, 오래오래 머물며 이 남자의 외로움을 걷어가고, 두 사람 마음이 하나로 결합하게 하소서."

다음번에 나는 사랑에 빠진 그대의 가슴속에 또 하나의 고독이 존재하는 것을 보았노라. 그 가슴은 한 여성에게 혼자만의 비밀을 고백하고자 헛되이 울고 있다는 것을. 또한 그대의 사랑 가득 찬 영혼 뒤에는 떠도는 구름 같은 또 다른 영혼이 있어, 자기 고독이 연인의 눈 속에서 눈물이 될 수 있기를 헛되이 소망하고 있다는 것을……

나의 형제여, 그대는 다른 사람들과 동떨어진 외딴 곳에 살고 있다. 어떤 이웃의 시선도 그 속을 꿰뚫어볼 수 없는 그대의 외로운 집. 설사 그 집이 암흑에 싸이더라도 그대의 이웃들은 램프를 들어 그 속을 비출 수가 없다. 그대의 양식 창고가 텅 빈다 해도 그대 이웃들의 곡식으로는 그것을 채워줄 수 없다. 만약 그대가 거친 황야에 살고 있다고 해도 그대는 다른 사람의 손으로 가꾸어진 정원으로 거처를 옮길 수 없다. 설사 그대의 집이 산꼭대기 위에 있다 해도 그대는 사람들의 발길이 오가는 계곡 아래로 집을 옮겨놓을 수는 없다.

나의 형제여, 그대의 정신적 삶은 고독으로 둘러싸여 있다. 바로 이러한 소외와 고독이 아니었던들 그대는 그대 자신이 될 수 없었을 테고, 나 역시 이런 모습으로 존재할 수 없었으리라. 내 이렇듯 홀로 외로운 처지가 아니었다면 나는 그대의 목소리를 듣고도 그것이 내 목소리인 줄로만 믿었을 것이다. 혹은 그대의 얼굴을 보면서, 나는 그것이 거울에 비친 나 자신이라고 생각할 수도 있지 않겠는가.

인간의 법에 희생당한 순교자

그대는 슬픔의 요람에서 태어나 불운의 무릎에서 성장한 사람인가? 그대는 억압의 집에서 살고 있는가? 그리하여 눈물에 젖은 빵을 먹고 있는가? 피와 눈물로 뒤범벅된 물을 마시고 있는가?

그대는 가혹한 인간의 법률에 순응하여 처자식을 버리고 전장으로 끌려가는 병사인가? 무릇 위정자들이 국민의 임무라고 부르는 것은 실상 그들의 탐욕인 것을.

그대는 종이와 잉크만 있으면 밥을 굶어도 행복을 느끼는 시인인가? 동포들에겐 알려지지 않은 채 이방인처럼 살아가는?

그대는 하찮은 범죄 때문에 토굴 감옥에 갇힌 죄수인가? 오히려 인간을 타락하게 만듦으로써 개조시켰다고 믿는 사람들의 올가미에 걸린?

그대는 신이 아름다움을 선사했으나 비열한 부자들의 욕정에 희생당할 운명의 젊은 여인가? 그대의 마음이 아니라 그대의 육체를 탐하는 그들로 인해 비참과 곤궁 속에 버려진?

만약에 그대가 이들 중 하나라면, 그대는 인간의 법률에 희생당한 가련한 순교자로다. 그대의 참혹한 현실은 강자의 불법, 폭군의 억압, 부자의 야만, 또한 호색한과 탐욕자들의 이기심이 빚어낸 결과인 것을.

그대를 위로하라. 사랑하는 약자들이여, 이승의 피안에는 위대한 힘이 존재하고 있다. 그 힘은 바로 정의와 자비, 그리고 연민과 사랑인 것이다.

그대, 음지(陰地)에서 자라는 화초여. 부드러운 산들바람이 그대의 씨를 햇빛 속으로 날라주리라. 그리하면 다시금 그대는 아름다움 속에서 살게 되리라.

그대, 겨울의 눈을 이고 고개 숙인 헐벗은 나무여. 봄이 다시 찾아와 그 녹색의 의상으로 그대를 덮어주리라. 그러면 진리가 그대의 눈물의 베일을 찢게 되리라. 나는 그대들을 내게로 끌어들이노니, 가련한 내 형제들이여,

내 그대들을 사랑하노라. 그런 이유로 나는 그대들을 핍박하는 자들을 규탄하노라.

사상과 명상

삶은 우리를 한 곳에서 다른 곳으로 이끈다. 운명은 우리를 집어올려 이곳저곳으로 끌고 다닌다. 우리는 이 삶과 저 운명 사이에 붙잡혀 우리가 가는 길은 온갖 장애물과 역경으로 가로막혀 있는 것을 보고 단지 두려움에 가득 찬 비명소리를 낼 뿐이다.

아름다움은 마치 영광의 보좌에 앉아 있는 여왕처럼 어디서나 확연히 그 모습을 드러낸다. 그러나 그녀의 순결한 왕관은 욕망의 이름으로 땅에 떨어지고, 탐욕에 찌든 인간들은 악행으로 그녀의 옷을 더럽힌다.

사랑은 부드럽고 온화한 옷깃을 스치며 우리 곁을 지나간다. 그러나 우리는 공포를 느끼며 도망치거나 혹은 암흑 속에 몸을 숨긴다. 설사 그 뒤를 쫓는다 해도 오직 사랑의 이름으로 악을 행하기 위한 것일 뿐.
가장 슬기로운 사람조차 사랑의 중량에 몸을 굽힌다. 그러나 실상 사랑은 레바논의 미풍처럼 가볍고 기분 좋은 것을.
자유는 우리에게 풍성한 음식과 향기로운 포도주를 권한다. 그러나 우리는 식탁에 앉자마자 그것들을 게걸스럽게 먹어치워 결국은 물리고 만다.

자연은 그 신비로운 팔을 뻗치며 자신의 아름다움을 즐기도록 권한다. 그러나 우리는 그 침묵이 두려워 혼잡한 도시 속으로 뛰어든다. 그리하여 마치 사나운 이리를 피해 다니는 양처럼 혼잡 속에 틀어박힌다.

진리는 아이의 순진무구한 웃음과 사랑하는 이의 입맞춤을 통해 우리를 부른다. 그러나 우리는 그 면전에서 애정의 문을 닫아걸고 참된 진리를 외면한다.

가슴을 잃은 인류는 누군가의 도움을 구하고, 절망에 빠진 인간의 영혼은 구조를 애타게 호소한다. 그럼에도 우리는 그 소리를 듣지도 못하고 이해하지도 못한다. 만약 그 소리를 듣고 이해하는 사람이 있다 해도 우리는 그를 미친 사람 취급하며 지레 겁을 먹고 도망치는 것이다.

그리하여 많은 밤들은 흘러가고, 우리는 방심 속에서 살아간다. 새로운 날들이 우리를 포용하지만 우리는 끊임없는 두려움 속에서 떨어야만 한다.

신은 그 가슴의 문을 활짝 열고 있건만 우리는 지상에 달라붙어 떨어질 줄 모른다. 영혼의 굶주림이 우리 자신들을 갉아먹고 있는데도 우리는 인생의 빵을 짓밟고 있으니.

삶이란 인간에게 얼마나 좋은 것인가. 그러나 우리 인간은 그로부터 얼마나 멀리 떨어져 있는가!

첫 시선에 대하여

그것은 바로 삶의 도취와 깨어남을 구획 짓는 순간이고, 마음의 심연을 불밝히는 첫 번째 불꽃이다. 그것은 마음의 은빛 시위를 당기는 마법의 첫 울림이고, 시간의 연대기를 영혼 앞에 펼쳐서 숨겨진 내면의 비밀을 눈앞에 드러내는 바로 그 짧은 순간이다. 그것은 미래를 향해 열려진 비밀의 첫걸음이다. 그것은 사랑의 여신 이슈타르가 던진 한 알의 씨앗이다. 그 씨앗은 사랑하는 이의 시선으로부터 사랑의 들판에 뿌려져 애정으로 길러지고 영혼에 의해 거두어진다.

사랑하는 이의 눈에서 나온 첫 시선은 마치 수면 위를 떠돌던 정령이 주(主)께서 '거기 있으라'는 말 한마디에 하늘과 땅에서 여지없이 멈춰버리는 것과도 같은 것이다.

첫 키스에 대하여

그것은 여신의 손이 채워준 잔에서 최초로 맛보는 첫 모금의 감로수이다. 그것은 정신을 혼란에 빠뜨리고 마음을 흐리게 하는 의심과, 자아가 기쁨으로 범람하는 확신 사이를 구분 짓는 경계선이다. 그것은 삶에 대한 노래의 시작이며, 이상적 인간에 대한 드라마의 첫 장이다. 그것은 과거의 무지와 미래의 통찰력을 결합시키고 감정의 침묵과 노래를 연결하는 끈이다. 그것은 마음에 보좌를, 사랑에 왕위를, 신뢰에 왕관을 수여하는 그대 입술에서 흘러나온 한마디 말이다. 그것은 장미의 입술 위에 묻어오는 미풍의 섬세한 손길에 의한 다정한 애무이다. 또한 그 미풍은 긴 안도의 한숨과 감미로운 한탄의 속삭임이 아니더냐.

그것은 연인을 중량과 척도의 세계로부터 꿈과 묵시의 세계로 이끌어주는 마법의 진동이다.

그것은 향기로운 두 송이 꽃이 하나로 결합하는 순간이다. 그리하여 이 두 가지 향기가 녹아 하나로 합친 뒤 제3의 영혼을 창조하는 것이다.

첫 시선이 마음의 들판에 여신이 뿌려놓은 씨앗과 같다면 첫 키스는 삶의 나무 꼭대기에 피어난 첫 번째 꽃송이와 같은 것이다.

결혼에 대하여

그로부터 사랑은 삶의 산문적 기쁨을 노래하기 시작한다. 이 노래는 밤에 만들어 낮에 부르는 감미로운 찬송이다. 그로부터 사랑의 갈망은 그 베일을 벗고 마음 깊숙한 곳을 비춘다. 신을 맞아들일 때 맛보는 영혼의 행복 외에 그 어떤 행복과도 견줄 수 없는 행복을 창조하면서.

결혼은 두 개의 신성(神性)이 결합하는 순간이다. 그로부터 제3의 신성이 지상에 창조되는 것이다. 그것은 서로 소외되어 있던 존재를 극복하기 위해 강한 사랑으로 결합된 영혼의 합일체이다. 그것은 두 개의 정신 안에 별개의 단일성을 창조해내는 차원 높은 융화이다. 그것은 단 한 번의 눈맞춤으로 시작되고 영원으로 끝나는 황금 굴레이다. 그것은 신성한 자연의 들판을 축복하기 위해 맑은 하늘에서 쏟아지는 순결한 비와 같다.

사랑하는 이의 눈길에서 시작된 최초의 일별은 인간의 마음에 뿌려진 씨앗과 같고, 두 사람의 첫 키스는 삶의 나뭇가지 위에 피어난 한 송이 꽃과 같은 것처럼, 결혼으로 결합된 두 연인의 합일은 마음의 텃밭에서 피어난 첫 번째 꽃에 맺힌 열매와 같은 것이다.

인간의 신성에 대하여

자연은 개울물과 시냇물의 속삭임으로 봄의 언어를 전하고, 화초들의 미소로 봄을 노래하기 시작했다. 그리고 인간의 영혼은 충만한 행복감에 도취

되었다.

그러나 갑자기 자연은 사납게 돌변하여 아름다운 도시들을 황폐하게 만들었다. 결국 인간은 자연의 감미로움과 친절을 잊어버리게 되었다.

순식간에 자연의 맹목적인 위력이 수 세대에 걸쳐 이룩된 모든 것을 파괴해버렸다. 끔찍한 종말이 인간과 짐승을 죽음의 발톱 밑에 짓밟아버렸다.

휘몰아치는 불길은 문명을 모두 태워버렸다. 깊고 무서운 밤은 잿빛 수의(壽衣) 아래 삶의 아름다움을 감춰버렸다. 무시무시한 자연의 광포한 발길 아래 인간과 그가 만든 모든 물건들은 깡그리 무너져버렸다.

대지의 내장에서 터진 이 무서운 파괴의 천둥이 몰아칠 때, 어떤 가련한 영혼은 이 모든 비참과 파멸의 한가운데 서 있었다. 그녀는 황폐한 지구를 응시하며 신의 전능함과 인간의 나약함에 대해 슬픔으로 가득한 명상에 잠겼다. 지층 밑바닥에, 그리고 창공의 먼지 가운데 숨겨진 인간의 적에 대해 고뇌하며 사방에서 어머니들의 탄식과 굶주린 아이들의 절규가 들려왔다. 그들의 고통을 함께 맛보면서 그녀는 자연의 야만성과 인간의 왜소함에 대해 생각했다.

불과 어제까지만 해도 인간의 아이들은 저들의 집에서 안전하게 잠들어 있지 않았던가. 그러나 오늘 그들은 집 없는 피난민 신세로 전락하여 멀리 자신들의 아름다운 도시를 바라보며 울부짖고 있는 것이다. 그들의 희망은 절망으로 바뀌었고, 기쁨은 슬픔이 되었으며, 평화로운 삶은 전쟁으로 변해버렸다. 그녀는 슬픔과 고통, 그리고 절망의 강철 발톱에 붙잡혀 상처 입은 사람들과 똑같은 고통을 느꼈다.

그리하여 그녀의 영혼은 번민에 사로잡혀 세계의 모든 힘을 하나로 묶는 신성한 법의 정의를 의심하면서 그녀는 침묵의 귀에 대고 속삭였다.

"이 모든 창조의 배후에 파멸을 낳는 영원한 진리가 있다. 그러나 그것은 동시에 예측할 수 없는 아름다움을 탄생시키기도 할 것이다.

지상의 모든 화재나 벼락, 태풍은 인간의 마음에 대한 대지의 증오와 악의 시샘 같은 것이다. 재해를 입은 국가에 신음과 통곡이 메아리치는 동안 나는 시간의 무대에서 일어났던 자연의 경고와 비극적 재난을 떠올려보았다.

나는 역사를 통해 줄곧 도시와 신전을 대지의 표면에 짓고 있는 인간들을 보았고, 대지가 이 모든 것들 위에 분노를 터뜨리는 것도 보았다. 그리하여 결국은 그 억센 손아귀로 이 모든 것들을 다시 잡아채가고 마는 것을.

나는 사람들이 난공불락의 성들을 쌓거나, 이성의 벽들을 색칠하는 예술가들의 모습을 지켜보기도 했다. 그런 다음 대지가 그 큰 입으로 천재의 눈부신 정신과 탁월한 솜씨로 이룩해놓은 그 모든 것들을 삼켜버리는 광경을 목격했다.

그리하여 나는 대지란 자신의 아름다움을 돋보이게 하기 위해서 인간이 만든 보석 따위를 거부하는 매혹적인 신부와 같다는 걸 알았다. 이 신부는 오직 들판의 푸른 잎사귀로 만든 의상과 해변의 황금빛 모래, 그리고 산악의 값진 돌만으로도 충분히 어여쁘게 자신을 치장할 수 있다는 것을.

그럼에도 신성을 지닌 인간이 파멸의 한가운데서 대지의 분노와 자연의 횡포를 조롱하면서 마치 거인처럼 우뚝 서 있는 것을 나는 보았다.

인간은 스스로 빛의 기둥이라도 된 것처럼 바빌론과 니네베, 팔미라와 폼페이의 폐허 한가운데 버티고 선 채로 불멸의 노래를 부르고 있었다.

대지여, 얼마든지 빼앗아가버려라.
원래 그대 자신의 것이었던 것을.
그래도 나, 인간은 멸망하지 않으리라."

이성(理性)과 지식에 대하여

이성의 속삭임에 귀를 기울여라. 구원은 거기에 있다. 이성의 주장을 잘 이용하라. 그러면 무장한 장수처럼 강해질 것이다. 이성보다 더 나은 길잡이도 없고 이성보다 더 강한 무기도 없다. 그대의 가장 깊은 내면으로부터 이성의 외침을 듣게 될 때 그대의 자아는 욕망을 극복하게 된다. 이성은 조심성 많은 부하요, 충실한 길잡이요, 현명한 카운슬러이다. 이성은 어둠 속의 광명이요, 분노는 빛 가운데의 암흑이다. 그러므로 어느 때건 현명하게 처신하라. 충동을 버리고 이성으로 하여금 그대의 길잡이가 되게 하라.

설사 이성이 그대의 편이 된다 할지라도 지식의 도움이 없다면 오직 무력할 뿐이라는 사실을 명심하라. 지식은 이성의 혈육과도 같다. 지식이 없다면 이성은 집 없는 신세와 같고, 이성이 없는 지식은 무방비 상태의 집과 같다. 또한 사랑이나 정의나 선(善)조차 거기에 이성이 동반되지 않는다면 아무 소용도 없는 것이다.

아무리 박식한 사람도 판단력이 흐리면 무장도 하지 않고 전투에 나가는 병사와 같다. 격정과 분노는 그가 속한 집단의 맑은 생명의 샘에 독을 뿌리게 될 것이다. 그러므로 그는 맑은 물로 채워진 항아리 속의 독초 씨앗과 같은 꼴이 되리라.

이성과 박식함은 육체와 영혼의 관계와 같다. 육신이 없다면 영혼은 바람처럼 공허할 뿐이다. 또한 영혼이 없는 육신은 껍데기뿐인 상자와도 같다.

학문 없는 이성은 경작되지 않은 황무지와 같고, 영양실조에 빠진 인간의 육신과 같다.

이성은 시장바닥에서 사고팔 수 있는 상품이 아니다. 상품은 많을수록 그 가치가 떨어진다. 그러나 이성의 가치는 양이 많을수록 증대된다. 만약 이성이 시장에 내놓을 수 있는 것이라면 그것의 참다운 가치를 아는 사람은 오직 현자뿐이다.

바보는 어리석은 것밖에 보지 못하고, 미치광이는 모든 것을 광기에 의해 받아들인다. 어제 나는 한 어리석은 사람에게 우리 가운데 바보가 몇이나 되는지 세어보라고 했다.

그 어리석은 사람은 한껏 웃으며 이렇게 말했다.

"그건 너무 어려운 일이고 시간도 오래 걸릴 것입니다. 차라리 현명한 사람들을 헤아리는 게 더 낫지 않을까요?"

그대의 참다운 가치를 알지어다. 자신을 통찰할 수 있는 능력을 가진 사람은 결코 멸망하지 않으리라. 이성은 그대의 빛이요, 진리의 등대, 삶의 원천이다. 신이 그대에게 지식을 주셨으니, 그대는 이 진리의 빛으로 신을 경배하게 되리라. 그리하여 스스로 그대 자신의 약함과 강함도 볼 수 있게 되는 것이다.

만약 그대가 자신의 눈 속에 있는 티끌을 찾아내지 못한다면, 그대 이웃의 눈 속에서도 그걸 발견하지 못하리라.

매일매일 그대의 양심을 들여다보며 과오를 시정하라. 만약에 이 임무를 수행하지 못한다면, 그대는 자신의 지식과 이성에게 불성실한 것이다.

적은 그대의 내부에 있다. 주의 깊게 그대 자신을 지켜라. 만약에 그대가 먼저 자기 열정을 통제하고 양심의 명령에 복종하는 것을 배우지 않는다면, 그대 자신을 다스리는 것도 배우지 못할 것이다.

언젠가 나는 어떤 박식한 사람이 이렇게 말하는 것을 들었다.

"세상의 모든 악을 치유한다 해도 어리석음만큼은 치료가 불가능하다. 고집 센 바보를 꾸짖거나 어리석은 사람에게 설교를 하는 것은 물 위에 글을 쓰는 것처럼 무의미한 일이다. 그리스도는 장님과 절름발이, 중풍 환자와 문둥병 환자를 낫게 했다. 그러나 그분께서도 바보는 고치지 못했다.

온갖 방면으로부터 의문을 탐구하라. 그러면 확실히 어디에 무슨 잘못이 있는지 발견하게 될 것이다.

그대의 집 앞문이 넓다면 뒷문이 너무 좁지 않은지 살펴라.

기회가 눈앞에서 지나간 뒤에 그걸 붙들려는 사람은, 귀한 손님이 가까이 오는 것을 보면서도 마중나가려 하지 않는 사람과 같다."

신은 악을 행하지 않는다. 그분은 항상 과실과 파멸의 함정으로부터 우리 자신을 지킬 수 있도록 이성과 학식을 베풀어준다.

신이 이성의 건물을 짓도록 허용한 사람들이야말로 축복받은 사람이다.

음악에 대하여

나는 사랑하는 이의 곁에 앉아 그녀의 속삭임에 귀를 기울이고 있었다. 내 영혼은 무한한 공간 속을 떠돌아다니기 시작했다. 그곳에선 우주가 꿈처럼 보였고 육신은 좁은 감옥처럼 보였다.

사랑하는 이의 매혹적인 목소리가 내 가슴속으로 스며들었다.

음악이란 그런 것이니, 오, 벗들이여, 나는 사랑하는 이의 입술에서 새어 나오는 한숨과 그 아름다운 속삭임을 통해 음악을 들었노라.

나는 음악을 들으면서 내 연인의 마음을 들여다본다.

벗들이여, 음악은 영혼의 언어이니, 멜로디는 마음의 현을 사랑으로 떨게 하는 상쾌한 산들바람과도 같다.

음악의 부드러운 손길이 감정의 문을 두드릴 때 우리는 오랫동안 잊었던 추억들을 떠올리게 된다. 슬픈 가락은 쓸쓸한 회상을 일깨우고, 고요한 가락은 시간의 밑바닥에 깔려 있던 아름다운 추억을 일깨운다. 소중한 사람과의 이별을 앞두고 듣는 음악은 우리를 울게 하며, 혹은 신이 내려준 평화 가운데 우리를 미소짓게도 한다. 음악의 혼은 정신(spirit)이요, 그 마음은 감정(heart)이라.

신이 인간을 창조했을 때 모든 언어와는 다른 독특한 언어로써 인간에게 음악을 선사했다. 그리하여 인간은 일찍이 음악의 영광에 취해 있었고, 음악은 제왕들을 유인해 그들을 옥좌로부터 황야로 내려오도록 했던 것이다.

인간의 영혼은 운명의 자애로운 바람에 맡겨진 연약한 꽃들과 같다. 그리하여 새벽 미풍에 떨면서 이슬방울에도 고개를 떨구는 것이다.

영원한 지혜와 영광을 찬미하는 새의 노래는 인간을 선잠에서 깨어나게 하고 그들과 함께 노래 부르기를 청한다.

음악은 그대의 책에 내포된 신비의 의미를 스스로 탐구하게 만든다.

새들은 노래할 때, 들판의 꽃들을 부르는 걸까? 혹은 수목들에게 말을 걸거나 시냇물의 속삭임에 화답하는 것일까? 인간의 이해력으로는 그 비밀을 풀기 어렵다. 우리는 새가 말하는 것을 알 수 없으며, 시냇물이 무얼 속삭이는지, 혹은 느릿느릿 해안으로 와서 부딪치는 파도가 무얼 소곤거리는지 알 수 없기 때문이다.

우리는 나뭇잎들 위로 비가 떨어지거나, 혹은 빗방울이 유리창을 때릴 때 무얼 말하는지 알 수가 없다. 또한 산들바람이 들녘의 꽃들에게 무슨 말을 하는지도 알지 못한다.

그러나 인간의 가슴은 자신의 감정을 움직이는 이런 소리들의 의미를 느낄 수 있다. 영원한 지혜는 인간에게 종종 신비스런 언어로 말을 걸어온다. 영혼과 자연이 서로 대화하는 동안 인간은 말없는 당혹감에 빠져 있을 뿐.

우리는 이런 소리에 울지 않았던가?

그 눈물이야말로 우리가 자연을 이해했음을 대변해주는 것이 아닌가?

성스러운 음악이여!
사랑의 여신이여

비탄과 연모의 꽃병이여

인간의 꿈이며
슬픔의 열매여

환희의 꽃이며
감정의 향기여, 개화여

연인들의 달콤한 입술이며
비밀의 계시자여

숨겨진 사랑 때문에 흐르는
눈물의 어머니여

시인이며 작곡가, 건축가들의
영감의 원천이여

언어의 편린 속에 내재한
사상의 합일이여

아름다움을 낳는
사랑의 설계자여

꿈의 세계에 도취한
마음의 술이여

전사(戰士)들의 선봉장, 영혼의 비타민
자비의 태양이며, 애정의 바다여

오오, 음악이여
우리는 그대의 심연 속에 마음과 영혼을 맡기노라.
그대는 귀로써 보고 마음으로 듣는 법을
우리에게 가르쳤노라.

지혜에 대하여

하느님을 사랑하고 그를 경배하는 사람은 지혜로운 사람이다. 한 인간의
가치는 그 지식과 행위 속에 있는 것이지 피부색이나 신앙, 인종, 혹은 혈통
과는 무관한 것이다. 기억하라, 나의 친구여, 지식을 소유한 목동의 아들은
무지한 왕위계승자보다 한층 중요한 가치를 지니고 있는 법. 지식은 그대의
부모가 어떤 사람이건, 또한 그대가 어떤 인종에 속하건 참다운 특권을 그대
에게 줄 것이다.

어떤 폭군도 그대의 지식을 앗아갈 순 없다. 오로지 죽음만이 그대 안에
밝혀진 지식의 등불을 꺼버릴 수 있으리라. 한 국가의 참다운 부(富)는 그
나라에 속한 금은(金銀)의 양이 많고 적음에 있지 않고, 백성들의 학문과
지혜와 정직 가운데 있는 것이다.

정신의 풍요는 인간의 얼굴을 아름답게 가꿔주며, 동경과 존경을 낳는다.
모든 정신은 육신의 온갖 움직임과 눈빛으로 나타난다. 우리 자신의 외모나
말씨, 우리 행동은 결코 우리 자신의 본 모습보다 나을 것이 없다. 영혼은
우리의 집이기 때문이다. 그러므로 우리의 두 눈은 집안을 훤히 들여다볼 수
있는 창이요, 말씨는 우리 마음의 심부름꾼인 것이다.

지식과 이해는 결코 그대를 배반하지 않는 삶의 성실한 동반자이다.
지식은 그대의 빛나는 왕관이 되고, 이해는 그대의 충직한 참모가 되리라.
그러므로 그대가 이 두 가지를 다 갖는다면, 그대는 세상에서 가장 귀중한

보물을 얻은 것이다.

그대 자신의 형제보다 한층 더 그대와 가까운 사람은 그대를 이해하는 사람이다. 사실 그대 자신의 혈육조차 그대를 완전히 이해할 수 없고, 그대의 진정한 가치를 흘려버릴 수 있기 때문이다.

무지한 사람과 우정을 맹세하는 것은 주정뱅이와 논쟁하는 것만큼 어리석은 짓이다.

하느님이 그대에게 지성과 지식을 주셨나니. 은총의 등잔불을 끄지 말고 지혜의 촛불이 육욕과 어리석음의 어둠 속에서 소멸되지 않도록 하라. 슬기로운 사람은 자신의 횃불을 들고 인류의 길을 밝혀주는 법이다.

잊지 말라, 백만 명의 맹목적인 신자들보다 단 한 사람의 올바른 인간이 훨씬 더 악마를 괴롭힌다는 사실을.

작은 지식이나마 실천하는 사람은 많은 지식을 갖고도 게으른 사람보다 큰 가치를 지니고 있다.

만약에 그대의 지식이 사물의 가치를 가르쳐주지 않는다면, 또한 물질의 구속으로부터 그대를 자유롭게 해주지 못한다면 결코 진리의 보좌 곁으로 가까이 갈 수 없으리라.

만약에 그대의 지식이 인간의 나약함을 뛰어넘도록 가르치지 않고, 또한 그대의 이웃들을 바른 길로 인도하도록 가르치지 않는다면 그대는 심판의 날까지 참으로 하잘것없는 인간으로 남으리라.

현자에게 배운 지혜의 말들을 그대 자신의 삶에 적용하라. 단지 입으로 그 말들을 떠벌리지 말고, 듣고 배운 것을 생활화하라. 자기가 이해하지 못하는 것을 입으로만 되풀이하는 사람은 무거운 책을 등에 싣고 있는 당나귀나 마찬가지이다.

사랑과 평등에 대하여
가엾은 친구여, 그대에게 그토록 숱한 불행을 안겨주는 가난이란 게 바로 참다운 인생에 대한 이해를 깨우쳐주는 것임을 알기만 한다면, 그대는 자기 운명에 만족하게 되련만.

나는 정의로운 지식에 대해 말하고자 한다. 부자란 자신의 부를 축적하는 데만 골몰하기 때문에 이러한 지식을 추구하는 것이 불가능하다.

또한 나는 인생의 이해에 대해 말하고자 한다. 무릇 강한 자는 올바른 진실을 행하는 것이 불가능하다. 그러기엔 너무나 열심히 권력과 영광을 추구하기 때문이다.

그러므로 기뻐하라, 나의 가난한 친구여. 그대는 살아 있는 정의요, 그대의 일생은 훌륭한 교과서이기 때문이다. 그러므로 슬퍼하지 말라, 친구여. 그대는 그대가 우러러보는 사람들 속에 내재한 덕의 원천이요, 그대를 가르치는 사람들에겐 성실의 표본인 까닭이다.

나의 친구여, 만약에 그대를 절망에 빠뜨린 불행이 그대의 마음을 비추고, 그대의 영혼을 조롱의 구렁텅이에서 숭배의 옥좌로 들어올리는 바로 그 힘이라는 것을 알 수만 있다면, 그대는 그대 자신의 몫으로 주어진 삶에 좌절하지 않고 오히려 그것을 그대를 지혜롭게 하는 유산으로 받아들일 수 있게 되리라.

삶이란 온갖 다른 모양의 고리들로 엮어진 하나의 사슬과 같은 것. 슬픔은 현실에의 순응과 미래의 약속된 희망을 엮어주는 황금 고리인 것이다.

그것은 선잠과 깨어남 사이에 놓인 여명이다.

나의 가엾은 이웃이여, 가난은 정신의 고결함을 드러내지만, 부는 정신의 사악함을 드러내는 것이다. 슬픔이 그대의 감정을 부드럽게 만들고, 기쁨이 상처 입은 가슴을 치유해주리라. 이 세상에 모든 슬픔이 없어진다면 인간의 영혼은 이기심과 탐욕의 글자 외에는 아무것도 새겨 있지 않은 텅 빈 명판(銘板)이나 마찬가지가 될 것이다.

인간의 참다운 자아는 신성에 있다는 것을 기억하라. 그것은 아무리 많은 황금을 주고도 살 수 없는 것이고 부자들의 곳간처럼 쌓아올릴 수도 없는 것이다. 부자는 자신의 근성을 저버릴망정 황금을 고수한다. 또한 오늘의 젊은 이들은 오로지 자기만족과 쾌락을 추구하고 있다.

나의 사랑하는 빈자(貧者)들이여, 그대들이 하루의 노동을 끝내고 집으로 돌아와 가족들과 함께 보내는 시간이야말로 가장 성실한 삶인 것이다. 또한 그것은 미래의 모든 가족들이 누리게 될 행복의 상징이로다.

그러나 오로지 황금을 쌓기 위해 노력하는 부자의 삶은 무덤 속 구더기의 삶과 같은 것이다. 진정 그것은 재앙의 징표로다.

슬픔에 찬 나의 친구여, 그대가 흘리는 눈물은 망각을 구하는 사람의 웃음보다 순결하고, 냉소자의 조소보다도 달콤하다. 이러한 눈물은 증오의 독충으로 가득 찬 우리의 가슴을 씻어주고, 비탄에 잠긴 이웃의 고통을 나눌 수 있도록 가르친다. 바로 이것은 나자렛 예수가 흘린 눈물이로다.

지금 그대가 부자를 위해 땅을 일구고 씨를 뿌리지만 머지않아 그 곡식을 그대가 수확하게 될 날이 오리라. 만물은 본래 있던 곳으로 돌아가는 것이 자연의 법률인 까닭이다.

그러므로 하늘은 언젠가 그대가 지닌 슬픔을 기쁨으로 변하게 하리라.

그리하여 슬픔과 가난은 미래의 세대가 배우게 될 사랑과 평등의 원천이 되리라.

사랑과 젊음

인생의 새벽에 있는 한 고독한 젊은이가 책상 앞에 앉아 있었다. 가끔씩 그는 창문 밖으로 반짝이는 별들이 박힌 하늘을 바라보기도 하고, 손에 들고 있는 처녀의 초상화를 물끄러미 바라보기도 했다. 그림의 선과 색채는 과연 거장의 작품이라 할 만했다. 그림은 하나의 정신을 반영하고 있었다. 그리하여 그림 속 여인은 젊은이에게 세계의 비밀과 영원의 신비를 깨우치도록 해 주었다.

어느 한순간 여인의 초상이 젊은이를 불렀다. 그러자 젊은이의 두 눈은 귀로 변해서 방안을 떠도는 정령들의 언어를 이해하게 되었고, 가슴은 마술적 사랑의 힘에 이끌려 들어가게 되었다.

그리하여 시간은 단지 한순간의 아름다운 꿈인 양, 혹은 영원의 삶 속에서 보내는 단 하루처럼 빠르게 흘러갔다.

젊은이는 그림을 앞에 둔 채 펜을 잡고 마음속의 느낌을 양피지 위에 쏟아 부었다.

"사랑하는 이여, 자연을 초월하는 위대한 진리는 인간의 말로써 전해지는 것이 아니로다. 사랑하는 영혼들에게 의미를 전달하기 위해 진리는 침묵을 택하는 것이니.

오로지 밤의 침묵만이 우리의 가슴을 오가며 사랑의 메시지를 전달하고 우리의 마음속 찬가를 노래하도다. 신이 우리의 영혼을 육신의 포로로 생각하는 것과 같이 사랑은 내게 말의 포로가 되라 하네.

사람들은 말하지, 사랑이란 인간의 가슴속에서 탐욕스럽게 타오르는 불꽃이라고. 오, 사랑하는 이여, 처음 만나는 순간부터 나는 그대를 오래전부터 알고 있었다는 믿음을 갖게 되었다네. 헤어질 때 우리를 갈라놓을 만큼 강한 것은 아무것도 없다는 것도 깨달았지. 내 시선이 처음 그대에게 머물렀을 때 그대는 몹시 친숙한 느낌으로 내게 다가왔지, 우리가 가슴으로 만났던 그 순간 나는 영혼의 불멸성을 확신할 수 있었다네.

그 순간 자연은 스스로 억압당한 걸로 믿고 있던 내게서 베일을 걷어올려 불변의 정의를 계시해주었다네.

기억하는가, 그대, 우리가 함께 앉아 서로 응시하던 시내를. 알고 있는가, 사랑하는 이여, 그 순간 그대의 시선이 내게 사랑은 연민이 아니라 정의로부터 태어나는 것이라고 말해주었음을. 그러므로 이제 나는 정의의 선물이 자비의 선물보다 한층 더 위대하다는 것을 나 자신과 세계를 향해 선언할 수 있노라.

또한 나는 형편에 의해 좌우되는 사랑은 연못의 썩은 물과 같다고도 말할 수 있나니.

사랑하는 이여, 위대함과 아름다움만을 창조해낼 수 있는 삶을 내게 보여다오. 우리의 첫 만남으로부터 영원히 지속될 그러한 삶을.

나는 하느님이 내게 주신 힘의 원천이 바로 그대 안에 있음을 알고 있노라. 그리하여 그 힘은 위대한 말과 행위로 구현되리니, 마치 태양이 향기로운 꽃들을 우리 삶에 가져다주는 것과 같도다.

그러므로 그대에 대한 나의 사랑은 영원히 변치 않으리."

젊은이는 자리에서 일어났다. 곧이어 경건한 태도로 방을 가로질러 갔다. 그리고 창문 너머로 떠오르는 달을 보았다. 달빛은 부드러운 광채로 드넓은 창공을 가득 채우고 있었다.

그는 다시 책상으로 돌아와 다음과 같이 썼다.

"나의 사랑하는 이여, 이제 내가 또 다른 모습으로 그대에게 말하더라도 용서해주오. 그대는 나의 아름다운 반쪽이기 때문이오. 그대는 내가 하느님의 성스러운 품안에서 태어난 이래 언제나 결핍되어 있었던 바로 그 반쪽인 것을. 용서하오, 내 사랑이여!"

지혜와 나

밤의 침묵 속에서 지혜의 여신이 내 방 내 책상 곁으로 와 섰다. 그녀는 마치 자애로운 어머니처럼 내 얼굴을 들여다보며 눈물을 닦아주었다. 그러고는 이렇게 말했다.

"나는 그대의 영혼의 절규를 듣고 그대를 위로하기 위해 이곳에 왔노라. 그대의 가슴을 열라, 그러면 내가 빛으로 그것을 채워주리라. 물을지어다. 그리하면 내 그대에게 진리의 길을 보여주리라."

나는 그녀에게 다음과 같이 물었다.

"나는 대체 누구입니까, 지혜의 여신이시여. 어떻게 해서 나는 이 무서운 곳까지 오게 되었나요? 이 거대한 희망, 이 산더미 같은 책들, 그리고 이 이상한 움직임들은 다 무엇입니까? 마치 비둘기떼처럼 떠올랐다 사라지는 이 생각들은 무엇이지요? 욕망으로 조립해서 기쁨으로 기록되는 이 말들은 무엇입니까? 내 영혼을 포용하고 내 가슴을 둘러싸는 슬픔과 기쁨으로 가득 찬 이 결론들은 무엇이지요? 내 영혼의 가장 깊숙한 은신처를 꿰뚫어보면서도 정작 내 슬픔은 잊어버리는 이 눈길은 누구의 것입니까? 지나간 날들을 애도하고 유년 시절의 찬가를 부르는 이 목소리는 누구의 것입니까? 욕망을 희롱하고 감정을 조소하는 이 젊은이는 대체 누구입니까? 어제의 행위를 너무나 쉽게 망각하고 오늘의 하찮은 일에 만족하면서 천천히 내일을 대비하며 무장하고 있는 그는?

나를 미지의 땅으로 데려가는 이 두려운 세계는 무엇입니까? 우리 육신을 삼키려고 입을 쩍 벌린 채 탐욕스럽게도 영구적 은신처를 준비하는 이 대지는 무엇입니까? 운명의 호의에 만족하고, 죽음이 그의 얼굴을 때릴 때마다 삶의 입술로부터 입맞춤을 간구하는 이 인간은 누구입니까? 일 년치 회한으로 쾌락의 한순간을 사고, 스스로를 잠 속에 빠뜨리는 이 인간은 누구입니까? 암흑의 해협을 향해 무지의 파도 위를 헤엄치는 이 사람은 대체 누구란 말입니까?

말해주오, 지혜의 여신이시여, 이 모든 것이 다 무엇인지를."

그러자 지혜의 여신은 이렇게 대답했다.

"인간이여, 그대는 저 하느님의 눈으로 세계를 보고, 사상이라는 인간의 수단으로 내세의 비밀을 보게 되니, 이것은 바로 무지의 열매로다.

들판으로 나가라. 그리고 꿀벌들이 어떻게 향기로운 꽃밭 위를 떠도는지, 독수리가 어떻게 먹이를 채가는지 볼지어다. 그대의 이웃집에 가서, 어머니가 분주하게 일하는 동안 불빛에 홀려 있는 어린아이의 모습을 들여다보라. 꿀벌처럼 될지어다. 독수리가 하는 짓을 바라보며 그대의 봄날을 허비하지 말라. 불빛을 보고 기뻐하는 아이처럼 되라. 그 어머니는 그냥 놓아두라. 그대가 눈으로 보는 모든 것은 그대의 것이고, 지금도 그대의 것이로다.

그대를 둘러싼 많은 책과 이상한 움직임, 기분 좋은 생각들은 그대 이전에 존재했던 정신들의 흔적이니라. 그대의 입술이 뱉어내는 말들은 그대와 그대의 이웃들을 묶어주는 사슬의 고리이고, 슬픔과 기쁨에 가득 찬 결론들은 그대 영혼의 들판에 뿌려놓는 씨앗들이니, 그것은 미래에 수확되리라.

그대의 욕망을 희롱하는 젊은이는 바로 빛을 향해 들어갈 그대의 가슴의 문을 열게 된 사람이로다. 인간과 그의 작품을 삼키려고 입을 활짝 벌리고 있는 대지는 우리의 영혼을 육체의 질곡에서 해방시켜주는 구원자로다.

그대와 함께 움직이는 세계는 바로 그대의 마음이요, 세계 그 자체이니라. 그대가 하찮고 무지하다고 생각하는 인간은 슬픔을 통해 삶의 기쁨을 터득하고 무지로부터 지식을 획득하게 되는 하느님의 사자로다."

지혜의 여신은 내 뜨거운 이마에 손을 얹고 마지막 말을 남겼다.

"전진하라. 멈추지 말라. 앞으로 나아가는 것은 곧 완벽에 가까이 다가가는 것이니라. 전진할지어다. 삶의 가치 있는 길 위에 놓인 날카로운 돌들을 두려워 말라."

Spirits Rebellious

영혼의 반항

영혼의 반항

신부의 침대

신랑 신부는 교회 밖으로 나왔다. 램프와 횃불을 든 사람들이 신랑 신부를 앞서 걸어 나갔고, 흥겨움에 들뜬 축하객들이 그 뒤를 따랐다.

축하 행렬은 이윽고 신부의 집에 도착했다. 그 집은 고급스런 카펫이 깔려 있었고 번쩍거리는 그릇들과 향기로운 꽃들로 장식된 우아한 저택이었다. 신랑과 신부가 계단에 오르자 손님들은 실크로 만든 카펫 바닥이나 벨벳이 덮인 의자에 앉았다.

그 넓은 방안은 사람들로 가득 찼다. 하인들은 포도주를 내오며 분주하게 움직였고, 여기저기서 잔을 부딪치는 소리가 들렸다. 이 모든 일들은 기쁨과 환희 속에서 이루어졌다.

곧이어 음악을 들려줄 연주자들이 도착해 자리를 잡았다. 경쾌한 후렴이 반복되는 연주는 듣는 이들을 취하게 했고, 아름다운 멜로디가 울려 퍼질 때마다 사람들은 나직한 한숨을 쉬며 잔잔한 감동의 물결에 휩싸였다.

여인들은 자리에서 일어나 춤을 추기 시작했다. 가느다란 나뭇가지들이 부드러운 바람결에 흔들리듯 여인들은 리듬에 맞춰 우아하게 몸을 움직였다.

여인들의 얇은 옷자락이 구름 위에서 물결치는 달빛처럼 하늘거렸다. 남자들의 눈동자가 하나같이 춤추는 여인들의 고혹적인 자태를 쫓아 움직였다. 젊은 남자들은 마음속으로 그 여인들을 가슴에 안는 상상을 하기도 했다. 그들의 표정은 이미 아름다움의 포로가 되어 있었다.

하인들이 다시금 포도주를 날라 왔다. 모두 자신의 욕망을 술잔에 묻고 포도주를 취하도록 마셨다. 모든 사람들의 움직임에는 생기가 넘쳤고, 목소리가 커지면서 한껏 분위기가 고조되었다.

마침내 도덕이나 절제는 사라져버리고 저마다 마음엔 혼란스러운 잡념이

들끓기 시작했다. 메마른 영혼에 불이 붙자 사람들은 이성을 잃고 마치 줄 끊어진 하프처럼 거친 불협화음을 토해내고 있었다.

개중에는 볼수록 마음을 들뜨게 만드는 소녀에게 은근히 사랑을 표현하려는 소년이 있는가하면, 저쪽에선 아름다운 여인을 현혹시킬 만한 감미로운 찬탄사를 궁리하고 있는 청년도 눈에 띄었다.

또 한쪽에서는 중년 남자가 계속해서 술잔을 비우며 악사들에게 자신의 젊음을 되돌릴 수 있는 추억의 선율을 들려달라고 떼쓰는 모습도 보였다.

다른 구석에선 한 쌍의 남녀가 사랑스런 눈길을 나누고 있었고, 이쪽 구석에선 머리가 하얗게 센 노파가 한데 어울려 재잘대고 있는 처녀들을 미소 띤 얼굴로 바라보며 열심히 외아들의 신붓감을 고르고 있었다.

한쪽 창가에서는 어떤 여인이 술 취한 남편의 눈을 속여가며 외간 남자와 어울려 오랜만에 밀회를 즐기는 중이었다.

어쨌거나 모든 사람들은 술과 유혹의 바다에 몸을 던진 채 어제를 망각하고 내일을 외면하며 오로지 지금 이 순간의 기쁨을 좀더 오래 지속시키려는 걷잡을 수 없는 욕망에 휩쓸리고 있었다.

이런 소란한 분위기 속에서, 곱게 치장한 신부는 마치 희망 없는 죄수가 감옥의 침침한 벽을 바라보며 탄식하는 듯한 슬픈 눈으로 모든 광경을 쳐다보고 있었다.

이따금 신부는 방 한쪽 구석으로 눈길을 보내곤 했다. 그곳에는 스무 살 남짓한 젊은이가 상처 입은 새처럼 혼자 앉아 있었다.

하객들과 멀찍이 떨어진 자리에 팔짱을 꽉 끼고 앉아 있는 그의 두 눈은 어떤 보이지 않는 뭔가에 고정되어 있었다. 그것은 마치 암흑의 환영을 찾아 허공을 날기 위해 영혼이 육체 속에서 분리되어 나간 듯한 모습이었다.

자정이 되자 하객들의 들뜬 마음도 더욱 고조되어서 집안 분위기는 거의 아수라장으로 변했다. 포도주의 자극이 점차 몸 속에 퍼지면서 감각이 몽롱해지고 말을 더듬는 사람들도 늘어났다.

조금 있자니 신랑이 먼저 자리에서 일어났다. 그는 중년의 나이에 외모가 다소 초라하게 느껴지는 남자였다. 술기운에 의해 일찌감치 감각을 상실한 그는 하객들에게 친절한 인상을 주려고 재미있는 농담을 던지며 가운데로 걸어나왔다.

그러자 신부는 하객들 중의 한 소녀에게 손짓을 해 보였다. 부름을 받은 소녀가 신부 옆에 다가와 앉았다. 신부는 아주 끔찍한 비밀을 폭로하는 사람처럼 초조하게 주위를 두리번거리며 소녀에게 몸을 숙여 떨리는 목소리로 이렇게 말했다.

　"내 소중한 친구야! 어린 시절부터 너와 나 사이에 맺어진 세상 무엇과도 바꿀 수 없는 우정과, 내 진실한 마음으로 네게 간청할게. 나는 지금 우리의 영혼을 빛나게 해주는 모든 사랑과, 내 가슴속의 기쁨과 슬픔에 의지하여 이렇게 간청하는 거야. 지금 셀림한테 가서 아무도 모르게 정원 버드나무 아래에서 나를 기다려달라고 말해주렴. 나를 위해서 그 사람에게 간절히 애원해다오. 지나간 우리의 추억을 상기시키고 사랑의 이름으로 그를 설득해주렴. 가서 한때는 그의 애인이었던 그녀가 어리석고 불행한 여자라고 말해다오. 이제 그녀는 조금씩 죽어가고 있으며 어둠이 오기 전에 그에게 가슴을 열어 보이고 싶어한다고 전해주렴. 지옥의 불길이 그녀를 모두 태워버리기 전에 사랑하는 사람의 눈에 비치는 그 따사로운 빛을 보고 싶어한다고 전해주렴. 그녀는 스스로를 이토록 파멸시킨 자신의 죄를 고백하고 그의 용서를 받고 싶어한다고 말해주렴. 어서 그 사람에게 가다오. 제발 나를 위해서만 말을 해주고, 이 야비한 사람들의 시선 따위는 무시해버리렴. 술이 그들의 눈과 귀를 멀게 했으니 걱정할 것 없어. 어서 가서 내 마음을 전해다오."

　신부의 친구 수잔은 그 애처로운 간청을 들어주기로 하고 혼자서 외롭게 앉아 있는 셀림 곁으로 향했다. 그녀는 조금 전 신부가 한 말을 그의 귀에 속삭이며 대답을 기다렸다.

　간절한 염원을 담고 있는 신부의 얼굴에서는 사랑이 넘쳐흘렀다. 셀림은 수잔의 말에 조용히 귀를 기울이는 모습이었다.

　수잔의 말이 끝날 때까지 아무런 대꾸도 하지 않던 셀림은 마치 목마른 사람이 하늘을 향해 기도하듯이 그녀를 바라보았다. 그러고는 세상의 가장 깊은 곳에서부터 터져나오는 듯한 탄식의 응어리를 내뱉었다.

　"버드나무 밑에서 기다리겠소."

　셀림은 말을 마친 뒤 의자에서 벌떡 일어나 정원으로 나갔다.

　곧이어 신부도 자리에서 일어나 셀림을 따라갔다. 벌써부터 술의 유혹에 빠진 남자들과, 이미 그곳에 있는 젊은 남자들에게 사랑을 허락해버린 여자들 사이로 신부는 조심스럽게 빠져나갔다.

이윽고 어둠의 외투를 두른 정원에 다다르자 신부는 걸음을 서둘렀다. 셀림이 기다리고 있을 버드나무숲에 도착할 때까지 그녀는 굶주린 늑대로부터 도망치는 한 마리의 영양처럼 온 힘을 다해 뛰었다.

마침내 그를 발견했을 때 신부는 셀림의 품에 와락 달려들며 그 목에 팔을 감았다. 그녀는 그의 눈을 바라보며 가슴 깊은 곳에서 쏟아져 나오는 말들을 토해냈다. 눈에서는 하염없이 눈물이 흘러내렸다.

"오! 제 말을 좀 들어주세요. 제 어리석음과 성급함 때문에 얼마나 후회했는지 모른답니다. 셀림! 뒤늦은 후회로 제 가슴은 처참하게 무너져버렸어요. 전 누구보다도 당신을 사랑하고 있어요. 마지막 순간까지 당신만을 사랑할 거예요. 사람들은 당신이 이미 저를 잊고, 다른 여인을 사랑하고 있다고 말했어요. 사람들의 혀는 독약처럼 제 육신을 병들게 했고, 제 가슴을 갈기갈기 찢었고, 제 영혼을 거짓으로 가득 채웠던 거예요. 나이베가 말하기를 당신은 저를 잊은 지 오래고 이제는 저를 증오하며 자기와 사랑에 빠져 있다는 거예요. 그녀가 저를 너무나 괴롭혔지요. 그 사악한 여자는 제 감정을 엄청난 혼란에 빠뜨렸어요. 그리하여 자신의 친척과 나를 결혼시킬 수 있었던 겁니다. 하지만 제게는 셀림! 당신뿐이에요. 다른 남자는 그 누구도 필요치 않아요. 이제 제 눈에는 그 어떤 것도 보이질 않아요. 그저 당신만이 유일한 존재랍니다. 전 이제 저 집에서 나온 거예요. 다시는 돌아가지 않겠어요. 전 당신 품에 안기기 위해서 왔어요. 세상 누구도 절망 속에서 어쩔 수 없이 결혼한 남자의 품으로 돌아가도록 저를 강요하진 못할 거예요. 저는 거짓으로 선택한 남편과 운명에 의해 보호자가 된 아버지 곁을 떠나왔어요. 신부 머리에 화관을 씌우고 관습과 전통을 일종의 족쇄처럼 이용하려는 율법을 뒤로하고 나온 겁니다. 술과 쾌락에 찌든 집을 떠나 저는 당신과 함께 멀리 도망치려고 왔어요. 지구 끝까지라도…… 지금 바로 죽음의 손아귀에 떨어진다 해도…… 그 어디로든 가겠어요, 셀림! 우리 어서 이곳을 떠나요. 해변가로 내려가서 저 멀리 우리만의 세계로 데려다줄 배를 타요. 자, 어서 가요, 새벽이 오기 전에 저들의 손에 붙잡히지 않을 안전한 곳에 닿을 수 있도록…… 보세요, 이 비싼 장신구와 보석들을…… 이것만 있으면 우리는 언제까지나 왕자와 공주처럼 살 수 있을 거예요. 셀림! 왜 말이 없나요? 왜 그렇게 저를 바라보시는 건가요? 왜 제게 키스를 안 해주시나요? 당신은 제 가슴속의 외침이 들리지 않으세요? 당신은 아직도 제가 부모님을 배반하고 당신에게 도망쳐 온 것을 믿지 못하시나요? 말을 좀 해주세요, 셀림! 아니면 빨리 떠나시든지요. 지금 이 시간이 우리에겐 다이아몬드보다도 더 귀중하고 제왕들의 왕관보다도 더욱 값진 순간이랍니다."

신부의 이 모든 말과 그 목소리에는 인생의 속삭임보다도 달콤하고 죽음의 구덩이보다도 쓰고 새의 날갯짓보다도 가볍고 파도의 한숨보다도 깊은 음악이 들어 있었다.

그녀의 가슴속에는 희망과 절망, 쾌락과 고통, 기쁨과 슬픔 사이를 배회하는 모든 갈망이 숨어 있었다.

셀림은 그냥 그대로 선 채로 조용히 신부의 이야기를 들었다. 그의 영혼은 사랑과 율법의 갈림길에서 엄청난 혼란에 빠졌다. 사랑은 정글을 평원으로, 어둠을 빛으로 만드는 것, 도덕을 지키는 명예란 영혼으로 하여금 결코 욕망에 휘둘리지 않도록 단련시키는 것, 사랑은 신이 인간의 가슴에 심어주신 것, 명예란 인류의 전통과 율법에 의한 도덕적 관습이 마음에 넘쳐흐르게 하는 것임을 그는 알고 있었다.

한참을 탄생과 파멸 사이에서 질서를 잃은 국가가 겪는 고난처럼 암담한 현실에 머물러 있던 셀림은 이윽고 그 터널을 빠져나와 머리를 들었다.

명예심이 그의 영혼으로 하여금 욕망을 이겨내도록 부추겼다. 그는 겁에 질린 채 자신을 바라보고 있는 신부를 외면하며 나직한 음성으로 이렇게 말했다.

"돌아가시오, 당신 남편이 있는 곳으로…… 이미 다 끝난 일이오. 사람이 꿈에서 깼을 땐 모든 것이 지워지는 법이오. 어서 가시오. 언제나 눈치 빠른 손님들의 시선이 당신에게 향하기 전에, 그들이 옛날에 자신의 애인을 버렸듯이 결혼식날 밤에 남편을 버렸다고 당신을 욕하기 전에 어서 안으로 들어가시오."

신부는 그 순간 바람 부는 길가에 핀 한 송이 시든 꽃처럼 몸을 떨었다. 그녀는 고통스러운 표정으로 고개를 가로저었다.

"비록 숨이 끊어지는 한이 있어도 저 집으로는 다시 돌아가지 않겠어요. 이제 나는 영원히 저 집을 떠난 몸, 저 집과 그 안에 있는 모든 것으로부터 벗어난 것입니다. 죄수가 유배지를 떠나듯이 말이지요. 당신은 나를 의심할 자격이 없습니다. 왜냐하면 우리의 영혼을 하나로 묶어놓은 사랑의 힘은 내 육신을 한 남자의 일부분으로 만들려고 했던 신부님 손보다 더 강하니까요. 당신의 목을 감고 있는 내 팔을 봐요. 나의 영혼은 당신의 영혼에 밀착되어 있어요. 죽음조차 그것을 떼어놓을 수 없을 거예요."

셀림은 그녀의 팔에서 벗어나려고 무진 애를 썼다. 지금까지 그녀에 대한 사랑이 무너지는 혐오스러운 감정이 얼굴에 역력하게 나타났다.

"자, 이제 소용없어요. 그러니 빨리 내게서 떠나요. 난 이미 당신을 잊은 지 오래되었소. 다른 여자를 사랑하고 있다는 사람들의 얘기는 모두 사실이었소. 내 말 무슨 뜻인지 알겠소? 이미 내 마음에 당신의 자리는 없어진 지 오래요. 당신에 대한 증오 때문에 나는 다른 곳으로 눈을 돌렸던 거요. 어서 내게서 떠나요. 나 역시 내 길로 갈 테니 당신도 남편에게 충실하며 살아가도록 해요."

신부는 슬픔을 가까스로 삼키며 이렇게 외쳤다.

"절대로 그럴 리가 없어요. 난 당신의 말을 믿을 수가 없어요. 당신은 분명 나를 사랑하고 있어요. 아직 당신의 눈에는 사랑의 진실이 담겨 있어요. 나는 그것을 읽었고, 당신의 몸을 만지면서 사랑의 감촉을 느꼈어요. 당신은 나를 사랑하고 있어요. 내가 당신을 사랑하는 것만큼 말이에요. 혼자서는 절대로 이 곳을 떠나지 않겠어요. 나한테 힘이 남아 있는 한 저 집으로는 들어가지 않겠어요. 당신이 가는 곳이라면 세상 끝이라도 따라가겠어요. 그것이 죽음에 이르는 길이라 해도 전 당신을 따라갈 거예요. 그러니 어서, 당신이 앞장서세요."

그러자 셀림은 다소 언성을 높였다.

"제발 내가 시키는 대로 해요. 안 그러면 하객들이 정원 한가운데로 몰려오도록 소리치겠소. 그러니 어서 남편에게로 가요. 저들 앞에서 당신의 옳지 못한 행동을 보여 조롱거리가 되기 전에……. 내가 사랑하는 나이베를 이곳으로 불러와서 그녀가 당신을 비웃으며 자신의 승리를 확인하기 전에 가란 말이오."

그는 말을 마친 뒤 그녀를 힘껏 밀어제쳤다. 순간, 그녀의 눈에서 광기가 번뜩였다.

그녀의 애원하는 듯한 눈은 곧 노여움과 질투로 이글거렸다. 신부는 마치 새끼를 잃은 암사자와 같은 모습으로 마구 울부짖었다.

"이 세상에 누가 나처럼 당신을 사랑할 수 있어, 진실한 사랑으로 당신과 입맞춤할 여자가 나말고 또 어디 있느냐구요?"

그녀는 순간적으로 품안에서 단검을 꺼내 들고 주저없이 셀림의 가슴에 꽂았다.

셀림은 갑자기 비틀거리며 힘없이 쓰러졌다. 그 모습은 마치 폭풍에 잘려 넘어지는 나무와 같았다. 그녀는 무릎을 꿇고 엎드려 그에게 몸을 기댔다.

그녀의 손에 들려 있던 단검에서는 피가 흐르고 있었다. 셀림은 가까스로 힘겹게 눈을 떴다. 이미 그 눈자위에는 죽음의 그림자가 드리워져 있었다. 그는 가쁜 숨을 토하며 입을 열었다.

"내 사랑 라일라! 어서 이리 가까이 와요. 제발 내 곁을 떠나지 말아주오. 사랑은 죽음보다 강한 법. 당신의 결혼을 축하하기 위해 온 사람들의 웃음소리를 들어봐요. 그리고 술잔이 부딪치는 소리를. 당신은 저 무례함과 불협화음의 씁쓸한 자리에서 나를 빠져나오게 해주었소, 라일라! 내 뼈와 살을 찢은…… 당신의 손에 키스해도 되겠소? 어서 내 입술에 키스해주오……. 라일라. 가슴속의 비밀을 속인 이 거짓된 입술에 말이오. 당신의 손으로 기운을 잃은 내 눈꺼풀을 덮어주오. 이제 곧 내 영혼이 저승으로 떠나면 그칼을 내 손에 쥐어주고 사람들에게 이렇게 말하구려. 이 사람은 한 여자를 잃어버린 질투와 절망감 때문에 자살을 했노라고. 라일라, 난 당신을 사랑했소, 세상 그 누구보다도……. 그렇지만 결혼식날 밤에 신부를 데리고 도망치는 것보다는 이렇게 내 인생을 희생하는 것이 차라리 행복하다오. 사람들이 내 초라한 주검을 확인하러 오기 전에 어서 내게 키스를 해주오, 라일라, 라일라!"

셀림은 마침내 식어가는 손을 피가 흐르는 자신의 가슴에 얹고 머리를 옆으로 떨어뜨렸다. 그의 영혼은 육신으로부터 떠나갔다.

신부는 고개를 쳐들고 집 안을 향해 공포에 가득 찬 목소리로 외쳤다.

"여기 좀 보세요. 자, 우리의 결혼 첫날밤을……. 술 취해 잠든 모든 이여, 빨리 깨어나서 우리를 보세요. 우리의 사랑과 죽음과 인생의 비밀을 보여드리겠어요."

라일라의 외침은 집 안 구석구석까지 울려 퍼졌다. 사람들은 저마다 흥청거리던 분위기 속에서 오싹한 기분에 빠져들었다.

그들은 한동안 멍하니 라일라의 절규를 듣고만 있었다. 마치 갑작스레 선잠에서 깨어낸 것처럼……. 곧이어 그들은 집 밖으로 뛰쳐나왔다. 그리고 서로 엎어지고 넘어지면서 허둥지둥 달려와, 죽은 셀림의 시체 옆에 꿇어 엎드린 신부의 모습을 보았다. 순간 그들은 놀라움과 두려움에 질린 표정으로 흠칫 한 걸음 물러섰다.

그들 중 어느 누구도 사태의 흐름을 파악하지 못했다. 셀림의 가슴에 낭자한 선혈과 신부의 손에 쥐어진 피 묻은 단검이 사람들의 혀를 굳게 만들었고, 그들의 영혼까지 얼어붙게 한 것 같았다.

신부는 천천히 그들을 올려다보았다. 그녀의 얼굴에 슬픔과 공포가 역력했다.

"이리들 가까이 오세요. 오, 비겁한 분들이여, 죽음의 순간을 두려워하지 마세요. 여기 이 시신은 신성한 도구이니 당신들의 불결한 몸과 거짓으로 찌든 영혼을 털끝만큼도 건드리지 않을 것입니다. 결혼식 예물로 치장한 멋진 젊은이를 잘 보세요. 나는 그를 사랑하기 때문에 죽였답니다. 그는 나의 신랑이며, 나는 그의 신부랍니다. 우리는 아름다운 첫날밤을 보내기 위한 침대를 구하려 했지만, 여러분들의 탐욕으로 부패된 이 세상에선 우리에게 맞는 침대를 구할 수가 없었습니다. 여러분들이 만들어낸 전통과 그 억압의 사슬에서 풀려나려면 우리는 구름 저쪽 머나먼 나라로 가는 것이 좋겠어요. 자, 두려움에 떨고 있는 여러분들, 좀더 가까이 오시죠. 그리고 보세요. 아마 여러분들은 우리의 얼굴에 반사된 하느님의 얼굴과 우리의 마음에서 들리는 하느님의 부드러운 음성을 들을 수 있을 겁니다."

사람들은 그때까지도 꼼짝없이 그 자리에 못 박힌 듯 서 있을 뿐이었다.

"내 애인이 나를 버리고 자신을 사랑하게 되었노라고 거짓 소문을 퍼뜨린 악독하고 시기심에 가득 찬 여자는 어디 있나요? 신부님께서 내 손을 자기 친척의 머리 위에 올렸을 때, 그 사악한 여자는 자신이 승리자인 줄 알았겠지요. 그 나이베라, 지옥에서 온 독사는 어디로 갔나요? 그녀를 불러와서, 그녀가 나를 강제로 떠다 민 남자가 아닌 내가 사랑하는 이와의 혼례식에 여러분들이 초대되었음을 보게 해주시지요. 여러분들은 내 말을 조금도 이해하지 못하실 거예요. 누구도 어두운 마음으로는 별의 노래를 들을 수 없으니까요. 하지만 결혼식날 밤 애인을 살해한 여자의 이야기를 아이들한테는 말해주겠지요. 그리고 거짓된 입술로 나를 저주할 테지요. 그러나 여러분들의 자손들은 나를 숭배할 거예요. 진리란 항상 내일을 위해 있는 것이니까요. 그리고 부와 질투를 이용해 나를 아내로 삼으려 했던 남자, 당신은 어둠 속에서 빛을 찾으며 바위틈에서 물이 나오기를 기다리고, 황무지에서 장미가 피어나기를 갈망하는 간교하고 어리석은 사람의 상징이에요. 당신은 장님을 지도자로 삼은 이 바보들의 우상입니다. 당신은 멋을 내기 위해 자신의 팔다리를 잘라내려는 헛된 인간의 표상이지요. 그러나 난 당신의 그 모자람을 용서합니다. 영혼이 떠날 땐 기꺼이 이 세상의 죄악을 용서하는 법이니까요."

그 순간 라일라는 마치 목마른 사람이 물잔을 입으로 갖다대듯, 높이 쳐들었던 단검을 자기 가슴에 내리꽂았다. 그리고 다음 순간 목이 잘린 백합처럼 애인의 옆으로 쓰러졌다.

여자들은 그 처참함에 비명을 지르며 정신을 놓아버렸다. 사방에서 남자들이 고함소리를 내며 희생자들 주위에 몰려들었다.

아직 숨이 남아 있던 라일라는 다가오는 그들을 조용히 올려다보았다. 그녀의 가슴에선 피가 흘러넘치고 있었다.

"내 곁으로 가까이 오지 마세요. 여러분들은 절대로 우리를 갈라놓을 수가 없어요. 이제 굶주린 대지가 우리를 한 입에 삼킬 것입니다. 봄이 오기 전에 꽃씨가 겨울의 눈보라로부터 보호받듯이……."

라일라는 셀림의 가슴에 엎드려 그 차가운 입술에 자기의 입술을 대었다.

"사랑하는 이여! 내 영혼의 반려자여, 질투로 가득 찬 이들이 우리의 침대 주위에 서 있는 것을 좀 보세요. 우리를 바라보는 저들의 눈, 이빨을 부딪는 소리, 그들의 뼈가 부딪는 소리를 들어보세요. 셀림, 당신은 오랫동안 기다렸어요. 여기 나를 좀 보세요. 나는 이제 내 몸을 휘감고 있던 굴레를 벗어버렸어요, 이제 거리낌 없이 태양을 향해 갈 수 있어요. 우린 암흑 속에서 너무 오래 살았어요. 모든 것이 숨어버렸어요. 이제 당신 외에는 아무것도 쳐다보지 않겠어요. 내 입술을 보세요, 난 더 이상 숨쉴 힘이 없어요. 셀림, 어서 가요. 사랑이 날개를 펴고 저 빛나는 허공 속으로 우리보다 앞서 날아가고 있어요."

마침내 라일라는 셀림의 가슴 위에 쓰러졌다. 그녀의 피가 그의 피와 섞였다. 그녀는 그의 목에 머리를 눕혔다. 그리고 시선을 그의 눈에 고정시켰다.

사람들은 도무지 말을 꺼낼 수가 없었다. 모두 표정이 백지장처럼 창백해지면서 무릎에 힘이 빠져나갔다. 죽음의 공포가 순간 모든 이들의 생명력을 빼내버린 것 같았다.

그때 결혼식의 주례를 맡았던 신부가 앞으로 나왔다. 그는 죽은 두 사람을 향해 오른팔을 흔들며 겁에 질린 사람들을 향해 큰소리로 외쳤다.

"죄악의 피로 더럽혀진 이 두 시체에 손을 대는 사람에겐 저주가 있을지어다. 지옥으로 떨어질 이 두 사람에게 동정의 눈물을 흘리는 눈에도 저주가 있을지어다. 소돔의 아들과 고모라의 딸인 두 시체는 피로 더럽혀진 채 이 땅에 버려져서 개들에게 그 살이 뜯기고 바람이 뼛속까지 흩어놓을지어다. 이제 여러분들은 집으로 돌아가서 이 죄악과 부패의 악취로부터 몸을 피하시오. 이 냄새나는 시체 옆에 서 있지 말고 모두 집으로 돌아가시오. 지옥의 불이 당신들을 덮치기 전에 어서 가시오. 여기에 남아 있는 사람은 다시는 신앙심 깊은 자들의 거룩한 성전에 들어올 수 없을 것입니다."

그때 수잔이 앞으로 나왔다. 그녀는 눈물이 그렁그렁한 눈으로 시체를 바라보며 용기 있게 입을 열었다.

"나는 여기 남겠어요. 새벽이 올 때까지 저들을 지키고 있다가, 이 흔들거리는 가지 밑에 무덤을 파겠어요. 당신이 막으시면, 내 손가락으로라도 땅을 파겠어요. 만약 내 손을 묶으신다면 이빨로라도 땅을 파겠어요. 여러분들은 빨리 이곳을 떠나세요. 돼지들은 아름다운 향기를 감내하지 못하며, 도둑들은 집주인과 여명이 밝아오는 것을 두려워하니까요. 음침한 여러분의 침대로 어서들 돌아가세요. 사랑의 순교자들을 위한 천국의 음악이 들리지 않을 테니까요."

결국 사람들은 하나 둘 흩어져버렸고 신부의 찡그린 얼굴도 멀어졌다.

수잔은 밤의 정적 속에서 아기를 돌보는 어머니처럼, 움직이지 않는 시체 옆에 남아 있었다. 사람들이 모두 떠난 뒤에야 그녀는 비통함에 빠져들어 목놓아 울기 시작했다.

The Earth Gods

대지의 신

대지의 신

대지의 신

열두 영겁의 밤이 내리고, 깊은 밤의 조류와도 같은 정적이 산봉우리를 뒤덮은 시간, 대지의 수호자인 세 명의 신이 산 위에 나타났다.

강물은 신들의 발꿈치에서 흘렀고, 안개는 그들의 가슴 주변에 맴돌았다. 그리고 세 신의 머리가 이 세상 위로 장엄하게 떠올랐다.

이윽고 신들은 이야기를 나누었다. 먼 천둥소리와 같이 그들의 목소리는 평원 위로 울려퍼졌다.

첫 번째 신(神)

바람이 동쪽으로 불고 있으니, 나는 남쪽으로 얼굴을 돌리련다. 바람이 죽은 것들의 냄새를 내 콧속에 마구 밀어넣기 때문이다.

두 번째 신

이것은 구운 고기의 향내이다. 나는 그 달콤하고 기름진 내음을 맡으련다.

첫 번째 신

이것은 그 자신이 희미한 불길에 타고 있는 인간의 냄새다. 그 냄새는 허공에 지독하게 퍼져 있다. 그리고 그 냄새는 지옥의 혼탁한 숨결과도 같이 나의 후각을 망치려 한다. 나는 냄새가 없는 북쪽으로 얼굴을 돌리련다.

두 번째 신

이것은 지금 내가 호흡하고 있는, 영원히 들이마셔야 할 깊은 생각의 향내이다.

신들은 피로써 억눌린 인간들의 욕망과, 어린 영혼들의 희생으로 얼룩진 인간의 가슴과, 죽음과 함께 사는 자들의 끊임없는 탄식에 의하여 더욱 강인해진 인간의 근육을 갖고 산다.

희생자인 인간들의 왕좌는 여러 세대의 잿더미 위에 세워진다.

첫 번째 신

모든 힘의 근원인 내 영혼은 지쳐 있다. 하나의 세상을 창조할 때나 혹은 소멸시킬 때나, 나는 전혀 움직이지 않을 것이다.

영겁의 무게가 나를 누르고, 끊임없는 바다의 신음소리가 내 잠을 빼앗아 가버렸다. 만약 죽을 수만 있다면 나는 다시 살지 않을 것이다.

내가 최초의 빛을 잃고 쇠잔해진 태양과 같이 사라져갈 수만 있다면! 나의 신성(神性)으로부터 그 힘을 빼앗고, 나의 불멸성을 우주 공간으로 불러내어 더 이상 내가 신이 아니었으면, 또 내가 시간의 기억 속에서 소멸되어 무(無)의 공허 속으로 사라질 수만 있다면!

세 번째 신

나의 옛 형제들이여 들으라.

한 젊은이가 건너편 골짜기에서 밤새도록 그의 온 마음을 노래하고 있다. 금빛 하프를 연주하는 그의 목소리는 금과 은이 부딪치는 것 같구나.

두 번째 신

나는 공허한 허무주의 따위를 알려고 하지는 않겠다.

나는 가장 어려운 길을 택할 수밖에 없었다. 계절에 순응하고, 씨를 뿌려 그 싹이 대지를 뚫고 나오는 것을 지켜보겠다. 은밀한 장소로부터 꽃을 불러내어 그 스스로의 삶을 영위해나갈 힘을 주겠다.

폭풍이 그 꽃을 꺾으려고 숲 속에 몰아칠 때 신비로운 어둠으로부터 인간을 끌어올려 그의 자손들이 대지에 뿌리를 내리게 하여 그에게 삶의 욕망을 불어넣어 주겠다. 또한 죽음을 그의 노예로 만들고 고통과 함께 시들게 하며, 열망을 더욱 거세게 하고 첫 포옹과 더불어 시들어가는 사랑을 그에게 나누어주겠노라.

그들이 맞이하는 밤보다 나은 꿈으로 많은 날들을 채워주고, 환한 낮은 밤의 환상으로 채워주며, 그의 밤과 낮들이 영원히 짧게 하리라. 그의 공상을 산정 높이 나는 독수리처럼 만들어놓고, 그의 생각은 해양의 폭풍우와 같이 만들겠노라.

그에게 결정의 덩어리를 옮겨놓기에 충분한 두 발을 주며, 그에게 우리의 신 앞에서 노래할 기쁨을 주고, 또한 우리에게 기도할 슬픔을 주고, 대지가 굶주림에 허덕이며 소리칠 때 그를 멸망시키겠노라.

그의 영혼을 창공 위로 높이 들어올려 우리의 미래를 미리 맛볼 수 있게 하며, 그의 육체를 진흙 속에 엉기게 하여 과거를 망각하지 못하게 하리라.

이렇게 우리는 대지의 시간이 끝날 때까지 인간을 다스릴 것이다. 그의 어머니의 울부짖음으로 시작하여 아이들의 슬픔에 찬 탄식과 함께 끝나는 생명의 숨으로 인간을 다스리리라.

첫 번째 신

내가 갈증을 느낄지라도 연약한 종족의 여린 피를 마시지는 않으련다.

내 입에는 불결한 술잔에 담긴 술이 쓰기만 하다. 나는 그대와 똑같이 점토를 빚어 숨쉬는 형상을 만들었다.

그 점토로 빚은 형상들은 내 젖은 손에서 빠져나와 습기 찬 언덕의 숲으로 가버렸다. 나는 그대와 똑같이 삶의 어두운 심연을 환하게 밝혀왔고, 점토로 빚은 형상들이 동굴에서 기어나와 바위산으로 가는 것을 지켜보았다.

나는 그대와 같이 봄을 불러 모아 대지를 아름답게 꾸몄다. 생산과 번식을 위해 젊음을 결합시키는 일종의 미끼로써.

그대처럼 나는 인간을 성지(聖地)에서 성지로 인도해왔으며, 보이지 않는 사물에 대한 무언의 두려움을, 일찍이 전해진 바 없는 우리에 대한 두려움과 신앙으로 전환시켰다.

그대처럼 나는 거친 폭풍우를 인간의 머리 위에 내려 그들을 굴복시켰고, 인간이 우리에게 구원을 요청할 때까지 그가 서 있는 대지를 흔들었다.

인간이 우리를 부르며 죽어갈 때까지, 나 또한 그대처럼 사나운 대양을 그가 살고 있는 섬으로 이끌었다. 나는 이 모든 것들 외에도 그 이상의 것을 해주었다.

그런데 내가 한 모든 일은 공허하고 헛된 짓이었다. 잠에서 깨어나면 공허하고 잠이 들어도 허전했다. 그리고 계속되는 그 모든 것들이 다 꿈이었다.

세 번째 신
나의 거룩한 형제들이여!

저기 작은 숲에서 한 소녀가 머리에는 수천의 별을 얹고, 발에는 수많은 날개를 달고 달빛에 춤추고 있네.

두 번째 신
우리는 우리의 포도나무인 인간을 이 땅에 심었고, 첫새벽의 보랏빛 안개 속에서 대지를 일궈왔다.

그 동안 포도나무의 가냘픈 가지가 성장하는 것을 지켜보았고, 끊임없는 세월 동안 여린 나뭇잎들을 돌보아왔다. 연약한 존재들을 쓰러뜨리기 위해 덤벼드는 그 모든 공격으로부터 새싹들을 보호했고, 사악한 것으로부터 꽃들을 지켜왔다.

그리하여 지금 우리의 포도나무에는 포도가 영글었다. 이제는 그 열매를 거두어 즙을 내야 할 것이다.

그대가 아니면 어떤 힘센 손이 있어 열매를 거두겠는가?

그대의 갈증을 채우는 일 외에 어느 고귀한 목적에 포도주가 쓰여지리요?

인간들은 신들을 위한 음식에 불과하며, 인간의 영광은 그의 목적 없는 숨결이 신들의 신성한 입술에 닿았을 때 비로소 시작되는 것이다.

첫 번째 신
그렇지, 인간은 신을 위한 희생물에 불과해!

인간의 모든 것들은 결국 신들의 식탁 위로 오르게 되지! 임신과 출산의 고통, 고요한 밤의 정적을 가르는 갓난아이의 맹목적인 울부짖음, 젖가슴으로부터 아기의 생명을 불어넣어주기 위해서 졸음과 싸움하는 어머니의 고뇌, 고통받는 젊음의 분노에 찬 숨결, 욕망과 정열의 괴로운 흐느낌들, 버려진 땅을 일구는 땀에 젖은 눈썹, 삶의 의지에 역행하는 핏기 없는 노인의 회한. 보라! 이것이 인간이다.

인간적인 것 그 자체로서 남는다면 모든 것은 무의미하다. 어린아이들의 순수함, 젊음의 향긋한 유혹, 억센 인간의 정열, 지긋한 나이의 지혜. 왕의 영광, 병사들의 승리, 시인의 명상, 사상가들의 명예, 이 모든 것과 그 안에 존재하는 모든 것들은 다 신들의 양식이다.

만일 신들이 이 모든 것들을 입으로 가져가지 않는다면, 인간이란 존재는 하찮고 쓸모없는 빵 조각에 불과하다.

그러므로 인간은 마치 소리를 내지 못하는 곡식이 나이팅게일의 양식이 됨으로써 사랑의 노래로 변하듯 신을 위한 제물로써 만족해야 할 것이다.

인간은 배고픔 속에 양육되어 신들을 위한 음식으로 변하는 동물, 사악한 그늘의 밤에 먼지처럼 꽃피우는 식물.

슬픔과 공포와 수치심으로 가득한 포도 열매.

세 번째 신

형제들이여, 두려움에 떨고 있는 나의 형제들이여, 젊은이가 어찌나 슬픈 노래를 하고 있는지 참으로 고결하구나.

그 젊은이의 목소리는 숲속을 뒤흔들고, 하늘을 찌르고, 대지의 선잠을 깨우는구나.

두 번째 신

꿀벌은 그대들의 귓전에서 거칠게 노래한다. 그대들의 입술에 묻은 꿀은 너무나 불결하다.

내 기꺼이 그대들을 위로해주고 싶지만, 어떻게 해야 할까?

신이 신들을 외쳐 부를 때, 그 소리는 오직 심연 속을 맴돌 뿐, 신과 신 사이에 놓인 심연은 감히 측정할 수 없는 것, 그 공간엔 바람 한 점 없구나.

하지만 나는 그대를 위로해주리라. 구름 덮인 그대들의 하늘을 청명하게 만들어주겠노라. 그리고 비록 우리들의 힘과 지혜가 동등하다 할지라도 난 이렇게 충고하리라.

대지가 혼돈에서 벗어나고, 태초의 생명인 우리가 티끌 한 점 없는 광명 속에서 서로를 보았을 때, 우리는 대기와 바다의 흐름을 촉진시켜 첫 번째의 고요한 전율을 호흡했노라.

그때 우리는 손을 맞잡고 잿빛만이 가득한 태초의 세상을 걸었고, 우리의 나른한 첫 발자국의 울림으로부터 시간은 태어났도다.

바로 그것이 네 번째 신이었노라. 그 신은 우리의 사상과 욕망에 명암을 나타내주고, 우리의 눈에만 그것들이 보이게 했지.

그러나 대지에 생명이 싹트고, 그 생명에는 우주의 신비한 가락인 영혼이 깃들었노라.

우리는 그 생명과 영혼을 지배했으며, 우리가 일곱 영겁의 한낮에 바다와 태양을 결혼시킬 때까지는 그 어떤 존재도 세월의 희미한 꿈의 무게를 측정할 수는 없었을 것이다.

갓 결혼한 바다와 태양의 황홀경이 가득한 신방으로부터, 우린 비록 나약하지만 충성스러운 혈통을 간직한 인간을 얻게 되었노라.

우리는 별을 보며 황야를 걷는 인간을 통해서 대지의 저 먼 지역에 이르는 통로를 찾을 것이고, 우린 침침한 물가에서 자라는 약한 갈대인 인간에게 플루트를 만들어줄 것이다. 그 빈 가슴을 통해 우리 목소리가 침묵의 경계를 무너뜨리고 온 세계로 전해지리라.

태양이 없는 북쪽에서부터 햇빛이 쏟아지는 남쪽의 사막에 이르기까지, 비록 연약한 가슴을 갖고 있으나 우리의 목적에 의해 몹시 담대해진 인간은 아름다운 감정과 용기를 갖게 되었노라.

인간의 의지는 곧 우리의 것이고, 인간의 권리도 곧 우리의 것이며, 인간의 사랑도 실은 우리 욕망의 바다를 채우기 위한 것이 아니겠는가. 우리는 저 높은 곳, 인간의 잠 속에서 우리의 꿈을 꾸노라. 우리는 인간의 나날들이 여명의 골짜기로부터 멀어지기를 재촉하며, 언덕 위에서 그들의 풍성함을 추구하도록 재촉하리라.

우리의 손은 세상을 휩쓰는 폭풍우를 지휘하며, 또한 무미건조한 평화로부터 인간을 불러내어 왕성한 투쟁의식을 고취시키고 승리의 쾌감을 맛보게 하리라.

우리의 눈은 인간의 영혼을 불꽃처럼 뜨겁게 만들고, 고매한 고독과 반항적인 예언으로 이끌며, 깊은 고뇌로부터 통찰력을 이끌어내는 힘이 있노라.

인간은 속박된 상태로 세상에 태어났으며, 속박 속에 그의 명예와 보상이 존재할 뿐이다. 우리는 신의 대변자로서 인간을 택했고, 인간의 삶 속에서 우리가 바라는 바를 얻어내리라.

만일 세상의 혼탁한 먼지로 인해 인간의 가슴이 막혀버린다면, 어느 누가 우리의 목소리를 대변할 수 있을 것인가?

만일 칠흑같이 어두운 밤이 인간의 눈을 멀게 한다면, 어느 누가 우리의 광휘를 보아준단 말인가?

그렇다면 바로 우리 자신의 형상이며, 우리가 가슴으로 만들어낸 최초의 아들인 인간에게 우리는 무엇을 해줄 것인가?

세 번째 신

형제들이여, 나의 강하고 담대한 형제들이여, 춤추는 이의 두 발이 노래에 취해 있구려.

춤추는 무희의 노래는 공기를 진동시키고, 그녀의 두 손은 비둘기처럼 저 하늘로 날아오르는구려.

첫 번째 신

종달새가 종달새를 부를 때 하늘로 치솟아오른 독수리는 분명 그 노래를 들으리라.

그대는 노예처럼 복종하는 인간의 신앙심에 만족하고 있구려.

그러나 나의 사랑은 무한하여 측량할 수가 없다오. 나는 죽음 너머의 땅에 머물고, 하늘에 터전을 편다오. 내 팔은 우주를 에워싸리라. 나는 별자리를 활로 삼고, 혜성을 화살로 삼아 우주의 무한을 정복하리라.

그대에게 나와 같은 능력이 있다해도 그것을 사용치는 못할 것이오.

이는 한 인간이 다른 인간에 대해 좀더 우월한 것과 같이 신의 능력 또한 각기 다르기 때문이라오.

어쩌면 그대는 지나간 세월의 기억을 안개 속을 헤매는 것 같은 나의 지친 마음에서 찾아냈으리라. 내 영혼이 산중에서 능력을 찾고, 내 눈이 잠자는 바다 속에서 인간의 형상을 추구하였을 때 말이오.

하지만 나의 어제는 갓난아이의 출생으로 사라졌고, 이제 침묵만이 테를 찾으며, 가슴엔 모래를 뿌리는 바람만이 스며들 뿐이라오.

아! 어제의, 죽어버린 날들이여.

구속받는 내 믿음의 어머니시여,

어떤 우월한 신이 날아가는 당신을 잡게 하려고 우리에게 힘을 주었는가?

어떤 거대한 태양이 나를 태어나게 하려고 당신 가슴을 뜨겁게 했는가?

나는 당신을 축복하지는 않으나, 또한 저주하지도 않으리.

그것은 당신이 내게 짐을 지운 것과 똑같이 나 역시 인간에게 삶의 짐을 지웠기 때문이라네.

하지만 나는 당신보다 조금은 덜 잔인했다오. 죽음을 모르는 나는 인간을 지나가는 그림자로 만들었으나, 당신은 죽어가면서도 나를 불멸의 존재로 잉태했소.

아! 어제의, 죽은 날들이여,

내가 당신을 심판할 수 있도록 먼 미래와 함께 되돌아오라.

내가 고착된 대지로부터 당신의 기억을 지우도록 두 번째 삶의 새벽을 깨워 다오.

대지가 자신의 쓰디쓴 열매로 인해 질식할 때까지, 모든 옛날의 죽은 자들과 함께 일어나는 것이 어떻겠는가?

모든 바다는 죽음을 이룬 것들에게 흘러가지 못하고, 겹친 재난은 대지의 헛된 풍요를 삼켜버릴 뿐이로다.

세 번째 신

형제들이여, 내 거룩한 형제들이여.

소녀가 그 노래를 들었고, 마침내 노래하는 이를 찾아나섰다오.

마치 기쁨에 찬 새끼 사슴처럼, 그녀는 시냇가 바위를 뛰어넘으며 사방을 해매다니는구려.

아, 죽음을 면치 못할 기쁨이여, 완전함을 보지 못하는 눈,

주어진 즐거움을 맛봄으로써 떨리는 입술 위의 미소!

천국으로부터 어떤 꽃이 나리고, 지옥에서는 어떤 불꽃이 피어오르는가.

무슨 일이 일어났기에 이토록 숨막히는 기쁨과 두려움에 대해 침묵하려는 마음을 자극하겠는가?

우리가 하늘에서 무슨 꿈을 찾고, 무슨 생각을 바람에게 주었기에 잠자는

계곡을 깨우고, 그 밤을 환희로 가득 차게 했을까?

두 번째 신

세상에서 가장 훌륭한 베틀과 옷 짜는 기술이 그대에게 주어졌다오.

그것들은 영원히 그대의 것이며, 검고 하얀 실도 물론 그대의 것이라오. 어디 그뿐이오. 자줏빛과 금빛 나는 실도 그대의 것이라오.

그러나 그대는 자신의 몸을 위해서는 옷을 만들기 싫어한다오.

그대의 손은 맑디맑은 공기와 더불어 인간의 영혼을 위해서만 베틀을 움직일 뿐.

그러나 이제 그대는 그 실을 끊고, 할 일 없는 영원을 위해서 그 노련한 손가락을 빌려주겠지.

첫 번째 신

그렇다. 기술이 필요 없는 영원에게도 나는 내 손을 빌려주리라.

또한 아무도 밟지 않은 밭도 내 발자국을 남겨주리라.

언제나 들리는 노랫소리에서 처음의 기쁨을 지속시킬 수만 있다면, 생명이 바람에 굴복하기 전에, 그 소리를 기억하고 있는 귀는 누구의 가락을 멈추게 할까?

내 가슴은 내 마음이 모르는 것을 그리워한다. 기억나지 않는 모든 것에게 나는 내 영혼의 명령을 내리리라.

오, 이미 이룩한 영광으로 나를 현혹치 말라. 꿈으로 나를 위로하려 하지 말라. 땅 위에 이루어진 모든 것이 내 영혼을 초대하지 않는구나.

오, 나의 영혼이여,

너의 얼굴은 침묵으로 가득하며, 두 눈에는 밤의 그림자가 서려 있구나.

그러나 너의 침묵은 공포와 같이 다가오기에 또한 두렵기만 하구나.

세 번째 신

형제들이여, 내 거룩한 형제들이여.

소녀가 노래하는 이를 찾았다오. 그녀는 이제 그 황홀한 얼굴에 빠졌다오.

그녀는 표범과도 같이 미풍에 살랑거리는 포도나무와 고사리나무를 지나오묘한 발걸음으로 미끄러지듯 다가간다. 이제는 그의 청결하고 힘찬 외침 가운데 그녀를 향한 바람이 듬뿍 담겨 있음을 안다.

오, 나의 형제들이여, 나의 경솔한 형제들이여, 어떤 또 다른 신이 스스로 감당할 수 없는 열정으로 이 붉고 흰 모직을 짰는가?
어떤 굴레를 벗어난 별이 자신의 길을 잃었다는 것인가?
어떤 신비로움이 새벽의 미명으로부터 밤을 지키려 하는가?
어떤 이가 그 두 손으로 우리 세계를 들어올리려 하는가?

첫 번째 신
나의 영혼이여,
나를 감싸고 있는 당신의 불타는 세계여, 내 어찌 당신의 길을 인도할 수 있으리요. 당신의 슬픔을 어떤 우주에 알려야하리?
홀로 있는 나의 영혼이여, 너는 굶주림 때문에 네 자신을 갉아먹으며, 목마름 때문에 네 눈물을 삼키는구나.
아마 그것은 밤이 여인의 잔에 이슬을 내리지 않기 때문이며, 한낮의 시간조차 네게 아무런 열매도 가져다주지 않기 때문이리라.

오, 나의 영혼이여, 너는 욕망의 짐을 실은 배를 좌초시켰노라.
바람은 어느 쪽에서 불어야 너의 돛을 넓게 펼칠 수 있으며 얼마나 더 높은 조수가 밀려 와야 네 키를 움직일 수 있단 말이냐?
이윽고 너의 닻은 끌어올려지고 너는 날개를 활짝 펼쳤지만, 하늘은 고요하고 바다는 꼼짝도 할 수 없는 너의 무능함을 비웃고 있구나.

우리에게 어떤 희망이 있겠는가?
뜻밖의 변화가, 하늘에서의 어떤 새로운 기운이 당신을 부르는가? 당신의 억압 속에서만 움직이는 인간의 손이 당신을 구원할지도 모르지.
당신이 알고 있는 것보다 더 강한 자, 곧 당신을 억압한 자의 씨를 영원히 처녀인 인간의 배에 잉태하게 하는 것은 어떨까?

두 번째 신

그대는 그 어리석은 부르짖음을 멈추고, 불타는 심장의 고동을 잠재우라. 하늘의 외침에 주의를 기울이지 않는 무가치한 자들은 곧 아무것도 들을 수 없게 되리라.

우리는 이 대지에서 가장 고귀한 존재, 우리와 저 무한한 영원 사이에는 더러운 열정의 먼지만이 존재한다.

그대는 한 번도 본 적이 없는 자가 움직이는 안개 옷을 입고 그대의 영혼 안에서 쉬고 있다.

그렇다. 그대의 영혼 안에서, 그대를 구속하며 편안히 누워 잠자고 있는 그는 잠을 자면서도 깨어 있는 그대의 눈이 보지 못하는 것을 볼 수 있다.

바로 그것이 우리 존재의 비밀인 것이다.

아직 수확물을 거두어들이지도 않은 고랑에다 급히 씨앗을 뿌리기 위해, 그대는 익어가는 알곡을 버리려 하는가?

어째서 그대는 길 없는 들판에 구름을 펼치려 하는가? 어린 양들이 어찌 그대의 그늘에 모여들겠는가?

그대의 사랑스런 젖먹이 아이들을 보라.

대지는 그대의 거처이며, 또한 그대의 영광을 드높이는 보좌가 되리라.

그대의 손은 인간의 가장 먼 미래를 넘어선 운명을 떠받치고 있다. 그대가 인간을 버리지 않으면 그들의 모든 기쁨과 고통을 통하여 그대에게 가까이 닿으려고 노력하리니.

그대 또한 인간의 요구를 외면하지 않으리.

첫 번째 신

새벽은 자신의 심장으로 밤의 영혼을 느낄 수 있을까? 그렇다면 바다는 죽어버린 육신들을 알아볼까?

내 영혼은 새벽이 찾아오듯이 거리낌없이 일어나고 있다네. 또한 쉼 없는 바다와 같이 인간과 대지의 죽어가는 사물들을 밀어낸다오.

나는 내게 붙어 있는 것들에게 집착하지 않으리라. 그러나 내가 닿을 수 없는 곳을 향해 기꺼이 일어서리라.

두 번째 신

형제들이여, 내 이야기를 들어주오.

두 남녀가 만났다오. 두 개의 별에 가로막힌 영혼이 하늘에서 만난 것처럼 말일세.

그들은 아무런 이야기도 없이 서로를 쳐다보았다네. 그는 더 이상 노래를 부를 수 없었다네. 태양이 목청을 갈아놓아 노래를 앗아간 것이라네. 그녀 또한 더 이상 행복하게 춤추다 잠들 수가 없었다네.

형제들이여, 나의 낯선 형제들이여.

밤은 깊고 달은 더 밝은데,

초원과 바다 사이에서

황홀한 목소리가 너와 나를 부른다.

세 번째 신

존재하기 위해, 일어서기 위해, 태양 아래 불타기 위해,

마치 오리온이 우리를 보고 있듯이 살아 있는 자의 밤을 보기 위해,

면류관을 높이 쓴 머리로 바람을 맞이하기 위해,

그리고 우리의 변함없는 숨결로 인간의 아픔을 치유하기 위해!

천막장이는 남몰래 베틀에 앉아 있고

옹기장이는 무심코 항아리를 굽지만

우리, 항상 깨어 있는 자들은 추측이나 우연의 역사를 믿지 않는다.

우리는 멈추지 않으며, 생각이 떠오르도록 기다리지도 않는다.

우리는 모든 쉼 없는 질문 너머에 존재한다.

만족하라, 그리고 꿈을 버려라.

우리 스스로 강물처럼 바위 덩어리에 상하지 않는 바다까지 흐르게 하라.

이윽고 우리가 그 마음에 이르러 하나로 합쳐질 때면,

더 이상 우리는 내일을 다투지 않으리라.

첫 번째 신

아, 끊임없는 이 아픔,

낮을 황혼으로, 밤을 새벽으로 인도하는 이 불면의 시간들!

항상 기억하고 또 망각하는 이 헛된 습관,

운명을 뿌려 희망을 거두는 이 일,

자아를 티끌에서 안개로 들어올리는 이 한결같은 행위.

단지 티끌을 그리워하고, 그리움으로 티끌처럼 넘어지는 것,

그리고 여전히 더 큰 그리움으로 안개 속을 헤매는 것,

시간에 대한 이 분별 없는 측정.

반드시 내 영혼은, 영원의 물결이 섞이는 바다와 하나가 되거나 또는 거친 바람이 태풍으로 변하는 하늘이 되어야할까?

만일 내가 인간처럼 맹목적인 데가 있다면

언제까지나 인내할 수 있었을 텐데.

나는 만일 내가 인간과 신들의 공허를 채우는 지고한 존재였다면

나는 성취의 기쁨을 누렸을 텐데.

그렇지만 그대나 나는 인간이 아니며

또한 우리를 뛰어넘는 지고한 존재도 아니다.

우리는 단지 지평선과 지평선 사이에서 일어났다 사라지는 황혼이다.

우리는 다만 세상을 쥐고 또 세상에 억압되어 있는 신에 불과한 존재.

이제 운명의 나팔이 울리는구나.

그러나 생생한 숨결이 서린 음악은 저 멀리에서 나온다.

그리고 나는 내 운명을 거역한다.

나는 내 자신을 하나도 남김없이 다 써버리리라.

나는 내 자신을 이 말없는 젊은이, 우리의 어린 형제의 기억으로부터 멀리 사라지게 하리라.

그는 저 건너 계곡을 응시하는 우리 곁에 앉아서

비록 그 입술을 움직이고는 있지만 한마디도 말하지 않는다.

세 번째 신

내 말에 전혀 귀기울이지 않는 내 형제들이여,

나는 진실만을 말하리라.

그러나 그대들은 철저하게 내 말을 외면하고 있을 뿐이다.

나는 그대들에게 그대들과 나의 영광을 보라고 말하지만,
그대들은 차라리 눈을 감고
그대들 자신의 보좌를 흔드는구나.
그대, 위의 세상과 아래 세상을 통치하려는 군주들이여,
신들은 스스로 곤하여 말로써 그대들의 기질을 해방시키고
그들의 어제는 항상 그대들의 내일을 질투하며
천둥으로 이 지구를 내리치려 하도다!
그대들의 불화는 옛날의 금좌가 소리를 발하는 것.
보라. 남자와 여자여,
백색의 황홀경 속에 타오르는 불꽃들을,
자줏빛 창공의 가슴을 빠는 불꽃들을.
우리는 그 자줏빛 가슴이며, 그 영속하는 창공이다.
우리 생명의 영혼은,
너와 나의 영혼이 불붙은 목구멍에서 이 밤을 지내고
출렁이는 파도로 소녀의 몸에 옷 입히도다.
너의 왕권이 이 운명을 흔들 수는 없으리라.
너의 곤함은 단지 야망일 뿐.
이 모든 것은 남자와 여자의 열정으로 씻겨버린다.

두 번째 신
그렇다. 이런 남녀의 사랑은 무엇일까?
동풍이 어떻게 춤을 추는지,
서풍이 어떻게 노래하며 일어서는지 보라.

첫 번째 신
　나는 세상의 자만하는 자를 향해, 그대가 사랑이라고 부르는 저들의 느린 비애 가운데 있는 그녀의 자녀들을 향해 시선을 돌리지 않으리라.
　그러면 사랑은 무엇인가?
　그 소리나지 않는 북은 그 길고 달콤하고 불확실한 과정을 또 하나의 느린 비애로 어떻게 이끄는가?

나는 아래를 내려다보지 않으리라.
아직 태어나지 않은 내일을 위해,
저들이 자아와 부모를 내팽개치는 모습을 보지 않기 위해.

세 번째 신
아, 안다는 것의 고뇌,
베일에 싸인 진리를 살피고 물어보는 일,
그것은 우리가 세상에 더해준 것.
또한 인간의 도전에 대한 관용!
우리는 하나의 매끄러운 돌을 아래에 놓고 그 끝에 진흙을 발라놓는다.

우리는 흰 불꽃을 손으로 잡고 은밀히 속삭이기를, 그것은 돌아오는 우리 자신의 한 단편이며, 달아나버린 우리 호흡의 한 가락이요, 이제 더 짙은 향기를 내기 위해 우리 손과 입술에 달라붙어 있다고 한다.

땅의 신들이여, 내 형제들이여, 저 높은 산꼭대기에서, 우리는 여전히 땅에 예속되어 있고, 인간을 통해 운명의 황금시간을 맞이하기를 열망하고 있다.

우리의 지혜가 그의 눈에서 아름다움을 빼앗을 수 있을까? 우리의 행동이 그의 욕정을 잠재우거나, 우리의 욕정으로 그 행동을 진압할 수 있을까?

그대가 생각하는 군대는 무엇이며, 사랑은 어디에 그 대군을 야영시키랴? 저들의 육체 위로, 바다에서 산까지, 또다시 산에서 바다까지 사랑의 수레는 무한정 달리는데 사랑에 정복당한 저들은 지금까지도 서로 절반을 포용한 채 수줍음으로 서 있다.

사랑은 꽃잎마다 신성한 향내를 내뿜고, 삶의 영혼을 찾는 저들의 눈 위엔 그대와 나를 향한 기도가 놓여 있다.

사랑은 기름 바른 내실을 향해 축복을 내리는 밤, 초원을 감싸는 하늘,
개똥벌레를 빛나게 하는 별.

사실 우리는 내세에 있고, 가장 높은 자들이다.

그러나 사랑은 우리의 의문 너머에 존재하고 우리 노래보다 더 높이 울려 퍼진다.

두 번째 신

그대는 먼 지구를 구한다.

이별은 너의 정력이 어디에 숨어 있는지 고려하지 않는다.

자아가 자아에게 결합되어 있는 곳 외에는 우주에 중심이 없는 것,

미(美)는 곧 증인이요, 사제이다.

보라, 우리 발 주위에 흩어진 아름다움들을.

그리고 우리 손을 묶어 입술을 부끄럽게 하는 것을.

아름다움으로부터 가장 멀리 있는 자가 가장 가까운 곳에 있다.

그리고 미가 있는 곳에 모든 것이 있다.

아! 고결한 꿈을 꾸는 형제들이여,

희미한 시간의 접경으로부터 우리에게로 돌아오라!

언제 어느 곳에서든지 그 발을 늦추지 말라.

그리고 이 안전한 곳에서 우리와 함께 살아가라.

그곳에서 그대의 손과 우리 손이 얽혀 돌 위에 돌을 쌓았도다. 그대들 종족의 망토를 벗어던지고 푸르고 따뜻한 젊은 세상의 주민들, 우리를 벗삼아.

첫 번째 신

영원한 제단이여! 참으로 그대는 이 밤에 한 신을 위해 제단을 쌓았는가?

그렇다면 내가 가리라. 가서 내 욕정과 내 아픔을 바치리.

보라, 우리가 한 때 열심을 새겨 만든 무희가 다가오고 있다.

그리고 노래하는 자는 바람에게까지 자신의 노래를 외치고 있다. 그 춤과 노래로 한 신은 내 안에서 죽임을 당한다. 인간적인 갈빗대 안에 있는 나의 신성은 공중에서 크게 외친다.

나를 지치게 한 그 인간적인 구멍이 신을 부른다. 처음부터 우리가 찾았던 그 미(美)가 신을 부른다.

나는 이제 그 부름에 굴복한다.

미(美)는 스스로 죽임당한 자아에 이르는 길이다. 그대의 현을 울려라. 나는 그 길을 걸으리라. 그것은 또 하나의 새벽으로 뻗쳐 있다.

세 번째 신

사랑은 승리한다.

사랑은 우리의 주인이요, 지배자다.

사랑은 육체의 방종한 부패가 아니며 욕망의 스러짐도 아니다.

또한 영혼에 대해 싸움을 시작하는 것은 육체가 아니다.

사랑은 운명을 거역하지 않는다. 단지 그것은 신성한 무덤을 위해 존재한다. 짓밟힌 추억의 길을 남기며 노래하고 춤추는 것은 영원한 비밀, 사랑은 사슬을 깨는 젊음, 잔디처럼 부드러운 남성, 불꽃으로 따뜻해진 여성이며, 우리의 하늘보다 더 깊은 하늘의 빛으로 반짝이고 있다.

사랑은 영혼 속에 있는 아득한 웃음, 억눌려 있던 그대를 깨어나게 하는 거친 습격이다.

그것은 지구의 한 새로운 새벽, 그대와 나의 눈으로 보기에는 아직 낮이 되지 않았으나, 그 자신의 더 큰 마음으로 이미 낮이 되어 있는.

형제들이여, 나의 형제들이여,

신부는 새벽의 심장에서 오고, 신랑은 저녁노을에서 온다.

그 계곡에서 결혼식이 있다.

하루를 기록하기에는 그 시간이 너무 위대하다.

그 시간은 초원이 언덕과 계곡으로 나뉜 최초의 아침 이래로

최후의 황혼까지 계속될 것이다.

우리의 뿌리는 계곡에서 춤추는 가지로 솟구쳤으며

우리의 노래는 향기로운 꽃으로 피어났다.

죽지 않는 쌍둥이강이 바다를 부른다.

부름과 부름 사이에는 공허가 없으니,

시간은 우리의 귀를 더 예민하게 만들고, 더 많은 욕망을 일깨워준다.

죽음을 향한 의심만이 그 소리를 잠재울 수 있다.

우리는 그 의심보다 더 높이 솟는다.

인간은 우리의 더 젊은 영혼의 자녀이다.

인간은 서서히 일어나는 신이며,

그 기쁨과 그 고통 사이에서 우리는 묵묵히 꿈을 꾼다.

노래하는 자는 더 크게 외치고, 춤추는 자는 그 발을 돌게 하라.

그리고 나로 하여금 잠시 만족케 하라.
이 밤에 영혼을 맑게 비추어라.
아마 나는 졸고 있을지도 모른다.
보라, 더 밝은 세상을,
그리고 내 마음에 별빛처럼 쏟아지는 유순한 피조물들을.

세 번째 신
이제 난 일어나 내게 주어진 시간과 공간을 벗어나리라.
그리고 아무도 밟지 않은 저 들에서 춤추리라.
무희와 더불어 춤추며
더 높은 하늘에서 노래하리라.
인간의 목소리가 내 안에서 진동하리라.
우리는 황혼이 올 때까지 춤추고 노래하며
또 한 세상의 새벽을 깨우리라.
그러나 사랑은 한 자리에 머물고,
손가락으로 새긴 맹세는 지워지지 않으리.
그 복된 대장간이 불타고 있다.

The wanderer
방랑자

방랑자

방랑자

내가 처음 그를 만난 건 교차로에서였다. 그는 소매 없는 외투 차림으로 지팡이를 짚고 있었는데 고통의 그림자가 그 얼굴에 짙게 드리워져 있었다. 서로 인사를 나눈 다음 나는 그에게 말했다.

"제 집으로 같이 가셔서 우리 가족의 손님이 되어주십시오."

이렇게 해서 그는 우리 집으로 가게 되었다.

아내와 아이들은 문간에서 우리를 맞이했다. 그가 미소를 보내자, 가족은 그의 방문을 환영한다는 뜻을 표했다.

잠시 후에 우리는 모두 식탁에 앉았다. 그에게는 침묵의 베일에 가려진 무수한 비밀이 있었다. 그리하여 우리는 그와 함께 하는 시간을 몹시 행복하게 여겼다.

저녁을 먹은 다음 우리는 난롯가로 자리를 옮겼다. 나는 그의 방랑생활에 관해 물어보았다.

그는 밤새도록 자신의 지난 일들을 들려주었고 다음날 역시 많은 얘기를 해주었다. 그는 지극히 부드럽고 온화한 성품을 갖고 있었지만, 이제 내가 기억하는 것은 그의 지나온 나날이 아픔뿐이었다는 사실이다. 그가 나에게 들려준 얘기는 정처 없는 방랑길의 먼지와 고통에 대해서였다.

사흘 후 그와 헤어졌을 때 우리는 손님이 떠나버렸음을 느끼지 못했다. 오히려 그 손님은 우리 가운데 하나로 남아 여전히 정원에 머물고 있지만 아직까지 집안으로 들어오지 않았을 뿐이라고 생각했다.

의상

어느 날 미(美)와 추(醜)가 바닷가에서 만났다.

"우리 바다에서 목욕이나 하지."

그들은 서로 마음이 통했다.

곧 그들은 옷을 벗고 물 속에서 헤엄을 쳤다. 잠시 후 추(醜)가 해변으로 돌아가 스스로 미(美)의 옷을 입고 자기 길로 걸어갔다.

미(美)도 바다에서 나왔으나 자기 옷을 찾을 수 없었다. 그녀는 자신이 알몸으로 있는 것이 너무 부끄러웠다. 그래서 스스로 추(醜)의 옷을 입었다. 그리고 미(美)는 자기 길을 걸어갔다.

바로 이날 이후로 남자와 여자들은 어떤 사람을 다른 사람으로 잘못 알게 되었다.

미(美)의 얼굴을 본 사람이 더러 있기는 하다. 두터운 외투로 몸을 가렸음에도 불구하고 그들은 미(美)의 실체를 알고 있다. 그리고 몇몇은 추(醜)의 얼굴을 알고 있다. 옷은 그를 숨겨도 그들의 눈을 가리지는 못하기 때문이다.

독수리와 종달새

종달새와 독수리가 높은 언덕 위에서 마주쳤다.

"안녕하세요, 나리."

종달새가 먼저 말을 걸었다.

"잘 있었나."

독수리는 그를 내려다보며 기운 없이 대답했다.

"모든 일이 나리 뜻대로 되시길 빌겠어요."

종달새가 말했다.

"그래, 모든 일이 잘 되고 있지. 그런데 자네는 내가 새들의 왕이란 것을 모르나? 그걸 안다면 내가 먼저 말 걸기 전에는 입을 다물고 있었어야지."

독수리가 말했다.

"생각해보니 우린 같은 족속인걸요."

종달새가 말했다.

독수리는 그를 업신여기는 눈빛으로 내려다보며 화를 냈다.

"너랑 내가 같은 족속이라고 누가 그랬는데?"

종달새는 이렇게 대답했다.

"글쎄요. 하지만 이것만은 분명해요. 저는 당신만큼 높이 날 수 있답니다.

그리고 노래를 부를 수도 있고 지상의 어떤 생물에게나 기쁨을 줄 수 있죠. 하지만 당신은 누구에게든 즐거움도 기쁨도 주지 않죠."

그러자 독수리가 버럭 고함을 질렀다.

"즐거움과 기쁨이라고! 요 주제넘은 것아! 내 부리로 한번 건드리기만 해도 너 같은 녀석은 형편없이 찢어발길 수 있단다. 내 발바닥 크기밖에 안 되는 게 어디서 까불어."

그러자 종달새는 포르르 날아 독수리 등에 내려앉았다. 그리고 곧 그의 깃털을 뽑기 시작했다. 독수리는 작은 새로부터 벗어나려고 높이 날아올랐으나, 그는 곧바로 그 자리에 다시 떨어지고 말았다. 그 작은 생물은 여전히 그의 등에 붙어 여간 성가시게 구는 것이 아니었다.

바로 그 순간 작은 거북이가 옆에 와서 그 광경을 보고 있었다. 거북이는 터져나오는 웃음을 참지 못해 거의 뒤집어질 지경이었다.

독수리가 거북이를 내려다보며 신경질적으로 물었다.

"지상에서 제일 느려빠진 놈아. 넌 무얼 비웃고 있는 거냐?"

거북이가 말했다.

"당신이 꼭 말이 된 것 같군요. 당신은 등에 작은 새를 올려놓고 있는데 내 보기엔 그 작은 새가 당신보다 뛰어난 것 같네요."

독수리가 거북이에게 말했다.

"쓸데없는 참견일랑 하지 말고 네 일이나 보러 가거라. 이건 나의 형제인 종달새와 나, 우리 사이에서 일어난 아주 개인적인 일이야."

연가

옛날 어떤 시인이 아름다운 사랑의 노래를 만들었다. 그는 그 시를 여러 장 복사하여 친구들과 아는 사생들에게 보내주었다. 그 중에는 남자들도 있었고 여자들도 있었다. 하여튼 그는 주변의 모든 사람들에게 그 시를 보내주었다. 심지어 한 번밖에 만난 적이 없는 산 너머에 사는 젊은 여자에게까지 보냈다.

한 이틀쯤 지나 심부름꾼이 그 젊은 여자의 편지를 가지고 시인에게 왔다. 편지는 대충 이런 내용이었다.

"당신이 제게 써 보낸 연가(戀歌)에 충격을 받았어요. 지금 바로 오셔서 제 부모님을 뵙도록 하세요. 분명 우리는 곧 약혼하게 될 거예요."

시인은 곧 이렇게 답장을 썼다.

"친애하는 그대여, 이것은 모든 남녀간의 사랑을 노래한 시인의 가슴에서 터져나온 언어에 불과하답니다."

그러자 그녀는 그에게 다시 이런 내용의 답신을 보냈다.

"언어를 희롱하는 위선자. 거짓말쟁이! 오늘부터 당신이 죽는 날까지 모든 시인들을 저주할 거야."

눈물과 웃음

저녁 무렵, 나일강 변에서 하이에나가 악어를 만났다. 그들은 멈춰 서서 서로 인사를 나누었다.

하이에나가 말했다.

"그 동안 어떻게 지내셨습니까?"

"나에겐 나쁜 일뿐이군요. 나는 종종 고통과 슬픔 속에 눈물을 흘리죠. 그러면 사람들은 언제나 '그건 악어의 눈물일 뿐이야'라고 말하더군요. 이런 말은 그 어떤 것보다 더 나에게 상처를 줍니다."

악어의 대답을 듣고 하이에나가 말했다.

"당신은 당신의 고통과 슬픔에 대해 얘기하고 있는데, 잠깐만 내 입장을 생각해보세요. 나는 아름다운 세상의 놀라움과 신비함을 응시합니다. 가끔 나는 완전한 기쁨을 빼앗겨도 햇빛이 웃는 것처럼 미소짓지요. 그러면 밀림에 사는 사람들은 '그래봤자 하이에나의 웃음이야'라고 말하죠."

시장에서

정말 아름다운 시골 소녀가 시장에 나타났다. 그녀는 백합처럼 청초하고 장미처럼 화사했다. 그녀의 머리칼은 저녁노을처럼 불타고, 입술은 새벽처럼 싱그러운 미소가 어려 있었다. 청년들은 그 사랑스런 낯선 소녀의 환심을 사기 위해 그녀를 둘러쌌다. 어떤 이는 그녀에게 춤을 추자고 했고, 또 어떤 젊은이는 그녀에 대한 존경심으로 케이크를 잘라 오기도 했다. 그들 모두가 그녀의 뺨에 키스하고 싶어했다. 그런데 하필 거기는 시장바닥이었다.

소녀는 그 북새통에 몹시 충격을 받았다. 그녀는 청년들을 불량배로 착각했다. 그래서 화를 내며 그들을 꾸짖고 대담하게 그들 중 한둘을 두드려 패주었다. 그런 뒤 도망치듯 시장을 빠져나갔다.

저녁에 집으로 돌아오면서 그녀는 혼잣말로 이렇게 중얼거렸다.

"정말 지긋지긋해. 그런 놈팡이들이 얼마나 예의 없고 뻔뻔한 종자들인지 도저히 못 참겠어."

그 아름다운 소녀가 시장과 남자들에 대해서 여러 가지 생각을 하는 동안 일 년이 지났다. 소녀는 여전히 백합처럼 청초하고 장미처럼 화사한 얼굴에, 저녁노을처럼 붉은 머리칼과, 새벽빛의 미소를 머금은 입술로 시장에 다시 나타났다.

그러나 청년들은 한결같이 그녀를 외면해버렸다. 온종일 아무도 거들떠보지 않는 가운데 그녀는 몹시 외로웠다.

저녁 때 집으로 돌아오며 그녀는 마음속으로 이렇게 울부짖었다.

"정말 지긋지긋해. 젊은 놈들이 얼마나 예의 없고 뻔뻔한 종자들인지 도저히 못 참겠어."

두 왕비

샤와키스에 어떤 젊은 왕이 살았다. 그는 모든 사람들의 사랑을 받았다. 들판의 동물들까지 그에게 인사를 건넬 정도였다.

그러나 백성들은 그의 아내인 왕비는 그를 사랑하지 않는다고 믿었다. 심지어 왕비가 그를 미워하기까지 한다는 소문이 돌았다.

어느 날 이웃 나라의 왕비가 샤와키스의 왕비를 찾아왔다. 두 여인은 서로 마주 앉아 얘기를 나누었다. 화제는 주로 남편에 관한 것이었다. 샤와키스의 왕비가 이렇게 투덜거렸다.

"결혼한 지 오래 되셨어도 당신은 정말 행복해 보입니다. 전 남편을 증오해요. 그가 저만 사랑하는 것 같지 않아요. 전 정말 불행한 여자랍니다."

그러자 손님으로 온 이웃 나라의 왕비가 그녀를 뚫어지게 바라보며 이런 말을 했다.

"당신은 정말로 남편을 사랑하는 것 같군요. 그게 바로 진리예요. 아직도 소비하지 않은 정열이 있다면 그를 위해 영원히, 그리고 더욱더 뜨겁게 쏟아 부으세요. 그것이 여자의 생활이랍니다. 하지만 저와 제 남편은 정말 불쌍한 인간들이랍니다. 우리는 서로 말도 없이 인내로 참고 있어요. 그런데도 아직까지 다른 이들은 이것을 행복이라고 믿고 있군요."

벼락

폭풍우 치는 날, 성당에 한 이교도 여인이 찾아와서 주교에게 물었다.

"저는 기독교신자가 아니에요. 지옥의 불길에서 저를 구원할 방법이 없을까요?"

주교는 여인을 바라보며 이렇게 대답했다.

"없습니다. 구원은 물의 세례나 영혼의 세례를 받은 사람에게만 있죠."

그가 말을 끝내자 하늘에서 천둥과 함께 벼락이 떨어져 성당은 불바다가 되었다.

마을 사람들이 달려와 그 여인을 구했다. 그러나 그 주교는 온 몸뚱이가 다 타버렸다.

은자(隱者)와 짐승

아주 오랜 옛날 푸른 숲에 한 은자(隱者)가 살았다. 그는 순수한 정신과 깨끗한 마음을 가진 사람이었다. 육지의 모든 동물과 공중의 새들이 짝지어 그에게 왔다. 그는 그들에게 많은 이야기를 들려주었다. 짐승들은 그 이야기에 귀를 기울이며 그에게 가까이 모여들었다. 은자가 바람과 숲이 그들을 데려가도록 축복해주는 저녁 무렵까지 짐승들은 미동조차 하지 않았다.

어느 날 저녁 그는 사랑에 대해 말해주었다.

그러자 듣고 있던 표범이 그에게 물었다.

"지금 사랑에 대해 말씀하시는데 선생님의 짝은 어디 계시죠?"

그는 이렇게 대답했다.

"난 짝이 없다네."

그러자 모든 짐승들은 경악을 금치 못하며 비명을 질러댔다. 곧이어 그들 사이에서 불평이 터져나오기 시작했다.

"자기는 아무것도 모르면서 어떻게 우리에게 사랑을 말할 수 있어?"

그들은 멸시의 눈길과 함께 그를 혼자 내버려두고 조용히 자리를 떠났다.

그날 밤, 은자는 앓아눕고 말았다. 그는 두 손으로 자기 가슴을 치면서 서럽게 울부짖었다.

예언자와 어린이

어느 날 예언자 샤리아가 정원에서 한 아이를 만났다. 아이는 그에게 달려와 인사를 건넸다.

"안녕하세요, 선생님."

"안녕."

예언자는 이렇게 덧붙였다.

"아까부터 너는 혼자 있더구나."

그러자 아이가 반색을 하며 이렇게 대꾸했다.

"유모를 따돌리는 데 시간이 오래 걸렸어요. 유모는 아직도 내가 울타리 뒤에 숨어 있다고 생각할 거예요. 내가 여기 있는 게 보일 리 없겠죠?"

아이는 곧이어 예언자의 얼굴을 뚫어지게 바라보며 이렇게 물었다.

"당신도 혼자군요. 당신은 유모와 무슨 일이 있었나요?"

예언자가 대답했다.

"아, 우리 유모는 다른 사람인데. 사실 나는 그녀에게서 좀처럼 벗어날 수가 없단다. 내가 이 정원에 들어왔을 때 그녀는 울타리 뒤에서 나를 찾고 있었지."

그 말에 아이는 박수를 치며 깔깔 웃어댔다.

"당신도 나처럼 유모를 따돌렸군요. 아무튼 벗어난다는 건 좋은 일 아닌가요?"

아이는 또 이렇게 물었다.

"그런데 당신은 누구세요?"

예언자가 대답했다.

"사람들은 나를 예언자 샤리아라고 부르지. 말해봐, 넌 누구냐?"

"나야. 그냥 나일 뿐이죠."

아이가 말했다.

"유모는 나를 찾고 있지만 내가 어디에 있는지 알지 못해요."

예언자는 허공을 쳐다보며 이렇게 말했다.

"나도 잠시 도망치긴 했지만, 유모는 나를 찾아내고야 말 거야."

아이가 말했다.

"내 유모도 나를 찾아내고 말 거예요."

바로 그때 아이의 이름을 부르는 여자의 목소리가 들렸다.

"봐요, 유모가 날 찾아낼 거라고 했잖아요."

동시에 또 다른 목소리가 들렸다.

"어디 계세요, 샤리아?"

예언자가 말했다.

"봐라, 애야. 그들도 나를 찾고 있어."

예언자는 고개를 뒤로 돌리며 조용히 외쳤다.

"여기 있습니다."

진주

굴 하나가 이웃에 사는 굴에게 말했다.

"내 속에 정말 못 견디게 괴로운 것이 들어 있어. 그건 무겁고 둥글게 생겼지. 그것 때문에 난 미칠 지경이야."

다른 굴이 거만한 표정으로 대답했다.

"하늘과 바다를 찬양할지어다. 나는 내 속에 고통 따위는 갖고 있지 않아. 안팎으로 모두 건강하고 완전하지."

바로 그때 지나가던 게 한 마리가 두 마리 굴의 얘기를 듣게 되었다. 게는 안팎으로 모두 건강하고 완전하다는 굴에게 한마디 던졌다.

"그래, 너는 건강하고 완전하지. 하지만 네 이웃이 겪고 있는 그 고통이 무엇인지나 알고 있니? 바로 더할 나위 없이 아름다운 진주야."

육체와 영혼

어느 봄날 한 남자와 여자가 몸을 바짝 붙인 채 열린 창가에 앉아 있었다.

"난 당신을 사랑해요. 당신은 미남인데다 돈도 많고 언제나 멋지게 차려입고 다니는 멋쟁이예요."

여자의 말에 남자가 이렇게 대꾸했다.

"나도 당신을 사랑한다오. 당신은 아름다운 사상의 결정체이고, 손으로 잡기에는 너무 멀리 있는 존재이며, 내 꿈속의 노래 같은 여인이라오."

그러자 여자는 토라져서 그로부터 몸을 돌렸다.

"이젠 제발 나를 놓아주세요. 전 사상도 필요없고, 더구나 당신의 꿈속에 노래처럼 흘러다니고 싶지도 않아요. 저는 한 사람의 여자예요. 당신이 날 원하길 바라고, 당신의 아내가 되어 아이들의 엄마가 되길 바란다구요."

결국 그들은 헤어졌다.

남자는 마음속으로 이렇게 중얼거렸다.

"지금 또 다른 꿈이 안개 속으로 사라지는구나."

여자는 이렇게 투덜거렸다.

"쳇, 나를 안개와 꿈으로 바꿔서 어쩌겠다는 거야?"

왕

사딕 왕국에 반란이 일어났다. 백성들은 반역의 함성을 지르면서 왕궁을 포위했다. 왕은 한 손에 왕관을, 다른 손에는 왕홀을 들고 왕궁의 계단을 내려왔다. 그 거역할 수 없는 위엄이 대중들을 침묵시켰다. 왕은 그들 앞에 멈춰 서서 입을 열었다.

"친애하는 백성들이여, 나는 여러분을 세상 그 무엇과도 바꾸지 않겠소. 여기 내 왕관과 왕홀을 당신들에게 넘기겠소. 나는 여러분 중의 한 사람이 되겠소. 나는 단지 한 인간일 뿐이오. 그러나 나는 한 인간으로서 우리 영토를 더 좋은 환경으로 가꾸기 위해 당신들과 함께 일하고 싶소. 왕위 따위는 필요치 않소. 우리 모두 들판으로 갑시다. 우리 다함께 손에 손을 잡고 일합시다. 당신들이 앞장서서 나를 포도밭으로 데려가주시오. 이제 당신들 모두 이 나라의 왕이오."

백성들은 잠시 충격을 받아 멍한 상태가 되었다. 곧 왕궁 앞에는 정적만 감돌았다. 그들이 생각했던 왕은 불만의 원천이었다. 그러나 그는 이제 왕관과 왕홀을 백성들에게 넘기고 평범한 인간으로 돌아간 것이다.

그들은 뿔뿔이 흩어져 자신들의 갈 길로 가버리고, 왕은 그들 가운데 한 사람과 들판으로 걸어갔다.

사딕 왕국은 왕이 없어졌다고 해서 더 좋아지지도 않았고, 불만의 안개가 여전히 온 나라를 덮고 있었다. 백성들은 장터에서 자신들에게는 통치자가 필요하다고 외쳤다. 늙은이들이나 젊은이들이나 한결같이 왕을 원했다.

"우리에겐 왕이 있어야 한다."

결국 그들은 왕을 찾아갔다. 왕은 그때까지 들판에서 일하고 있었다. 백성들은 왕의 옥좌와 왕관과 왕홀을 왕에게 돌려주며 이렇게 간청했다.

"부디 힘과 정의로써 우리를 다스려주십시오."

왕이 말했다.

"난 그대들을 진정 힘으로 다스리겠노라. 또한 천지신명이 나를 돕는다면 정의로써 그대들을 다스릴 수 있을 것이다."

이때 몇몇 사람들이 앞으로 나서 한 남작을 고발했다. 그들은 남작의 농노였는데 그가 자신들을 심하게 부려먹고 함부로 대했다는 것이다. 왕은 즉시 그 남작을 소환하여 재판을 열었다.

"신의 기준으로 보자면 한 인간의 생활은 다른 사람의 생활만큼 중요한 것이다. 그대의 영토에서 일하는 이들의 생활이 얼마나 가치 있는지 몰랐기 때문에 그대는 큰 죄를 지었다. 이는 마땅히 엄벌에 처해져야 한다. 그대는 이 왕국에서 영원히 추방당할 것이다."

다음날 다른 무리들이 산 너머에 사는 백작부인을 고발했다. 그들은 백작부인이 무자비하게 자신들을 착취했다고 왕에게 고해바쳤다. 즉시 백작부인도 궁정으로 호출되었다. 왕은 그녀에게도 추방령을 내렸다.

"스스로 땅을 일구고 포도밭을 경작하는 사람은, 그들이 요리한 빵이나 포도주를 먹고 마시는 우리들보다 더 고귀한 존재들이다. 너는 이것을 알지 못하기 때문에 이 나라를 떠나야 한다."

다시 몇 사람이 몰려와서 주교의 죄를 심판해달라고 청했다. 주교의 금고 안에는 보물이 가득 차 있음에도 주교는 굶주림에 허덕이는 그들에게 아무 것도 주지 않았다는 것이다.

왕은 곧 주교를 불렀다.

"그대의 가슴에 착용한 그 십자가는 생명에게 생명을 주는 것을 뜻한다. 그럼에도 그대는 생명으로부터 생명을 빼앗고 아무것도 주지 않았다. 그대 역시 이 왕국을 영원히 떠나도록 하라."

이와 같이 보름 동안 매일 사람들이 몰려와 자신들의 억울함을 호소하며 왕의 판결을 요구했다. 그 동안 압제자들은 매일 이 나라에서 추방되었다.

사딕의 백성들은 마음속으로 왕에게 갈채를 보냈다.

그러던 어느 날 이번에는 남녀노소 할 것 없이 수많은 백성들이 왕궁으로 몰려들었다. 왕은 한 손에 왕관을, 다른 손에 왕홀을 들고 왕궁 계단을 내려왔다.

왕이 그들에게 물었다.

"더 이상 나에게 무엇을 원하는가? 보라, 이제 그대들이 나에게 주었던 이것들을 다시 되돌려주겠노라."

그러자 그들은 큰소리로 이렇게 외쳤다.

"아닙니다. 그럴 수 없어요. 당신은 우리의 왕입니다. 왕께서는 독사들의 땅을 정화시키고 이리들의 계획을 망쳐놓았습니다. 그래서 우리 모두 감사의 뜻을 표하려고 온 것입니다. 이 왕관은 존엄 속에 거하는 당신의 것이고 왕홀은 당신의 영광을 위한 것입니다."

그러자 왕이 그들에게 말했다.

"아니, 그건 틀린 말이오. 여러분이야말로 이 나라의 왕이오. 당신들이 나를 무능하고 사악한 통치자라고 믿었을 땐 당신들 자신이 무능하고 사악한 존재였소. 이제 이 나라는 잘 되어가고 있소. 왜냐하면 이 나라는 여러분의 권리 안에 있기 때문이오. 나는 당신들의 생각을 실천했을 뿐이고 당신들의 대변인에 불과한 것이오. 이 나라에 통치자 따위는 이제 없소. 통치한다는 것은 단지 스스로를 자제하는 데 필요할 뿐이오."

왕은 왕관과 왕홀을 들고 다시 왕궁으로 들어갔다. 모여 있던 군중도 각기 만족스런 표정으로 흩어졌다.

모든 사람들은 스스로가 한 손에 왕관을, 다른 손에 왕홀을 든 왕이라고 생각했다.

모래 위에서

한 사람이 다른 이에게 말했다.

"아주 오래 전에 있었던 일이라네. 밀물이 밀려들 때 지팡이 끝으로 모래 위에 글을 한 줄 썼지, 그런데 사람들은 그것을 읽고는 저마다 동작을 멈추더니 가만히 있는 거야. 그것을 지울까봐 조심스러웠던 거지."

다른 사람이 말했다.

"나도 모래 위에 글을 썼어. 썰물 때였지. 순식간에 그것은 파도에 씻겨버렸어. 자네는 뭐라고 썼지? 말해봐."

첫 번째 사람이 대답했다.

"난 이렇게 했다네. '나는 존재하는 자다.' 그런데 자네는 뭐라고 썼지?"

다른 사람이 대답했다.

"나야 물론 이렇게 썼지. '나는 이 위대한 대양의 물방울에 불과하다.'"

세 가지 선물

옛날 베샤르에는 백성들의 사랑과 존경을 한 몸에 받는 어진 왕자가 살고 있었다.

그러나 유독 한 사람만은 왕자에게 불만을 품고 있었다. 그는 아주 가난한 사람이었는데, 혓바닥이 성가시게 끊임없이 왕자를 헐뜯고 다녔다. 왕자는 그 사실을 알고 있었지만 말없이 참고 있었다.

어느 겨울밤 왕자는 하인을 시켜 그의 집에 밀가루와 비누, 설탕 봉지가 담긴 자루를 보내주었다.

하인은 그 가난한 사람에게 이렇게 말했다.

"왕자님께서 이 선물들을 보내셨습니다."

그 선물들이 왕자로부터 자기가 인정받고 있다는 뜻이라 여긴 그 남자는 더없이 의기양양해졌다. 그는 주교에게 가서 왕자가 한 일을 자랑스럽게 떠벌렸다.

"왕자가 나의 호의를 어떻게나 바라는지 주교님은 알 수 없겠죠?"

그러나 주교는 그를 한심스럽다는 듯이 쳐다보았다.

"아, 얼마나 현명한 왕자인가. 당신같이 멍청한 인간이 그 깊은 뜻을 알 수 없지. 왕자님은 상징으로 말씀하시는 거야. 밀가루는 당신의 텅 빈 위장을 채우고, 비누는 당신의 더러운 껍질을 씻어내며, 설탕은 당신의 지독한 혓바닥을 좀더 부드럽게 하라는 뜻이지."

그날 이후 그 가난한 사람은 몹시 의기소침해졌다. 왕자에 대한 증오는 전보다 커졌고, 그에게 왕자의 의중을 깨우쳐준 주교까지 미워하게 되었다.

그러나 이 일을 계기로 그는 침묵을 지켰다.

전쟁과 평화

세 마리 개가 양지 바른 곳에서 해바라기를 하며 얘기를 나누고 있었다.

첫 번째 개가 꿈꾸듯이 말문을 열었다.

"개 나라에서 살게 된 것은 정말로 멋진 일이야. 우리가 바다 밑으로, 땅 위로, 그리고 공중까지 손쉽게 돌아다닐 수 있다는 사실을 생각해봐. 모든 게 우리의 안락을 위해, 우리의 눈·코·귀를 위해 만들어졌다는 것을 생각해 보라구."

두 번째 개가 말했다.

"우리는 예술을 존중하고 있지. 그렇기 때문에 조상들보다 더 역동적인 몸짓으로 달을 보고 짖고 있지. 그리고 물 위에 비친 우리 자신을 봐. 용모가 옛날보다 훨씬 깨끗해졌잖아."

세 번째 개가 말했다.

"그러나 가장 흥미 있고 마음에 드는 것은 우리 개들의 세계에서나 볼 수 있는 조용한 의견의 일치지."

바로 그 순간, 개 사냥꾼이 그들 가까이 다가오고 있었다.

세 마리 개들은 펄쩍 뛰어올라 거리로 도망쳤다. 달리면서 세 번째 개가 외쳤다.

"아이쿠, 살려거든 무조건 뛰어라. 문명이 우릴 쫓아온다."

무용가

옛날 버카샤 왕자의 궁전에 어떤 무용가가 반주자 여러 명을 데리고 나타났다. 그녀는 각종 현악기의 리듬에 맞춰 왕자 앞에서 춤을 추었다.

그녀는 불꽃 춤에 이어서 칼과 창의 춤을 보여주었고, 별들의 춤과 공중의 춤을 선보였다. 맨 마지막으로는 바람 속에 나부끼는 꽃들의 춤을 추었다.

춤이 끝난 뒤 그녀는 왕자의 옥좌 앞에 섰다. 그리고 왕자에게 몸을 굽혀 절을 했다. 왕자는 그녀에게 가까이 오도록 청했다. 곧 이렇게 말했다.

"아름다운 여인이여, 우아함과 기쁨의 딸이여, 그대의 예술은 어디에서 오는 것인가? 그대는 어떻게 리듬과 운율의 모든 요소를 지휘하는가?"

무용가는 왕자에게 다시 한 번 절을 올린 뒤 이렇게 대답했다.

"위대하고 영명하신 왕자님, 전 왕자님의 의문에 어떻게 답해야 할지 모르겠습니다. 다만 철학자의 혼은 그의 머릿속에 살아 있고, 시인의 혼은 그의 가슴에 담겨 있으며, 성악가의 혼은 그의 목구멍에서 꾸물거리고 있음을 알 뿐입니다. 그리고 무용가의 혼은 그의 온몸 안에 머물고 있답니다."

두 수호천사

어느 날 밤 두 천사가 도시의 성문 앞에서 만났다.

첫 번째 천사가 물었다.

"여러 날 동안 어떻게 지냈죠? 당신에겐 무슨 일이 주어졌나요?"

"골짜기 아래쪽에 살고 있는 어떤 타락한 인간의 수호자 노릇을 했습니다. 아주 타락한 중죄인을 위해서 말입니다. 그렇지만 워낙 중요한 일임을 알고 있었기에 전 열심히 일했죠."

두 번째 천사의 대답을 듣고 첫 번째 천사가 시큰둥하게 내뱉었다.

"그건 아주 쉬운 임무였군요. 저도 죄인들을 더러 알고 있습니다. 여러 번이나 그들의 수호자가 됐었지요. 이번에 저는 저쪽 그늘진 정자 밖에 살고 있는 훌륭한 성자(聖者)의 수호자 노릇을 하고 왔답니다. 사실 뭐라 말할 수 없을 정도로 어렵고 미묘한 일이었어요."

두 번째 천사가 말했다.

"그건 억지스럽군요. 성인을 수호하는 일이 어찌 죄인을 수호하는 것보다 힘들다고 할 수 있겠습니까?"

그 말을 듣고 첫 번째 천사는 몹시 화를 냈다.

"나를 모욕하다니! 나는 진실만을 말했을 뿐이오. 억지스럽고 뻔뻔한 위인은 오히려 당신이라고 생각되는군요!"

결국 천사들은 처음엔 말로 싸우다가 나중에는 주먹과 날개로 육탄전을 벌였다.

그들이 싸우고 있는 동안 어디선가 천사장(天使長)이 나타났다. 천사장은 그들을 서로 떼어놓으며 이렇게 말했다.

"왜들 싸우는 거지? 무엇 때문에 그러는 거야? 수호천사들이 도시 성문 앞에서 싸움질이나 하다니, 그게 얼마나 꼴사나운 일인지 모르나? 말해봐, 싸운 이유가 뭐야?"

두 천사는 각자 자기에게 주어진 일이 더 힘들고 중요한 일이기 때문에 마땅히 상을 받아야 한다고 목소리를 높였다.

천사장은 머리를 갸우뚱하며 잠시 생각에 잠겼다.

이윽고 그가 입을 열었다.

"너희 가운데 누가 더 명예롭고 보상받을 만한 일을 했는지 말할 수 없다. 그러나 나는 너희에게 일을 시킬 수 있는 권리가 있다. 따라서 세상을 평화롭게 하고 너희가 사람들에게 도움이 될 수 있도록 나는 너희에게 각각 다른 직분을 주었다. 그런데 지금 너희는 서로 다른 사람의 일이 더 쉽고 하찮은 것이라 떠들고 있다. 그러니 이제 여기를 떠나 맡은 바 직분에 기쁨을 느껴보도록 하라."

천사장의 명령대로 두 천사는 각자 길을 떠났다. 그들은 마음속으로 천사장을 몹시 원망했다.

"오, 저 망할 놈의 천사장! 여전히 우리 천사들을 힘들게 하는구나!"

두 천사는 속으로 이렇게 투덜거렸다. 그러나 천사장은 전혀 다른 생각을 하고 있었다.

"앞으로는 좀더 철저히 수호천사들을 감시하고 경계해야겠어."

교환

옛날 어느 가난한 시인이 어리석은 부자를 만나 얘기를 나누었다. 그들의 대화는 각자 서로의 불만에 관한 것뿐이었다.

그때 지나가던 천사가 두 사람의 어깨에 손을 얹었다. 그러자 기적이 일어났다. 두 사람은 바로 그들의 재산을 맞바꾼 것이다.

곧 그들은 헤어졌다. 그러나 이상하게도 시인의 손에는 푸석푸석한 모래밖에 없었다. 그리고 그 어리석은 부자의 마음속에 남아 있는 거라곤 뜬구름뿐이었다.

조상(彫像)

옛날 어느 산골에 고대 명장(名匠)의 조각품을 갖고 있는 사람이 살고 있었다. 그는 조각품의 머리를 밑으로 향하게 하여 현관에 놓아두었다. 그는 그 조각품의 가치를 알지 못했던 것이다.

어느 날 도시에서 온 지식인이 우연히 그의 집에 들렀다가 조각품을 보게 되었다.

그는 집주인에게 그것을 팔겠느냐고 물었다.

집주인은 그 말에 반색을 하며 이렇게 물었다.

"물론이지요. 그런데 저 멋없고 지저분한 돌을 사려고 하는 자는 도대체 누굴까요?"

"파신다면 제가 이 은전을 드리지요."

집주인은 손님의 제안을 흔쾌히 받아들였다.

그리하여 이 진귀한 보물은 곧 코끼리 등에 얹혀 도시로 옮겨졌다. 여러 달이 지난 후 집주인은 산골을 떠나 도시로 향했다. 거리를 걷던 그는 어떤 가게 앞에 군중들이 모여 있는 광경을 보게 되었다. 그곳에서는 한 남자가 커다란 목소리로 사람들을 불러 모으고 있었다.

"여러분들, 이 세상에서 제일 아름답고 신비한 고대 유물을 관람하세요. 최고의 작품을 보는 데 단돈 은전 두 닢이면 됩니다."

그러자 산골에서 온 그 집주인은 자기가 은전 한 닢에 팔아버린 조각품을 보기 위해 은전 두 닢을 내고 상점으로 들어갔다.

사랑과 미움

여자가 남자에게 말했다.

"당신을 사랑해요."

그러자 남자는 이렇게 대꾸했다.

"나는 당신의 사랑을 받을 만한 사람이 되고 싶소."

여자가 말했다.

"당신은 날 사랑하지 않는군요."

남자는 그녀를 단 한번 힐끗 쳐다볼 뿐, 더 이상 아무 말도 안 했다.

그러자 여자가 큰소리로 울부짖었다.

"당신을 미워해요."

남자는 또 이렇게 말했다.

"그러면 나도 당신의 미움을 받을 만한 사람이 되고 싶소."

꿈

한 남자가 꿈을 꾸었다. 잠에서 깨어난 그는 예언자에게 가서 자기 꿈을 해몽해달라고 청했다.

예언자는 그에게 이렇게 말했다.

"당신이 눈뜨고 있을 때 본 꿈을 갖고 오시오. 그러면 내가 그 꿈의 뜻을 말해주리다. 그러나 당신이 잠들었을 때 꾼 꿈은 나의 지혜는 물론 당신의 상상력에도 속하지 않습니다."

광인(狂人)

나는 정신병원의 정원에서 몹시 창백하면서도 사랑스럽고 경이로움으로 가득 찬 얼굴로 벤치에 앉아 있는 어떤 젊은이를 만났다.

나는 그의 곁에 앉아 물었다.

"여긴 왜 왔어요?"

그는 다소 놀란 눈으로 날 바라보며 대답했다.

"이제부터 내 이야기를 들어보세요. 아버지는 나를 자신의 분신처럼 만들려고 했어요. 우리 삼촌도 마찬가지였지요. 어머니는 내가 그 유명한 외할아버지를 닮기를 원했죠. 누이는 선원인 남편을 내세워 내가 그를 따르기를 바랐죠. 또 형은 내가 자기처럼 멋진 운동선수가 되기를 원했어요.

게다가 선생님들도 내게 철학박사, 음악가, 논리학자 등 거울에 비친 그 자신의 반영이 되기를 원했어요.

그래서 나는 이곳에 왔죠. 나는 여기서 한 가지 분명한 사실을 발견했어요. 적어도 나는 나 자신이 될 수 있을 거라는 사실을 비로소 확연하게 깨닫게 된 거죠."

그런 다음 청년은 갑자기 나에게 돌아서며 이렇게 물었다.

"말씀해주세요. 당신도 교육이나 충고를 얻기 위해서 이곳에 억지로 끌려왔나요?"

"아뇨, 난 방문객일 뿐이오."

내 말에 그는 이렇게 대꾸했다.

"아, 그렇다면 당신은 담 너머에 있는 정신병원에서 왔군요."

개구리

어느 여름날 개구리 한 마리가 곁에 있던 친구에게 말했다.

"우리 노래 때문에 물가 근처에 사는 사람들은 보통 고역이 아닐 거야."

"글쎄, 낮에는 오히려 그들도 대화 도중에 우리가 침묵하는 것을 괴로워하지 않을까?"

두 번째 개구리의 대답에 첫 번째 개구리는 이렇게 덧붙였다.

"밤중에는 아무리 노래해도 괜찮을 거야."

두 번째 개구리가 대답했다.

"사람들은 낮에 지나치게 수다를 떨고 큰소리로 떠들기도 하잖아."

두 번째 개구리가 첫 번째 개구리에게 물었다.

"하느님이 금하신 시끄러운 소리로 모든 이웃들을 방해하는 황소개구리는 또 어떻고?"

첫 번째 개구리가 대답했다.

"그래, 참 그리고 물가에 와서 운율도 맞지 않는 시끄러운 소리로 떠들어대는 정치가, 목사, 과학자에 대해 넌 어떻게 말했지?"

"좋아, 이들 인간의 존재보다 우리가 훨씬 낫다는 걸 증명해 보이자. 이제부터 밤에는 침묵하고 마음속으로만 노래하도록 하자. 달님이 우리의 리듬을 요구하고 별들이 우리의 운율을 고대해도 말이야. 적어도 하루나 이틀, 아니 사흘 밤 동안 침묵을 지키도록 하자."

"그래, 우리의 이 결심이 어떤 결과를 가져올지 관찰해보기로 하자."

그날 밤 개구리들은 노래를 부르지 않았다. 다음날 밤에도, 또 그 다음날 밤에도 침묵을 지켰다.

그런데 이상한 얘기지만, 호수 부근에 살고 있는 수다스런 여편네가 셋째 날 아침식사를 하기 위해 아래층으로 내려와 그의 남편에게 신경질적으로 외쳤다.

"난 요 사흘 밤을 잠 한숨 못 자고 꼬박 새웠어요. 개구리들의 시끄러운 소리가 들려올 때는 안심하고 잠들 수 있었는데 말예요. 무슨 일이 일어났나 봐요, 사흘 밤이나 개구리들이 울지 않는다구요. 어젯밤에도 잠이 안 와서 거의 미칠 뻔했어요."

개구리가 이 말을 듣고 친구에게 눈을 깜박이며 속삭였다.

"우리는 정말 침묵을 지키느라 거의 미칠 뻔했지. 안 그래?"

그의 친구가 대답했다.

"그럼, 밤의 침묵이 우리를 무겁게 짓눌렀지. 사람들은 마음이 편해지기 위해서 시끄러운 소음으로 공허를 채워야 할 필요가 있는 거야. 굳이 우리가 노래를 중지할 필요는 없음을 이제 확실히 알았어."

그날 밤에 달은 구태여 개구리들의 리듬을 원하지 않아도 되었고 별들도 개구리들의 운율을 고대할 이유가 없었다.

법과 법 만들기

수 세기 전에 어느 지혜롭고 위대한 왕이 있어, 백성들을 보다 행복하게 해주기 위해 법을 제정하기로 했다.

그리하여 각기 다른 부족 출신의 현자(賢者) 천 명을 의사당으로 불러 법률을 제정했고, 모든 사람들에게 이 법에 따르도록 명령을 내렸다.

그러나 양피지에 씌어진 천 개의 법률 조항을 읽어본 왕은 비통하게 눈물을 흘렸다. 지금까지 자신의 왕국에 천 개나 되는 죄악이 존재했다는 것을 알지 못했기 때문이다.

얼마 후 왕은 필경사를 불러 입가에 미소를 띠며 자신이 직접 제정한 법률 조항을 불러주었다. 그 법률은 단지 일곱 항목뿐이었다.

천 명의 현자들은 화를 내며 왕궁을 떠나갔다. 그들은 자신들이 초안한 법률을 갖고 고향으로 돌아갔다. 모든 부족은 자기 부족의 현자가 초안한 법을 따랐다.

그래서 그들은 오늘날까지도 천 개나 되는 조항의 법률이 있다. 어찌 보면 위대한 나라였다.

그러나 그 나라는 천 개의 감옥이 있고, 그 감옥들은 천 개 항목의 법률을 위반한 남녀들로 꽉 차 있다.

어제, 오늘, 그리고 내일

나는 친구에게 말했다.

"저 남자 팔에 기대고 있는 저 여자를 좀 보게나. 어제까지만 해도 저렇게 내 팔에 기댔었는데."

친구가 말했다.

"내일은 내 팔에 기댈걸."

"남자 옆에 바싹 다가앉아 있는 저 모습을 좀 보게나. 그녀가 저렇게 내 옆에 가까이 앉은 것이 바로 어제였는데."

내 말에 친구는 또 이렇게 대답했다.

"내일이면 그녀가 내 옆에 앉을걸."

"저봐, 그녀가 이번에는 남자의 술잔에 있는 술을 마시고 있어. 어제는 내 것을 마시더니."

"내일은 내 술을 마실걸."

"그녀가 사랑에 빠져 지극히 순종적인 눈으로 그를 바라보고 있는 모습을 좀 봐. 어제는 저렇게 나를 바라보았어."

"내일은 그녀가 나를 그렇게 바라보게 될걸."

"그녀가 지금 남자의 귓전에 대고 사랑의 노래를 속삭여주는 게 들리지? 바로 어제는 그 사랑의 노래를 내 귀에 속삭였건만."

"내일은 그 노래를 내 귀에 속삭일 거야."

"저것 좀 봐. 그녀가 남자를 껴안고 있어. 나를 포옹했던 게 바로 어제였는데."

"내일이면 나를 포옹할 거야."

나는 더 이상 대꾸할 말이 없어서 이렇게 투덜거렸다.

"참 별난 여자군."

친구의 대답은 이러했다.

"그녀는 생명과 같은 존재라 모든 남자들을 사로잡고, 죽음과 같은 존재라 모든 남자들을 정복할 것이며, 영원과 같은 존재라 모든 남자들을 껴안고 있는 것이지."

철학자와 신기료 장수

어떤 철학자가 다 헤진 구두를 들고 신기료 장수를 찾아갔다.

"구두를 좀 수선해주십시오."

신기료 장수는 그 말에 이렇게 대답했다.

"난 지금 다른 사람의 구두를 수선하고 있는 중이오. 당신 것을 수선하기 전에 먼저 손봐야 할 구두가 있죠. 하지만 구두를 여기 두고 간다면 나중에 수선해주겠소. 오늘은 여기 있는 다른 신을 신고 가시고 내일 당신 구두를 찾으러 오십쇼."

그러자 철학자는 불쾌한 듯 언성을 높였다.

"내 것도 아닌 신발을 신을 수는 없소."

신기료 장수가 말했다.

"좋아요, 당신은 철학자라면서요? 그런데 다른 사람 구두로는 당신 발을 감쌀 수 없다는 거요? 그렇다면 다른 데로 가보슈. 이 거리엔 나보다 솜씨 좋고, 철학자들을 잘 이해하는 신기료 장수가 얼마든지 있을 테니까."

교량 가설자

바다에 인접한 앗시강을 사이에 두고 도시는 두 구역으로 나뉘어 있었다. 이곳에 다리를 놓기로 결정한 사람은 안티오쿠스 2세였다. 이 다리는 노새 등에 실어 산골짜기에서 운반해온 큰 돌로 만들어졌다.

다리가 다 완성되었을 때, 사람들은 교각에 "이 다리는 안티오쿠스 2세에 의해 가설됐음"이라고 새겨넣었다.

모든 시민들은 그 훌륭한 다리로 아름다운 앗시강을 건너다녔다.

어느 날 저녁, 왕의 말씀을 새긴 기둥에 머리가 약간 이상한 젊은이가 나타나더니 숯으로 그 글자들을 모두 지워버리고 대신 이렇게 썼다.

"이 다리의 돌은 노새의 의해 운반된 것임. 이 다리를 건너다니는 당신은 다리의 가설자인 안티오쿠스의 노새 등을 타고 있음."

사람들이 그 글을 읽어보고는 그저 웃어넘기거나 간혹 경탄하는 경우도 있었다. 그 중 몇몇은 이렇게 말했다.

"누가 이런 짓을 했는지 뻔하군. 그 사람 좀 돈 것이 아닐까?"

이 말을 듣고 있던 노새가 다른 노새에게 웃으며 이렇게 말했다.

"우리가 저 돌을 옮긴 게 생각나지 않아? 그런데 지금까지는 이 다리를 안티오쿠스 왕이 만들었다고 알려졌었지."

자드의 들판

자드의 들판에서 한 여행자가 근처 마을에 살고 있는 어떤 남자를 만났다.

여행자는 텅 빈 들판을 손으로 가리키며 그 남자에게 물었다.

"이곳은 알람 왕이 적군을 물리친 전쟁터가 아닌가요?"

그가 대답했다.

"이곳이 싸움터가 된 적은 한 번도 없었는데, 다만 자드의 큰 도시가 한 번 세워진 적이 있었죠. 그 도시는 불에 타 잿더미로 변했지만. 그래도 지금은 비옥한 들판이 되었죠. 안 그래요?"

여행자는 곧 그 남자와 헤어진 뒤 반 마일도 못 가서 다른 사람을 만났다. 여행자는 자드의 들판을 가리키며 다시 한번 물었다.

"정말 저 곳이 자드의 거대한 도시가 섰던 곳인가요?"

그가 말했다.

"이곳엔 도시가 있었던 적이 없었는데, 다만 수도원이 한 번 세워진 적은 있었죠. 그나마 남쪽 나라 사람들 손에 쑥대밭이 돼버렸지만."

바로 그 길에서 여행자는 세 번째 사람을 만났다. 그는 다시 한 번 텅 빈 들판을 가리키며 세 번째 사람에게 물었다.

"여기가 옛날에 큰 수도원이 섰던 장소란 말은 사실이 아니죠?"

그는 대답했다.

"이 근처에는 수도원이 있어본 적이 없는데요. 그러나 우리 할아버지는 이 들판에 큰 유성이 떨어진 적은 있다는 얘기가 조상 대대로 전해져왔다고 말씀하셨지요."

여행자는 마음속에 의문을 품은 채 한참을 걸어갔다. 이번에는 아주 늙은 노인을 만났다. 그는 노인에게 정중히 인사하며 말을 건넸다.

"영감님, 저는 여기까지 오면서 이 근처에 살고 있는 세 사람을 만났습니다. 그들에게 각각 이 들판에 대해 물었죠. 그들은 각각 다른 사람이 말한 것을 부정하더군요. 그리고 각자 남들이 말하지 않은 새로운 얘기를 저에게 들려주더군요."

그러자 그 노인은 이렇게 대답했다.

"젊은이, 그들 모두 실제로 있었던 일을 자네에게 말해준 거라네. 그러나 우리 가운데 단지 몇몇만이 기존의 사실에 몇 가지 사실들을 더 보탤 수도 있고, 진실은 그렇게 만들어지는 것이지."

황금 허리띠

어느 날 길에서 만난 두 사람이 살라미스를 향해 함께 걸어가고 있었다. 한낮이 되었을 때 그들은 강가에 도달했다. 그 강에는 다리가 없었다. 결국 헤엄을 치거나 다른 길을 찾기 전에는 강을 건널 방법이 없었다.

그들은 서로 의견을 모았다.

"우리 헤엄을 치도록 합시다. 다행히 강폭이 그렇게 넓지는 않으니까."

그리하여 두 사람은 헤엄을 쳐서 강을 건너기 시작했다. 그런데 평소에 물길을 잘 알고 있던 한 사람은 그만 격류에 휩쓸려 강 중간에서 몸을 가눌 수 없게 되었다. 반면 수영은 생전 처음이라던 또 한 사람은 즉시 강을 건너 저편 언덕에 서 있었다. 그는 아직까지 물에서 허우적거리는 남자를 발견하고는 다시 강으로 헤엄쳐 들어가 그를 무사히 강가로 끌어올렸다.

격류에 휩쓸렸던 사람은 말했다.

"당신은 분명 헤엄칠 줄 모른다고 말했잖아요. 그런데 어떻게 그리 수월하게 저 강을 건넜죠?"

"형씨, 이 허리띠 보이쇼? 여기엔 내가 아내와 아이들을 위해 일 년 내내 모은 금화들로 가득차 있다오. 이 황금 허리띠의 무게가 나를 건너게 한 거요. 내 아내와 아이들은 내 어깨 위에 있었다오."

적토(赤土)

나무가 사람에게 말했다.

"내 뿌리는 적토 깊숙이 박혀 있어. 머지않아 당신에게 내 열매를 주게 될 거야."

사람이 나무에게 말했다.

"우린 참 많이 닮았군. 내 뿌리도 적토 깊숙한 곳에 박혀 있어. 네 열매를 나에게 주라고 적토는 너에게 자양분을 공급하지. 그리고 적토는 너에게서 받은 것을 항상 고맙게 여기도록 나에게 가르치고 있어."

보름달

휘영청 밝은 보름달이 떠올랐다. 마을의 모든 개들은 달을 보고 짖기 시작했다. 오직 한 마리만이 짖지 않았다. 그 개는 자못 진지한 목소리로 다른 개들에게 말했다.

"너희가 시끄럽게 짖는 소리로 달의 여신을 잠에서 깨워 정적을 깨뜨려서도 안 되고, 그 달을 지상으로 끌어내려도 안 돼."

곧 모든 개들이 짖기를 멈추자 무서운 적막이 깃들었다.

오직 다른 개들에게 훈계했던 그 개 혼자 밤새도록 그 적막을 두려워하며 짖어댈 뿐이었다.

은둔자

깊은 산속에 속세를 떠난 은둔자가 살고 있었다. 그는 한 달에 세 번씩 큰 도시로 내려가 장터에서 자선과 나눔의 삶에 대해 설교하곤 했다. 그는 달변이었고 그 명성은 곧 온 나라에 퍼졌다.

어느 날 저녁, 그의 암자에 세 사람이 찾아왔다. 은둔자는 그들을 정중히 맞아주었다. 그들이 말했다.

"당신은 자선과 나눔의 삶에 대해 설교해왔습니다. 당신은 많이 가진 자가 적게 가진 자에게 좀더 많이 베풀어야 한다는 것을 가르치려고 노력해왔습니다. 우리는 당신의 명성이 당신에게 부를 가져다주었으리라 믿습니다. 그러니 우리에게도 그것을 나눠주시오. 우리는 가난하니까요."

"이보시오, 나는 이 침대와 이불과 물주전자 외에 아무것도 가진 게 없소. 그거라도 욕심난다면 가져가시오. 나는 금이나 은 따위는 갖고 있지 않소."

은둔자의 말이 끝나자 그들은 그를 경멸하듯 쳐다보았다. 곧이어 그에게서 얼굴을 돌렸다. 떠나기 전에 그들 가운데 한 사람이 이렇게 소리쳤다.

"에이, 협잡꾼! 사기꾼 녀석아! 너는 네 자신 어느 쪽도 성취하지 않은 것을 우리에게 가르치려고 했구나."

오래 된 술

아주 옛날 지하실 안에 술을 숨겨놓고 애지중지하는 부자가 있었다. 그는 일생의 가장 소중한 순간을 위해서 이곳에 수십 년 묵은 포도주 항아리를 아무도 모르게 감춰놓았다.

하루는 그 지방의 지사(知事)가 그를 찾아왔다. 부자는 잠시 생각해보고 이렇게 중얼거렸다.

"저 항아리를 겨우 지사에 지나지 않는 위인을 위해 개봉할 순 없지."

관할 교구의 주교가 찾아왔을 때도 그는 속으로 이렇게 외쳤다.

"아냐, 난 저 항아리를 열지 않을 거야. 주교는 이 항아리의 가치도 모를 것이고 그 술 향기를 음미할 줄도 모를 테니까."

또 한번은 왕자가 그와 함께 저녁을 먹었다. 이때도 그는 단호히 고개를 가로저었다.

"단순한 왕위 계승자에게 이건 너무 과분한 술이지."

친조카가 결혼하던 날에도 그는 혼자 중얼거렸다.

"안 되지. 오늘 같은 날 저 항아리를 내놓을 수는 없어."

세월이 흘러, 그는 죽음을 맞이했다. 그 늙은 몸뚱어리는 씨앗처럼 땅에 묻혔다.

그가 묻히던 날, 다른 술항아리와 함께 오래 된 포도주 항아리도 밖으로 꺼내졌다. 술은 이웃 농부들 차지가 되었다. 아무도 그 술의 위대한 나이를 알지 못했다.

그들에게 그것은 그저 흔하디흔한 술일 뿐이었다.

두 시인

아주 오랜 옛날, 아테네로 가는 길에 두 시인이 만났다. 그들은 서로 반색하며 기뻐했다.

한 시인이 다른 시인에게 물었다.

"최근에 무슨 작품을 쓰셨는지요? 그리고 그 노래를 리라로 연주하려면 어떻게 해야 합니까?"

두 번째 시인이 자랑스럽게 대답했다.

"방금 내 시 가운데 제일 훌륭한 작품을 완성했습니다. 아마도 지금까지 그리스어로 씌어진 것 중에서 가장 훌륭한 작품일 겁니다. 그 시는 제우스신에게 바치는 기원입니다."

그는 외투 밑에서 양피지를 꺼내며 이렇게 덧붙였다.

"여기 있습니다. 보세요. 나는 이것을 항상 지니고 다닌답니다. 당신에게 읽어줄 수도 있어요. 자, 우리 저기 있는 사이프러스나무 그늘 아래 가 앉읍시다."

이윽고 시인은 자신의 시를 읽기 시작했다. 무척이나 긴 시였다.

듣고 있던 첫 번째 시인이 친절하게 말했다.

"정말 훌륭한 시군요. 이 시는 불후의 명작이 될 겁니다. 그리고 이 시로 인해서 당신은 크게 이름을 떨치게 될 겁니다."

두 번째 시인이 어깨를 으쓱하며 첫 번째 시인에게 물었다.

"당신은 요즘 무슨 시를 쓰셨나요?"

"나는 별로 길게 쓰지 못했어요. 정원에서 뛰놀던 아이를 회상하며 겨우 여덟 줄만을 썼죠."

그리고 그는 그 여덟 줄을 암송했다.

"좋은데요. 아주 좋아요."

그들은 서로 덕담을 나눈 뒤 헤어졌다.

2천 년이 지난 오늘날 한 시인이 쓴 여덟 줄의 시는 아직도 모든 사람의 입에 오르내리고 있다. 그 작품은 많은 독자들의 사랑을 받았고 소중히 여겨졌다.

또다른 시는 오랜 세월 도서관과 학자들의 서재에 전해지고 있긴 하지만, 그다지 사랑받지도 못했고 읽혀지지도 않았다.

루스 부인

세 사람이 멀리 푸른 언덕에 외따로 서 있는 하얀 집을 바라보고 있었다. 그들 중 하나가 말했다.

"저게 루스 부인의 집이야. 한마디로 늙은 마녀지."

두 번째 사람이 말했다.

"틀렸어. 루스 부인은 고귀한 이상을 품고 살아가는 아름다운 여자야."

세 번째 사람이 말했다.

"둘 다 틀렸어. 루스 부인은 엄청난 토지의 소유자야. 농노들의 피땀을 착취하고 있지."

그들은 루스 부인을 화제로 걸음을 옮겼다.

교차로에서 그들은 한 노인을 만났다. 그들 중 하나가 노인에게 물었다.

"저 하얀 집에 살고 있는 루스 부인에 대해 말씀 좀 해주세요."

노인은 그들에게 조용히 미소지으며 입을 열었다.

"나는 이제 아흔 살이오. 물론 루스 부인을 기억하지. 그러나 그건 내가 어릴 때 얘기요. 그녀는 80년 전에 죽었다오. 지금은 빈 집이지. 저 안에서 가끔 올빼미 울음소리가 들린다오. 사람들은 도깨비가 나온다고 말하지."

쥐와 고양이

어느 날 저녁에 시인이 농부를 만났다. 시인은 말주변이 별로 없고 농부는 숫기가 없었지만 둘이서 잠시 얘기를 나누었다.

농부가 말했다.

"제가 요즘 들은 얘기 한 토막을 들려드리지요. 쥐 한 마리가 덫에 잡혔답니다. 그런데 녀석이 덫에 놓아둔 치즈를 맛있게 먹고 있는 동안 고양이가 옆으로 다가오더랍니다. 쥐는 잠깐 겁에 질렸죠. 그러나 곧 덫 안에 있는 게 안전하다는 생각을 하게 되었죠.

그때 고양이가 말했답니다.

'친구, 지금 넌 마지막 음식을 먹고 있구나.'

'그래.'

쥐가 대답했답니다.

'난 목숨이 하나뿐이야. 그러니까 죽음도 한 번뿐이지. 그런데 넌 어때?

너는 아홉 개의 목숨을 가졌다고 하던데, 그건 네가 아홉 번 죽을 운명이라는 뜻이 아닐까?'"

농부는 말을 마친 뒤 시인에게 물었다.

"좀 이상한 얘기지요?"

시인은 대답하지 않고, 마음속으로 이렇게 중얼거리며 걸음을 옮겼다.

"이런 세상에! 우리가 아홉 개의 목숨을 갖다니. 아홉 개의 목숨을. 그렇다면 아홉 번이나 죽어야 되잖아. 아홉 번이나 죽을 거라면 차라리 덫에 걸린 쥐처럼 하나의 목숨을 갖는 게 더 좋을지도 몰라. 한 조각의 치즈로 최후의 만찬을 대신하는 농부의 목숨 말야. 그런데 우리가 사막이나 밀림에 사는 사자들과 동족은 아니잖아?"

저주

늙은 어부가 언젠가 내게 이런 말을 했다.

"어떤 뱃놈이 내 딸을 데리고 도망간 것이 30년 전이었소. 나는 마음속으로 그들을 저주했지. 나는 세상에서 유일하게 내 딸만을 사랑했기 때문이오. 그런데 얼마 후 그 젊은 뱃놈이 배와 함께 바다 밑바닥에 가라앉아버렸다오. 내 사랑스런 딸도 그놈과 함께 죽었지.

자, 그러니까 이 청춘남녀를 죽인 자는 누구겠소? 그들을 파멸시킨 건 내 저주였다오. 이제 나는 저승 가는 길목에서나마 신의 용서를 구하고 있소."

이것은 늙은이가 말한 그대로를 옮긴 것이다. 유감스럽게도 그의 말 속에는 알 수 없는 가시가 박혀 있었다. 아직도 그는 자신이 갖고 있는 저주의 힘을 자랑하는 것처럼 보였다.

석류

어떤 사람이 과수원에 꽤 많은 석류나무를 심었다. 해마다 가을이면 그는 석류들을 은쟁반에 담아 집 바깥에 놓아두었다.

쟁반에는 그가 직접 쓴 쪽지도 담겨 있었다.

"누구든지 한 개만 가져가시오. 당신을 환영합니다."

수없이 많은 사람들이 지나갔지만 그 과일을 집어가는 사람은 한 사람도 없었다.

어느 가을, 그는 은쟁반에 담은 석류들을 집 바깥에 놓아두지 않고 대신 큰 글씨로 쓴 간판을 높이 내걸었다.

"우리나라에서 제일 좋은 석류가 이곳에 있음. 값은 다른 석류보다 좀 비쌈."

그러자 근처의 모든 사람들이 앞다투어 사러 오기 시작했다.

신은 몇 명인가

킬라피스 시의 어느 궤변학자가 사원의 계단에 서서 제신(諸神)들을 경배해야 한다고 외쳤다. 사람들은 그 말에 별다른 감동을 얻지 못했다.

"우리가 다 아는 얘기를 떠들어대고 있군. 그들은 항상 우리와 함께 있고, 가는 곳마다 우리를 따라오지 않는가?"

그런데 잠시 후 이번에는 다른 사람이 장터에 서서 사람들에게 외쳤다.

"세상에 신이란 없소."

많은 사람들은 신들을 두려워했기 때문에 그 말에 위안을 얻었다.

며칠 후에는 유명한 웅변가가 나타났다.

"세상에는 하나의 신밖에 없소."

그러자 사람들은 속으로 간담이 서늘해졌다. 그들은 여러 명의 신들보다 유일신(唯一神)의 천벌을 두려워했던 것이다.

같은 계절에 또 다른 사람이 와서 사람들에게 말했다.

"세상엔 신이 셋 있지요. 그들은 다같이 바람 위에 산답니다. 그들은 친구이자 누이인 광대와 자비로운 어머니를 가졌습니다."

그 말에 모든 사람들은 한결 마음이 놓였다. 왜냐하면 속으로 이렇게 생각했기 때문이다.

"세 신들이 각각 우리의 잘못에 관해 의견을 달리할 거야. 그리고 그들의 자비로운 어머니는 틀림없이 우리를 옹호해줄 거야."

오늘날까지 킬라피스 시에는 제신(諸神)들과 유일신(唯一神), 일체로서의 세 신(神), 신들의 자비로운 어머니에 대한 것과 무신론에 관한 논의가 끊이지 않고 있다.

귀머거리 여인

어떤 부자가 젊은 아내와 함께 살고 있었다. 그런데 안타깝게도 그녀는 귀머거리였다.

아침식사 시간에 그녀는 남편에게 말했다.

"어제 시장에 갔었어요. 다마스커스에서 수입한 비단옷과 인도산 덮개, 페르샤 목걸이, 그리고 암만에서 들어온 팔찌 등 정말 진귀한 물건들이 많았어요. 아마도 대상(隊商)들이 물건을 이제 막 가져왔나봐요. 나 좀 보세요. 부자의 아내가 누더기를 입고 있어야 되겠어요? 나도 좋은 물건을 얼마쯤 갖고 싶어요."

남편은 식사 후 서둘러 커피를 마시며 이렇게 말했다.

"여보, 당신이 그런 걸 사서 안 될 이유는 없지. 사고 싶은 것이 있으면 모두 사도록 해요."

귀머거리 아내가 말했다.

"안 된다구요! 당신은 언제나 '안 돼, 안 돼' 소리밖에 안 해요. 난 부자 남편을 두고 하인까지 거느리고 있는데도 친구들 앞에 누더기를 입고 나타나야만 하나요?”

남편이 말했다.

“나는 ‘안 돼’라고 말하지 않았소. 당신은 마음대로 물건들을 사도 좋아. 시장에 가서 좋은 옷과 멋진 보석들을 구입하구려.”

그러나 다시 그의 말을 잘못 알아들은 아내가 이렇게 대꾸했다.

“모든 부자들 가운데 당신이 제일 지독한 구두쇠예요. 당신은 나한테 물건 하나를 제대로 못 사게 하잖아요. 내 또래의 다른 여자들은 값비싼 옷을 입고 온 도시를 휘젓고 다니는데.”

귀머거리 아내는 울기 시작했다. 눈물이 젖가슴에 떨어지는 순간 그녀는 더욱 서럽게 통곡했다.

“내가 옷이나 보석을 원할 때마다 당신은 나에게 ‘안 돼, 안 돼’라고만 말했죠.”

결국 남편은 방법을 바꾸는 수밖에 없었다. 그는 한 줌의 금화를 지갑에서 꺼내놓고 상냥한 목소리로 말했다.

“시장으로 가요, 여보. 가서 사고 싶은 걸 모두 사도록 해.”

그날 이후 귀머거리 아내는 원하는 것이 있을 때마다 진주 같은 눈물이 그렁그렁한 채로 남편 앞에 나타났다. 그러면 그는 아무 말 없이 금화 한 줌을 꺼내 그녀의 무릎 사이에 놓았다.

그런데 나이 어린 아내는 여행을 즐기는 한 젊은이와 우연히 만나 사랑에 빠지게 되었다. 그가 떠나버린 뒤 그녀는 창문을 열어놓은 채 하염없이 눈물을 흘렸다.

남편은 이렇게 울고 있는 그녀를 볼 때마다 마음속으로 이런 생각을 했다.

“시장에 새 비단옷과 희귀한 보석들이 들어온 게 틀림없어.”

그리고 그는 한 줌의 금화를 꺼내 그녀 앞에 놓아두는 것이었다.

탐구

천 년 전에 철학자 두 명이 레바논의 비탈길에서 만났다. 한 사람이 먼저 말을 걸었다.

“댁은 어디로 가십니까?”

"저는 이 언덕 사이에 있다는 젊어지는 샘물을 찾고 있습니다. 얼마 전에 태양을 향해 꽃이 피듯이 솟구치는 그 샘에 대해 소개한 책을 발견했지요. 당신은 무엇을 찾고 계십니까?"

첫 번째 사람이 대답했다.

"저는 죽음의 신비를 찾고 있습니다."

간단한 대화를 나눠본 뒤에 두 사람은 각자 상대방의 지식이 모자란다고 단정해버렸다. 그들은 상대방의 정신적 맹점을 탓하며 말다툼을 시작했다.

두 철학자의 언쟁은 바람을 타고 마침 지나가던 나그네의 귀에까지 들려왔다. 이 나그네는 자기 마을에서 바보로 소문났던 사람이었다. 그는 격한 논쟁을 벌이는 두 사람의 대화 내용을 잠시 서서 들어보았다.

곧이어 그는 그들에게 가까이 가서 이렇게 말했다.

"여보십쇼. 당신들은 같은 철학학교 동기생 같군요. 서로 다른 말을 하고 있지만 당신들은 같은 일에 대해 이야기하고 있어요. 한 사람은 젊어지는 샘물을 찾는다고 하고 또 한 사람은 죽음의 신비를 찾는다고 했잖아요. 사실 그것들은 다 같은 것인데 말입니다. 그것들은 당신들 속에서 함께 살고 있는 것이잖소."

그러고 나서 나그네는 비웃듯이 이렇게 덧붙였다.

"잘 가시오. 현인(賢人)양반들."

그는 떠나면서 실소를 금치 못했다.

두 철학자는 잠시 말없이 서로 응시했다. 그들도 역시 웃음을 터뜨렸다. 그들 중 하나가 먼저 입을 열었다.

"자, 그러면 우리 함께 걸으며 같은 일을 추구하기로 할까?"

왕홀(王笏)

왕이 아내에게 말했다.

"사실대로 말하면 당신은 왕비라 할 수 없소. 나의 배우자가 되기엔 너무 천박하고 점잖지 못하오."

그의 아내가 말했다.

"당신은 스스로 왕이라고 생각하시겠죠. 그러나 사실 당신은 불쌍한 허수아비라구요."

왕비의 말은 왕을 노하게 했다. 손에 왕홀을 쥐고 있었던 그는 그 금빛 나는 왕홀로 그녀의 이마를 쳤다.

바로 그때 시종장(侍從長)이 들어와서 왕을 설득했다.

"세상에 이럴 수가, 폐하! 그 왕홀은 이 나라에서 가장 위대한 예술가의 작품입니다. 아아! 폐하와 왕비께서는 훗날 언젠가 잊혀지겠지만, 왕홀은 대대로 전해져야 할 것입니다. 폐하는 지금 왕비님의 머리에 피를 그려 놓으셨군요. 폐하, 이 왕홀은 존경의 상징으로서 기억되어야 합니다."

길

산골에 한 여인과 그녀의 아들이 살고 있었다. 그는 그녀의 첫 아이였고 하나밖에 없는 자식이었다.

의사가 지켜보는 가운데 그 소년은 열병으로 죽고 말았다.

어머니는 슬픔으로 미칠 지경이었다. 그녀는 의사에게 울부짖으며 이렇게 간청했다.

"말씀해주세요, 제발! 내 아들의 삶을 중단시키고 그의 노래를 멈추게 한 것은 무엇이었나요?"

의사가 말했다.

"그것은 열병 때문이었소."

"열병이 무엇인가요?"

"나도 그것을 정확히 설명할 수는 없어요. 그건 육체를 찾아드는 무한히 작은 존재요. 인간의 눈으로는 볼 수 없는 것이죠."

의사는 곧 그녀는 떠났다. 그녀는 계속해서 그 말을 혼자 되뇌었다.

"무한히 작은 존재. 인간의 눈으로는 볼 수 없다고?"

저녁 때 목사가 그녀를 위로하러 찾아왔다. 그녀는 눈물을 흘리며 그에게 물었다.

"아아, 나는 어째서 하나밖에 없는 첫 아이를 잃어야 했을까요?"

목사가 대답했다.

"아아, 그 아이, 그건 신의 뜻입니다."

"신은 무엇입니까, 그리고 어디에 있나요? 그분 앞에 내 가슴팍을 찢고, 그 발 앞에 내 가슴의 피를 쏟아내기 위해서라도 꼭 만나야겠어요. 그분을 어디서 찾을 수 있을지 말씀해주세요."

목사가 말했다.

"신은 무한히 광대합니다. 우리 인간의 눈으로는 볼 수 없습니다."

그러자 그 여자는 이렇게 외쳤다.

"무한히 작은 것이 무한히 큰 것의 의지를 통해 내 아들을 죽였단 말인가요? 그렇다면 우리는 무엇입니까? 우리는 무엇입니까?"

그때 그녀의 어머니가 죽은 소년의 수의를 가지고 방으로 들어왔다. 노파는 목사의 말과 자기 딸의 울부짖는 소리를 들었다. 그녀는 수의를 내려놓고 딸의 손을 잡으며 이렇게 말했다.

"애야, 우리는 무한히 작고도 무한히 큰 것이란다. 우리는 그 둘 사이에 있는 길이지."

고래와 나비

어느 날 저녁, 한 남자와 한 여자가 역마차 안에 우연히 함께 타게 되었다. 그들은 전에 한 번 만난 적이 있었다.

그 남자는 시인이었다. 그는 그 여자 곁에 앉아서 그녀를 즐겁게 해주려고 애썼다. 그가 그녀를 위해 들려준 이야기 중 일부는 자신이 꾸며낸 것이고 일부는 실제로 있었던 일이었다.

그가 이야기하고 있는 동안에 여자는 어느덧 잠들어버렸다. 그때 갑자기 마차가 기우뚱거렸다. 그녀는 깨어나서 이렇게 말했다.

"저는 요나와 고래에 대한 당신의 얘기에 감동했어요."

시인은 말했다.

"그런데 부인, 저는 나비와 백장미에 대해 제가 꾸민 얘기를 들려드렸던 건데요. 그것들이 어떻게 전혀 다른 것으로 뒤바뀌어버렸나요!"

평화의 전염

꽃이 만발한 가지가 이웃에 늘어져 있는 가지에게 말했다.

"오늘은 지루하고 무료한 날이군."

다른 가지가 대답했다.

"정말 무료하고 지루해."

바로 그때 참새 한 마리가 나뭇가지에 앉았다. 곧이어 다른 참새도 날아와 가까이 앉았다.

참새 한 마리가 말했다.

"내 짝이 나를 떠났어."

다른 참새가 외쳤다.

"내 짝도 떠나버렸어. 아마 다신 돌아오지 않을 거야. 그래봤자 무슨 상관이야?"

갑자기 두 마리 참새는 짹짹거리며 신경질을 내기 시작했다. 이내 그들이 싸움을 벌이며 지저귀는 소음이 대기에 가득 찼다.

그리고 또 두 마리 다른 참새가 하늘에서 미끄러지듯 내려왔다. 그들은 잠시도 쉬지 않고 짹짹대는 두 마리 옆에 조용히 앉아 있었다. 곧 주위는 평화로운 분위기로 가득했다.

이윽고 그 네 마리 참새는 짝을 지어 날아갔다.

첫 번째 나뭇가지가 이웃 가지에게 말했다.

"아, 정말 날카로운 소음이었어."

다른 나뭇가지가 대답했다.

"어쨌든 이제는 모두 평화롭고 여유를 되찾게 되었어. 위층 공기가 평화로우면 아래층 공기도 평화로워야만 한다고 생각되는데. 바람결을 타고 내게 좀더 가까이 다가오지 않겠니?"

"아, 그래. 평화를 위하여, 봄이 지나가버리기 전에 말이야."

그리고 나서 두 개의 나뭇가지는 이웃 가지를 껴안기 위해 스스로 강풍에 흔들렸다.

그늘

6월 어느 날, 풀이 느릅나무 그늘에게 말했다.

"당신은 너무 자주 자리를 바꾸는군. 당신은 나의 평화를 방해하고 있어."

그늘이 대답했다.

"난 아냐, 난 아냐. 하늘을 봐. 동쪽에서 서쪽으로 바람을 타고 움직이는 나무가 있잖아."

풀은 위를 쳐다보았다. 그리고 처음으로 나무를 보게 되었다. 풀은 마음속으로 이렇게 중얼거렸다.

"맙소사, 저것 좀 봐. 나보다 더 큰 풀이 있잖아."

마침내 풀은 입을 다물었다.

일흔 살

젊은 시인이 왕비에게 말했다.

"당신을 사랑해요."

왕비가 대답했다.

"얘야, 나도 너를 사랑한단다."

"저는 당신의 자식이 아니에요. 저도 어른이라구요. 그래서 당신을 사랑해요."

왕비가 말했다.

"난 여러 아들과 딸들의 어머니란다. 그들 또한 여러 아들과 딸들의 부모들이고, 내 손자들 중의 하나는 너보다 나이가 많단다."

"그래도 저는 당신을 사랑해요."

젊은 시인이 말했다.

오래지 않아 왕비는 죽음을 맞이했다. 그녀의 마지막 숨결이 위대한 대지의 숨결로 되돌아가기 전에, 그녀의 영혼은 이렇게 속삭였다.

"나의 가장 사랑하는, 내 단 하나뿐인 아들, 나의 젊은 시인이여, 언젠가 우리는 다시 만나게 될 거야. 그곳에서 나는 일흔 살이 되지 않을 거니까."

신(神)을 찾는 자

두 사람이 골짜기를 걷고 있었다. 한 명이 손가락으로 산 중턱을 가리키며 말했다.

"저기 있는 초막이 보입니까? 그곳엔 오랫동안 세상과 떨어져 살고 있는 사람이 있답니다. 그가 이 지상에서 찾는 것은 단지 신뿐이죠."

다른 사람이 말했다.

"그가 초막의 고독을 떠나 속세로 돌아와서 우리의 기쁨과 슬픔을 함께 나누고, 결혼식에서 우리와 함께 춤추고, 죽은 이의 관을 둘러싸고 슬퍼하는 사람들과 더불어 눈물을 흘리기 전에는 결코 신을 찾지 못할 겁니다."

"당신의 말에 전적으로 동의합니다. 그러나 나는 그 은자가 훌륭한 인물임을 믿어요. 그리고 선량한 사람은 표면적인 선량함보다 공동사회로부터 떠나 있음으로써 좀더 훌륭한 많은 일을 할 수도 있지 않겠습니까?"

강

거대한 강이 흐르는 카디샤 유역에서 작은 시냇물 둘이 만나 서로 대화를 나누었다.

"친구, 당신이 지나온 길은 어땠나요?"

"내 길은 너무나 힘들었어요. 한번은 물레방아 바퀴가 부서졌죠. 그리고 농작물에 수로(水路)를 끌어대던 농장주인이 죽었지요. 그래서 나는 햇빛 속에 버티고 앉아 게으르게 몸뚱이를 태우는 오물을 잔뜩 묻힌 채 겨우 내려왔어요. 형제여, 당신의 길은 어땠어요?"

"내가 온 길은 좀 다른 길이었어요. 향기로운 꽃들과 수줍은 듯 서 있는 수양버들 사이로 뻗은 언덕을 내려왔죠. 남자와 여자들이 은으로 만든 컵에 나를 따라 마셨죠. 꼬마들은 내 가장자리에서 그 앙증맞은 발로 뛰놀았어요. 주위에는 온통 웃음뿐이었어요. 감미로운 노래도 있었죠. 당신의 길이 그리 편하지 못했다니 안됐군요."

바로 그때 그 거대한 강이 두 시냇물의 대화를 가로막으며 큰 목소리로 외쳤다.

"들어와, 빨리. 우린 바다로 가고 있어. 얘기는 그만 하고 어서 빨리 들어오라구. 이제 나와 함께 가는 거야. 우리는 바다로 가고 있어. 들어와, 어서 빨리. 내 안에 있으면 너희는 슬픔이건 즐거움이건 지나온 추억 따위는 잊게 될 거야. 들어와, 들어오라구. 우리 어머니의 한복판인 바다에 이르면 우린 모든 길들을 잊게 될 거야."

두 사냥꾼

5월 어느 날, 기쁨과 슬픔이 호숫가에서 만났다. 그들은 잔잔한 물 가까이 앉아 얘기를 나누었다.

기쁨은 땅 위의 아름다움과, 숲과 계곡을 누비면서 멋진 생활을 하는 나날들과, 새벽과 저녁에 듣는 노래에 대해 얘기했다.

슬픔은 기쁨이 말한 것을 모두 받아들였다. 왜냐하면 슬픔은 시간의 매력과 아름다움을 알고 있었기 때문이다.

그리고 기쁨이 들판과 산에서 느낄 수 있는 5월을 얘기할 때 슬픔은 깊은 감명을 받았다.

기쁨과 슬픔은 오랫동안 서로 얘기를 주고받았다. 그들은 자신들이 알고 있는 곳과 모든 사물에 대해서 의견이 일치했다.

그때 호수 저편에 사냥꾼 두 사람이 나타났다. 그들은 물 건너편을 바라다보며 이렇게 말했다.

"저 두 사람은 누굴까?"

"둘이라고 했나? 난 한 사람만 보이는데."

첫 번째 사냥꾼이 말했다.

"분명 둘이잖아."

두 번째 사람이 말했다.

"내 눈엔 한 사람밖에 안 보이는데, 호수에 비친 그림자도 하나뿐이야."

"아냐, 둘이야."

첫 번째 사냥꾼이 말했다.

"잔잔한 물에 두 사람의 모습이 비치잖나."

그러나 두 번째 사냥꾼은 계속 고개를 저었다.

"난 한 사람밖에 안 보이는데."

첫 번째 사냥꾼이 다시 말했다.

"하지만 내 눈에는 틀림없이 두 사람이 보인다구."

온종일 한 사냥꾼은 딴 사냥꾼이 본 게 틀렸다고 말했다. 그러나 다른 사냥꾼은 이렇게 말했다.

"내 친구가 눈이 좀 멀었군."

또 다른 방랑자

옛날에 나는 길에서 또 한 사람을 만났다. 그 역시 조금 미친 사람이었다. 그는 내게 이런 말을 들려주었다.

"나는 방랑자예요. 때때로 내가 난쟁이들 사이를 걷고 있는 것처럼 생각됩니다. 아마도 내 머리가 그들보다 엄청 높은 곳에 있기 때문인 것 같아요.

높은 곳에 있으면 생각도 더 높고 더 자유로워지죠. 결국 난 사람들 사이가 아니라 그 위를 걷고 있는 셈이랍니다. 그들이 볼 수 있는 것은 들판에 박힌 내 발자국뿐이죠.

가끔 그들이 내 발자국의 모양과 크기에 대해 토론하는 소리를 듣습니다. '옛날에 이 땅 위를 거닐던 맘모스의 자취야'라고 말하는 사람도 있더군요. 그러면 딴 사람들은 '아냐, 이것들은 머나먼 별에서 떨어진 운석의 흔적일 뿐이야'라고 말하죠.

그러나 당신, 내 친구인 당신은 그것들이 방랑자의 발자취라는 사실을 잘 알고 있습니다."

Jesus the son of Man

사람의 아들 예수

사람의 아들 예수

예수의 탄생—마리아의 어머니 안나

내 딸은 12월에 베들레헴의 집에서 예수를 낳았다. 그날 밤 동방에서 낮선 사람들이 찾아왔다. 그들은 에집트로 향하는 미디안의 상인들과 함께 베들레헴에 온 페르샤인들이었다. 며칠 전부터 동쪽 하늘에 떠 있는 이상한 별을 따라서 왔다는 것이었다.

나는 그들을 맞으면서 미리 양해를 구했다.

"오늘 밤 제 딸이 아들을 낳았답니다. 그러니 제가 손님 접대를 제대로 못하더라도 부디 이해해주십시오."

그들은 저녁식사를 마치고 나더니 오늘 태어난 아기를 볼 수 있게 해 달라고 청했다.

그때는 이미 마리아의 아들을 씻긴 뒤였고, 마리아도 어느 정도 안정을 되찾고 있었다. 굳이 그들의 부탁을 거절할 이유가 없었다.

마리아와 아기를 보고 난 페르샤인들은 몹시 흥분한 듯 보였다. 그들은 자신들이 가져온 자루에서 금과 은, 유향과 몰약 등을 꺼내어 아기의 발치에 놓았다.

그러고는 모두 바닥에 엎드려서 우리는 알아들을 수도 없는 낮선 언어로 기도를 올리는 것이었다.

내가 그들을 침실로 안내했을 때, 그들은 마치 어떤 위엄이 있는 존재에 압도당한 듯 숙연한 표정이었다.

다음날 아침이 되자, 그들은 내게 말했다.

"비록 태어난 지 하루밖에 안 된 아기지만, 우리는 그 눈빛 속에서 하느님의 빛을 느낄 수 있었고, 그 입가에서는 하느님의 웃음을 볼 수 있었습니다. 부디 아기를 잘 돌봐주실 것을 부탁드립니다. 그러면 아기는 장차 여러분은 물론 모든 사람을 보살피게 될 것입니다."

그렇게 말한 뒤 그들은 낙타에 올랐고, 우리 집을 떠나 에집트 쪽으로 난 길을 따라갔다. 그 뒤로는 그들을 다시 볼 수 없었다.

한편 마리아는 아기를 낳은 뒤로 기쁨보다 오히려 놀라움에 가득 차 있는 것 같았다.

그녀는 한참씩 아기를 들여다보다가 창밖으로 눈을 돌려 하늘 저편의 먼 곳을 응시하는 것이었다. 그럴 때면 마치 내게는 보이지 않는 어떤 계시를 보고 있는 듯했다. 이미 마리아의 마음과 내 마음 사이에는 깊은 골짜기가 가로놓인 것 같았다.

예수는 자라면서 다른 아이들과는 뭔가 달라 보였다. 늘 혼자 있었고, 왠지 다루기 어려워서 나는 그 애에게 야단 한번 칠 수가 없었다.

그러나 그 애는 나자렛의 모든 사람으로부터 사랑받았고, 나도 그 까닭을 잘 알고 있었다.

그 애는 우리가 먹을 음식을 배고픈 나그네에게 대접하는 일이 잦았다. 또 내가 맛있는 과자를 주기라도 하면, 저는 아예 맛도 보지 않은 채 다른 아이들에게 모두 나눠주곤 했다.

예수는 우리 과수원에 있는 나무에 기어올라가 잘 익은 과일을 따는 일이 많았지만 자기가 먹기 위해 그런 적은 단 한 번도 없었다.

그리고 친구들과 달리기 시합을 할 때면, 가끔은 일부러 천천히 달려서 친구가 이기도록 해주기도 했다. 제 발이 더 빠르다는 것을 잘 알고 있었다.

어쩌다가 내가 예수를 잠자리로 데리고 갈 때면, 그 애는 내게 이렇게 말하곤 했다.

"할머니, 엄마나 다른 분들에게는 오로지 제 몸만이 잠드는 거라고 전해주세요. 내일 아침 그분들의 마음이 제게로 와 닿을 때까지, 제 마음은 항상 그분들 곁에 있다구요."

그 밖에도 예수는 어릴 때부터 어른인 내가 깜짝 놀랄 만한 이야기들을 참 많이 했다. 하지만 이젠 내가 너무 늙어서 모두 기억할 수 없는 것이 안타까울 뿐이다.

그런데 사람들은 내게 이제는 그 애를 만날 수가 없다고 했다. 하지만 난 그 말을 믿을 수가 없다.

아직도 그 애의 맑은 웃음소리와 집 근처를 맴도는 뜀박질 소리가 귓가에

쟁쟁하다. 내 딸의 뺨에 입 맞출 때마다 그 애의 내음이 뭉클뭉클 가슴속에 되살아나고, 마치 그 애가 내 팔에 안긴 듯한 느낌이 전해져 온다.

하지만 내 딸이 그 아이에 대해서 나한테는 한마디도 하지 않는 건 정말 이상한 일이다.

어떤 때는 그 아이를 그리워하는 마음이 어미인 마리아보다 내가 더 절실한 것처럼 느껴진다. 그러나 마리아는 마치 모든 시련을 이겨낸 동상처럼 굳세게 견디고 있다. 가슴은 그리움의 강물을 따라 한없이 녹아내리는 것 같은데도 말이다.

아마도 마리아는 예수에 대해 내가 모르는 것을 알고 있기 때문일 것이다. 그걸 내게도 알려주면 다소나마 위안이 되련만……

예수의 어린 시절과 청년 시절—마리아의 친구 수산나

마리아가 목수 요셉의 아내가 되기 전, 그러니까 우리 둘 다 처녀였을 때부터 나는 예수의 어머니인 그녀를 잘 알고 있었다.

그 당시 마리아는 자신이 하늘의 계시를 보았으며, 그 계시와 함께 들려오는 천상의 목소리를 들었다고 말하곤 했다. 또한 그녀는 꿈에 자신을 찾아온 하늘나라의 천사들에 관한 이야기도 함께 들려주었다.

대부분의 나자렛 사람들은 마리아에게 깊은 관심을 기울였다. 그들은 그녀의 일상적인 행동이나 표정 하나하나까지도 유심히 살펴보았다. 그리고 하나같이 사랑이 듬뿍 담긴 눈길로 그녀를 바라보았다. 그녀의 이마에는 어떤 고귀함이 깃들어 있었고, 걸음걸이는 마치 하늘 위를 걷는 것처럼 신비롭게 보였던 것이다.

그러나 마을 사람들 중 몇몇은 마리아가 악마에게 사로잡혔다고 수군거리기도 했다.

마리아도 나처럼 젊었지만, 그녀에게선 그 끝을 알 수 없는 깊은 성숙함이 배어나왔다. 그녀는 인생의 봄에 이미 풍성한 가을의 결실을 맺고 있는 듯 보였다.

그녀는 우리와 함께 이곳에서 태어나 자랐지만 마치 먼 북쪽 나라에서 온 이방인 같았다. 그녀의 눈빛은 그 동안 우리가 한 번도 경험해보지 못한 경이로움으로 가득 차 있었다.

마리아는 그 옛날 형제들과 함께 나일강에서 광야까지 걸어온 미리암처럼 늘 당당하면서도 고고한 자태를 잃지 않았다.

그때 마리아는 목수인 요셉과 약혼한 사이였다. 예수를 잉태하게 된 마리아는 날마다 언덕 사이를 거닐다가, 저녁이 되면 두 눈 가득 사랑과 아픔을 담고 집으로 돌아오곤 했다.

그리고 예수가 태어나자 마리아는 자기 어머니에게 이렇게 말했다.

"어머니, 전 아주 훌륭한 나무예요. 이 열매를 좀 보세요."

산파였던 마르타도 곁에서 그 말을 들었다고 한다.

마리아가 예수를 낳은 사흘 뒤, 나는 그녀를 찾아갔다. 그녀의 눈은 한층 더 신비롭게 빛나고 있었다. 얼굴 표정은 경이로움이 가득했고, 가슴은 한껏 부풀어 어머니가 된 축복의 증거를 드러냈다. 그녀는 마치 귀한 진주를 품은 조개처럼 자기가 낳은 아기를 소중하게 안고 있었다.

우리는 마리아의 아기를 사랑이 가득한 눈길로 오랫동안 바라보았다. 그 아기의 얼굴에선 형언할 수 없는 따스함이 느껴졌고, 맥박 또한 힘차게 뛰고 있었다.

세월이 흘러, 마리아의 아기는 늘 미소를 짓는 온화한 소년으로 자라났다.

예수는 여느 아이들이나 우리와는 사뭇 달라 보였기 때문에 장차 자라서 어떤 사람이 될지 전혀 짐작할 수도 없었다. 그 애는 누구보다도 모험심이 강하고 대담한 성격이었으며, 결코 남에게 화를 내는 법이 없었다. 또 항상 다른 아이들을 이끌고 다니는 것으로 보아 친구들 사이에서 대단한 인기를 누리고 있는 듯 보였다.

예수가 열두 살이었을 때, 한번은 길 가는 장님의 손을 이끌어서 개울을 무사히 건너게 해준 일이 있었다고 한다.

그때 장님은 너무도 고마운 마음에 예수에게 물었다.

"애야, 넌 어디 사는 누구니?"

예수가 대답했다.

"아저씨, 전 어린애가 아니에요. 예수예요."

"허허, 그래? 그럼 아버지는 누구시냐?"

"제 아버지는 하느님이세요."

너무도 뜻밖의 대답에 장님은 너털웃음을 터뜨리면서 다시 물었다.

"그렇구나. 애야, 그럼 어머니는?"

"전 애가 아니란 말이에요. 그리고 제 어머니는 바로 이 대지(大地)예요."

그 말에 장님은 이렇게 말했다.

"그러면 하느님과 대지의 아들이 내 손을 잡고 개울을 건네주었다는 말이로군."

예수는 다시 대답했다.

"아저씨가 가시고자 하는 곳이면 그곳이 어디든 제가 인도하겠어요. 저의 두 눈이 아저씨의 발이 될 거예요."

예수는 우리 집 뒤뜰에 있는 귀한 야자나무처럼 무럭무럭 자라났다.

어느덧 열아홉 살이 된 그는 마치 미끈한 수사슴처럼 매력적인 젊은이가 되었다. 그의 두 눈은 언제나 새로운 것을 갈망하는 듯했고, 온화한 사랑의 빛이 넘쳐흘렀다.

그러나 그의 입술에는 애타게 물가를 찾는 목마른 짐승의 갈증 같은 것이 묻어 있었다.

그가 홀로 생각에 잠겨 들판을 거닐 때면 모든 나자렛 처녀들의 눈길이 그 뒷모습을 좇았다.

하지만 모두 그 앞에 서면 수줍어할 뿐 누구도 용기를 내지 못했다.

사랑은 아름다움 앞에선 언제나 수줍어하는 법이다. 그렇듯 아름다움은 사랑이 영원토록 흠모하는 대상일 수밖에 없으리라.

세월이 좀더 흐르자 예수는 갈릴래아의 성전이나 그 마당에서 사람들에게 설교를 하기 시작했다.

마리아는 때때로 아들을 따라가 그가 하는 말이나 자신의 가슴에서 울려 나오는 소리를 들어보곤 했다. 하지만 예수가 자신의 제자들과 함께 예루살렘을 떠날 때는 따라갈 마음을 접을 수밖에 없었다.

그 당시 북쪽 지방에서 온 사람들은 예루살렘 거리에서 종종 놀림감이 되었다. 이것은 성전에서도 마찬가지였다.

그래서 자존심이 강한 마리아로서는 남쪽으로 가고 싶은 마음이 들지 않았던 것이다.

예루살렘을 떠난 예수는 동쪽과 서쪽에 있는 다른 나라에도 들렀다고 한다. 비록 우리는 그의 행적을 자세히 알지 못했지만, 언제나 마음만은 그의 뒤를 따라다녔다.

늘 해질 무렵이면 마리아는 문밖에 나와서 그가 돌아올 길 쪽을 바라보며 기다리고 있었다.

이윽고 그가 돌아오자, 마리아는 우리에게 이렇게 말했다.

"그의 존재가 너무 커져서 이제는 내 아들이라고 생각할 수도 없게 되었어. 내 작고 고요한 마음속에 담아두기에는 너무나도 웅장한 사람이야. 그를 뭐라고 불러야 할지조차도 모르겠어."

아마도 마리아는 평평한 대지가 높은 산을 낳았다는 사실을 쉽사리 믿을 수 없었으리라. 그녀의 순진한 영혼은 비록 산허리에 불과한 산등성이지만 정상으로 오르는 유일한 길이라는 걸 깨닫지 못했다.

예수에 대해서는 세상 누구보다도 잘 알고 있는 마리아였다. 하지만 그가 자신의 아들이기 때문에 오히려 더 많은 것을 알려고 하지 않았던 것이다.

어느 날 예수가 어부들을 만나러 호숫가로 갔을 때 마리아는 간절한 목소리로 내게 말했다.

"이 땅에서, 내 몸에서 태어났지만 잠시도 쉬지 못하는 그는 어떤 존재일까? 언제나 하늘을 우러르며 애절한 기도를 올리는 그는 대체 누구일까? 내 아들은 바로 기도 그 자체야. 그는 하늘을 바라보며 기도하는 우리 모두의 상징이지. 그런 그가 내 아들이라니…… 오! 하느님, 부디 용서해주십시오. 아직도 저는 그 아이의 어머니이고 싶은가봅니다."

마리아와 그의 아들에 대해서 더 이상 이야기하긴 어렵다. 그러나 내 목소리가 쉬어 여러분의 귀에 가물거린다 해도 내가 직접 보거나 들은 사실들은 마저 이야기해야겠다.

붉은 아네모네가 언덕 위에 흐드러지게 피었을 때, 예수는 제자들을 불러 말했다.

"우리 모두 예루살렘으로 가서 6월절을 기념해 양을 잡는 광경을 보도록 하자."

바로 그날 마리아는 우리 집의 문을 두드렸다. 조금은 들뜬 목소리로 내게 말했다.

"수산나, 오늘 그가 예루살렘으로 떠날 거야. 우리도 다른 사람들과 함께 그를 따라가보자."

마리아와 나는 예수를 따라 먼 길을 걸었다. 그리고 마침내 예루살렘에 이르렀다. 우리 일행은 가는 길목마다 수많은 사람의 환영을 받았다. 그를 따르는 그곳 사람들은 예수의 예루살렘 입성을 일종의 계시처럼 여기고 있었기 때문이다.

하지만 그날 저녁 예수는 다시 제자들을 이끌고 그곳을 떠났다.

우리는 그가 베다니아로 갔다는 말을 전해 들었을 뿐이었다.

우리는 마리아와 함께 예루살렘의 여인숙에 숙소를 정하고 그가 돌아오기만을 기다렸다.

그러나 목요일 저녁, 그토록 기다리던 그의 모습 대신 병사들에게 붙잡혀 감옥에 갇혔다는 소식이 전해졌다.

그가 죄인의 처지가 되었다는 말을 들었을 때 우리와 달리 마리아는 아무 말도 하지 않았다. 하지만 그녀의 눈 속에 드리워진, 그 옛날 그녀가 새색시였을 때 보여주었던 기쁨과 고통의 빛을 엿볼 수 있었다.

마리아는 결코 울지도 한탄하지도 않았다. 그저 어쩔 줄 몰라하는 우리 사이를 천천히 거닐고 있을 뿐이었다.

우리는 아주 오랫동안 방 안에 가만히 앉아 있었다. 다만 마리아만 여전히 일어나 이리저리 걸어다니고 있었다.

그녀는 아무 말도 없었고, 가끔씩 창가에 우뚝 서서 동쪽 하늘을 바라보다 손가락으로 머리를 빗어 넘기는 것이 전부였다.

그렇게 긴 밤이 지나고 동틀 녘이 되도록 그녀는 창가에 서서 움직일 줄 몰랐다. 마치 움직임이라고는 하나도 없는 빈 들판에서 홀로 나부끼는 깃발과도 같았다.

우리는 모두 흐느꼈다. 마리아의 아들이 어떤 불길한 운명에 처하게 되리라는 걸 잘 알고 있었기 때문이다. 마리아 역시 그 모든 걸 예감하고 있었을 테지만 결코 눈물은 흘리지 않았다.

그녀의 뼈는 단단하기 그지없는 청동이요, 그것을 감싸고 있는 살은 오래된 느릅나무로 만들어진 것 같았다. 그만큼 그녀는 너무나도 견고하고 의연하게 아픔을 감당하고 있었다. 그녀의 눈은 막 제 모습을 드러내기 시작한 아침 하늘처럼 끝없이 넓고 당당했던 것이다.

어느 날 세찬 바람에 둥지가 흩어져 날릴 때 울부짖는 새소리를 들어본 적 있는가?

갑자기 닥친 슬픔이 너무나도 큰 것이어서 차마 울음도 나오지 않는 여인을 본 일이 있는가? 아니면 모진 고통을 떨친 채 굳건히 버티고 있는 상처 입은 영혼을 본 일이 있는가?

예수의 어머니 마리아와 함께 살아보지 못한 당신은 결코 그러한 여인을 만나지 못했으리라. 그 무한하면서도 따뜻한 성모 마리아의 품에 안겨보지 않고서는 누구도 경험할 수 없는 일이니까.

깊은 침묵을 깨고 누군가의 조심스런 발소리와 함께 나직한 목소리가 들려 왔다. 제베대오의 아들 요한이었다.

"어머니, 예수께서 거리를 지나가십니다. 저와 함께 그를 따라가세요."

그 말에 마리아는 비로소 몸을 돌려 밖으로 나갔다. 우리도 아무 말 없이 그녀의 뒤를 따랐다.

다윗의 망루에 이르자, 예수가 커다란 나무 십자가를 지고 걷는 모습이 눈에 들어왔다. 그가 지나고 있는 예루살렘 거리에 수많은 사람이 구름처럼 몰려와 있었다.

예수의 뒤에는 또 다른 두 사람이 그와 마찬가지로 커다란 나무 십자가를 등에 지고서 힘겨운 걸음을 옮기고 있었다.

마리아는 조금도 마음의 동요를 보이지 않았다. 그녀는 고개를 꼿꼿이 든 채 우리와 함께 자기 아들이 걷는 힘겨운 길을 따라서 걸었다. 나도 모르게 다리가 떨렸지만 그녀의 걸음걸이는 한치의 흐트러짐도 없었다.

그 뒤로는 시온과 로마, 아니 온 세상이 자유로운 한 인간에게 분풀이를 하겠다며 따라가고 있었다.

예수는 언덕 위에, 자신이 지고 온 십자가에 못 박혀 높이 매달렸다.

그 순간 나는 마리아를 쳐다보았다. 그녀의 얼굴은 사랑스런 자식을 잃은 여인의 그것이 아니었다. 마치 끊임없이 새로운 생명을 낳고, 그 자식들을 다시 땅으로 돌려보내는 풍요로운 대지의 모습을 닮아 있었다.

마리아의 눈 속으로 예수의 어릴 적 모습이 스쳐 지나갔다. 그때 마리아가 큰소리로 외쳤다.

"결코 내 아들이 아닌 나의 아들이여! 당신은 한때 내 몸에 머무르는 것으로 내게 놀라운 영광을 안겨주었습니다. 이제 당신의 손에서 흐르는 붉은 피 한 방울 한 방울이 이 땅을 적시는 은혜의 강물이 될 것임을 난 압니다. 지금 당신은 모진 비바람 속에서 죽어갑니다. 하지만 제 마음은 이미 오늘 해가 질 때 죽었으므로 결코 울지 않겠습니다."

그 순간 나는 얼른 외투를 벗어서 얼굴을 가린 채 북쪽 땅으로 도망치고 싶었다. 그러나 마리아의 목소리가 다시 울렸다.

"내 아들이 아닌 나의 아들이여! 당신의 오른편에 매달린 사람에게 무슨 말씀을 하셨기에 그의 얼굴이 고통 속에서도 저토록 평화로운가요? 비록 그의 얼굴에 죽음의 그림자가 길게 드리워져 있지만, 당신 얼굴에서 잠시도 눈길을 떼지 않는군요. 이제 당신은 제게 웃음을 보이십니다. 당신이 웃으시니, 이제야 비로소 온 세상을 얻으셨다는 것을 제가 알겠습니다."

그러자 예수께서는 자신의 어머니를 내려다보면서 말씀하셨다.

"마리아여, 이제부터 당신은 요한의 어머니이십니다."

그리고는 요한에게 말씀하셨다.

"너는 지금부터 이 여인의 착한 아들이 되어라. 그리고 한때 내가 살았던 집의 문턱에 서서 내가 그랬던 것처럼 네 그림자를 드리우도록 해라. 나를 기억하면서 말이다."

마리아는 예수를 향해 한 손을 뻗었다. 마치 그녀는 가지가 하나뿐인 나무 같았다. 그녀가 다시 외쳤다.

"내 아들이 아닌 나의 아들이여! 이것이 아버지 하느님의 뜻이라면 부디 우리에게 인내와 지혜를 내려주시도록 간청해주십시오. 그러나 이것이 인간의 뜻이라면 그 사람을 하느님께서 용서해주시길 빌어주십시오.

만일 이것이 하느님의 뜻이라면 레바논의 흰 눈이 당신의 수의가 될 것입니다. 하지만 제사장과 율법학자들의 뜻이라면 내 옷을 벗어 당신의 헐벗은 몸을 덮겠습니다.

결코 내 아들이 아닌 나의 아들이여! 이곳에 지으신 하느님의 성전은 결코 사라지지 않을 것입니다. 그 성전은 인간들에 의해 무너진 것처럼 보이나 영원히 남아 있습니다. 다만 우리 죄 많은 인간들이 그것을 보지 못할 뿐입니다.”

바로 그 순간 예수는 하늘의 뜻에 따라 자신을 사랑하는 모든 사람의 울부짖음과 탄식을 안고 땅으로 돌아갔다.

그리고 마리아 또한 사람들에 의해 상처 입은 그를 다시 사람들에게 돌려보냈다.

그녀는 주위 사람들에게 말했다.

“그는 떠났습니다. 이제 싸움은 끝났습니다. 하지만 별은 앞으로도 영원히 빛날 것입니다. 이미 은혜의 배는 항구에 닿았습니다. 한때 내 마음에 깊은 고통과 기쁨을 함께 주었던 그는 저 하늘 높은 곳에서 영원히 살아 있을 것입니다.”

그곳의 모든 사람이 그녀를 에워쌌다. 그녀의 말은 계속되었다.

“그는 죽음이 눈앞에 다다랐을 때에도 웃음을 잃지 않았습니다. 이제야 비로소 이 세상을 얻었기 때문입니다. 참으로 나는 이 세상의 주인이신 그의 어머니가 되었습니다.”

마리아는 요한의 어깨에 기대어 예루살렘으로 돌아왔다.

그녀는 모든 것을 얻은 여인이었다. 예루살렘 성문에 이르러 나는 마리아 얼굴을 바라보았다. 그러고는 깜짝 놀랐다. 예수가 사람의 손에 의해서 죽음을 당함으로써 사람들 사이에서 가장 높이 들어올려진 날 마리아 역시 똑같이 들어올려졌던 것이다.

모든 일은 올 봄에 일어났다.

이제는 어느덧 가을이 되었다. 그날 이후 예수의 어머니 마리아는 나자렛의 집으로 돌아와 홀로 살고 있었다.

내 심장은 두 주일쯤 전부터 돌처럼 굳어버렸다. 그토록 사랑하던 아들이 배를 타겠다며 집을 떠나 따로로 갔기 때문이다.

그 애는 기어이 뱃사람이 되었고, 내게 다시는 집으로 돌아오지 않겠다는 전갈을 보내왔다.

어느 날 저녁, 나는 마리아를 찾아갔다.

내가 마리아의 집에 들어섰을 때, 그녀는 베틀 앞에 앉아서 하늘 저편으로 눈길을 보내고 있었다.

“마리아!”

나는 왠지 조심스러운 목소리로 그녀를 불렀다. 그러자 마리아는 두 팔을 한껏 벌려서 나를 안았다.

"수산나, 이리 와봐. 여기 내 곁에 앉아서 저 산 위로 붉은 피를 쏟아내는 저녁해 좀 봐."

나는 마리아와 함께 작은 창문 너머로 서쪽 하늘을 말없이 바라보았다.

얼마나 지났을까? 그녀가 먼저 입을 열었다.

"매일 이맘때면 저 태양을 십자가에 못 박아 붉은 피를 흘리도록 하는 게 누굴까?"

나는 잠시 망설이다가 그녀를 찾아온 목적을 이야기했다.

"사실 난 위로를 받고 싶어서 찾아왔어. 우리 애가 날 두고 바다로 떠나버렸단다. 난 이제 혼자야."

그러자 마리아가 내게 물었다.

"그럼 내가 어떻게 해주면 될까?"

"마리아, 예수 얘길 들려줘. 그러면 내 마음이 편안해질 것 같아. 그럴 수 있지?"

마리아는 온화한 미소를 지으면서 내 어깨 위에 가만히 손을 얹었다. 마치 내 어머니처럼 따뜻한 목소리로 말했다.

"그래, 네가 원한다면 예수 얘기를 해주고말고. 네게 위로가 된다면 분명 내게도 위안이 될 거야."

마리아는 예수의 어렸을 적 이야기를 무척 오랫동안 들려주었다.

나는 마리아의 이야기를 들으며, 그녀가 자신의 아들과 내 아들을 조금도 다르게 여기고 있지 않다는 것을 느낄 수 있었다.

그날 마리아는 이렇게 말했다.

"내 아들 예수도 뱃사람이나 마찬가지야. 그러니까 예전에 내가 그랬듯이 너도 아들을 바다의 뜻에 맡겨. 우리 여인네들은 영원한 자궁이며 요람이지. 하지만 결코 무덤은 아니거든. 우리가 다른 사람들이 입을 옷을 짜기 위해서 베틀 앞에 앉아 열심히 일하는 것처럼, 우리의 삶을 다른 삶에 건네주면서 일생을 마치는 거야.

모든 어부는 자신이 먹을 고기를 잡기 위해서만 그물을 던지는 것이 아니 잖아. 비록 우리가 이런 일로 인해서 슬퍼하지만, 결국은 이 모든 일들이 우리의 기쁨 아니겠어?"

나는 그녀를 찾아갈 때의 묵직한 가슴을 말끔히 씻고서 집으로 돌아왔다. 그리고 한낮의 빛이 사라진 뒤에도 한참이나 베틀 앞에 앉아서 평소보다 더 많은 양의 옷을 짰다.

예수의 십자가를 대신 진 사람—키레네의 농부 시몬

내가 커다란 십자가를 짊어지고 가는 그를 본 것은 들판으로 일을 하러 나가던 길이었다. 그의 뒤를 수많은 사람이 따르고 있었다. 대부분 침울한 표정이었고, 더러는 눈물을 흘리기도 했다.

나는 호기심으로 사람들 틈에 끼여서 걷기 시작했다. 그리고 그를 자세히 보고 싶은 마음에 가까이 다가갔다.

그는 무척 힘들어 보였다. 그 크기나 생김새로 보아 아주 무거워 보이는 십자가는 그를 몇 번씩이나 멈춰서게 했다. 간신히 한 걸음씩 내딛는 그의 육신은 이미 지칠 대로 지쳐 있었다.

그때 한 로마 병사가 내게 다가와서 이렇게 말했다.

"어이, 너 이리와 봐. 음, 제법 힘 좀 쓰게 생겼는걸. 자, 이 사람 대신 십자가를 지고 가도록!"

그 로마 병사의 말에 나는 어쩐지 마음이 설레었다. 죄인의 십자가를 대신 지라는데 기쁜 마음이 들다니……. 참으로 이상한 일이 아닐 수 없었다.

나는 십자가를 어깨에 메고 걷기 시작했다.

처음에 생각했던 대로 십자가는 무척 무거웠다. 그도 그럴 것이 겨우내 눈보라를 맞으며 잔뜩 물기를 머금은 포플러 나무로 만들었기 때문이다.

어느 순간 예수가 고개를 돌려 나를 쳐다보았다. 그의 얼굴은 온통 땀으로 젖어 있었다. 이마에 솟은 굵은 땀방울들이 두 뺨을 타고 흘러내려 수염을 적신 다음 한 방울씩 아래로 흘러내렸다.

잠시 하늘을 바라보던 그가 다시 내게 눈길을 주었고 이렇게 말했다.

"지금부터 당신은 나와 함께 하나의 잔으로 이 세상이 끝나는 날까지 생명의 물을 마시게 될 것입니다."

그는 내 어깨에 손을 얹었다. 우리는 해골산까지 나란히 함께 걸었다.

무겁던 십자가의 무게가 조금도 느껴지지 않았다. 오로지 내 어깨에 얹은 그의 손길을 느꼈을 뿐이다. 그의 손은 마치 내 어깨에 앉은 새의 날개와도 같았다.

마침내 우리는 목적지인 해골산에 올랐다. 이제 그는 이곳에서 죽음을 당할 것이었다.

그런 생각을 하자, 갑자기 십자가의 무게가 내 어깨를 짓누르기 시작했다.

이윽고 로마 병사들이 그의 손과 발에 커다란 못을 박기 시작했지만, 그는 한마디 신음소리도 내지 않았다. 그의 몸 역시 조금도 떨리지 않고 너무나 태연한 채로 있었다.

그의 손발은 이미 생명력을 잃었으나, 못이 박힌 곳에서 붉은 피가 흐르니 마치 다시 살아나는 것처럼 보였다.

나는 그에 대한 연민을 느낄 만한 마음의 여유도 없었다. 이미 놀라움으로 가득 차 아무런 생각도 할 수 없었던 것이다.

지금은 그 사람이, 내가 십자가를 대신 져주었던 그가 나의 십자가가 되고 말았다.

만일 그때 그를 핍박했던 사람들이 내게 다시 '그의 십자가를 대신 지고 가라'고 한다면, 나는 내 무덤까지라도 그의 십자가를 지고 갈 것이다. 그가 다시 한 번 내 어깨에 손을 얹어주길 간절히 원할 것이다.

이것은 이미 수년 전의 일이다. 그러나 나는 지금도 밭에서 일을 할 때나 잠자리에 들었을 때나 항상 그의 모습을 떠올린다.

또한 내 왼쪽 어깨에 놓였던 그분의 손길을 아직도 생생하게 느끼고 있다.

예수를 일컫는 이름들—제베대오의 아들 요한

예수는 여러 가지 이름으로 불린다. 우리 가운데 꽤 많은 사람은 예수를 '그리스도'라고 부른다. 반면 어떤 이들은 '말씀'이라고 부르기도 하고, 또는 '나자렛 사람'이나 '사람의 아들'이라고 부르는 경우도 있다.

그래서 나는 내 마음에 비춰진 대로 이러한 모든 이름에 대하여 정확하게 밝혀보려고 한다.

아주 오랜 옛날부터 우리 인간의 영혼 속에 살아 있는 하느님의 빛이 곧 '그리스도'이다. 그는 우리를 찾아오신 생명의 숨결로 우리와 똑같은 지극히 평범한 인간의 육신을 취하셨다.

그것은 바로 하느님의 뜻이다.

그는 우리가 믿고 전해온, 언제까지나 우리의 마음속에 살아 있는 태초의 말씀이기도 하다.

또한 그는 우리의 하느님께서 살과 뼈를 만들어 여러분이나 나와 똑같은 인간의 형태로 만들어주신 하느님의 말씀 그 자체이다.

우리는 형체가 없는 바람의 노래를 듣지 못한다. 마치 안개 속을 걸어가는 듯한 우리의 자아도 인간의 눈으로는 볼 수가 없다.

그리스도는 몇 번씩이나 이 세상에 오셨으며, 이 땅의 여러 나라를 돌아다니셨다. 그때마다 그는 늘 이방인이나 미친 사람으로 취급받았다.

바로 그분이 우리 인간과 함께 영원한 생명의 나라를 향해 걸어가시는 그리스도로서 가장 깊고 가장 높은 존재인 것이다.

혹시 인도로 가는 갈림길에서 그분에 대한 얘기를 들어본 적은 없는가? 또는 동방의 어느 나라 아니면 에집트의 사막에서는?

내가 살고 있는 이곳 북쪽 나라에서는 대부분의 방랑시인들이 프로메테우스의 노래를 부른다. 하늘나라의 불을 훔쳐다줌으로써 인간의 욕망을 채워주는 한편 갇혀 있던 희망을 풀어준 바로 그 프로메테우스 말이다.

그리고 오르페우스의 노래도 부른다. 인간과 짐승 안에 있는 영혼을 자기 노래로 살아 움직이도록 하는 그런 노래이다.

여러분은 미트라 신과 페르샤의 예언자 조로아스터를 아시는가? 그들은 오랜 인류의 잠에서 깨어나 우리 모두의 꿈자리에 들어서 있다.

우리가 '보이지 않은 성전'에서 천 년에 한 번씩 만날 때, 우리는 스스로 기름 부음을 받은 자가 된다. 그리고 그분이 오시면 우리의 오랜 침묵은 천상의 노래로 바뀔 것이다.

아직 우리의 귀는 모든 것을 들을 수 없고, 우리의 눈 또한 모든 것을 볼 수는 없다.

나자렛 예수는 우리 인간과 똑같이 태어났다. 그리고 우리가 그랬던 것처럼 바로 이 땅 위에서 성장했다. 그의 부모님들의 부모님들과 조금도 다를 바가 없었다. 그는 우리와 같은 인간이었다.

그러나 '말씀'이신 그리스도는 처음부터 이곳에 계셨다. 그는 우리에게 온전한 삶을 주시는 하느님의 성령이다. 그런 그가 예수로서 이 세상에 오셔서 우리와 함께 지냈던 것이다. 성령은 시편이며, 예수는 그에 따르는 가락이다.

곧 성령은 노래를 짓는 하느님 손이며, 예수는 그 노래를 아름다운 선율로 연주하는 하프라고 할 수 있다.

그리고 '나자렛 사람'으로서의 예수는 우리와 함께 햇살 아래를 거닐면서 우리를 친구라 부르시는 그런 분이시다. 그는 이 땅의 모든 인간에 대한 그리스도의 대변자이시다.

그 무렵 갈릴래아의 산과 계곡에는 그 분의 음성 외에 아무 소리도 들리지 않았다. 그때 나는 아주 젊은 나이로 오로지 그 분의 발자국을 따라 그 분이 가시는 길만을 따랐다.

나는 갈릴래아에 사는 예수의 입을 통해서 들려오는 그리스도의 말씀을 들으려고 그 발자국을 따라다녔던 것이다.

그러면 이제 우리가 왜 그를 '사람의 아들'이라고 부르는가에 대해서 얘기하겠다.

예수도 그 어떤 이름보다 사람의 아들이라는 그 이름으로 불리기를 원했다. 그 자신도 우리 인간이 느끼는 배고픔과 목마름을 느끼고 있었으며 수많은 사람이 자신의 길을 따르려 한다는 것도 잘 알고 있었기 때문이다.

이렇듯 '사람의 아들'인 예수는 우리 모두와 함께 고난 속에 계시기를 원했던 거룩한 그리스도였던 것이다.

그는 자신의 형제들을 하느님에게 이끌어준 나자렛 사람 예수였다. 그리고 태초부터 하느님과 함께 계셨던 말씀이었다.

내 마음속에는 언제나 갈릴래아의 예수가 함께 살아 계실 것이다. 그는 인간의 경지를 초월한 인간이었으며, 우리 모두에게 천상의 시를 지어주셨던 시인이었다. 그리고 우리의 차갑고 어두운 마음의 문을 두드려 깨워 태초의 진실과 대면하게 해주셨던 성령인 것이다.

뛰어난 시인이었던 예수—그리스의 시인 루마노

예수는 시인이었다. 그는 우리와 같은 눈으로 세상을 보았으며, 우리와 같은 귀로 그 소리를 들었다. 우리 침묵의 언어는 언제나 그의 입술 위에 얹혀 있었다. 그의 손가락 하나하나는 우리가 보거나 느낄 수 없는 모든 것들을 어루만졌다.

그의 마음으로부터 그 수를 셀 수도 없이 많은 새들이 날아와 북쪽 하늘로, 혹은 서쪽 하늘로 날개를 저어 날아갔다. 언덕에 핀 작은 꽃들은 천상의 계단이 되어 하늘로 오르는 그의 발 밑에 몸을 뉘었다.

가끔 나는 그가 풀잎을 만지기 위해서 허리를 굽히는 모습을 보았다. 그때 나는 내 마음으로 그의 목소리를 들었다.

"아주 작지만 더없이 파릇파릇한 생명이구나. 그래, 내 나라로 함께 가자. 베산의 참나무와 레바논의 삼나무처럼."

그는 어린아이들의 수줍은 얼굴과 몰약과 유향. 그 모든 아름다운 것들을 사랑했다. 누군가 자신에게 준 석류 한 알이나 포도주 한 잔까지도 사랑의 마음으로 받아들였다. 그것을 준 이가 허름한 여인숙에서 우연히 만난 낯선 사람이든, 아니면 아주 대단한 부자이든 상관하지 않았다.

그는 복숭아꽃을 무척 사랑했다. 마치 세상의 모든 나무를 사랑으로 감싸려는 듯 두 손 가득 꽃잎을 담아서 그걸로 자신의 얼굴을 가리기도 했다.

또한 그는 바다와 하늘, 이 세상에 존재하는 빛이라고 믿기 어려운 영롱한 색깔의 진주, 그리고 우리의 머리 위에 총총히 박혀 있는 찬란한 별들에 대해서도 이야기했다.

저 하늘 높은 곳에서 날고 있는 독수리가 작은 숲과 개울을 잘 알고 있는 것처럼, 그는 산과 계곡들에 대해서 너무나 잘 알고 있었다.

그의 침묵 속에는 광활한 사막이 있었고, 그의 말씀 가운데 끝없는 대지가 아름답게 펼쳐져 있었다.

그는 천상 시인이었다. 그의 영혼은 언제나 하늘 저 높은 곳에 머물러 있었다. 그의 노래는 우리와는 또 다른 세계에 있는 이들을 위한 것이었다. 바로 그 누구나 영원한 젊음을 누리며, 언제나 새벽빛의 고요와 평화를 간직한 그 세계에 있는 사람들……

한때 나는 자신을 뛰어난 시인으로 여기고 있었다. 그러나 베다니아에서 그를 만났을 때 나는 참담한 심정이 되고 말았다. 마치 세상의 모든 악기를 마음대로 다루는 사람 앞에 단지 하나의 악기를 서투르게 연주하는 사람이 되어 서 있는 기분이었다.

그의 목소리에서는 천둥의 웃음, 비의 눈물, 그리고 바람결에 흔들리는 나무들의 즐거운 몸짓과도 같은 웅장함과 달콤함이 느껴졌다. 이 세상의 모든 것이 고스란히 담겨 있었던 것이다.

내 거문고에는 자만이라는 단 하나의 줄이 매어 있었고, 내 목소리는 어제 일들에 대한 추억도, 내일에 대한 희망도 엮어내지 못했다. 나는 그토록 자랑스러워하던 악기를 손에서 내려놓고 끝끝내 침묵을 지킬 수밖에 없었다. 지금도 나는 석양이 질 무렵이면 가만히 귀를 기울인다. 모든 뛰어난 시인들 한 가운데 홀로 우뚝 솟은 한 시인의 노래를 듣기 위해서.

어린아이들에 대하며—헤로데 왕 청지기의 아내 요안나

예수는 결혼한 적이 없었지만 여자들에게는 더없이 좋은 친구였다. 그는 그녀들과 아주 가까운 사이인 것처럼 그들의 마음을 잘 알고 있었다.

또 그는 누구보다도 어린아이들을 사랑했다. 모든 아이는 어른들의 이해와 믿음 속에서 깊은 사랑을 받아야 한다고 생각했던 것이다.

그런 예수의 눈 속에는 자상한 아버지의 모습이 있는가 하면 형의 모습과 아들의 모습도 들어 있었다.

그는 가끔 아이 하나를 무릎 위에 올려놓고 이렇게 말하곤 했다.

"여러분, 아이들이야말로 모든 어른들의 힘이며 자유입니다. 이들이 바로 영혼의 왕국인 것입니다."

어떤 사람들은 예수가 모세의 율법을 무시하면서, 예루살렘과 그 이외의 지역에 퍼져 있는 창녀들에게 지나치게 관대하다고 비난했다.

사실 나도 그 무렵에는 여느 창녀와 다를 바가 없었다. 남편이 아닌 다른 남자를 사랑하고 있었는데 그는 사두개파였다.

어느 날 내가 우리 집에서 그 남자와 함께 있는데 사두개인들이 몰려왔다. 나는 너무 당황해서 숨으려 했지만 그들에게 잡히고 말았다. 그리고 애인은 자기 혼자서 도망쳐버리고 말았다.

그들은 예수가 설교를 하고 있던 장터로 나를 끌고 갔다.

나를 예수 앞으로 데려간 이유는 그를 시험해서 여차하면 올가미를 씌우려는 것으로, 그 사람들의 속셈이었다.

그러나 예수는 내게 어떤 심판도 내리지 않았다. 오히려 나와 그에게 망신을 주려던 자들을 부끄럽게 만들었다. 물론 내게는 아무 죄도 묻지 않았다.

그는 나를 그냥 집으로 돌려보냈다.

그날 이후 나는 지금까지 아무 맛도 느낄 수 없었던 인생의 열매가 무척 달콤하게 느껴지기 시작했다. 그 동안 향기를 느낄 수 없었던 꽃에서 놀랍게도 향기를 맡을 수가 있게 되었다.

나는 다시는 타락하지 않았다. 또한 그 누구보다 마음이 자유로워졌으며, 언제나 고개를 똑바로 쳐들고 당당하게 걸어다닐 수 있게 되었다.

예수의 슬픔과 미소—마리아의 친척 중 한 사람

그의 눈길은 언제나 높은 곳을 향하고 있었다. 그런 그의 두 눈에는 하느님의 불길이 가득 담겨 있었다.

때때로, 그는 무척 우울한 표정을 짓곤 했다. 그러나 그의 슬픔은 고통에 찬 사람들의 마음을 어루만지는 부드러운 손길이 되어주었고, 외로운 사람들에게는 따뜻한 손길이 되어주었다.

그의 미소는 미지의 무언가를 갈망하는 것처럼 진한 갈증이 묻어 있었다. 마치 아이들의 해맑은 눈길 위로 잘게 부서져 내린 별들의 조각 같았다.

그의 슬픔은 입술로 배어나오자마자 미소로 변하는 그런 것이었다. 마치 가을날의 숲에 드리워진 황금빛 베일처럼, 어느 밤 고요한 호숫가에 내려앉는 달빛처럼 그렇게 느껴졌다.

그의 미소는 결혼식날을 맞은 아름다운 신부의 입술에서 흘러나오는 노래와도 같았다. 그러나 그는 친구를 두고서는 차마 높이 날아오를 수 없는 날개를 가진 슬픔 때문에 슬퍼했다.

하느님의 계시이자 아름다움이셨던 예수—여성 제자 라헬

나는 이따금 예수가 정말 우리와 똑같은 피와 살로 이루어진 인간인지 몹시 궁금했다. 혹시 인간의 육체를 갖고 있지 않은 정신 그 자체인지, 아니면 사람의 모습을 한 하늘의 섭리와 통하는 그 어떤 이념인지 도무지 알 수가 없었던 것이다.

내게 있어서 그분의 존재는 마치 꿈결과도 같은 느낌이었다. 고요한 새벽, 이 세상의 모든 사람이 깊은 잠에 빠져서 동시에 꾸는 꿈처럼……

그렇게 우리 모두가 같은 꿈을 꾸었기 때문에 그 꿈을 현실로 인식하고 있는 것은 아닐까? 혹은 그러한 환상에 살을 붙이고 목소리를 담아 우리 인간처럼 실제로 존재하는 그 어떤 것을 만들어놓은 것은 아닐까 하고 생각할 정도였다.

그러나 그분은 절대로 꿈이 아니었다. 우리는 그분을 3년이나 알고 지냈으며, 이 두 눈으로 그것도 천한 대낮에 매일같이 그분을 보았던 것이다.

우리는 그분의 손도 만져보았다. 또 이곳저곳으로 그분을 따라다녔다. 그분의 말씀을 들었고, 행적 또한 분명히 목격했다. 이것을 어떻게 꿈이라고 할 수 있을까?

모든 커다란 사건들은 마치 우리의 일상과 아주 동떨어진 것처럼 보인다. 그 사건들의 본질이 사실은 우리의 본성이나 행동에 기인하는 것일 수도 있는데 말이다. 그러나 그러한 사건들이 어느 날 갑자기 일어나고 순식간에 지나간다 해도, 그 일이 일어난 순간만은 몇십 년, 혹은 몇 세대와도 맞먹을 수 있는 것이다.

나자렛 예수는 이미 그 존재 자체만으로도 엄청난 사건이었다. 그분의 어머니나 아버지, 형제들, 또 우리는 모두 잘 알고 있었다. 그분은 그 자신이 바로 유다의 기적이었다. 그렇다. 그분이 행하신 모든 기적은 오히려 그분의 발치에도 이르지 못하는 극히 일부분의 능력에 불과한 것이라고 하겠다.

아무리 오랜 세월이 흐른다 해도 그분에 대한 우리의 기억은 결코 잊혀지지 않을 것이다.

그분은 어두운 밤에 타오르는 높은 산이었는가 하면, 험한 계곡 너머에서 부드럽게 반짝이는 등불이었다. 그분은 마치 거세게 휘몰아치는 폭풍우 같기도 하고, 동틀 무렵 안개 속에서 흘러나오는 낮은 속삭임과도 같았다.

그분은 높은 곳에서 시작해 평야지대로 흘러내리는, 그리하여 그 여정에 놓인 모든 것을 무너뜨리는 거센 물줄기였다. 반면 즐겁게 뛰어 노는 어린아이들의 해맑은 웃음소리이기도 했다.

나는 해마다 잊지 않고 이 골짜기를 찾아오는 봄을 기다린다. 백합과 시클라멘꽃들이 다시 피기를 고대한다. 그때마다 내 마음은 아주 우울해진다. 언제나 찾아오는 봄과 함께 그분이 주신 기쁨도 다시 돌아오기를 갈망하지만, 그것이 이루어지지 않을 꿈이라는 것 또한 잘 알고 있기 때문이다.

예수께서 우리에게 오셨을 때, 그분이야말로 포근하고 아름다운 봄 그 자체였다. 그분에게는 사계절의 모든 약속이 담겨 있었다. 그분은 내 마음을 기쁨으로 가득 채워주셨고, 나는 수줍은 제비꽃처럼 그분의 따사로운 빛 속에서 자라났다.

해마다 돌아오는 계절의 아름다움도 우리의 마음속에 살아 있는 그분의 아름다움에는 감히 견주지 못한다.

그분은 환영도 아니고 종교학자들의 이념도 아니었다. 예수는 우리와 똑같은 한 인간이었다. 물론 우리의 육신이 그런 것처럼 보고, 만지고, 듣는 일에 있어서만 그와 같았다. 그 이외의 모든 면에 있어서는 우리와 사뭇 달랐던 것이다.

예수는 기쁨 그 자체였다. 그분은 기쁨으로 가득한 자신의 길 위에서 인간들의 모든 슬픔과 만나셨다. 또한 그 자신의 슬픔 그 꼭대기에서 모든 인간의 기쁨 또한 눈여겨보셨다.

그분은 우리가 보지 못하는 것까지 훤히 보셨고, 우리가 듣지 못하는 목소리도 똑똑히 들으셨다. 그래서 그분은 우리의 눈에는 보이지 않는 사람들을 대하듯 말씀하셨고, 더러는 우리를 통해서 아직 태어나지 않은 자들에게도 이야기를 하셨다.

예수는 혼자 계실 때가 많았다. 우리와 함께 계실 때도, 마치 우리와 함께 계시지 않는 것 같은 느낌이 들 때도 있었다. 그분은 땅 위에서 사셨지만 하늘에 계시기도 했다. 어쩌면 우리는 자신이 홀로 있을 때, 역시 홀로 계시는 그분의 세계로 들어갈 수 있을지도 모른다.

그분은 우리를 자상하게 사랑하셨다. 그분의 마음은 포도주를 짜는 곳과도 같아서, 우리가 잔을 들고 다가서기만 하면 언제나 그 사랑을 마실 수 있었다.

그때 나는 그분에게 이해할 수 없는 것이 하나 있었다. 예수께서는 자신의 말을 듣기 위해서 모인 사람들과 함께 계실 때는 항상 즐거워하셨다. 더러 농담을 하시거나 말장난을 하시며 큰소리로 웃으시곤 했다. 그러나 그분의 눈빛이 아주 먼 곳을 향하고 있거나, 목소리에 슬픔이 담겨 있을 때조차도 그렇게 웃으실 때는 정말 이상했다. 물론 지금은 그분을 이해할 수 있다.

간혹 나는 이 대지가 첫 아기를 잉태한 여인처럼 느껴진다. 예수께서 인간으로 태어나심으로써 그분은 이 대지의 첫 아이였다. 그리고 그분이 돌아가셨을 때, 이 대지 위에서 죽음을 맞은 첫 인간이 되었던 것이다.

이 대지도 그분이 돌아가시던 금요일에는 침묵을 지켰다.

그분의 얼굴이 우리 곁에서 사라지던 순간, 우리는 안개 속의 기억 외에는 아무것도 아니었다는 사실을 사람들은 왜 느끼지 못하는 것일까?

어느 가을날 행하신 산상수훈—제자 마태오

어느 이른 가을날, 예수께서는 우리 제자들과 자신의 다른 친구들을 산으로 부르셨다. 대지는 결혼식을 앞둔 신부처럼 향기로웠고, 갖가지 보석으로 치장한 듯 아름다웠다. 그녀의 신랑은 바로 높고 푸른 하늘이었다.

우리 일행이 예수께서 계시는 월계수숲에 이르자, 그분은 이렇게 말씀하셨다.

"우리 모두 이곳에서 쉬면서 마음을 맑고 고요하게 만들도록 하자. 내가 너희에게 할 얘기가 아주 많다."

그래서 우리는 부드러운 풀 위에 누웠다. 갖가지 아름다운 꽃들이 우리를 에워싸고 있었다. 예수께서는 우리의 한가운데에 앉으셨다.

"온유한 사람들은 행복하다. 재물에 마음을 빼앗기지 않은 사람들은 행복하다. 그들은 그로부터 자유롭기 때문이다.

자신이 받은 고통을 기억하는 사람들은 행복하다. 그 고통 속에는 기쁨이 기다리고 있으니.

진리와 아름다움에 주린 사람들은 행복하다. 그들의 굶주림과 목마름은 곧 채워질 것이다.

친절한 사람들은 행복하다. 그들은 자신들의 친절함으로 마음의 위안을 받을 것이다.

마음이 깨끗한 사람들은 행복하다. 그들은 하느님과 하나가 되었음을 느끼게 될 것이다.

자비를 베푸는 사람들은 행복하다. 그들도 마찬가지로 자비를 입게 될 것이다.

평화를 위하여 일하는 사람들은 행복하다. 그들의 영혼은 싸움이 없는 곳에서 살 것이다. 또한 그들은 공동묘지를 아름다운 정원으로 바꿀 것이다.

쫓기는 사람들은 행복하다. 그들은 빠른 발과 날개를 얻을 것이다.

기쁘고 즐거운 하늘나라가 너희 안에 있다. 옛 예언자들도 하늘나라를 노래할 때는 모진 박해를 받았다. 너희들도 박해를 받을지 모르나, 거기에는 크나큰 영광과 보상이 따를 것이다.

너희는 세상의 소금이다. 소금이 짠맛을 잃으면 무엇으로 마음의 양식에 간을 맞출 수 있겠느냐?

너희는 세상의 빛이다. 그 빛으로 하느님의 세상을 찾는 사람들을 환하게 비출 수 있도록 하라.

내가 율법학자들과 바리사이인들의 율법을 깨기 위해서 왔다고 생각하지 말라. 내가 너희들과 함께 지낼 날이 얼마 남지 않았고, 이제 그리 많은 이야기를 할 수도 없을 것이다. 오로지 새로운 율법을 완성하고 새로운 약속을 드러낼 시간만이 남아 있을 뿐이다.

너희는 절대 살인해서는 안 된다고 배워왔다. 그러나 나는 이렇게 말한다. 이유 없이 화내지 말라.

너희 조상들은 송아지와 어린 양과 새끼 비둘기를 성전에 끌고 가 제단 위에서 죽여, 그 기름이 타는 냄새를 하느님이 맡게 하라고 가르쳤다. 그러면 너희의 죄를 용서받을 수 있다고 했을 것이다.

그러나 나는 이렇게 말한다. 너희는 왜 처음부터 하느님의 것인 그 짐승들을 다시 하느님께 바치려 하느냐? 그토록 거대한 우주를 품에 안고 계시는 그분의 노여움을 그런 제사 따위로 풀 수 있다고 생각하느냐?

그보다는 이렇게 하도록 하라. 제단에 제물을 바치기 전에 먼저 형제들을 찾아가 화해하도록 하라. 그리고 너희의 이웃에게도 사랑을 베풀도록 하라. 하느님 안에 세워진 성전은 절대로 무너지지 않을 것이다. 그분의 마음 안에 세워진 제단은 결코 사라지지 않을 것이다.

너희는 '눈에는 눈, 이에는 이'라는 말을 알고 있을 것이다. 그러나 나는 너희에게 이렇게 말한다. 앙갚음하지 말라. 앙갚음은 악을 키우고, 그 악을 더욱 강하게 할 뿐이다. 나약한 자만이 서로에게 복수를 일삼는다. 진정으로 강한 자는 상대를 용서할 줄 아는 법이다.

사람들은 열매가 풍성한 나무를 보면 그 열매를 따먹으려고 나무를 흔들거나 돌을 던진다.

내일을 걱정하지 말라. 그보다는 오늘을 바라보도록 하라. 오늘을 충실히 보내는 것이 바로 기적이기 때문이다.

남에게 베풀 때, 너희 자신의 일을 걱정하지 말라. 그 도움이 꼭 필요한 사람들만을 생각하라. 베푸는 사람에겐 반드시 아버지께서 몇 갑절로 갚아주실 것이다.

모든 사람에게 그들의 필요에 따라 나눠주어라. 하늘에 계신 아버지께서는 목마른 사람에게 소금을 주시거나 배고픈 사람에게 돌을 주시지 않으며, 젖을 뗀 아이에게 젖을 주시지 않는다.

거룩한 것을 개에게 주지 말고, 진주를 돼지에게 던지지 말라. 그런 선물을 줌으로써 너희가 그들을 조롱하는 것이 된다. 그들도 역시 너희의 선물을 비웃을 것이다. 그리고 그들은 화를 내며 너희를 죽이려 들지도 모른다.

재물을 집에 쌓아두지 말라. 눈에 보이는 재물은 썩거나 도둑이 들어 훔쳐갈지도 모른다. 썩지도 도둑맞지도 않을 재물을 쌓아두어라. 그러면 그 가치는 세월이 갈수록 높아질 것이다. 너희의 재물이 있는 곳에 너희의 마음도 편히 있을 것이다.

너희는 지금까지 살인자는 칼로 죽여야 하고, 도둑질을 한 자는 십자가에 매달아야 하며, 간음을 한 여인은 돌로 쳐야 한다고 배웠다. 그러나 나는 이렇게 말한다. 너희도 살인자와 도둑과 간음한 여인의 죄악과 결코 무관하지 않다. 그러므로 그들의 신체가 벌을 받을 때 너희들의 영혼은 더욱더 검어진다.

죄의 책임은 죄를 지은 그 한 사람에게만 있는 것이 아니다. 모든 죄는 모든 사람의 책임이다. 그러므로 어떤 사람이 자기 죄의 대가를 치르면, 그는 네 발목에 채워진 족쇄를 풀어주는 셈이 된다. 네가 잠시 즐거움을 맛보는 대가로 슬픔을 겪어야하는 사람이 반드시 있게 마련인 것이다."

이와 같은 예수의 말씀을 듣고, 나는 불현듯 그분 앞에서 무릎을 꿇은 채 경배하고 싶은 마음이 들었다. 그러나 나는 용기가 없어서 그렇게 하지 못했다. 게다가 단 한마디 말도 하지 못했다.

그러다가 마침내 나는 이렇게 말할 수밖에 없었다.

"저는 지금 기도를 올리고 싶습니다. 그러나 어떻게 기도해야 할지 모르겠습니다. 제게 기도하는 법을 가르쳐주십시오."

예수께서는 이렇게 대답하셨다.

"네가 기도하고 싶을 때는 자신이 소원하는 것을 말로 옮기면 된다. 지금 내가 하려는 기도는 다음과 같은 것이다."

"땅과 하늘에 계신 우리 아버지, 아버지의 이름이 거룩하게 빛납니다. 아버지의 뜻이 다른 우주 공간에서와 같이 저희에게서도 이루어지게 해 주십시오. 오늘 저희에게 일용할 양식을 주시고, 저희를 불쌍히 여겨 용서해주시고, 저희도 서로 용서하게 해주십시오. 저희를 아버지께 이끌어주시고, 악에 빠져 있는 저희에게 손을 내밀어 주십시오. 그 나라가 아버지의 것이며, 아버지 안에 저희의 힘과 완성이 있습니다."

그리고 저녁이 되었다. 예수께서는 산에서 내려가셨다. 우리도 말없이 그분의 뒤를 따랐다. 나는 산을 내려가면서 그분의 기도를 마음속으로 되풀이했다. 또한 그분이 말씀하신 것들을 하나하나 기억해보았다.

마치 가벼운 눈송이처럼 내려앉은 그날의 말씀들은, 이 땅에서 밝은 수정처럼 단단하게 자라날 것이다.

우리의 머리 위로 스쳐간 그 말씀의 날개는 이내 강철 발굽이 되어 세상을 튼튼하게 다져놓을 것이다. 내 믿음이 그것을 확신하고 있다.

삶의 존재에 대하여—나자렛의 요담이 어느 로마인에게

친구여, 그대 또한 다른 로마인들과 마찬가지로 구체적인 삶을 살아가려 하지 않고 추상적인 관념으로만 받아들이려고 한다. 그것은 자신의 영혼을 소중히 돌보지 않고 오로지 세속적인 것들만 다스리려는 시도일 뿐이다.

왜 로마에 머무르며 기쁨과 환희에 찬 나날을 보내지 않고, 다른 민족을 침략하고 지배하여 그들로부터 비난과 저주를 받으려고 하는가?

그런 그대가 어찌 나자렛 예수를 마음에 받아들일 수 있겠는가? 어떤 군대도 군함도 없이 혼자 참으로 순수하고 자유로운 영혼의 나라를 세우려는 그분을 말이다.

그분은 어떤 무기도 없이 오직 하늘나라의 힘과 진리를 지닌 채 이 땅에 왔다.

그는 고마의 신과 같은 그런 존재가 아니다. 우리의 주변에서 흔히 볼 수 있는 지극히 평범한 사람이었다.

하지만 그의 품속에서는 이 땅의 모든 향기들이 천상의 향기와 만날 수 있었다. 우리의 머뭇거리는 입술은 그의 말씀 안에서 하늘나라의 낮은 속삭임을 들었다. 그리고 그의 목소리를 통하여 저 깊은 곳에서 울려나오는 진리의 노래를 들었다.

그렇다. 분명 예수는 신이 아닌 한 인간이었다. 하지만 그분에게서 우리는 엄청난 경이로움도 함께 볼 수 있었다.

로마인들은 자신의 신들에게서 어떤 경이로움도 체험하지 못한다. 어느 누구도 그대들을 놀라게 하지 못한다. 그렇기 때문에 그대들은 나자렛 예수를 이해할 수 없는 것이다.

그분의 영혼은 언제나 젊음 속에 있지만, 그대들의 영혼은 구시대의 유물에 사로잡혀 있다. 지금은 그대들이 우리를 다스리고 있지만, 우리의 찬란한 미래에 대해서 꾸는 꿈만은 결코 막을 수 없다.

그분이, 두 손에 아무것도 쥐고 있지 않은 그분께서 우리의 내일을 다스릴 것이라는 사실을 그 누가 알 수 있겠는가?

그분의 영혼을 따르려는 우리 현실은 고통스럽다. 그러나 로마는 곧 백일하에 그 백골을 드러내고야 말 것이다.

우리는 지금의 큰 고통을 이겨내고 구원을 얻을 것이다. 하지만 그대들은 결코 준엄한 심판을 피할 수 없게 된다.

다만 그대들이 지금보다 겸손해지고 소박해진다면, 그리고 그분의 이름을 진심으로 부른다면, 그분은 그대들을 그냥 버려두시지 않을 것이다. 그분은 생명이 없는 뼈에 새로운 생명을 불어넣어 이 땅에 다시 서도록 해주신다.

이 모든 일들을 그분은 그 어떤 군대나 군함을 거느리지 않고 오직 혼자서 이루어놓으신다.

슬픔의 노래—마리아의 이웃집 여인

예수가 십자가에 매달려 죽은 지 40일째 되는 날이었다. 이웃 여인들은 마리아를 위로하는 한편, 예수의 죽음을 애도하기 위해서 마리아의 집에 모였다. 그 중 한 여인이 애달픈 목소리로 노래를 부르기 시작했다.

어디로 가셨나요, 나의 봄이여, 어디로?
그대의 향기는 어느 곳으로 날아갔나요?
그대는 어느 낯선 들판을 홀로 걷고 있나요?
당신이 오르신 하늘은 어떤 하늘인가요?

이 골짜기엔 풀 한 포기 자라나지 않고
그저 황량한 들판으로 남을 거예요.
그토록 푸르던 나무들은 목말라 시들어가고
과수원엔 시디신 사과만 열리며
포도나무엔 신 포도만 매달린답니다.
그대의 향기를 다시 느끼고 싶어요.

첫 봄에 핀 꽃들은 어디로, 모두 어디로 갔나요?
그대는 다시 돌아올 수 없나요?
당신의 재스민 향기는 영영 떠나가버렸나요?
당신의 시클라멘꽃도 다시는 우리 길섶에 피지 않나요?
대지에 박힌 우리의 뿌리가 너무나 깊어서
우리는 하늘에 오를 수 없는 건가요?

어디로 가셨나요, 예수여, 어디로?
내 이웃 마리아의 아들, 내 아들의 좋은 친구여
우리의 첫 봄날은 지금 어느 들판에 있나요?
당신은 이제 돌아오지 않나요?
우리 꿈속의 메마른 물가로
당신이 사랑의 물결이 되어 돌아와주신다면.

끝이 없는 욕망—친구에게 보낸 살로메의 시
그분은 햇살에 반짝이는 포플러 잎사귀 같아요.

그분은 외로운 산 속 햇살에 일렁이는 작은 호수,
봄 햇살에 하얗게 빛나는 산꼭대기에 쌓인 눈.

그래요, 그분은 그 모든 것 같아요. 그래서 그분을 사랑했어요.
하지만 그분의 모습이 나타나면 두려웠지요.
내 발로는 이 무거운 사랑의 짐을 옮길 수 없으니,
두 팔로 그분의 발을 묶어둘 수밖에 없었지요.

나는 그분에게 이렇게 말하고 싶었어요.
"전 격정을 참지 못하고 당신의 친구를 죽이고 말았어요.
제 죄를 용서해주시겠어요?
이 어리석은 죄에서 저를 건져
당신의 빛 속으로 들어가게 해주시지 않겠어요?"

그분 친구의 거룩한 머리를 얻기 위해 내가 춤을 춘 일도
그분은 용서하리란 것을 난 알아요,
그분은 내 안에서 자신의 가르침이 필요함을 아셨을 테니까요.
그분은 어떤 굶주림의 골짜기도 건너실 수 있고,
아무리 목마른 사막이라도 지나실 수 있으니까요.

그래요, 그분은 마치 포플러 잎사귀처럼,
산 속의 호수처럼, 레바논의 흰 눈처럼,
내 불타는 입술을 식혀주셨어요.

그러나 그분이 나와는 너무도 달라
무척 부끄러웠지요.
그분을 찾아가고픈 열망으로 가득했을 때
어머니가 나를 돌려세웠어요.

그분을 지나칠 때마다 그 아름다움 때문에 내 마음은 아팠어요.

그러나 어머니는 눈살을 찌푸리면서 나를 창가에서 떼어내
잠자리로 돌아가게 했지요.
그리고 어머니는 큰소리로 떠들었죠.
"그래봤자 광야에서 메뚜기나 먹으며 살다온 작자가 아니더냐?
그는 법률을 위반하고, 우리의 종교를 배척하고,
대중을 선동하여 폭동을 일으킴으로써 우리의 왕권을 빼앗으려는 자다.
아마도 그 자신의 저주받은 땅에는 여우와 승냥이 무리가 뛰놀게 하고, 우
리 궁전에서는 큰소리를 치면서 옥좌에 앉으려고 할 자다.
오늘부터 네 얼굴을 드러내서는 안 된다.
그리고 그의 머리가 떨어질 날을 기다려라.
다만 이번에는 그 머리를 네 쟁반에 담지 말거라."

어머니는 이렇게 말씀하셨지만
난 그런 말에는 신경도 안 썼어요.
난 은밀히 그분을 사랑했어요.
잠자리는 온통 불꽃으로 둘러싸여 있었지요.
이제 그분은 떠나셨어요.
그리고 내 안에 있었던 그 무엇도 함께 떠나갔지요.
아마도 그건 내 젊음이었겠지요.
젊은 하느님이 죽음을 당한 뒤로
내 젊음은 더 이상 머뭇거리지도 않아요.

예수의 근본 가르침에 대하여—아리마태아의 요셉

여러분이 예수께서 이루시려 했던 일의 의미를 알고 싶다면 기꺼이 말씀
드리겠다. 하지만 그 누구도 사람의 혈관 속에 흐르는 피를 손으로 만져볼
수는 없는 법이다. 마찬가지로 나무껍질 속에 흐르는 수액도 눈으로 확인할
수는 없다.

결국 내가 포도를 따먹거나, 새로 짠 포도주를 맛보았다고 해도 그 포도에
대한 모든 것을 여러분에게 이야기하기는 매우 어려울 것이다.

그러므로 그분에 대해서도 내가 직접적으로 알고 있는 사실에 한해서만

말할 수밖에 없다.

우리 주님은 예언자로서 불과 세 계절만을 살고 가셨다. 바로 그분이 노래하셨던 봄, 그분의 절정기였던 여름, 그리고 수난을 당하신 가을이다. 하지만 그 각각의 계절은 천 년의 세월과도 같은 가치를 지니고 있었다.

그분은 예언자로서의 봄을 갈릴래아에서 보내셨다. 그곳은 자신을 사랑하는 이들과 함께 푸른 호숫가에 앉아, 하늘에 계신 아버지와 우리의 자유에 대해서 처음으로 말씀하셨던 장소이다.

우리는 갈릴래아 호숫가에서 아버지께로 향하는 길 위에 우리 자신을 내맡겼다. 그러나 우리가 잃어버린 것은 하나도 없었다. 오히려 아주 많은 것을 얻었을 뿐이다.

그곳에서는 천사들이 우리의 귀 가까이 노래를 불러주었다. 그 덕분에 우리는 참으로 무의미한 이 세상을 떠나 마음이 원하는 곳으로 얼마든지 날아갈 수 있었다.

그분은 끝없이 펼쳐진 푸른 들판과 백합꽃이 그곳을 지나는 장사꾼들을 반겨주는 레바논의 골짜기에 대해서 이야기하셨다.

그리고 햇살아래로 웃음을 머금고 날아가는 바람에 향기를 실어 보내는 들장미 얘기도 해주셨다.

그분은 이렇게 말씀하셨다.

"모든 백합과 들장미는 오늘 피었다가 내일이면 시들어 죽는다. 그러나 그들에게 오늘 하루는 자유롭게 삶을 누릴 수 있는 영원과도 같은 것이다."

어느 날 저녁 우리와 함께 시냇가에 앉아 계실 때, 이런 말씀도 하셨다.

"흐르는 시냇물을 보아라. 그리고 그 노래에 귀를 기울여보자꾸나. 이 시냇물은 영원히 바다를 찾아간다. 비록 언제라는 기약은 없어도 그곳을 찾아가면서 날마다 부딪치는 신비의 노래를 부른다. 너희도 저 시냇물이 바다를 찾아가듯이 아버지를 찾기 바란다.

그 후 그분의 여름이 왔다. 그분은 우리를 더욱더 사랑하셨다.

예수께서는 우리의 이웃이나 떠돌이, 이방인, 그리고 우리 아이들과 함께 노는 꼬마 친구들에 대해서도 말씀하셨다.

그리고 동방에서 에집트까지 여행을 하는 사람, 언제나 저녁이면 자신의 소를 몰고 집으로 돌아가는 농부에 대한 이야기도 하셨다.

이런 말씀도 하셨다.

"너희의 이웃은 감춰진 자신을 비추는 거울이다. 너희가 고요하면 하느님의 얼굴이 그 위에 비친다. 그리고 그 안을 가만히 들여다보면 너희 자신의 모습도 볼 수 있을 것이다.

깊은 밤 조용히 앉아 귀를 기울이면 하느님의 음성이 들릴 것이다. 그리고 그분의 말씀이 네 가슴에 울려오리라.

그분 안에 살아라. 그러면 그분도 너희 안에 함께 하시리라.

나의 법을 너희에게 전하니 너희는 너희 자녀에게 전해야 한다. 그들은 또 그 자신의 자녀에게 전하게 되리라. 이리하여 세상의 종말에 이르기까지 이 법이 전해지리라."

그리고 어떤 날은 이렇게 말씀하셨다.

"너희는 혼자 살아가는 것이 아니다. 다른 사람들의 언행 속에서 존재하는 것이다. 그리고 그 타인들은 비록 네가 모르는 사람이라 해도 항상 너와 함께 살아간다.

그러므로 네가 손을 빌려주지 않으면 그들은 결코 죄를 짓지 않을 것이다. 악행은 결코 혼자서 저지르는 것이 아니다.

네가 쓰러지지 않으면 그들도 쓰러지지 않을 것이다. 그리고 네가 그들과 함께 일어서지 않으면 그들도 절대 일어서지 못한다.

그들이 성전으로 가면 너도 함께 가는 것이다. 또 그들이 광야를 찾아나설 때 너도 그들과 함께 길을 나서는 것이다.

너희는 이웃과 함께 같은 밭에 뿌려진 두 개의 씨앗이다. 그러므로 그들과 함께 자라나고, 함께 바람에 나부끼리라.

오늘은 내가 너희와 함께 있다. 그러나 내일은 서쪽으로 갈 것이다. 내가 떠나기 전에 너희에게 분명히 말해둔다. 너희의 이웃은 너희가 알지 못하는 자기 자신이다. 이웃을 사랑함으로써 자신을 깨닫도록 하라. 그렇게 해야만 너희는 비로소 나의 형제가 될 것이다."

그 후 그분의 가을이 왔다. 그리고 그분은 수난을 당하셨다.

그분은 예전에 갈릴래아에서 말씀하셨던 그 자유에 대해 다시 한 번 들려주셨다. 다만 이번의 말씀은 보다 깊이 있는 내용이었으므로, 우리는 보다 잘 이해하기 위해서 노력해야 했다.

예수께서는 불어오는 바람에 의해서만 노래하는 잎사귀들에 대해 이야기하셨고, 다른 천사들의 갈증을 씻어주기 위해 구원의 천사가 가득 채워놓은 잔과 같은 사람에 대한 이야기를 해주셨다. 그리고 그 잔이 가득 차거나 비어 있는 것과 상관없이 하느님의 식탁에는 언제나 투명한 모습으로 놓일 거라는 말씀도 하셨다.

그분은 이렇게 말씀하셨다.

"네가 바로 그 잔이며 포도주니라. 그것을 남김없이 마셔라. 그리고 나를 기억하면 네 갈증은 말끔히 사라지리라."

그분은 남쪽으로 내려가시기 전에 이런 말씀을 하셨다.

"지금은 저렇듯 당당히 서 있는 예루살렘이지만 곧 어두운 골짜기의 깊은 곳으로 무너지고 말 것이다. 그리고 그 폐허의 한가운데 나는 홀로 서게 되리라.

성전도 함께 허물어져 먼지가 되고, 그 문 앞에서는 과부가 된 여인들과 부모를 잃은 고아들이 목놓아울 것이다. 미처 피하지 못하고 우물쭈물하는 사람들은 엄청난 두려움에 놀라 자기 형제의 얼굴조차 알아보지 못하리라.

그러한 지경에 이르렀을 때 너희 가운데 두 사람이 함께 모여 서쪽을 바라보면서 내 이름을 불러라. 그러면 너희는 내 모습을 볼 수 있을 것이고, 내 목소리 또한 다시 듣게 될 것이다."

그리고 우리가 베다니아에 이르자 이렇게 말씀하셨다.

"자, 우리 모두 예루살렘으로 가자. 그 도시가 우리를 기다리고 있다. 난 나귀를 타고 성문으로 들어가서 그곳에 모인 사람들에게 이야기하겠다.

내 몸을 사슬로 묶으려는 자, 내 영혼의 불꽃을 짓밟아 꺼뜨리려는 자도 있을 것이다. 그러나 나의 죽음 안에서 너희는 생명을 되찾고, 진정한 자유로움 또한 만끽하게 되리라.

그들은 들판과 둥지 사이를 날아다니는 제비와 같이 마음과 정신 사이를 날아다니는 숨결을 찾으려고 할 것이다. 그러나 내 숨결은 이미 그들로부터 멀리 떠났다. 그들은 결코 나를 이기지 못한다.

하느님 아버지께서 내 주위에 쌓아놓으신 성벽은 절대 무너지지 않는다. 또한 그분이 거룩하게 축복하신 땅도 결코 더럽혀지지 않을 것이다.

이제 날이 밝으면 태양은 내 머리 위에 왕관을 씌워줄 것이다. 난 너희와 함께 새로운 날을 맞으리라. 그 새날은 영원할 것이다. 그리하여 이 세상은 결코 황혼을 보지 못하게 되리라.

율법학자와 바리사이인들은 이 대지가 내 피를 마시고 싶어한다고 주장한다. 내 피로 기꺼이 이 땅의 갈증을 채워주리라. 그리고 그 피를 참나무와 단풍나무로 자라나게 할 것이다. 그 참나무에서 나온 도토리는 바람에 실려 다른 나라로 퍼져나갈 것이다.

유다인들은 진정한 왕을 원했다. 그래서 로마군대에 대항해 싸우려 했던 것이다.

그러나 나는 그들의 왕이 될 수 없다. 시온의 왕관은 내게 너무나 작고, 솔로몬의 반지도 내 손가락에는 맞지 않는다.

내 손을 보라. 왕홀을 잡기엔 무척 굳세고 거친 손이 아니냐. 또한 평범한 칼을 휘두르기에는 너무나 근육이 발달된 손이다.

나는 시리아인들에게 로마를 공격하라고 명령하지는 않을 것이다. 다만 내가 하는 말은 힘차게 달리는 군마와 전차를 갖춘 눈에 보이지 않는 군대가 될 것이다. 그러므로 도끼나 창이 없어도 능히 예루살렘의 제사장들과 카이사르를 정복할 수 있다.

나는 노예들이 높은 자리에 앉아 다른 노예들을 지배하는 곳의 왕이 되고 싶지는 않다. 또한 로마에 대항하여 반란을 일으킬 생각도 없다.

그러나 나는 그들 머리 위를 폭풍우로 휘몰아칠 것이며, 그 가여운 영혼의 노래가 되리라.

그리하여 나는 영원히 기억될 것이다. 그들은 나를 '기름 부음을 받은 자 예수'라고 부르게 될 것이다."

이러한 모든 말씀들은 예수께서 예루살렘에 입성하시기 전에 남기신 것들이다. 그분의 말씀은 마치 바위 위에 끌로 새긴 듯 내 마음에 오래도록 남아 있을 것이다.

예수의 연설에 대하여—띠로의 연설가 아사프

예수의 연설을 뭐라고 말할 수 있을까? 그렇다. 그의 내면에서 배어 나오는 그 무엇인가가 연설에 힘을 불어넣음으로써 사람들을 사로잡는다고 할 수 있다.

연설을 할 때의 그는 아주 평온해 보였다. 한낮의 햇살 같은 광채가 그의 얼굴에 감돌고 있었다. 그곳에 모인 사람들은 그의 연설 내용에도 귀를 기울였지만 그 얼굴에 더욱 도취되어 있었다.

그는 언제나 영혼에서 울려나오는 듯한 목소리로 연설을 했다. 그리고 그 영혼의 목소리는 수많은 청중들에게 놀라운 힘을 발휘하곤 했다.

젊은 시절 나는 로마나 아테네, 또는 알렉산드리아 등지의 유명한 철학자들이 하는 연설을 들었다. 그런데 젊은 나자렛 예수는 그들 중 그 누구와도 닮지 않았다.

그들은 일부러 청중을 매혹시킬 수 있는 말만 골라서 꿰어맞추고 있었다. 그러나 만일 여러분이 예수의 설교를 들을 수만 있다면, 여러분의 마음은 자기 자신을 떠나 지금까지는 경험해보지 못한 새로운 세계를 여행하게 될 것이다.

그는 연설을 함에 있어서 어떤 이야기를 통하거나 비유하는 것을 즐겼다. 그런데 그가 들려주는 이야기와 비유들은 시리아에서는 한 번도 들어볼 수 없었던 것이었다.

그는 세월의 흐름과 계절, 또는 역사에 대해 이야기하면서 자신의 주장을 이끌어냈다.

그의 이야기는 보통 이렇게 시작된다.

"어떤 농부가 들판에 씨를 뿌리러 나갔는데……."

혹은 "옛날 어느 곳에 아주 넓은 포도밭을 가진 부자가 있었는데……."

또 혹은 "어느 날 양치기가 해질녘이 되어 양의 수를 세어보니 한 마리가 없어져서……"라는 식이다.

이렇게 이야기를 시작하면 대부분의 사람들은 자기 자신의 소박한 삶을 되돌아보기도 하고 먼 옛날로 실려가기도 한다.

우리는 마음속으로 모두 씨를 뿌리는 농부이고, 넓은 포도밭도 좋아한다. 그리고 모두 양치기가 되어 초원에서 풀을 뜯는 양떼를 바라보기도 한다. 물론 그 양떼들 중에는 저 혼자 놀다가 길을 잃은 놈도 있다.

사람들의 기억 속에는 품삯을 받는 일꾼도 있고, 포도즙을 짜는 풍경이나 곡식을 타작하는 모습도 있다.

이렇듯 예수는 예로부터 내려오는 우리의 살아가는 모습을 잘 알고 있었다. 그러한 삶의 모습들은 결코 끊어지는 법이 없는 질긴 실과도 같다는 것 또한 잘 알고 있었다.

로마나 그리스의 연설가들도 너나 없이 삶에 대해 이야기했지만, 그들은 청중의 마음을 움직이기 위해 연설하는 것처럼 느껴졌다. 그러나 나자렛의 예수는 그들의 마음속에 쌓여 있는 간절한 소망에 대해서 이야기했다.

대부분의 연설가들은 다른 사람들보다 그저 조금 더 밝은 눈으로 삶을 바라볼 수 있을 뿐이다. 그러나 예수는 하느님의 밝은 빛 속에서 인간의 삶을 바라볼 수 있었던 것이다.

그가 사람들에게 이야기하는 것을 볼 때면, 나는 높은 산이 자신의 앞에 누운 들판에게 말하고 있는 듯한 느낌을 받곤 했다.

이처럼 예수의 설교에는 그 어떤 연설가도 갖지 못한 굉장한 힘이 담겨져 있던 것이 사실이다.

훌륭한 목수였던 예수—나자렛의 부자 레위

그는 누구보다도 훌륭한 목수였다. 그가 고안해낸 방문은 아무리 뛰어난 도둑이라도 결코 열 수 없었다. 또 그가 만든 창문은 언제나 시원한 바람이 불어 들어왔다.

그는 삼나무로 아주 견고한 궤짝을 만들어 반짝반짝 윤이 나도록 닦아놓기도 했고, 쟁기와 갈퀴를 튼튼하면서도 사용하기 쉽게 만들 줄도 알았다.

우리 회당의 설교대도 그가 직접 만들었다. 그 설교대는 오래된 뽕나무로 만든 것이었는데, 성서를 올려놓은 받침대 양쪽 옆으로 날개를 조각해 붙여놓았다. 또 그 밑에는 황소의 머리와 몇 마리의 비둘기, 그리고 눈이 커다란 암사슴을 멋지게 조각했다.

이것들은 모두 갈대아와 그리스 목공양식을 따른 것이었지만 그가 발휘하는 기술은 갈대아에서 온 것도 그리스 양식에서 비롯된 것도 아니었다.

지금 내가 살고 있는 집은 30여 년 전에 많은 사람의 손을 빌려서 지은 집이다. 당시 나는 갈릴래아의 마을에 있는 집 짓는 사람들과 목수들을 모두 불러모았다. 그들은 저마다의 독특한 기술과 방식을 지니고 있었는데, 나는 그들이 지은 지금의 집에 대해서 대단히 만족했었다.

여러분 모두 나자렛의 예수가 고안한 우리 집의 몇몇 방문과 창문을 구경해봐야 한다. 내가 만족스럽게 여기는 우리 집의 다른 어떤 부분과도 비교할 수 없을 만큼 견고하고 보기 좋게 잘 만들어졌기 때문이다.

그가 만든 두 개의 방문과 동쪽으로 난 창문이 다른 방문이나 창문과 별로 다를 바가 없다고 말할 사람은 아무도 없을 것이다.

그 동안 예수가 만든 문과 창문 이외의 것들은 모두 세월의 흐름을 이기지 못하고 낡아 허술해지고 말았다. 오직 예수가 만든 것들만이 변함없이 튼튼하게 제 구실을 다하고 있는 것이다.

사실 예수는 두 사람 몫의 품삯을 받을 수 있는데도 한 사람 몫밖에 받지 않았던 너그러운 목수였다. 그런데 지금은 이스라엘의 위대한 예언자가 된 모양이다.

만일 그 당시에 예수라는 이름의 젊은이가 예언자라는 것을 알았더라면, 나는 그에게 일보다는 이야기를 들려달라고 했을지도 모른다. 또한 그의 이야기를 들은 대가로 목수보다는 훨씬 더 많은 품삯을 아낌없이 지불했을 것이다.

지금도 나는 많은 일꾼들을 고용하고 있다. 하지만 그들 중 어느 누구의 손에 하느님의 손이 놓여 있는지 내가 어떻게 알 수 있겠는가?

예수 마음속의 두 줄기 강물―아리마태아의 요셉, 그 10년 뒤

나자렛 예수의 마음속에는 두 갈래로 흐르는 강물이 있었다. 한 줄기는 아버지 하느님께 향한 사랑의 강물이었고, 다른 한 줄기는 그분이 천상의 왕국이라고 불렀던 환희의 강물이었다.

나는 그분의 마음속에 흐르는 두 줄기 강물을 따라갔다. 그리고 그 한 줄기 끝에서 내 자신의 영혼을 만났다. 그 영혼은 때로 헐벗고 방황하기도 했지만 어떤 때는 왕자의 그것보다도 더 고귀했다.

다른 한 줄기 강물을 따라가노라니 강도를 만나 몸에 지니고 있던 재물을 모두 빼앗긴 사람을 만날 수 있었다. 그는 미소를 짓고 있었다. 조금 더 가다 이번에는 강도와 마주치게 되었다. 그의 두 뺨은 눈물에 젖어 있었다.

어느 순간 그 두 줄기의 강물이 내 가슴속에서 흐르는 소리가 들렸다. 나는 무척 기뻤다.

예수께서 빌라도와 제사장들 앞으로 끌려가시기 바로 전날 밤, 나는 그분을 찾아뵈었다. 우리는 오랫동안 이야기를 나눴는데, 나는 그분께 여러 가지를 여쭤보았다. 그분은 아주 자상한 목소리로 모두 답해주셨다. 그리고 우리가 헤어질 때 나는 그분이야말로 참 주님이시며, 이 세상의 참된 스승이심을 깨닫게 되었다.

향나무는 쓰러지고 이미 많은 세월이 흘렀다. 그러나 향기는 여전히 남아 이 세상 곳곳에 스며들고 있다.

축복을 내린 나자렛 예수—가나 결혼식의 신부 라프카

이것은 그분이 사람들에게 널리 알려지기 전에 내가 경험한 일이다. 어느 날 우리 집 뜰에서 장미를 가꾸고 있을 때 그분이 찾아오셨다.

"제가 무척 목이 마릅니다. 물 좀 마실 수 있겠습니까?"

나는 얼른 집 안으로 달려가서 은으로 만든 컵에 물을 가득 담고, 그 안에 재스민향을 두어 방울 떨어뜨린 다음 가져다드렸다.

그분은 단숨에 컵을 비우고 나서는 무척 흐뭇해하셨다.

그리고 내 눈을 가만히 들여다보면서 이렇게 말씀하셨다.

"당신을 축복합니다."

그분의 말과 함께 아주 세찬 바람이 내 몸을 꿰뚫고 지나가는 듯한 기분이 느껴졌다. 그 순간 나는 수줍음도 잊은 채 이렇게 말했다.

"저는 갈릴래아의 가나에 살고 있는 남자와 약혼을 했습니다. 다음주 네 번째 날이 결혼식이랍니다. 선생님, 제 결혼식에 와주시지 않겠어요? 선생님께서 참석해주시면 정말 기쁠 거예요."

그러자 그분은 흔쾌히 허락하셨다.

"딸이여, 꼭 참석하지요."

한번 생각해보라, '딸이여'라니? 그분도 분명 아직 젊은 사람이었는데, 이미 스무 살이 된 나를 그렇게 불러도 되는 걸까?

하지만 그분은 내가 뭐라 물어보기도 전에 이미 떠나가셨다.

그날 나는 어머니가 몇 번이나 부를 때까지 넋을 잃고 문가에 서 있었다.

이윽고 결혼식날이 되어 나는 신랑 집으로 갔다. 이내 떠들썩한 결혼식이 시작되었다.

그분, 그러니까 예수께서는 당신의 어머니와 동생인 야고보를 동행하고 결혼식에 참석하셨다.

그분들은 손님들과 같은 식탁에 앉으셨는데, 그 식탁에선 아직 결혼하지 않은 내 친구들이 솔로몬 왕의 결혼 축가를 부르고 있었다.

예수께서는 우리가 준비한 음식과 포도주를 드시면서 나를 비롯한 다른 사람들에게 웃음을 보내기도 하셨다.

그분은 흔히 결혼식에서 불리는 모든 시리아의 노래들에 빠짐없이 귀를 기울이셨다. 바로 신랑이 자신의 장막으로 신부를 데리고 가는 노래, 자신이 사랑한 주인의 딸을 자기 어머니에게 데리고 가는 젊은 포도밭지기의 노래, 우연히 만난 거지 소녀를 자신의 왕국으로 데려가서 그 소녀에게 임금님의 왕관을 씌워주는 젊은 왕자의 노래 등이었다.

그러나 그분은 나나 그곳 사람들이 듣지 못하는 어떤 다른 노랫소리들도 함께 듣고 계신 것처럼 보였다.

해질녘이 되었을 때, 신랑의 아버지가 먼 친척인 예수의 어머니께 다가와 난감한 표정으로 말했다.

"어떡하죠, 그만 술이 떨어지고 말았습니다. 아직 잔치가 끝나려면 멀었는데 큰일입니다."

그 곁에서 함께 말을 듣고 있던 예수께서는 태연하게 말씀하셨다.

"아직 술이 많이 남아 있을 것입니다."

그분의 말씀은 사실이었다. 남아 있는 한 항아리의 술은 조금도 줄어들지 않았던 것이다.

예수께서는 우리와 함께 이야기를 나누셨다. 땅과 하늘의 신비, 밤이 대지에 내리면 피어나는 천상의 꽃들, 그리고 한낮의 햇살이 별들을 숨기고 나면 피어나는 대지의 꽃들에 대해서 많은 이야기를 해주셨다.

그분은 온갖 이야기와 비유들을 들려주셨는데, 그 신비로운 음성은 우리 마음을 완전히 사로잡아버렸다. 우리는 먹고 마시는 것도 잊어버린 채 마치 환상을 보고 있는 듯 그분의 얼굴을 넋을 잃고 바라보았다.

그분의 말씀을 듣고 있노라면 아득히 먼 낯선 땅에 와 있는 것 같았다.

얼마 뒤, 어떤 손님 하나가 신랑 아버지에게 이렇게 말했다.

"허허, 주인께서는 잔치 끝머리에 와서야 제일 좋은 포도주를 내놓으시는 군요. 대부분 다른 주인들은 이와 정반대로 하는데 말입니다. 처음에는 좋은 술을 내놓다가 손님들이 취할 때쯤이면 질이 떨어지는 술을 내놓거든요."

모든 사람이 예수께서 기적을 행하셨다고 믿었다. 그래서 잔치를 시작했을 때보다 막바지에 더 좋은 술을 실컷 마실 수 있었다고 생각했다.

나 역시 예수께서 빈 항아리에 술을 가득 채워놓으셨다고 생각했다. 하지만 그다지 놀랍지는 않았다. 우리가 처음 만났을 때 이미 그분 목소리에서 기적을 느끼고 있었으니까.

그 후로도 오랫동안 그분 목소리는 여전히 내 가슴속에 남아 있었다. 내가 첫 아이를 낳아 기를 때까지도 마찬가지였다.

오늘날까지도 우리 마을과 이웃 마을에서는 그날 잔치에 왔던 손님들 말이 입에서 입으로 전해지고 있다.

"나자렛 예수의 영혼이야말로 가장 오래 묵은 훌륭한 포도주와 같다."

비유의 말씀―레바논의 양치기

어느 늦여름, 예수께서 세 사람과 함께 저쪽 길로 걸어오셨다. 그분은 풀밭이 끝나는 지점에 멈춰서서 이쪽을 바라보셨다.

그때 나는 풀을 뜯고 있는 양떼 곁에서 피리를 불고 있었다. 그러다가 그분이 걸음을 멈추시기에 얼른 일어나서 달려갔다.

그분이 물으셨다.

"엘리야의 무덤이 어디 있는지 모르겠구나. 혹시 이 부근이 아니냐?"

그래서 내가 가르쳐드렸다.

"저쪽이에요, 선생님. 저기 돌무더기가 보이시죠? 그 밑이에요. 요즘에도 지나가는 사람들마다 돌을 하나씩 던지고 간답니다. 그래서 저렇게 소복이 무더기로 쌓인 거예요."

그분은 내게 고맙다는 인사를 하시고 그쪽으로 걸어가셨다. 그 분과 함께 오신 분들도 뒤따라가셨다.

그로부터 사흘 뒤, 나처럼 양치기인 친구 가말리엘이 말했다. 그때 내 앞을 지나가신 분이 유다의 예언자라고. 사실 난 믿지 않았다. 그러면서도 그분에 대해 곰곰이 생각해보기는 했다.

이듬해 봄에 예수께서는 다시 한 번 이 풀밭을 지나가셨다. 이번에는 혼자였다.

그날 나는 피리를 불고 있지 않았다. 내가 돌보는 양 한 마리를 잃어버려 마음이 울적한 데다 기운도 빠져 있었기 때문이다. 나는 그분 앞으로 조용히 다가갔다. 아마도 그분의 위로를 받고 싶었나 보다.

그분은 나를 가만히 내려다보았다.

"오늘은 피리를 불지 않는구나. 뭔가 슬픈 일이 있는 것 같은데?"

나는 대답했다.

"양 한 마리를 잃어버렸습니다. 주변의 갈 만한 곳은 모두 찾아보았지만 도무지 찾을 수가 없어요. 어떻게 해야 좋을지 모르겠어요."

그분은 잠시 동안 아무 말씀도 하지 않으셨다. 그러다 곧 미소를 지으면서 이렇게 말씀하셨다.

"이곳에서 잠시 기다리고 있어라. 내가 양을 찾아오마."

그리고 그분은 언덕 너머로 사라지셨다.

한 시간쯤 지났을까, 그분이 돌아오셨는데, 잃어버렸던 양이 그분의 뒤를 쫄래쫄래 따라오고 있었다. 양도 내가 반가운지 가까이 다가오더니 그 분 얼굴을 빤히 올려다보았다. 나는 너무도 반가운 마음에 그 녀석을 덥석 끌어안았다.

그때 그분이 내 어깨에 손을 얹으시고 말씀하셨다.

"오늘부터 너는 다른 어떤 양들보다도 이 양을 사랑하게 될 거다. 한 번 잃어버렸다가 되찾은 양이니까."

나는 다시 한 번 그분이 찾아준 양을 끌어안았다. 그 녀석도 내게 꼭 달라붙었다. 너무나 기뻐서 아무 말도 할 수가 없었다.

내가 예수께 감사의 말씀을 드리려고 고개를 들었을 때, 그분은 이미 저만큼 걸어가고 계셨다. 그리고 나는 그분을 따라갈 만한 용기도 없었다.

또 다른 결혼식—예리고의 에브라임

예수께서 다시 예리고에 오셨다는 얘기를 듣고 난 그분을 찾아가 이렇게 청했다.

"내일은 제 아들 결혼식입니다. 선생님, 부디 저희 혼인잔치에 오셔서 두 사람을 축복해주십시오. 갈릴래아의 가나에서 결혼을 축복해주신 것처럼 말입니다."

그분은 이렇게 말씀하셨다.

"제가 가나에서 결혼식 손님으로 참석한 것은 사실입니다. 하지만 앞으로 그런 일은 없을 것입니다. 이제는 저 자신이 신랑이니까요."

나는 다시 한 번 간곡한 부탁을 드렸다.

"선생님 제발 부탁드립니다. 제 아들 결혼식에 꼭 참석해주십시오."

그러자 그분은 미소를 지으시면서 조금 나무라는 듯한 어조로 내게 말씀하셨다.

"왜 저를 대접하려고 하십니까? 혹시 포도주가 부족한가요?"

"선생님, 절대 아닙니다. 이미 술항아리들은 가득가득 채워져 있습니다. 그저 참석하셔서 축복해주십시오."

그분은 이렇게 대답하셨다.

"글쎄……. 어쩌면 갈 수도 있지요. 당신의 마음이 당신 성전의 제단과 같다면 틀림없이 가게 될 것입니다."

다음날 내 아들은 예정대로 결혼식을 올렸다. 그러나 예수께서는 참석하시지 않았다. 무척 많은 손님들이 축하하러 왔지만 내 마음은 결혼식 내내 텅 비어 있는 듯 허전하기만 했다.

나는 웃는 얼굴로 손님들을 맞았지만 실제로는 거기 있지 않은 것과 마찬가지였다.

아마도 그분을 만나러 갔을 때 내 마음이 성스러운 제단이 되지 못했던 까닭이리라. 아니면 내가 또 하나의 기적을 바랐기 때문일지도 모른다.

자애로우신 예수—파트모스의 요한

다시 한 번 그분에 대한 이야기를 하고자 한다.

하느님은 내게 뛰어난 웅변의 재능을 주시진 않았으나 말할 수 있는 목소리와 입술을 주셨다. 비록 훌륭한 말솜씨는 아니지만 내 마음의 진실을 말로 옮길 수는 있을 것이다.

예수께서는 나를 사랑해주셨지만 그 이유는 모르고 있었다.

나도 그분을 사랑했다. 그분은 내 영혼을 높은 곳으로 인도하셨고, 혼자서 닿을 수 없는 깊은 곳까지 이르게 해주셨다.

사랑은 거룩한 신비로움이라고 할 수 있다. 사랑하는 사람들은 달리 말의 필요성을 느끼지 못한다. 그러나 사랑이 없는 사람들에게는 오직 싸늘하고 지루한 농담만이 있을 뿐이다.

내가 형제들과 함께 들판에 나가 일을 하고 있을 때 예수께서 우리를 부르셨다.

그때 나는 젊었고, 아침이 밝기가 무섭게 일터로 나가던 시절이었다.

하지만 그분 음성을 듣고 나서는 나도 모르게 일손을 놓았다. 그리고 새로운 열정에 사로잡히고 말았다.

나는 햇살을 등에 받으며 걸었고, 너무도 눈부신 시간의 아름다움을 찬미했다.

그 힘은 너무도 부드러워서 오히려 느낄 수가 없고, 그 강렬한 아름다움 때문에 아름다움으로 느껴지지도 않는 것을 여러분은 이해할 수 있을까?

그분께서 부르셨을 때 나는 그분을 따랐다.

그날 저녁, 나는 외투를 가져가기 위해 집으로 돌아왔다. 그리고 어머니께 말씀드렸다.

"어머니, 나자렛 예수께서 저를 당신 곁에 두시겠답니다."

어머니께서는 기꺼이 허락해주셨다.

"가거라, 내 아들아. 네 형제들처럼 예수를 따르거라."

그래서 나는 늘 그분과 함께 다녔다.

그분은 내게 명령했지만 나는 항상 자유로웠다.

사랑이란, 초대받은 사람들에게는 다정한 주인이지만 그렇지 못한 사람들에게는 한낱 신기루나 유희에 지나지 않는다.

여러분은 내가 예수의 기적에 대해 말하기를 원할 것이다.

하지만 우리 자신이 바로 놀라운 기적이며, 하느님과 예수는 그 놀라운 힘의 주인이시다. 예수께서는 자신의 기적을 행하는 능력이 세상에 알려지는 것을 원하지 않으셨다.

그분은 앉은뱅이에게 이렇게 말씀하셨다.

"그만 일어나서 집으로 돌아가시오. 다만 제사장에게는 내가 당신을 고쳐 주었다고 말하지 마시오."

이렇듯 예수의 영혼은 다른 이들의 영혼을 찾아가 그들의 아픔을 말끔히 고쳐주었다. 우리에게는 기적처럼 보이는 일들도 그분에게는 그저 날마다 숨을 쉬시는 일과 다를 바 없었다.

그러므로 우리가 흔히 말하는 기적과는 다른 이야기를 하나 해보자.

어느 날, 나는 그분과 함께 들판을 걷고 있었다. 우리는 몹시 배가 고팠는데, 마침 야생 사과나무 한 그루를 발견하게 되었다. 사과나무에 열려 있는 사과는 단 두 개뿐이었다.

그분은 손수 가지를 흔들어 사과를 땅에 떨어뜨리셨다. 그런 다음 사과 한 개를 내게 주시고는 다른 하나를 손에 든 채 조용히 서 계셨다.

나는 허겁지겁 사과를 먹기 시작했다. 그러다가 문득 그분을 바라보았다. 그분은 여전히 사과를 손에 든 채 가만히 계시지 않은가.

그분께서 내게 사과를 내밀면서 그것마저 먹으라고 하셨다. 나는 조금의 부끄러움도 없이 그 사과를 받아들었다.

우리가 다시 걷기 시작했을 때 나는 그분의 옆모습을 훔쳐보았다.

그때 내가 본 그분의 얼굴을 어떻게 표현하면 좋을까.

캄캄한 밤하늘에서 홀로 타고 있는 촛불.
우리의 손이 닿지 않는 곳에 펼쳐진 찬란한 꿈.
목동들이 평화로이 양떼들에게 풀을 먹이는 한낮.
혹은 황혼, 고요함, 집으로 돌아가는 길.
깊은 잠과 평온한 꿈.

이러한 모든 것들이 그분의 얼굴에 고스란히 담겨 있었다.

그분은 내게 사과 두 개를 모두 주셨다.

나는 그분 역시 무척 배가 고프다는 걸 잘 알고 있었다.

지금에 와서야 그분이 내게 그 두 개의 사과를 모두 줌으로써 보다 큰 만족을 얻었다는 사실을 알게 되었다. 그분은 그 사과나무와 또 다른 보이지 않는 나무에서 과일을 따먹은 셈이었던 것이다.

그분에 대해 보다 많은 이야기를 하고 싶지만, 어떻게 그럴 수 있을까?

어떤 사랑이 그보다 더 큰 사랑으로 자라나면 말은 자연스럽게 사라지는 것이다.

또한 누군가에 대한 기억이 너무 많으면 더욱 깊은 침묵에 빠지는 법이다.

스데바노의 죽음—스데바노의 친구인 가다라의 나만

그분의 제자들은 각지로 뿔뿔이 흩어졌다. 그분은 세상을 떠나기 전, 제자들에게 고통이라는 유산을 남겼다. 그들은 마치 들판의 사슴이나 여우처럼 사로잡혔다. 그들을 붙잡은 사냥꾼의 화살통에는 화살이 가득 담겨 있었다.

하지만 기꺼이 죽음을 맞이한 그들의 얼굴은 즐거움으로 가득했다. 마치 고대하던 결혼식을 맞은 신랑의 얼굴처럼 환하게 빛났다. 그분은 그들에게 기쁨이라는 유산도 남기셨던 것이다.

내게 스데바노라는 친구가 있었다. 그는 예수가 하느님의 아들이라고 주장했다는 이유로 장터에 끌려나가 돌에 맞아 죽었다.

그날 스데바노가 쓰러질 때, 그는 자신의 스승인 예수와 똑같은 모습으로 죽고 싶다는 듯 두 팔을 한껏 벌렸다. 그의 두 팔은 흡사 하늘로 막 날아오르려는 새의 날개와도 같았다.

그의 눈에서 마지막 생명의 빛이 사라져갈 때 그 입가에 미소가 감돌았다. 아름다운 봄을 약속하는 겨울의 끝자락에 선 사람의 미소와 같았다. 더 없이 훈훈한 숨결처럼 따스하기 그지없는 그런 미소였다.

아, 그 표정을 어떻게 표현해야 좋을까? 그 순간의 미소를 그림으로 그릴 수 있다면…….

스데바노는 마치 이렇게 말하고 있는 듯 보였다.

"내가 다시 태어나서 지금처럼 또다시 장터에 끌려와 돌에 맞아 죽는다 해도 여전히 진리를 외칠 것입니다."

죽어가는 스데바노를 아주 가까운 곳에서 만족스러운 얼굴로 바라보는 사내가 있었다. 바로 다르소의 사울이었다. 그는 스데바노를 제사장에게 끌고 가 군중의 돌에 맞아 죽도록 만든 사람이었다.

사울은 대머리인데다가 키가 아주 작았다. 그리고 어깨는 구부정한데다가 풍기는 인상이 썩 좋지 않았다. 나는 그가 무척 싫었다.

그런데 참으로 믿기 어려운 일이지만, 그는 지금 높은 곳에 올라가 예수의 말씀을 전하고 있다는 것이다.

자신의 뜻에 반대하는 사람들의 마음을 돌리기 위해, 그들의 마음 한가운데로 뛰어드는 예수의 발걸음은 죽음조차도 어쩌지 못하는가 싶다.

물론 지금도 나는 다르소의 사울을 좋아하지 않는다. 그러니까 스데바노가 죽음을 당한 뒤에 다마스커스로 가던 그가 예수를 만났고, 그분을 모시게 되었다는 얘기를 듣기는 했지만 말이다. 그 사내는 무척 간교한 성격이라서 아마도 진실한 제자가 되기는 어려울 것 같다.

어쩌면 내가 잘못된 생각을 하고 있는지도 모르겠다. 나도 때때로 잘못을 저지르곤 하니까.

세례 요한의 죽음—예수의 사촌형제 유다

8월 어느 날 저녁이었다. 우리는 예수와 함께 호수에서 그리 멀지 않은 황무지에 있었다. 예로부터 '해골계곡'이라고 불리는 곳이었다.

예수께서는 풀밭에 누워 하늘의 별들을 바라보고 계셨다.

그런데 갑자기 두 남자가 숨을 헐떡이면서 우리에게로 달려왔다. 그들은 몹시 흥분된 얼굴로 예수 앞에 무릎을 꿇었다.

"그대들은 어디서 오는 길이오?"

"마케레우스에서 오는 중입니다."

그들 중 한 사람이 대답했다.

그들을 바라보시던 예수의 얼굴에 그늘이 드리워졌다.

"혹시 요한에게 무슨 일이 생겼습니까?"

그 남자가 다시 대답했다.

"그분은 돌아가셨습니다. 오늘 감옥에서 목이 잘렸다고 합니다."

예수께서는 말없이 하늘을 쳐다보셨다. 그리고 우리에게서 조금 떨어진 곳으로 걸어가셨다. 잠시 후 다시 돌아오신 예수께서는 이렇게 말씀하셨다.

"헤로데는 이미 오래전에 요한을 죽일 수 있었으나 그는 자기 신하들을 즐겁게 해주기 위해 시간을 끌었던 것이다. 옛날 그 어떤 왕들도 그런 이유 때문에 예언자의 목을 늦게 베는 일은 없었다.

나는 요한의 죽음을 슬퍼하는 것이 아니다. 오히려 요한의 목을 벤 헤로데를 가엾게 생각한다. 참으로 불쌍한 왕이로다. 마치 사슬과 밧줄에 묶여서 이리저리 끌려다니는 짐승이나 다를 바 없구나.

그 불쌍한 왕은 결국 자신의 어둠 속에서 길을 잃고 헤매다 쓰러지고 말 것이다. 빛이라고는 하나 없는 캄캄한 바다 속이라면 죽은 물고기와 무엇이 다르겠느냐.

나는 왕들을 미워하지 않는다. 그러나 그들이 백성들보다 훨씬 지혜로운 경우에만 비로소 나라를 다스릴 수 있는 것이다."

예수께서는 슬픔에 젖은 두 사람을 바라보셨다. 그리고 다시 우리에게로 눈길을 돌리셨다.

"요한의 목에서 흐르는 피가 그의 말씀과 함께 끝없이 대지를 적시고 있다. 그러나 요한의 자유는 아직 완벽하지 못했다. 그는 오직 꿋꿋함과 정의로움으로 인내해왔던 것이다.

사실 요한은 귀머거리들에게 그저 '광야에서 외치는 하나의 소리'에 불과했다. 나는 홀로 고통받았던 그를 진정으로 사랑했다.

이 더러운 세상에 굴복하지 않고 스스로 자신의 목을 내놓은 그의 자존심 또한 더없이 사랑했노라.

너희에게 진실로 이르노니, 즈가리야의 아들 요한은 자기 민족의 마지막 인간이었다. 그 역시 자기 조상들처럼 성전의 문턱과 제단 사이에서 목숨을 잃었다."

예수께서는 말씀을 마친 다음, 다시 저만큼 떨어진 곳으로 천천히 걸음을 옮기셨다. 그리고 한참 뒤 우리가 있는 곳으로 돌아오셨다.

"갑자기 권력을 손에 쥔 자들은 오랜 세월 동안 다스려온 지배자들을 살해하기 일쑤다. 그들은 아직 태어나지도 않은 사람에게 비난을 퍼붓고 재판을 행하며, 그가 죄를 저지르기도 전에 사형선고를 내린다. 즈가리야의 아들 요한은 내 나라에서 나와 함께 영원히 살 것이다."

이렇게 말씀하신 에수께서는 요한의 제자들을 바라보셨다.

"그대들은 요한의 친구들에게 돌아가시오. 그리고 내가 그들과 함께 있을 것이라고 전하시오."

두 남자는 우리와 헤어져 다시 돌아갔다. 요한의 제자인 그들 마음이 한층 가벼워진 듯 평온한 얼굴이었다.

예수께서는 다시 풀밭에 누워 두 팔을 쭉 뻗은 채 별이 반짝이는 밤하늘을 올려다보셨다.

밤이 깊었다. 나는 그분의 곁에 누워 있었다. 잠을 자려 했지만, 내 잠을 두드리는 누군가의 손길이 느껴졌다. 그래서 나는 새벽에 예수께서 부르실 때까지 깨어 있다가 그분과 함께 길을 떠났다.

소유에 대하여—어떤 부자

예수는 부자들을 비난했다. 그러던 어느 날, 나는 그에게 물었다. "선생님, 영혼이 평안함을 누리려면 어떻게 해야 합니까?"

그의 대답은 내가 가진 모든 것을 가난한 사람들에게 나눠주고 그를 따르라는 것이었다.

그는 아무것도 가지고 있지 않았다. 그러므로 내가 가진 많은 재산이 주는 든든함과 편안함을 알 리 없었다. 더욱이 그것으로 인한 위엄이나 자부심에 대해서 어떻게 알 수 있겠는가.

나는 140여 명에 이르는 노예와 하인을 거느리고 있다. 그들은 내 숲과 포도밭에서 일한다. 그리고 아주 멀리 떨어진 섬까지 내 배를 몰고 다녔다.

만일 내가 예수의 말대로 내가 가진 모든 재산을 가난한 사람들에게 나눠준다면 내 식솔들은 어떻게 하란 말인가. 내 집에서 일하는 노예와 하인들, 그리고 그들에게 딸린 식구들은 어떻게 되겠는가? 아마도 예루살렘 입구나 성전 앞에서 구걸이나 하는 거지들이 되었음에 틀림없다.

흔히 '선한 사람은 재물에 관심이 없다'는 것은 옳지 않은 말이다. 예수 자신이나 그 제자들은 다른 사람들의 호의에 의존하여 살았다. 그래서 모든 사람이 그런 식으로 살아야 옳다고 생각했던 것이다.

얼마나 모순으로 가득 찬 주장인가? 부자들은 가난한 사람들에게 재산을 나눠주어야 하고, 모든 가난한 사람들은 부자들이 자신의 식탁으로 반갑게 맞아들이기도 전에 그들의 빵을 가져가는 것이 옳단 말인가?

추운 겨울을 대비해서 곡식을 저장한 개미는, 그저 노래만 부르다가 춥고 배고픈 겨울을 맞는 베짱이보다 훨씬 지혜로운 것이다.

지난번 안식일에 그의 제자 하나가 장터에서 이런 설교를 했다.

"예수께서 신발을 벗으시는 천국 문턱에라도 머리를 누일 수 있는 자격이 있는 사람은 아무도 없습니다."

하지만 나는 그 정직하다는 방랑자가 자기 집 문턱에서 신발을 벗는다는 말조차 믿을 수 없다. 그는 어떠한 집도 문턱도 가져본 일이 없었다. 게다가 신발도 없이 맨발로 다니는 일이 더 많았던 것이다.

셈족의 신(神) —폼페이인 마노가 어느 그리스인에게

유대인들은 이웃 나라의 페니키아인이나 아랍인들처럼 순간의 어려움을 모면하기 위해서 신을 모독하는 일이 없다.

그들은 자신들의 유일한 신인 하느님에 대해서 지나치리만큼 경건한 마음을 갖는다. 하느님에 대한 기도와 경배, 그리고 자기 희생에 있어서는 정말 놀라울 정도로 열심이다.

우리 로마인들이 대리석으로 훌륭한 신전을 세울 때 그들은 하느님의 본질을 논한다. 우리가 주피터·마르스·주노·비너스 신의 제단 곁에서 노래와 춤을 즐기며 황홀경에 빠지는 동안, 그들은 깊은 시름에 잠기거나 심지어 자신이 태어난 날을 서러워하는 일도 있다.

그들은 자신들에게 '하느님은 기쁨이 넘치는 신'이라고 밝힌 예수를 괴롭히다가 결국 죽음에 이르게 했다.

유다 민족은 무척 행복한 신을 모시고 있음에도 전혀 행복해하지 않는다. 그들은 단지 고통의 신을 알고 있을 따름이다.

예수의 웃음이나 즐거운 모습을 익히 보아온 친구들과 제자들마저 오로지 그의 슬픔만을 기억하면서 섬기고 있다.

그들은 자신들의 신을 무조건 높이 떠받들지 않는다. 오히려 그들 가까이 끌어내리려 한다.

그럼에도 불구하고, 나는 철학자 예수가 자기 민족은 물론 다른 민족에게도 영향력을 갖게 되리라 믿는다. 마치 소크라테스가 그랬던 것처럼.

모든 인간은 슬픔을 느끼는 동물인 동시에 남을 의심할 줄 아는 종족이다. 만일 그 누군가가 우리에게 "신과 함께 항상 즐거워하라" 하고 말한다면, 우리는 의당 그 목소리에 대한 의혹을 품을 것이다. 그러나 예수의 고통이 일종의 종교적인 의식으로 받아들여진다는 것은 어쩐지 이상하게 보인다.

이 민족은 숲에서 살해된 또 하나의 아도니스를 만들어 그 죽음을 다시 기념하려 한다. 다만 그들이 예수의 웃음에 주의를 기울이지 않는다는 사실은 참으로 안타까운 일이다.

하지만 우리는 로마인으로서 그리스인들에게 이런 고백을 해야겠다. 여러분은 아테네 거리에서 소크라테스의 웃음을 들어본 적이 없을 것이다. 그렇지만 술과 쾌락의 신인 디오니소스를 기리는 극장에서조차 소크라테스가 마신 독배를 잊은 적은 없을 것이다.

그리고 우리 조상들은 잠시 길가에 앉아 쉴 때도 어려운 일에 대한 잡담을 통해 위대한 인물들의 비극적인 최후를 기억하는 행복한 시간을 갖곤 하지 않았는가.

다르소의 사울에 대하여—안티오키아의 사바

오늘도 나는 다르소의 사울이 이 도시의 유대인들에게 그리스도에 대하여 설교하는 것을 보았다.

지금 그는 바울로라는 이름으로 불리며, 이방인들에게 복음을 전한다.

나는 젊은 시절부터 그를 잘 알고 있었다. 당시에 그는 나자렛 예수의 친구들을 못살게 굴었다. 그의 동료들이 예수의 말씀을 전하던 스데바노라는 훌륭한 젊은이를 돌로 쳐서 죽이는 순간 흡족해하던 그 모습을 나는 아직도 생생하게 기억하고 있다.

그는 정말 특이한 사람이다. 그의 영혼은 자유인의 영혼이 아니었다.

어떤 때 그는 사냥꾼에게 쫓겨 상처 입고, 자신의 고통을 숨기기에 적당한 동굴을 찾아 헤매는 한 마리 들짐승 같았다.

그는 지금 예수에 대한 이야기를 하는 것도 아니요, 그분의 말씀을 전파하고 있는 것도 아니다. 단지 옛 예언자들이 예언했던 메시아에 대한 설교를 할 뿐이다.

그 역시 유대인이긴 하지만 자신의 유대인 동포에게 그리스어로 설교한다. 하지만 그의 그리스어가 그리 유창한 편은 아니라서 자신의 의도를 제대로 표현하지 못한다.

그럼에도 불구하고 그에게는 무언가 숨겨진 힘이 있는 듯하다. 그가 가는 곳에는 언제나 많은 사람들이 몰린다. 때때로 그는 자신조차 확신하지 못한 것들을 사람들에게 확신시키는 놀라운 힘을 발휘하기도 한다.

예수를 알고, 그가 하는 이야기를 들어본 적이 있는 우리는 그분이 사람들에게 어떻게 구속의 사슬을 끊고 자기 과거로부터 자유로워질 수 있는가를 가르쳤다고 말한다.

하지만 바울로는 내일을 위한 사슬을 만들고 있다. 그는 자신도 모르는 사람들의 이름으로 우리의 귀를 두드린다.

나자렛 예수는 우리로 하여금 열정과 환희 속에서 살아가도록 만들어주시려고 노력했다. 그러나 바울로는 아주 오래된 책 속에 기록되어 있는 율법으로 우리를 묶어두려고 한다.

예수는 생명 없는 자에게 자신의 숨결을 불어넣었다. 그래서 나는 어두운 현실 속에서도 그분을 믿고 의지하게 되었다.

그분은 자신과 함께 식탁에 앉은 사람들에게 즐거운 얘기를 들려주었다. 그리고 누구보다도 기쁘게 먹고 마셨다.

그러나 바울로는 우리의 빵과 술잔을 미리 정해두려고 한다. 이제는 나도 다른 쪽으로 눈길을 돌려보고 싶다.

예수와 판―그리스의 늙은 목자 사르키스

나는 꿈속에서 예수와 우리의 신 판(Pan, 그리스 신화에서 숲과 양치기들의 신. 피리를 잘 분다)이 깊은 숲 속에 나란히 앉아 계시는 것을 보았다.

쉼 없이 졸졸졸 흐르는 시냇물 곁에서 두 분은 정답게 얘기를 주고받으며 미소를 짓고 있었다. 예수는 즐겁게 웃었고, 그들은 꽤 오랫동안 이야기를 나누었다.

판은 대자연의 신비를 털어놓았고, 발굽이 달린 자신의 형제들과 뿔 달린 누이들에 대한 얘기를 하셨다.

그리고 식물의 뿌리가 한없이 뻗어나가는 것과 여름을 부르는 나무들의 애틋한 노래에 대해서도 말씀하셨다.

예수는 숲 속에 돋아나는 어린 덤불과 꽃과 열매, 그리고 다가올 계절에 싹이 틀 준비를 하고 있는 씨앗들에 대해 이야기하셨다. 하늘을 날며 마음껏 지저귀는 새들과 하느님께서 보살펴주시는 사막의 흰 수사슴에 대해서도 이야기해주셨다.

판은 무척 즐거운 듯 연신 뜨거운 콧김을 내뿜고 있었다.

다른 날의 내 꿈속에서는 두 분이 호젓한 풀밭 그늘에 앉아서 쉬고 계시는 모습을 보았다.

판이 갈대피리를 연주했다. 그러자 나무들은 춤을 추듯 몸을 흔들고, 풀잎들도 이리저리 나부꼈다. 나는 조금 두려워졌다.

그때 예수께서 말씀하셨다.

"형제여, 그대의 갈대피리 안에는 숲 속의 빈터가 있는가 하면 높은 바위산도 있군요."

그러자 판은 갈대피리를 예수에게 건네주면서 말했다.

"이제 당신 차례요."

예수께서 대답했다.

"이 피리는 내 입에는 맞지 않아요. 그러니 내 피리를 불겠습니다."

그러고는 품속에서 자신의 피리를 꺼내어 불기 시작했다.

나는 그 피리소리를 통해서 잎사귀 위에 떨어지는 빗방울 소리, 골짜기를 따라 흐르는 시냇물의 노래, 산꼭대기에 흰 눈이 쌓이는 소리까지 모두 들을 수 있었다.

태곳적부터 있었던 바람이 다시 불어오자, 그 바람과 함께 뛰었던 내 맥박이 되살아났다. 과거의 일들이 파도처럼 내 마음의 해변으로 밀려오고, 나는 다시 젊은 양치기가 되었다. 그 피리소리는 바로 수많은 양들을 불러모으는 노래였다.

판이 예수에게 말했다.

"나이가 많은 나보다는 당신의 젊음이 이 갈대피리에 잘 어울리는구려. 아주 오래 되었는데, 내가 조용히 쉬고 있을 때 당신의 이름과 노래를 들은 일이 있소. 당신 이름은 더없이 아름다운 울림을 가지고 있소.

그것은 마치 작은 나뭇가지를 따라 올라가는 수액과 같고, 언덕 사이를 달리는 말굽소리와도 같구려.

우리 아버지는 나를 그런 이름으로 부르시지 않았지만, 그 이름이 전혀 어색하게 들리지 않는구려. 당신의 피리소리는 나를 아주 오래된 기억 속으로 데려가는 듯하오. 자, 둘이서 함께 갈대피리를 불어봅시다."

두 분은 함께 갈대피리를 불었다.

그러자 그 피리소리는 하늘과 땅 사이로 울려 퍼졌고, 모든 살아 있는 것에게 경외심을 느끼게 해주었다.

그때 난 온갖 짐승들이 울부짖는 소리, 굶주린 숲이 부르는 소리, 외로운 사람이 외치는 소리, 먼 곳에 대한 그리움으로 사무친 사람이 구슬피 울고 있는 소리를 들었다.

그리고 사랑하는 연인을 그리는 여인의 한숨소리, 사냥감을 놓친 사냥꾼의 안타까운 탄식도 들렸다. 그들의 피리소리에 형언할 수 없는 평화로움이 찾아들었다. 하늘과 땅도 함께 노래를 불렀다.

이 모든 일들은 내가 꿈속에서 본 것들이다.

예수에게 싫증난 어떤 사람—가이사리아의 예프타

당신들의 하루를 온통 사로잡은 뒤 깊은 밤이 되어도 풀어주지 않는 그를 난 매우 언짢게 생각한다. 그의 말과 행동이 당신들에게 날 시달리도록 만들었기 때문이다.

나는 그의 말은 물론 행동 하나하나에도 염증이 날 지경이다. 그의 이름, 또는 그의 고향이 어디라는 말에도 몸서리가 쳐진다.

당신들은 왜 그림자 같은 존재에 불과한 그를 변호하려 애쓰는가. 도대체 왜 모래성을 쌓으려는 헛된 꿈을 꾸는 것이며, 작은 빗방울이 모여 호수를 이루리라는 생각을 하는 것인지 알 수가 없다.

나는 깊은 골짜기에 있는 동굴의 울림을 탓하지도 않고, 해질녘이면 길게 드리우는 그늘을 비웃어본 적도 없다. 그러나 여러분의 머릿속에서 맴돌고 있는 헛된 꿈이나 잘못된 관념에는 결코 동조하지 않을 것이다.

생각해보라. 뛰어난 예언가, 혹은 선지자들도 할 수 없었던 얘기를 예수가 했단 말인가? 아니면 그 누구도 들려줄 수 없었던 어떤 노래를 그의 입을 통해서 들려주었단 말인가?

나는 때로 동굴에서 울려나오는 메아리가 조용한 골짜기를 가로지르는 소리에 귀를 기울인다. 또 해질녘의 어스름한 대지에도 눈길을 보내곤 한다. 그러나 그의 숨결이 다른 사람들에게 옮겨가는 것은 허락할 수가 없다. 그가 예언자로 불리는 것은 더더욱 묵과할 수가 없다.

대예언자 이사야 이후 누가 있어 예언했는가. 저 위대한 다윗 왕 이래로 누가 감히 노래를 불렀단 말인가.

또 솔로몬 이외의 그 누가 지혜롭다는 칭송을 들을 수 있었던가. 그들의 혀는 진정 날카로운 칼이요, 그들의 입술은 타오르는 불꽃이었다.

그렇다면 저 위대한 예언자들이 갈릴래아의 이삭이나 줍는 그를 위해서 지푸라기나마 남겨둔 것이 아닐까? 혹은 추운 지방의 걸인을 위해서 과일 하나를 땅에 떨어뜨린 것은 아닌지…….

과연 그가 할 수 있는 일이 뭐란 말인가. 그보다 훨씬 앞선 사람들이 이미 곡식을 찧어놓고, 포도를 으깨어 술로 만들어놓지 않았던가.

내가 존경해야 할 사람은 그릇을 산 사람이 아니라, 그 그릇을 만든 이의 아름다운 손이다.

나는 몸에 옷을 걸치고 있는 사람보다는 베틀 앞에 앉아서 열심히 일하고 있는 사람을 존경한다.

나자렛 예수, 대체 그는 어떤 사람인가. 그는 이미 죽어 그 영혼조차 존재하지 않는다. 이 땅에서 영원히 잊혀진 사람이다. 그것이 그 사람의 존재가 갖는 유일한 의미이다.

그러므로 그의 말이나 행동을 흉내내어 더 이상 나를 못 살게 굴지 말라. 내 가슴은 이미 옛 선지자들의 예언으로 가득 차 넘치고 있다.

스토아 철학자인 예수—로마 병사 클라우디오

예수가 잡히고, 그를 감시하는 임무를 맡게 된 나는 빌라도의 명령에 따라 그를 다음날 아침까지 감옥에 가둬두어야만 했다. 내 부하들이 그를 감옥에 넣었다. 그는 의외로 순순히 따랐다.

그날, 나는 밤이 깊은 뒤 아내와 아이들이 있는 집을 나와 부대로 갔다. 늘 하던 대로 부하들의 근무상태를 점검하기 위한 것이었다. 물론 예수가 갇혀 있는 감옥도 둘러보았다.

그때 몇몇 젊은 유대인과 내 부하들이 그를 조롱하고 있었다. 그들은 그의 옷을 모두 벗기고 찔레나무 가시로 만든 왕관을 머리에 씌워놓았다.

그리고 그를 기둥에 기대어 앉혀놓은 다음, 그 앞에서 춤을 추며 욕설을 퍼부었다. 그의 손에는 갈대 한 가지가 쥐어져 있었다.

내가 감옥으로 들어서자 누군가 이렇게 외쳤다.

"자, 위대한 유다의 왕을 보라!"

나는 예수 앞에 서서 그의 얼굴을 바라보았다. 그러자 이유를 알 수 없는 부끄러움이 내 가슴을 스치고 지나갔다.

나는 갈리아와 스페인에서 전투에 참가한 적이 있다. 다른 많은 병사들과 함께 죽음 가까이 갔지만 한번도 두렵지 않았다. 물론 병사로서도 비겁한 마음을 가져본 적 없었다.

그러나 나를 바라보는 예수의 눈길에는 그만 넋이 나가고 말았다. 마치 내 입술을 실로 꿰매버리기라도 한 듯 단 한마디도 할 수가 없었다. 나는 얼른 밖으로 나와버렸다.

그 후 30년이라는 세월이 흘렀다. 당시 갓난아기였던 내 아들도 어른이 되었다. 물론 아주 충성스러운 로마 시민이 되었다.

나는 가끔 자식들과 대화를 하면서 예수에 대해 이야기한다. 자신의 죽음을 앞에 두고도, 오히려 자신을 죽이려는 사람들에게 연민의 정을 품었던 그 사람에 대해서 말이다.

나는 이만하면 충분히 살았다. 그걸 믿고 진실을 말하자면, 폼페이우스나 카이사르도 갈릴래아의 그 사람보다는 위대하지 못했다.

예수가 죽은 뒤 이 땅에는 그를 위해서 싸우는 사람들이 생겨났다. 그는 비록 죽었지만, 살아 생전의 폼페이우스나 카이사르보다 훨씬 더 많은 사람들의 존경을 받고 있다. 또 그가 살아 있을 때보다도 그를 따르는 사람들이 더욱 많아졌다.

나그네 예수―유스도라고 불리운 요셉

많은 사람이 예수를 상스럽고 천한 사람이라고 경멸했다. 바람으로 머리를 빗고 비가 내려야만 옷과 몸이 깨끗해지는 사람이라고 비웃었다. 그는 미친 사람이고, 그의 말은 사탄을 위한 것이라고도 주장했다.

그러나 보라! 모든 사람에게서 멸시를 받던 그가 떨치고 일어나자, 그 메아리는 그칠 줄 모른다.

그 누구도 그의 노래를 막을 수 없다. 그가 부르는 노래는 영원한 생명력으로 세상 곳곳에 살아 있으리라. 그리고 생명 없는 것들에 숨결을 불어넣던 그의 입술을 모든 사람들이 기억할 것이다.

그렇다. 그는 이방인이었다. 그는 성지로 향하는 나그네였으며, 우리 마음의 문을 두드리는 손님이었다. 그러나 아주 먼 나라에서 찾아온 귀한 방문객이었다. 단지 참되고 다정한 주인을 만나지 못해서 자신의 나라로 되돌아간 그런 손님인 것이다.

이방인이었던 예수—나자렛의 노인 우리야

우리에게 그는 이방인이다. 그의 삶은 속을 들여다볼 수 없는 베일에 싸여 있다. 그는 우리의 하느님이 일러준 길로 가지 않고, 마냥 더럽고 수치스런 곳을 향해서 걸어간다.

그는 어릴 적부터 유별난 반항아였다. 그래서 우리의 자연이 베푼 맛있는 젖도 먹지 않았다.

그의 젊은 시절은 어둠 속에서 불타오르는 마른 풀밭과도 같았다. 그리고 어른이 되어서는 우리 모두를 향해서 무기를 들었다.

보통 이러한 자들은 세상의 종말에 즈음하여 어미의 자궁에 들었다가 악마의 폭풍우를 빌려 태어난다. 그리고 비바람을 맞으면서 잠깐 살다가 영원히 어둠 속으로 사라지는 것이다.

여러분은 위대한 학자들과 논쟁을 하면서, 그들의 권위를 비웃던 어린 소년을 기억할 것이다. 어린 시절을 톱과 망치와 함께 보냈던 목수의 아들이다. 그 소년은 언제나 친구도 없이 혼자 다녔다.

그리고 마치 우리보다 더 높은 곳에 있기라도 한 것처럼 아무리 칭찬을 해줘도 감사의 표시를 하는 법이 없었다.

언젠가 우연히 들판에서 그를 만난 적이 있었다. 그때 나는 아주 반가워했지만, 그는 가벼운 미소를 던지는 것이 고작이었다. 더욱이 그 미소 뒤에는 엄청난 오만을 숨겨두고 있었다.

얼마 뒤, 내 딸도 친구들과 함께 포도를 따러 갔다가 그를 포도밭에서 만났다고 했다. 그때도 역시 딸애가 먼저 말을 건넸지만, 그는 아무런 대답도 하지 않았다고 한다.

그는 오로지 그곳에 있던 모든 사람을 향해서 이야기를 할 뿐이었다는 것이다. 내 딸의 존재는 아예 무시한 채로.

자신의 가족도 버리고 방랑자가 된 그는 그저 그렇고 그런 허풍쟁이에 불과했다. 그의 목소리는 우리의 살에 박힌 가시 같았고, 그 목소리의 울림은 아직도 우리의 기억 속에 고통으로 남아 있다.

그는 우리와 우리 조상들이 행한 잘못에 대해서만 이야기했다. 그의 세 치 혀는 독을 바른 화살처럼 우리의 심장을 노렸던 것이다. 예수는 바로 그런 자였다.

만약 그가 내 아들이었다면 아라비아에 주둔하던 로마 군대의 사령관에게 보내 최전방에 배치해달라고 간곡히 부탁했을지도 모른다. 그 무례한 자가 적의 손에 의해서 끝장나도록 말이다.

허나 다행스럽게도 내게는 아들이 없었다. 만일 아들이 있었다면 그처럼 국민의 적이 되어 늙은 아비를 치욕스럽게 하거나, 내 하얀 수염이 부끄럽도록 만들었을지도 모른다.

중립적인 사람—예루살렘의 장사꾼

나는 그를 사랑하지 않았다. 그렇다고 미워하지도 않았다. 사실 나는 그의 말보다 목소리를 들으려고 쫓아다녔다. 그의 목소리는 내게 커다란 기쁨을 주었다.

그의 말은 내가 이해하기에 너무 어려웠다. 그러나 그의 입을 통해 나오는 목소리의 울림은 내 귀를 깨끗하게 씻어주었다.

만약 다른 사람들이 그의 가르침에 대해서 설명을 해주지 않았다면 그가 유대인의 편에 선 사람인지, 아니면 유대인에게 해로움을 끼치는 사람인지 조차도 몰랐을 것이다.

감옥 담장 밖의 예수—마태오

어느 날이었다. 예수께서 다윗의 망루에 있는 감옥을 지나고 계셨다. 우리도 그분의 뒤를 따라 말없이 걷고 있었다.

그때 그분이 갑자기 발을 멈추시더니 감옥의 담벼락에 한쪽 뺨을 대셨다. 그러고는 이렇게 말씀하셨다.

"내 형제들이여, 지금 내 심장은 이 벽을 뛰어넘어 그대들의 심장과 함께 뛰고 있습니다. 그대들은 나의 자유 속에서 자유를 얻고, 나와 내 친구들과 함께 걷게 될 것입니다.

비록 그대들이 갇힌 몸이긴 하나 결코 혼자가 아닙니다. 이 순간 거리를 활보하고 있는 수많은 사람도 갇힌 것이나 다름이 없습니다. 그들이 비록 날개를 빼앗기지 않았다 하더라도 마치 공작새처럼 푸드덕거리기만 할 뿐 결코 날지 못합니다.

형제들이여, 곧 그대들을 찾아가 그 무거운 짐을 내가 대신 지겠습니다. 죄인과 결백한 자는 결코 둘로 나뉠 수 없는 것, 마치 팔을 이루고 있는 두 뼈를 나눌 수 없는 것과 같습니다.

형제들이여, 그대들은 저들의 뜻을 거슬러 헤엄치다 붙잡힌 몸이 되었습니다. 저들은 내게도 죄인이라고 말합니다. 아마 나도 율법을 파괴한 죄인으로서 형제들과 함께 하게 될 것입니다.

형제들이여, 그리 멀지 않은 어느 날 이 벽은 허물어지고 새집이 들어설 것입니다. 그때 그대들은 자유를 마음껏 누리게 될 것입니다."

그날 예수께서는 감옥의 담벼락을 완전히 지나칠 때까지 두 손으로 벽을 짚고 걸어가셨다.

최후의 만찬—예수의 형제 야고보

아마도 그날 밤에 대한 기억을 되돌아본 것이 천 번은 넘으리라. 하지만 나는 앞으로도 그 기억을 수없이 되살리게 될 것이다.

대지가 자신의 가슴에 새겨진 주름살을 잊어버린다면 몰라도, 혹은 여인들이 아이를 낳는 고통과 기쁨을 잊어버린다면 몰라도, 그 전에는 그날 밤에 대한 기억을 결코 지워버릴 수가 없으리라.

그날 낮, 우리는 예루살렘성 밖에 있었다. 예수께서 말씀하셨다.

"자, 이제 성 안으로 들어가자. 우리 저녁을 먹자꾸나."

우리 일행이 여인숙에 도착했을 때는 이미 날이 어둑어둑해지고 있었다. 우리는 몹시 배가 고팠다. 여인숙 주인이 우리를 무척 반기면서 이층으로 안내했다.

우리 제자들은 모두 식탁 앞에 앉았다. 그런데 예수께서는 계속 서 계신 채로 우리들을 물끄러미 바라보셨다. 그러다가 주인을 부르셨다.

"큰 그릇과 물주전자, 그리고 수건 좀 주시겠습니까?"

그러고는 우리에게 다정한 목소리로 말씀하셨다.

"모두 신발을 벗도록 해라."

우리는 영문을 몰랐지만 그분의 말씀에 따랐다.

이윽고 주인이 대야와 물주전자, 수건을 가지고 들어왔다. 예수께서 다시 말씀하셨다.

"내가 너희의 발을 씻겨주마. 이곳까지 걸어오는 동안 지치고 먼지가 덮인 발을 깨끗이 씻어주겠다. 이는 너희에게 새로운 길을 걸어갈 힘과 자유를 주려는 것이다."

우리는 너무도 당황하고 무안한 나머지 어쩔 줄을 몰랐다.

그때 시몬 베드로가 일어나 말했다.

"그건 안 됩니다. 어떻게 선생님께서 저희들의 발을 씻겨주시도록 가만히 있을 수 있겠습니까?"

예수께서는 이렇게 말씀하셨다.

"이는 남을 대접하고, 남에게 봉사하는 사람이 가장 훌륭하다는 사실을 너희가 기억하도록 하려는 것이다."

그러고는 우리 한 사람 한 사람의 얼굴을 가만히 바라보셨다.

"어제 어떤 여인은 너희를 형제로 받아들인 사람의 아들의 발에 향유를 부어 씻겨주었다. 그리고 자기 머리카락으로 발에 묻은 물기를 말려주었다. 지금은 내가 너희의 발을 씻겨주고 싶구나."

그분은 바닥에 무릎을 꿇은 채 유다의 발을 씻겨주셨고, 우리 모두의 발을 차례로 씻겨주셨다.

그런 뒤에야 예수께서는 우리와 함께 식탁 앞에 앉으셨다. 그분의 얼굴은 기나긴 밤을 이겨내고 들판 위로 떠오르는 눈부신 태양과도 같았다.

그때 주인이 아내와 함께 준비한 술과 음식을 가져왔다.

사실 나는 예수께서 내 발을 씻기기 위해서 무릎을 꿇으시기 전부터 몹시 배가 고팠다. 하지만 이제는 전혀 허기를 느낄 수가 없었다. 그리고 인간의 포도주로는 결코 식힐 수 없는 불길이 내 몸 속에서 타오르고 있었다.

예수께서는 빵 한 덩이를 집어 우리에게 나눠주셨다. 그리고 이렇게 말씀하셨다.

"아마 다시는 함께 빵을 먹지 못할 것이다. 그러니 갈릴래아에서 보냈던 날들을 기억하며 음식을 들도록 하자."

그분은 자신의 술잔에 포도주를 가득 채우신 뒤, 우리에게도 따라주셨다.

"우리 모두 함께 느꼈던 목마름을 기억하면서 이 술을 마시자. 또한 새로운 포도주를 담글 수 있는 날을 기대하며 함께 마시도록 하자. 내가 너희와 포옹할 수 없고, 다시는 너희 가운데 있을 수도 없게 되면, 너희는 지금처럼 함께 둘러앉아 빵과 포도주를 나누도록 해라. 그러면 너희와 함께 식탁 앞에 앉아 있는 나를 볼 수 있을 것이다."

그리고 예수께서 생선과 꿩고기를 나눠주셨다. 마치 어미새가 새끼들에게 먹이를 주는 것처럼.

나는 아주 조금밖에 먹지 않았지만 뱃속이 든든했다. 내 술잔은 이 세상의 술을 모두 담을 수 있을 만큼 넉넉해 보였다.

예수께서 다시 말씀하셨다.

"자, 우리 식사를 마치기 전에 모두 일어서서 갈릴래아의 즐거운 노래를 부르도록 하자."

그 말씀에 우리는 모두 일어나 함께 노래를 불렀다. 그분의 목소리는 우리 모두의 목소리를 압도했으며, 한 구절 한 구절마다 선명하게 울려 퍼졌다.

그분은 다시 한 번 우리의 얼굴을 일일이 들여다보시고는 말씀하셨다.

"이젠 너희와 작별을 해야겠다. 자, 모두 게쎄마니 동산으로 가자."

그러자 제베대오의 아들 요한이 여쭈었다.

"선생님, 오늘 갑자기 저희에게 작별인사를 하시니 어찌된 영문입니까?"

예수께서 요한을 바라보시며 말씀하셨다.

"너희는 조금도 걱정하지 말라. 내 아버지의 집에 너희의 자리를 마련해 두기 위해서 헤어지는 것일 뿐이다. 만일 너희가 필요로 한다면 나는 언제든지 다시 돌아올 것이다.

너희가 나를 부르는 소리를 내가 들을 것이며, 너희의 영혼이 찾는 곳에는 언제나 내가 있으리라.

너희는 목마른 사람이 포도주를 짜고, 배고픈 사람이 혼인잔치를 찾아간다는 사실을 잊지 말아라.

너희가 사람의 아들을 찾는 것은 바로 너희의 갈망 때문이다. 이는 곧 기쁨의 샘이요, 아버지 앞으로 나아가는 길이다."

그러자 요한이 다시 여쭈었다.

"선생님께서 저희 곁을 떠나가시는데, 어찌 기쁜 마음을 가질 수 있겠습니까? 왜 떠난다는 말씀을 하시는지요?"

예수께서 부드러운 눈길로 요한을 바라보셨다.

"사슴은 사냥꾼 화살에 맞기 전에 이미 그 화살을 보는 법이다. 강물 역시 바다에 다다르기 전에 그 바다를 느끼지 않더냐?

사람의 아들은 우리 모두가 걷는 인간의 길을 따라 이곳까지 왔다. 다른 복숭아나무가 제 꽃을 태양에게 바치기도 전에 내 뿌리는 이미 다른 들판의 가슴에 안겨 있을 것이다."

그 말씀에 시몬 베드로가 나섰다.

"선생님, 부디 저희를 떠나지 마십시오. 저희에게서 선생님과 함께 지내는 기쁨을 빼앗지 마십시오. 선생님께서 가시는 곳이라면 어디든지 따르겠습니다. 선생님이 계신 곳에 저희도 있겠습니다."

예수께서는 베드로의 어깨에 손을 얹으시며 활짝 웃으셨다.

"너는 이 밤이 새기도 전에 나를 모른다고 할 것이다. 내가 너를 떠나기 전에 네가 나를 버릴 것이라고 누가 생각이나 하겠느냐?"

결국 예수께서는 길을 떠나셨다. 우리도 그분의 뒤를 따라갔다. 그런데 우리가 예루살렘 성문 앞에 이르렀을 때, 유다는 곁에 없었다. 우리는 야하남 골짜기를 건넜다. 예수께서는 저만치 앞질러가고 계셨다.

작은 올리브나무 숲에 이르러서야 그분이 걸음을 멈추셨다.

"이곳에서 좀 쉬었다 가기로 하자."

아직 공기는 차가웠지만 온갖 꽃들이 피어나는 새봄이었다. 우리는 나무 그늘 아래 모여 앉았다. 외투로 몸을 감싼 나는 소나무 아래에서 쉬었다.

예수께서 홀로 일어나 올리브나무 숲으로 걸어가셨다. 모두 곤히 잠들어 있었지만, 나는 그분을 계속 바라보고 있었다.

그분은 한 곳에 잠시 서 계시다가 다시 이리저리 서성거리셨다.

그러다가 하늘로 얼굴을 향한 채 두 팔을 쭉 뻗으시며 말씀하셨다.

"하늘과 땅, 그리고 지옥까지도 모두 인간의 것이라."

나는 비로소 올리브나무 숲 사이로 걸어가시는 그분이 사람을 만든 하늘임을 알았다.

대지의 자궁은 어떤 시작이나 끝이 아니라, 잠시 멈춰 선 마차와 같았다. 찰나의 경이로움과 신비로움에 불과했던 것이다. 그리고 지옥이란 그분과 예루살렘 사이에 놓인 야하남이라는 이름의 골짜기였다.

그때 나는 그분의 음성을 들었다. 하지만 우리 모두에게 하시는 말씀은 아니었다. 단지 그분은 '아버지!'라고 세 번 외치셨다. 그것이 전부였다.

그분은 높이 쳐들었던 팔을 떨군 채 가만히 서 계셨다. 마치 내 눈과 하늘 사이에 서 있는 삼나무처럼……

잠시 후, 그분은 다시 우리가 있는 곳으로 걸어오셨다.

"모두 일어나거라. 드디어 준비된 시간이 왔다. 이미 세상은 우리와 싸울 채비를 끝내고 있구나.

나는 방금 아버지의 말씀을 들었다. 내가 너희를 다시 볼 수 없게 되면, 모든 정복자들도 자기 마음을 정복하기 전에는 결코 평화를 얻지 못한다는 것을 기억하도록 해라."

우리는 모두 일어섰다. 그리고 그분 가까이 다가갔다. 그분의 얼굴은 사막 위에 펼쳐진 별무리로 가득한 하늘 같았다.

예수께서는 한 사람 한 사람의 뺨에 입을 맞추셨다. 내 뺨에도 그분의 입술이 닿았는데, 그 입술은 마치 열병에 걸린 어린아이의 손처럼 몹시 뜨거웠다. 그때 먼 곳으로부터 시끄러운 소리가 들려왔다. 그 소리는 점점 가까워지고 있었다. 이윽고 많은 사람들이 한 손에는 등불을 들고, 다른 한 손에는 몽둥이를 든 채 떼를 지어 몰려들었다.

그들이 가까이 다가왔을 때, 예수께서 한 걸음 앞으로 나아가셨다. 그런데 놀랍게도 그 무리를 이끌고 온 사람이 다름 아닌 유다였다.

그 무리 가운데는 칼과 창을 든 로마 병사도 있었고, 손도끼와 몽둥이를 손에 쥔 예루살렘 사람들도 있었다.

유다는 예수께로 다가가서 입을 맞췄다. 그리고 로마 병사들에게 이렇게 말했다.

"이 사람이 바로 그자요."

예수께서는 변함없는 표정으로 유다를 바라보셨다.

"유다야, 네가 나를 위해서 오랫동안 망설였구나. 이미 어제 일어났어야 할 일이 아니더냐?"

그리고 예수께서는 병사들 쪽으로 몸을 돌리셨다.

"자, 내가 예수요. 날 잡아가시오. 하지만 내 날개를 가두기에는 그대들의 울타리가 너무 큰 것 같소."

그들은 뭐라 고함을 지르며 예수를 쓰러뜨렸다. 그리고 그분을 거칠게 끌고 갔다.

우리는 너무 두려운 마음에 제각기 피할 곳을 찾아 도망쳤다. 나는 올리브나무 숲을 뚫고 뛰어서 달아났다. 그때 내 마음에는 두려움밖에 없었다.

나는 몇 시간을 달려 무작정 도망쳤다. 그리고 새벽이 되자, 내가 예리고 근처의 마을에 와 있다는 사실을 깨달았다.

내가 왜 그 자리에서 도망쳤는지 나 자신도 알 수가 없었다. 어쨌든 나는 서글프게도 그분을 버렸다. 너무 겁이 많은 나머지 그분의 적들 앞에서 도망쳐버리고 만 것이다.

그 후 나는 몹시 앓았다. 크나큰 부끄러움 때문에 얼굴을 들 수도 없었다. 나는 다시 예루살렘으로 돌아갔으나 그분은 죄인이 되어 있었고, 그분을 만날 수도 없었다.

마침내 그분은 죽음을 당하셨다. 그분의 피가 이 땅을 적셨다. 그러나 난 여전히 그분이 준비해놓으신 삶의 한가운데 살아 있다.

그분이 죽었을 때 온 인류도 죽었다─필립보

예수께서 돌아가셨을 때, 그분께 사랑받았던 우리도 함께 죽었다. 그리고 세상의 모든 것도 침묵을 지키고 어두운 빛깔을 띠었다. 동쪽 하늘이 어두워지면서 비바람이 몰아치더니 온 세상을 삼켜버렸다. 하늘의 문이 잠시 열렸다 닫히더니, 폭풍을 따라온 거센 빗줄기가 그분의 손발에서 흘러나온 피를 씻어냈다.

그때 나 또한 죽었으나 나는 망각의 깊은 늪 속에서 울려오는 그분의 말씀을 들었다.

"아버지, 저들을 용서하소서. 저들은 자신이 한 일을 알지 못하나이다."

그분의 음성은 물에 빠진 영혼을 찾아내 강기슭으로 끌어올렸다.

나는 두 눈을 크게 뜨고 환하게 빛나는 그분이 구름에 기대어 앉은 모습을 뵈었다. 내 안에 자리잡은 그분의 말씀 덕분에 나는 새롭게 태어났으며, 더 이상 슬퍼하지도 않았다.

누가 자신의 얼굴을 드러내는 바다나, 햇살 아래 커다란 웃음을 터뜨리는 산을 보면서 슬퍼하겠는가?

아버지 말씀을 전하다가 자신의 심장이 산산이 부서져버린, 그런 그분의 심정을 느껴본 일이 있는가?

그 어떤 판결이 그분을 자유롭게 할 수 있겠는가?

그분 외에 자기 힘과 믿음만으로 악에 맞서 싸운 사람이 누가 있는가?

일찍이 하늘과 땅 사이의 공간에 울려 퍼진 힘찬 나팔소리를 그 누가 들어보았단 말인가?

죽음을 당하는 자가 자신의 생명을 앗아간 원수를 용서했다는 이야기를 단 한 번이라도 들은 적이 있는가?

그분의 말씀은 분명 계절이 바뀌고 세월이 흘러갈수록 우리에게 더욱더 새로운 기억으로 남을 것이다.

"아버지, 저들을 용서하소서. 저들은 자신이 한 일을 알지 못하나이다."

이제 나는 집으로 돌아가련다. 그리고 그의 문 앞에 선 귀한 걸인으로 남으려 한다.

예수의 본모습—예수를 따르던 사람들 중의 하나인 다윗

그분께서 우리 곁을 떠나시던 날까지, 나는 그분의 말씀 속에 들어 있는 이야기나 비유의 의미를 미처 깨닫지 못했다. 그분의 말씀이 내 눈앞에 살아 있는 모습으로 나타나고, 내 삶의 진실로 드러났을 때 비로소 그 뜻을 이해할 수 있었다.

여러분께 내가 경험한 일 하나를 들려드리겠다.

어느 날 밤, 나는 그분이 하신 말씀과 행적을 기록하기 위해 옛 생각에 잠겨 있었다.

그때 도둑 세 명이 집으로 들어왔다. 물론 나는 그들이 재물을 훔쳐갈 거라는 사실을 잘 알고 있었지만, 너무 깊은 생각에 빠져 있던 난 칼을 든 그들과 맞서거나, "도둑이야" 하고 소리지르고 싶은 마음이 전혀 없었다.

난 그들의 움직임에 아랑곳하지 않고 우리 주님에 대한 기억을 계속해서 글로 옮기고 있었다. 이윽고 도둑들이 떠났을 때, 나는 문득 주님의 말씀을 떠올렸다.

"누가 네 외투를 빼앗으려고 하면 다른 옷까지 내어주도록 하라."

그때서야 비로소 나는 깨달았다.

내가 그분의 말씀을 기록하고 있을 때는 그 누구도 방해할 수 없었다. 비록 내 재물을 모두 훔쳐간다 해도 나는 자리에서 일어나지 않았을 테니까.

어떤 재물이나 생명보다 더 귀중한 존재가 있다는 사실을 마침내 깨닫게 되었던 것이다.

예수를 함정에 빠뜨리려던 사람들—레위라는 제자

어느 날 해질 무렵이었다. 예수께서 우리 집 앞으로 지나가신다는 소식에 나는 무척 두근거리는 가슴을 안고 대문 앞에 서 있었다. 이윽고 집 앞에 다다른 그분이 온화한 음성으로 말씀하셨다.

"나를 따라오너라."

나는 조금의 망설임 없이 그분의 뒤를 따라 여러 곳을 돌아다녔다. 그리고 다음날 저녁에는 예수께 간청하여 우리 집으로 모셨다. 그분은 여러 명의 제자들과 함께 오셔서 우리 가족을 축복해주셨다.

그때 우리 집에는 그분 일행 외에 몇 명의 다른 손님들이 있었다. 그들은 내로라하는 자리에 있는 관리들과 명성 높은 학자들이었다. 그러나 그들은 예수를 섬기지 않는 사람들이었다.

저녁식사를 마친 뒤, 그분을 중심으로 모두 둘러앉았을 때 관리 한 사람이 사뭇 비아냥거리는 표정으로 예수께 물었다.

"당신과 당신 제자들은 안식일에도 불을 피운다는 얘기가 있는데 그것이 사실이라면 법을 어기는 것이 아닙니까?"

그분이 말씀하셨다.

"맞습니다. 우리는 안식일도 불을 피웠습니다. 우리가 들고 있던 횃불로 마른 장작에 불을 붙였지요."

그러자 다른 관리가 이렇게 물었다.

"당신들이 천한 사람들과 함께 술집에서 술을 마셨다는 말도 있던데요?"

그분은 조금도 주저하지 않고 이렇게 대답하셨다.

"그게 이상한 일입니까? 그럼 왕관을 쓰거나 호화롭게 사는 사람들 외에

맨발로 다니는 가난한 사람들과는 빵과 술을 함께 나누지 말아야 할까요?

미처 날개도 돋지 않았는데 감히 거센 바람 속으로 날아가려고 시도하는 새는 하나도 없습니다. 아무리 작고 볼품없는 새라도 이미 둥지에서 자신의 몸을 지탱해줄 튼튼한 날개를 갖추고 나오는 법입니다.

그래서 우리는 안전한 둥지 안에 있는 새에게 먹이를 물어다 줍니다. 다른 형제들보다 빨리 자라는 새거나, 다소 늦게 자라는 새거나 상관없이 골고루 나누어주지요."

그러자 다른 관리 하나가 다시 예수께 물었다.

"당신이 예루살렘의 창녀들을 딸처럼 돌봐주었다는 것도 사실인가요?"

그 말에 예수의 얼굴이 마치 레바논의 바위산처럼 엄숙해졌다.

"그렇습니다. 마침내 심판의 날이 오면 그 여인들 모두 하느님 앞으로 올라가 자신의 눈물로 깨끗이 씻기게 됩니다. 그러나 당신들은 여전히 자신의 알량한 고집에 묶여 옴쭉도 하지 못할 것입니다.

바빌론이 망한 것은 결코 그 여인들 때문이 아닙니다. 오로지 자신이 누리는 영화에만 관심을 갖던 위선자들이 더 이상 똑바로 태양을 바라보지 못할 정도로 부패했기 때문에 바빌론이 잿더미로 변한 것입니다."

그분의 말씀이 끝나자, 다른 관리와 학자들이 질문을 하려 했다. 그러나 나는 그들을 눈짓으로 말렸다. 예수께서 하시는 말씀이 그들의 마음을 혼란스럽게 만들고, 그러면 무척 고집스러운 그들은 억지를 쓰거나 화를 낼 것이 분명했다. 어쨌든 그들도 나를 찾아온 손님이었으므로 서로 얼굴을 붉히는 일이 생기는 것을 원치 않았던 것이다.

이윽고 밤이 깊었다. 그 관리들과 학자들은 자신들의 영혼에 깊은 상처와 충격을 안은 채 집으로 돌아갔다.

그날 밤 나는 꿈속에서 흰 옷을 입은 일곱 명의 여인들이 예수를 중심으로 빙 둘러서 있는 모습을 보았다. 그 여인들은 한결같이 가슴에 손을 모은 채 고개를 숙이고 있었다.

나는 가까스로 다가가 그 중 한 여인의 얼굴을 자세히 들여다보았다. 그 여인의 얼굴에 한 줄기 햇살이 비치고 있었다. 그녀는 바로 나도 본 적 있는 예루살렘의 창녀였다.

문득 나는 잠에서 깨어 고개를 들고 그분이 있는 곳을 쳐다보았다. 그분은 여전히 잠들지 않고 그 방에 잠들어 있는 사람들에게 따뜻한 미소를 보내고 계셨다.

나는 다시 눈을 감았다. 이번에는 흰 옷을 입은 일곱 명의 남자들이 그분을 둘러싸고 있는 것이 보였다. 마치 한낮의 태양을 마주하고 있는 것처럼 눈부신 빛이 그들에게서 쏟아져나오고 있었다.

후일 그분이 십자가에 못 박히실 때 비로소 나는 알았다. 그분의 오른편 십자가에 못 박힌 강도가 그 일곱 남자 중 한 사람이었다는 것을.

영혼의 부활—30년 뒤의 막달라 마리아

다시금 말하거니와 예수께서는 죽음으로써 죽음을 정복하셨고, 그분의 영혼이 지닌 무한한 능력으로 무덤에서 걸어나와 부활하셨다. 고독과 갈망의 뜰을 거닐고 있는 우리에게 돌아오신 것이다.

그분은 결코 차디찬 바위틈에 누워 계시지 않는다. 우리는 그분이 아직도 우리를 바라보고 계신다는 사실을 분명히 보고 느꼈다. 그분이 약속하신 대로 우리는 두 손을 뻗어 그분의 몸을 만져보았다.

물론 그분을 믿지 않는 여러분 마음도 이해할 수 있다. 나도 여러분과 같은 사람들 중 하나였으니까.

아직도 그런 분들이 많지만 그런 사람들의 숫자는 점차 줄어들 것이라고 믿고 있다.

하프를 부순다고 해도 그 속에서 울려나오던 아름다운 선율을 찾을 수는 없다. 마찬가지로 미처 열매가 열리기도 전에 나무를 베어낸다면 단 하나의 열매도 얻지 못할 것이다.

여러분은 그분을 미워했다. 이유인즉 우리 모두가 잘 아는 북쪽 지방에서 왔으면서도 자기 스스로 하느님의 아들이라고 말했기 때문이다.

그러나 여러분은 자기 이외의 다른 사람 또한 미워한다. 그것은 자신만을 훌륭하고 귀한 존재로 여기는 마음에서 다른 사람과는 나란히 서려고 하지 않기 때문이다.

여러분은 그분을 미워하는 나름대로의 이유가 있다. 예수 스스로 남자의 도움 없이 순결한 처녀의 몸에서 태어났다고 말했기 때문이다.

그러나 당신들이 미처 알지 못하는 것이 있다. 대지는 저 눈부신 태양과 결혼함으로써 우리에게 산과 사막을 선물했다는 사실이다.

그분을 사랑하는 사람과 미워하는 사람, 그를 믿는 사람과 믿지 않는 사람 사이에는 깊이를 알 수 없는 까마득한 절벽이 가로막고 있다.

하지만 언젠가 시간이 그 절벽 위에 튼튼한 다리를 놓아줄 것이다. 그러면 우리 모두의 가슴속에서 그분이 결코 죽지 않았음을 여러분도 곧 알게 될 것이라고 믿어 의심치 않는다.

또한 우리가 하느님의 자녀들인 것처럼 그분도 하느님의 아들임을 분명히 알게 될 것이고, 이 대지가 우리 모두의 젖줄이며 어머니이듯 그분이 성스런 처녀의 몸에서 태어났다는 사실도 믿게 될 것이다.

대지는 자신에 대한 믿음이 없는 사람에겐 생명의 젖을 마실 수 있는 뿌리조차 내어주지 않는다. 또한 대지의 숲을 날아다니면서 자신이 만들어놓은 영롱한 이슬을 마실 수 있는 날개도 달아주지 않는다. 그러므로 그분에 대한 믿음이 없으면 그분의 은혜도 입을 수 없다는 것은 어쩌면 당연한 결과라고 하겠다.

나는 그분에 대해서만큼은 그 누구보다 잘 알고 있다. 그리고 내게는 그것만으로도 충분하다고 여긴다.

고모님에 대한 이야기―베싸이다의 한나

아버지의 누이 즉 나의 고모는 젊어서 집을 떠났다. 그녀는 할아버지의 옛 포도농장 근처에 있는 작은 오두막집에서 평생을 혼자 살았다.

마을 사람들은 가족 중 누군가 병이 들면 가장 먼저 그녀를 찾아왔다. 그러면 그녀는 햇볕에 잘 말린 여러 가지 색깔의 약초로 그들의 병을 금방 고쳐주었다. 그래서 마을 사람들은 그녀를 신통한 의사이자 예언자로 여기고 있었다. 하지만 몇몇 사람들은 그녀가 마녀라며 경계하기도 했다.

어느 날의 일이다. 아버지가 나를 부르시더니 그녀의 집으로 심부름을 가라고 하셨다.

"한나야, 이 빵을 고모에게 갖다드려라. 그리고 포도주와 건포도도 함께 가져 가거라."

나는 늙은 망아지의 등에 물건들을 담은 자루를 얹고 꽤 먼 길을 걸어갔다. 이윽고 고모가 살고 있는 오두막집에 다다랐을 때, 그녀는 더없이 기쁜 얼굴로 나를 반겨주었다.

우리는 시원한 바람이 얼굴을 간지럽히는 커다란 나무 아래에 함께 앉아 있었다. 이런저런 이야기를 나누고 있노라니 어떤 사람이 다가와 부드러운 목소리로 고모에게 인사를 건네는 것이었다.

"안녕하시지요? 오늘도 편안한 저녁을 맞으시기 바랍니다."

고모는 얼른 자리에서 일어나더니 공손하다 못해 어쩐지 경건하기까지 한 얼굴로 그 남자를 바라보았다.

"네, 저는 잘 지내요. 모든 착한 영혼의 주인이시며 온갖 악을 물리치시는 이여, 평안하신가요?"

그는 부드러운 눈길로 고모의 인사에 대답을 대신하고 지나쳐갔다.

나는 속으로 웃음을 참느라 애를 써야만 했다. 거의 제정신이 아닌 듯한 고모의 모습이 너무도 우스꽝스러웠던 것이다. 하지만 소문처럼 고모가 미치지 않았다는 사실을 나는 잘 알고 있었다.

비록 뭐라 말하지는 않았지만 고모도 내가 웃음을 참고 있다는 것을 알고 있는 것 같았다.

고모는 사뭇 진지한 표정으로 내게 말했다.

"애야, 지금부터 내가 하는 말을 잘 듣고 마음속 깊이 간직해야 한단다. 지금 우리 곁을 스쳐간 그분은 저 하늘을 나는 용맹한 새의 그림자처럼 로마인들과 로마제국의 횡포를 물리치실 분이란다. 갈대아의 왕관을 쓴 거대한 황소는 물론 사람의 머리 형상을 한 에집트의 사자와 맞서서 그들의 무릎을 꿇게 하실 분이야. 장차 이 세상을 다스리실 분이란다.

하지만 지금 그분이 살고 계신 이 땅은 곧 멸망할 거야. 대지의 언덕 위에 꿋꿋이 서 있는 저 예루살렘도 이제 파멸의 연기 속에 흩어지게 될 거란다."

고모의 말을 듣고 난 나는 더 이상 웃을 수가 없었다. 내 웃음은 곧 침묵으로 바뀌었다. 한참이 지난 뒤에야 나는 떨리는 목소리로 물었다.

"고모, 그는 대체 누구지요? 어디에서 왔어요? 그가 어떻게 저 무서운 로마의 왕과 제국을 다스리게 된다는 거죠?"

고모는 경외심이 가득한 목소리로 이렇게 말했다.

"그분은 바로 이곳에서 태어나셨지. 우리는 이미 태초부터 그분의 존재를 마음속에 품어왔단다. 그분은 모든 나라와 민족의 자손이면서 그 어떤 나라나 민족에도 속하지 않은 그런 존재란다. 그분은 오로지 자신의 말씀으로써, 그리고 영원히 꺼지지 않는 영혼의 불꽃으로 이 세상을 다스리시게 된단다."

갑자기 벌떡 일어난 고모는 아주 큰소리로 외쳤다.

"이렇게 말하는 저를 부디 용서하소서. 그분은 틀림없이 죽임을 당할 것입니다. 그의 젊음은 수의에 덮여 말없는 대지의 심장 곁에 조용히 눕게 될 것이고, 우리 유대인들은 모두 가슴을 두드리며 흐느껴 울 것입니다."

그렇게 말하는 고모의 두 손은 그 무언가를 잡으려는 듯 허공을 향해 뻗어 있었다.

"그러나 그분은 다만 육신의 죽임을 당할 뿐입니다. 고귀한 영혼의 소유자인 그분은 다시 부활합니다. 그리고 해가 뜨는 이곳에서 해가 지는 곳의 땅으로 자신의 백성들을 이끌 것입니다. 장차 그분의 이름은 그 어떤 사람의 이름보다도 제일 앞에 놓일 것입니다."

고모의 모습은 마치 늙은 예언자 같았다. 그녀에 비하면 나는 그저 어린 여자아이일 뿐, 아무도 발을 들여놓지 않은 들판이나 전혀 다듬어지지 않은 울퉁불퉁한 하나의 돌덩어리에 불과했다.

그날 고모가 예언한 모든 것들은 내 삶이 끝나기 전에 그대로 나타났다. 나자렛 예수가 죽음에서 부활하여 자신의 백성들을 이끌고 해지는 곳으로 갔던 것이다.

반대로 그에게 육신의 죽음을 내렸던 도시는 파멸을 면치 못했다. 그를 심문했던 재판소의 웅장한 대리석 기둥과 지붕도 덧없이 무너지고 그곳에는 밤이슬을 재촉하는 부엉이의 처량한 울음만이 울려퍼졌다.

세월이 흘러 이제 나도 허리가 잔뜩 굽은 할머니가 되었다. 내가 알았던 사람들은 모두 내 곁을 떠났고, 내 민족도 뿔뿔이 흩어져버렸다.

고모와 함께 있었던 그날 이후 나는 딱 한 번 더 그분의 모습을 보았을 뿐이다. 그분이 제자들에게 이야기를 들려주던 언덕에서였다. 하지만 여전히 인생의 황혼기를 맞은 외로운 늙은이의 꿈속으로 찾아와 자상한 목소리를 들려주시곤 한다.

그분은 투명한 날개가 달린 흰 옷의 천사들을 거느리고 다가와 깊은 어둠 속에서 홀로 두려움에 떨고 있는 나를 위로해주신다. 나의 어깨를 부드럽게 감싸안으신 채 빛나는 나라로 이끌어 가신다.

그 나라는 누구의 발길도 닿지 않은 처녀지이며, 황금빛 햇살을 받으면서 가지에 매달려 있는 과일처럼 신비로운 곳이다.

나는 꽤 오래 살았으나 그 오랜 삶 동안 내가 가진 것 가운데 유일하게 소중하고 귀한 것은 오로지 저 따사로운 햇살과 그분에 대한 기억뿐이다.

그 옛날 고모가 예언한 것처럼, 어떤 위대한 왕이나 예언자, 혹은 제사장이라도 다시 그 모습으로 태어나지는 못하리라.

마치 호젓한 숲을 따라 흘러가는 강물처럼 우리는 모두 덧없이 사라지는 존재다. 그러나 그 강물의 한가운데에서 그분을 만났던 사람들은 결코 잊혀지지 않고 영원히 남아 있을 것이다.

옛날의 신과 새로운 신—페르시아 철학자

사실 나자렛 예수라고 불리는 남자의 운명이나, 그 제자들이 앞으로 겪게 될 일에 대해서 무어라 단정적으로 얘기할 수는 없다.

작은 사과에 들어 있는 씨앗 하나가 넓은 과수원이 될 수도 있다. 물론 그 씨앗이 견고한 바위 위에 놓여 있다면 아무런 쓸모도, 어떤 기대도 할 수가 없을 것이다.

하지만 이 얘기만은 꼭 하고 넘어가야겠다. 오래 전부터 내려오는 이스라엘의 하느님은 참으로 엄격하면서도 인정이 없는 그런 존재이다. 한마디로 무서운 신이라 하겠다.

그런 의미에서 이스라엘에는 보다 다른 성격의 신이 있어야 한다. 더없이 온화한 성품에 용서를 잘하며 자신의 백성들에 대한 동정심이 넘치는 신, 감히 올려다보기조차 겁나는 높은 자리에 앉아 백성들의 잘못에 대한 이런저런 판결만 내리는 존재가 아니라 그들의 마음을 따뜻한 햇살로 감싸주고, 힘들고 어려울 때마다 함께 해주는 그런 신이 꼭 필요하다.

자신의 마음이 질투와 미움으로부터 자유로운 신, 자기 백성들의 잘못을 너그러이 이해하고 곧 잊어버리는 신, 자기 마음에 들지 않는다고 해서 자손 대대로 두고두고 복수하겠다고 협박하지 않는 이해심 많은 신이 있었으면 좋겠다는 것이다.

대부분의 사람들이 그렇듯 이곳에 사는 시리아 인들도 그들과 다를 것이 없다. 이곳 사람들도 자신의 마음이 허락하고 이해할 수 있는 범위 내에서 자신만의 신을 찾으려 한다.

그들도 자기 모습과 꼭 닮은 신을 찾고자 하며, 자기 이미지가 잘 반영된 신일수록 진심으로 존경하고 숭배하는 것이다.

따지고 보면 사람들이 신께 하는 기도란 자신의 깊은 소망에 대한 절절한 바람과 같다. 자신의 애틋한 소망이 이루어지기를 간절히 비는 것이다.

인간의 마음보다 더 넓고 심오한 것은 없다. 인간의 마음은 그 자신의 존재를 세상에 드러내보이는 역할을 한다. 그러므로 인간에게 들려오는 신의 음성은 바로 자신의 내면에서 울려나오는 영혼의 소리이다.

우리 페르샤인들도 눈부신 태양 속에서 자신의 얼굴을 찾아내고, 성스런 제단 위의 타오르는 불길 속에서 춤추는 자신의 몸을 확인하려 한다.

예수가 자신의 아버지라고 부르는 하느님은 그의 백성들에게도 전혀 낯선 존재는 아니다. 하느님은 오래 전부터 그들의 소원을 곧잘 이루어주곤 했기 때문이다.

반면 에짚트 신들은 자신의 등에 지워진 무거운 짐을 벗어던졌다. 그리고 누비아의 사막으로 도망쳐 미개인들과 함께 자유를 만끽하고 있다.

그리스와 로마의 신들 또한 황혼 속으로 사라졌다. 그들은 인간의 숭배를 받기에는 너무나 인간과 닮아 있었던 것이다. 그 옛날 신들의 영험한 능력이 이루어졌던 숲의 나무들은 아테네와 알렉산드리아 사람들 손에 의해서 모두 잘려나가고 말았다.

그것은 이 나라에서도 마찬가지였다. 베이루트의 율사들과 안티오키아의 젊은 은둔자들은 그 성스러운 곳을 평범한 인간의 땅으로 끌어내렸다.

지금은 삶에 찌든 노인들과 병든 사람들만이 자기 조상들의 사원을 찾아가고 있다. 자고로 막다른 골목에 다다른 지칠 대로 지친 사람만이 그 길의 처음으로 돌아가 다시 시작하고 싶어하는 법이다.

그 동안 나자렛 예수는 우리 인간과는 너무 다른 어마어마한 존재로서의 하느님을 이야기했다.

그의 하느님은 너무도 이해심이 많아 아무리 잘못된 인간일지라도 함부로 벌을 내리지 않는다고 한다. 또한 인간의 죄를 따지고 그것에 연연하기에는 너무나도 사랑이 넘치는 신이다.

그 하느님은 손수 땅 위에 사는 자기 백성들의 마음의 문을 열고 들어와 함께 난롯가에 앉을 것이며, 하늘나라의 높은 권좌가 아닌 바로 그 집안에서 인간에게 축복을 내리고 어둠을 밝혀줄 그런 존재라고 생각된다.

물론 나에게는 나만의 신이 따로 있다. 지금 내가 믿는 신은 조로아스터교의 신이다. 그 신은 하늘의 태양이며, 땅의 불이며, 우리 가슴속의 영원한 빛이다.

나는 그분께 만족하고 있다. 그러므로 내게는 다른 신에 대한 그리움이나 갈증도 전혀 없다.

의심 많았던 조상들에 대하여 ─ 토마

어린 시절, 유능한 변호사였던 내 할아버지는 이런 말씀을 자주 하셨다.

"어떤 일이든 그것의 진리가 분명해 보일 때 비로소 믿고 따라야 한다."

그 말의 영향을 받아선지 예수께서 나타나셨을 때 나는 무척 조심스러운 마음이었다. 그분의 말씀은 내 자신의 의지보다 훨씬 강해서 오히려 판단의 제약을 받았던 것이다. 하지만 나도 나름대로 생각은 있었다.

그분의 말씀에 다른 사람들은 마치 바람에 흔들리는 나뭇가지들처럼 쉽게 빠져들었지만, 나는 마음의 평정을 유지한 채 귀를 기울였다.

하지만 다른 많은 사람들과 마찬가지로 나도 그분을 무척 사랑했다. 3년 전 그분이 우리 곁을 떠나시자 사방으로 흩어졌던 사람들은 그분의 이름과 말씀을 전하는 증인이 되었다.

당시 나는 '의심 많은 토마'라는 별명으로 불리고 있었다. 어린 시절부터 늘 할아버지의 그림자에 싸여 있던 나는 진리가 명백하게 드러나기 전에는 그 어떤 것도 쉽사리 받아들일 수 없었던 것이다.

오죽하면 내 몸에 상처가 났을 때도 그 상처에서 흐르는 피를 직접 손으로 확인한 후에야 그로 인한 아픔을 인정했을까.

누군가를 깊이 사랑하면서도 의심을 품는 사람은 주인이 채찍을 휘둘러 깨울 때까지 노를 저으며 졸고 있는, 그러면서도 늘 자유를 꿈꾸는 노예선의 노예와 다를 바 없다.

나도 그 노예 중 한 명이었다. 언제나 자유를 꿈꿨지만 할아버지의 그림자 속에 갇혀 감히 벗어날 생각조차 하지 못하고 있었다. 내 육신은 내 시대의 새로운 채찍이 필요했는데도 말이다.

나자렛 예수가 나타나셨을 때도 나는 마음의 눈을 꼭 감았다. 결코 사슬에 묶여 있는 내 두 손을 보지 않으려 했던 것이다.

의심은 믿음이라는 자신의 형제를 알아보지 못할 정도로 무척 외로운 고통의 씨앗이다. 그것은 마치 험한 길에서 헤매는 버림받은 아이와도 같다. 자신을 낳고 기른 어머니가 다시 찾아와 안으려 했지만 오랜 두려움과 경계심에 싸여 그 손길을 뿌리치고야 마는 아이인 것이다.

이렇듯 의심은 자기 상처가 완전히 아물 때까지는 진실에 대해 알려고도 하지 않는다.

나도 예수께서 확신을 주실 때까지 그분의 존재를 믿지 못했다. 그래서 내 손으로 직접 그분의 상처를 만져보기까지 했다. 그러나 그 뒤로 나는 과거의 나를 버렸다. 그뿐만 아니라 내 조상들의 과거까지 모두 버렸다.

내 안에서 죽은 나 스스로 그들을 장사지냈다. 이제 다시금 태어난 나는 기름부음을 받은 왕으로 사람의 아들인 그분을 위해 영원히 살 것이다.

어제 사람들은 내게 페르샤인과 힌두교인들에게도 그분 말씀을 전하라고 권했다. 나는 아무런 두려움 없이 그곳으로 가리라.

새벽부터 해질녘까지, 내 삶의 마지막 날까지 난 우리 주님의 부활하심을 보고 그분의 말씀을 들을 것이다.

예수의 설교와 몸짓에 대하여—예루살렘의 법률가 므나쎄

나는 그의 이야기를 자주 들을 수 있었다. 그의 입술은 늘 무슨 말인가를 하기 위해서 준비하고 있는 것처럼 보였다.

나는 그를 정신적 스승이기보다 한 인간으로서 존경하고 사랑했다. 그의 말씀은 내가 그를 따르는 것 이상이었다. 나의 이성을 뛰어넘는 위대한 그 무엇인가가 있었다. 그를 알게 된 뒤로 다른 사람의 이론이나 설교에는 작은 관심조차도 생기지 않았다.

사실 내가 끌린 것은 그의 설교 내용이 아니라 그의 목소리와 몸짓이었다. 그는 나를 매혹시켰지만 설득시키지는 못했다. 그의 설교는 너무 막연하고 먼 곳에 있었다.

사실 그와 비슷한 사람들을 나는 많이 알고 있다. 그들의 말은 대부분 행동과 일치하지 않았다. 그럼에도 불구하고 그들이 우리의 관심을 끈 까닭은 말의 이치보다 그 웅변이 발산하는 매력 때문이었다. 그러나 그러한 웅변은 잠시 스쳐 지나가는 생각들을 붙잡을 뿐, 결코 사람의 마음을 영원히 사로잡지는 못한다.

예수를 인정하지 않고 대립하는 사람들은 그를 비난하며 탄압을 멈추지 않았다. 내가 보기에 이것은 아주 불필요한 짓이었다. 예수에 대한 그들의 증오는 오히려 그를 더욱 강한 존재로 만들어줄 뿐인 것이다.

누군가에게 핍박을 받으면 받을수록 강해지고, 발이 묶이면 날개가 돋는 법이다. 예수의 경우도 이와 다르지 않다.

나는 그의 적들에 대해서는 잘 모른다. 그러나 그들이 자신들은 물론 그 누구에게도 해를 끼치지 않는 사람에게 겁을 먹고 경계하는 바람에 오히려 그에게 힘을 실어주었다고 나는 확신한다.

그들 스스로가 예수를 자신들의 영혼을 송두리째 뒤흔들 위험한 인물로 만들었던 것이다.

참지 못하는 예수—얌무니의 비르바라

겨울이 봄을 기다리며 추위를 견디는 것처럼 예수께서는 무지하고 게으른 사람들도 잘 견뎌냈다. 그는 마치 매서운 바람을 온몸으로 받아내는 산처럼 꼿꼿함을 잃지 않았다.

그는 자신을 비난하는 사람들의 거친 말과 태도도 부드럽게 받아들였다. 자신에 대한 온갖 트집과 험담엔 아예 대꾸조차 하지 않았다. 세상의 핍박에 강한 사람만이 진리를 실천할 수 있다는 것을 몸소 보여주었던 것이다.

하지만 예수께서 언제나 온화하고 묵묵한 태도만 보인 것은 아니다. 그는 위선자를 용서하지 않았고, 사기꾼이나 교활한 사람들에게 결코 굴복함이 없었다.

그는 어느 누구의 다스림도 받지 않았다. 그는 자신의 육신이 어둠 속에 갇혀 있다고 해서 빛의 존재조차 믿지 못하는 사람들을 참지 못했다. 자기 마음 속에서 해답을 구하지 않고 하늘만 쳐다보고 있는 사람들도 마찬가지였다.

새벽이나 황혼의 어스름에 자신의 꿈을 맡기지 않고 밤과 낮을 분명하게 구분지어 판단하려는 사람들에 대해서도 결코 참지 않았다.

예수는 참을성이 무척 많은 분이었다. 동시에 어떤 인간보다도 참을성이 없는 사람이기도 했다.

만일 베틀 앞에 앉아 세월만 보내는 사람이 있다면 예수께서는 지금부터라도 열심히 옷감을 짜라고 다그치실 것이다. 그러면서 단 한 조각의 옷감도 소홀히 다루어서는 안 된다고 말씀하시는 분이 바로 그분이다.

순진한 사람을 현혹시키는 예수—대제사장 가야파

우리가 자칭 하느님의 아들이라는 예수와 그의 죽음에 대해 얘기하려면 먼저 두 가지 중요한 사실을 염두에 두어야만 한다. 그것은 우리가 반드시 모세의 율법을 지켜야 한다는 사실과 이 나라는 강력한 로마의 보호를 받을 필요가 있다는 사실이다.

그러나 예수라는 사내는 우리와 로마에 반기를 들었다. 그는 순진한 백성들을 현혹시킨 다음 그들에게 마술을 걸어 우리와 카이사르에게 대항하라고 선동했다.

남녀를 가리지 않고 대부분의 일반 백성들은 물론 내 노예들까지도 장터에서 그의 교묘한 설교를 들은 뒤부터는 다분히 반항적인 성격으로 변했다. 심지어 내 노예들 중 몇몇은 아예 자신들이 끌려왔던 사막으로 다시 도망쳐 버렸다.

모두 기억하라. 오직 모세의 율법만이 우리의 정신적 토대이며 힘의 원천이다. 이것은 이 땅의 백성이라면 그 누구도 절대로 잊어서는 안 된다.

우리에게 모세의 율법적 힘이 있는 한 그 누구도 우리를 해치지 못한다. 다윗 왕이 놓은 머릿돌 위에 서 있는 예루살렘의 성벽은 그 누구에게도 함락되지 않을 것이다. 아브라함이 뿌린 씨앗이 자라나 번성하는 이 땅은 영원히 그 순결을 보존해야만 한다.

예수라는 자는 온전한 이 땅을 타락시키는 독버섯 같은 존재였다. 우리는 깊이 생각하고 논의한 끝에 나라를 위한 순수한 마음으로 그의 목숨을 거둬들였다.

이처럼 우리는 모세의 율법을 흐트러뜨리고, 이 땅의 거룩한 유산을 더럽히는 자들은 모두 사형에 처할 것이다.

우리와 로마의 총독 본티오 빌라도는 예수가 왜 위험한 존재인지 잘 알고 있었으므로 그를 죽여 없앤 것은 참으로 현명한 처사였다고 하겠다.

예수의 추종자들 역시 그와 똑같은 최후를 맞이할 것이다. 그리고 그 동안 그가 한 말들의 메아리는 곧 침묵 속으로 잦아들 것이다.

반역을 꿈꾸는 자들을 용서하고 살려둔다면 유다는 오래지 않아 멸망하고 말 것이다. 그래서 나는 그런 일이 생기기 전에 예언자 사무엘이 그랬던 것처럼 제사장의 옷을 찢어버리고 머리에 재를 뒤집어쓴 채 죽을 때까지 삼베 옷을 입고 지낼 것이다.

비굴하지 않았던 예수—나타나엘

어떤 이들은 나자렛 예수가 더없이 비굴하고 자존심도 없는 사람이었다고 말한다.

비록 예수가 정의로움이 넘치고 심지가 곧은 사람이었으나, 자신보다 힘센 사람이나 권력자들 앞에서는 쩔쩔매는 일이 많았다고 한다. 지위가 높은 사람들 앞에서는 마치 사자무리 속의 양처럼 두려움에 떨었다는 것이다.

그러나 나는 예수가 우리 인간의 능력과는 비교도 할 수 없는 높은 권위를 갖고 계셨다고 믿고 있다. 그분은 자신의 능력을 누구보다 잘 알고 있었다. 그래서 갈릴래아의 산 위에서, 유다와 페니키아의 여러 도시에서 그 권위를 드러내실 수 있었던 것이다.

만약 예수가 나약하고 비굴하기 짝이 없는 사람이었다면 어찌 "나는 생명이며, 진리에 이르는 길이다"라는 엄청난 말을 할 수 있었겠는가?

아무런 자존심도 없이 자신을 낮추는 사람이었다면 어떻게 "나는 아버지 하느님 속에 거하며, 아버지 하느님께서도 내 안에 거하신다"라고 확신에 차서 말할 수 있었겠는가?

또한 자신의 힘을 정확히 알고 염두에 두지 않고서야 어떻게 감히 "나를 믿지 않는 사람은 영원한 생명을 믿지 않는 것"이라고 단호하게 말할 수 있었겠는가?

먼 미래에 대한 확신이 없는 사람이었다면 어떻게 "세상이 사라지고 한 줌의 재로 변한다 해도 내 말은 결코 사라지지 않는다"라는 자신에 찬 말을 할 수가 있었겠는가?

그가 자기 능력을 믿지 못했다면 그를 믿지 않는 사람들이 간음한 여인을 데려왔을 때 어떻게 "죄 없는 자가 있으면 이 여인을 돌로 쳐라"라고 말할 수 있었겠는가?

자신의 곤란한 입장을 적당한 말로 얼버무리려 했다면 어떻게 "이 성전을 허물고 사흘 안에 다시 지을 수 있다"는 호언장담을 몇 번씩이나 할 수 있었겠는가?

뿐만 아니라 그가 비굴한 겁쟁이였다면 어찌 권력자들의 면전에서 그들을 손가락질하며 "이 비열하고 더러운, 타락할 대로 타락한 거짓말쟁이들아!"라고 외칠 수 있었겠는가?

그렇다면 과연 자존심도 없고 비굴하기만 한 사람이 유다의 통치자들에게 이런 말을 거침없이 할 만큼 대담한 행동을 할 수 있었겠는가?

그에 대한 모든 힘담은 결코 사실이 아니다. 용맹한 독수리는 자기 둥지를 버드나무에 짓지 않는다. 맹수의 제왕 사자 역시 이끼 낀 곳에는 자신의 굴을 만들지 않는 법이다.

소심하고 비열한 사람들이 "예수는 자존심도 없고 비굴한 사람이었다"고 말할 때면 나는 속이 뒤집힐 지경이었다.

그들은 그렇게 말함으로써 자신들의 나약함을 정당화하려고 했던 것이다. 어쩌면 자신보다 더 강력한 권력에 억압받고 짓밟힌 사람들이 스스로 위안받거나 동료의식을 느끼기 위한 방편으로 예수를 한 마리 벌레처럼 미미한 존재로 만들어놓은 것인지도 모른다.

어쨌든 나는 이런 부류의 인간들 때문에 치밀어오르는 화를 억누를 수가 없다. 내가 믿고 널리 알리고자 하는 그분은 태산 같은 영혼의 소유자이며 결코 정복되지 않는 위대한 존재이기 때문이다.

뛰어난 의사인 예수—그리스의 약사 필레몬

나자렛 예수는 매우 뛰어난 의사였다. 우리의 몸에 대해 그처럼 잘 알고 있는 사람을 지금껏 나는 보질 못했다.

그는 그리스인이나 에집트인에게는 널리 알려지지 않은 병으로 고통받던 사람들을 모두 고쳐주었다. 어떤 사람들은 예수가 죽은 사람도 능히 살려낸다고 말하기도 했다. 그 말이 사실이든 사실이 아니든, 그런 소문이 돈다는 것은 결국 그의 능력을 입증하는 것이라 하겠다. 그는 지금까지 그 누구도

해낸 적이 없는 놀라운 일들을 해냈던 것이다.

사람들은 예수가 인도의 갠지스강과 인더스강 사이의 마을로 찾아가 그곳 제사장들에게서 우리 몸에 대한 숨겨진 비밀을 배워온 것이라고 했다.

하지만 내가 생각건대 그런 지식들은 다른 나라의 제사장들에게서 배워온 것이 아니라 신들이 그에게 직접 가르쳐주었을 것으로 여겨진다. 아주 오랜 시간 동안 아무에게도 알려지지 않은 채 감춰져 있던 지혜가 단 한 사람에 의해 세상에 드러난 것이다. 지혜의 신 아폴로가 단 한 번 손을 몸에 없으면 흐릿하던 눈이 밝게 보인다고 하질 않던가.

그토록 견고하게 닫혀 있던 여러 개의 문들이 띠로인과 테베인들에게는 쉽게 열린 것처럼 예수라는 사나이에게도 어떤 문들이 활짝 열린 것이다.

그는 누구도 근접할 수 없었던 영혼의 사원으로 들어섰다. 그 사원이란 곧 인간의 몸이다. 즉 그는 우리의 생명을 시들게 하는 나쁜 영혼과 긍정적이고 밝은 것만을 생산해내는 좋은 영혼을 구별할 수 있는 능력을 지닌 것이다.

내가 생각할 때 그는 저항력을 이용하는 방법으로 병자를 고치는 것 같다. 어쨌든 이런 방법은 지금까지 전혀 알려지지 않은 새로운 방법이다.

그의 손이 마치 눈송이처럼 가벼운 느낌으로 병자에게 닿으면 그 병자는 곧 열이 내렸다. 그리고 그가 뻣뻣해진 팔다리를 만져주면 그 병자의 굳은 관절은 이내 그의 힘에 이끌리듯 부드럽게 풀어졌다.

그는 주름진 나무껍질 속에서 수액을 빼내는 법도 알고 있었는데 정확히 어떤 식으로 그 수액을 손에 넣는지는 나도 알 수 없다. 또 그는 잔뜩 녹슨 쇠 속에 깨끗한 쇠가 들어 있다는 것을 알고 있었다. 그러나 그가 어떻게 그 녹을 없애고 칼을 빛나게 만드는지는 누구도 알 수 없었다.

그는 이 땅에서 자라난 생명을 가진 모든 것들의 고통스러운 신음소리를 알아듣는 듯했고, 그 자신의 능력으로뿐만 아니라, 생물들이 스스로의 힘을 느끼도록 도와줌으로써 그들의 고통을 덜어주고 있다는 느낌을 받았다.

그러나 그는 결코 자신이 의사라고 생각하지 않았다. 그보다는 이 나라의 종교와 정치에 대해 훨씬 관심이 많았다. 사실 이러한 점이 나로서는 못내 유감스럽다. 우리가 무엇보다도 소중히 여겨야 할 부분이 바로 우리 자신의 건강이기 때문이다.

그러나 이곳 시리아 인들은 자신이 병들어 의사를 찾아가더라도 약이나 치료보다는 의사와 토론하고 싶어했다.

그런 까닭에 나는 더없이 안타까운 마음을 감출 수가 없다. 이곳에서 가장 훌륭한 의사인 나자렛 예수가 의사로서의 소임보다는 장터의 즉흥 연설가가 되어가고 있기 때문이다.

기원의 노래—대제사장 푸미아가 다른 제사장들에게
내 노래에 맞춰 하프를 울려라.
금과 은으로 만든 하프 줄을 퉁겨다오.
나는 용감한 그 사내를 노래하리니.
그는 험한 골짜기의 용을 쓰러뜨리고
자기가 죽인 그 용에게
연민의 눈길을 보낸다.

하프를 울리며 나와 함께 노래하자.
하늘 높이 솟은 저 참나무
하늘같은 마음과 바다 같은 손길을 가진 사람.
한때는 죽음의 창백한 입술에 입 맞췄지만
이제는 뜨거운 삶의 숨결을 뿜어내고 있으니.

우리 노래에 맞춰 하프를 울려다오.
언덕 위에 선 저 용감한 사냥꾼이
짐승에게 화살을 쏘아
뿔과 어금니를 뽑아 들고
이 세상으로 내려왔다.

하프를 울리며 나와 함께 노래하자.
그 용감한 젊은이 산 위의 도시들을 정복하고,
모래 위에 똬리를 튼 뱀 같은 평원의 도시들도 모두 정복했네.
그는 싸웠네, 난쟁이가 아닌 신들과,
우리 살에 굶주리고 우리 피에 목마른 그 신들과.

가장 날래고 용맹한 황금색 매처럼
그는 오직 독수리들과 겨루었네.
그의 날개는 거대하고 튼튼했지만
결코 약한 새들과는 싸우지 않았네.

하프를 울리며 나와 함께 노래하자,
저 깊은 바다와 절벽에 대한 즐거운 노래를.
신들은 죽어 고요히 누워 있네,
잊혀진 바다의 잊혀진 섬 위에.
그리고 신들을 죽인 그가 옥좌에 앉아 있네.

그는 아직 젊은이,
봄은 그에게 턱수염조차 길러주지 못했고
여름이 그의 뜰에 닿으려면 아직도 멀었다네.
하프를 울리며 나와 함께 노래하자.
숲에서 일어난 비바람이
마른 가지와 굵은 줄기를 부러뜨리네.
하지만 대지의 가슴 깊숙한 곳에선 튼튼한 뿌리가 자라고 있네.

하프를 울리며 나와 함께 노래하자,
우리 사랑하는 이들의 두려움 없는 노래를.
잠시 손을 멈추자, 아가씨들이여
그대들의 손을 하프 옆에 쉬게 하라.
이젠 그를 노래할 수 없으니.
우리 노래의 속삭임은 너무나 약하여
그의 비바람을 뚫고 지나가지 못하며
그의 깊고 푸른 침묵도 뚫고 들어갈 수 없다네.

하프를 내려놓고 내 곁으로 가까이 오라.
그의 말씀을 몇 번이고 되풀이해 들려주리니.

그리고 그가 하신 일들도 함께.
그의 목소리가 남긴 메아리는 우리 열정보다도 크게 울리네.

창녀들에 대하여—안드레아

죽음이 아무리 고통스러운 것이라 해도 그분 없는 삶보다는 덜 고통스러울 것이다.

그분이 말없이 있으면 세상 또한 따라서 고요하기만 하다. 그분의 말씀은 그분에 대한 내 기억과 함께 여전히 살아 숨쉬고 있다.

언젠가 그분은 이렇게 말씀하셨다.

"그대들이 꿈꾸던 들판으로 가라. 감미로운 햇살 속에서 콧노래를 부르는 백합꽃 곁에 앉아 보라. 그 꽃들은 자신을 치장하기 위해 옷을 짜지도 않고, 지친 몸을 눕힐 집을 짓지도 않는다. 그저 노래할 뿐이다.

깊은 밤에도 여전히 일을 하시는 그분은 그들이 필요한 것을 채워주신다. 그분께서 뿌리는 아름다운 이슬은 그 꽃잎들 위로 영롱한 구슬처럼 맺힌다. 그대들은 결코 쉬지 않는 그분의 배려 속에서 살고 있는 것이다."

또 이런 말씀도 하셨다.

"그대들이 자신의 머리카락을 한 올 한 올 헤아리듯 하느님은 저 하늘의 수많은 새들도 일일이 헤아려 기록하신다. 어떤 새 한 마리도 그분의 뜻이 아니고서는 사냥꾼 발 밑으로 떨어지지 않는다. 마찬가지로 그대들의 머리카락 한 올도 그분의 뜻이 아니고서는 세월을 따라 빠지거나 희게 변하지도 않는다.

나는 그대들이 마음속으로 이렇게 말하는 걸 들었다.

'우리 하느님께서는 그를 알지 못하는 사람들보다는 아브라함의 자손인 우리에게 훨씬 더 자비로우시겠지.'

그러나 어떤 포도밭 주인이 아침에 일꾼을 불러 일을 시키고, 해질녘에 또 다른 일꾼을 불러 일을 시킨 다음 두 사람에게 같은 품삯을 주었다고 하자. 그렇다고 해서 우리가 그 주인의 처신이 부당하다고 말할 수 있는가?

그는 자기 뜻에 따라 자기 돈주머니에서 자신의 돈을 꺼내준 것이다. 그러므로 우리는 결코 그렇게 말할 수 없다. 하느님 아버지께서는 그대들이 문을 두드릴 때나 이방인들이 두드릴 때나 똑같이 문을 열어주신다.

그분께서는 자신의 귀에 들려오는 새로운 노래도 늘 들으시던 노래처럼 사랑하신다. 그리고 그 새로운 노래는 오히려 특별한 환영을 받는다."

그리고 이렇게 말씀하셨다.

"대부분 도둑질을 하는 사람은 가난한 사람이며, 평소에 거짓말을 일삼는 사람은 두려움에 빠진 사람이다. 그대들의 어둠을 지키는 자에게 쫓기는 사냥꾼은 제 과신의 어둠을 지키는 자에게도 쫓기게 마련이다.

여러분은 그들에게 자비를 베풀어야 한다. 그들이 그대들의 집을 엿볼 때, 그대들은 대문을 활짝 열고 그들을 맞아들이도록 하라. 그대들이 그들을 받아 들이지 않는다면 그 자신 또한 그들이 저지른 죄에서 결코 자유롭지 못할 것이다."

어느 날 나는 그분을 따라 예루살렘의 장터로 갔다. 그분이 장터에 모습을 나타내자 많은 사람이 그 뒤를 따랐다. 그분은 우리에게 돌아온 탕아에 대한 비유를 들려주었다. 그리고 아름다운 진주 한 알에 욕심을 품었다가 자신의 재산을 모두 잃어버린 어떤 상인에 대한 이야기도 들려주었다.

그때 바리사이인들이 군중을 뚫고 나와 한 여인을 그분 앞으로 끌고 왔다. 그리고 예수께 이렇게 말했다.

"이 여자가 신성한 결혼의 서약을 저버리고 간음을 했소."

예수께서는 여인의 머리에 손을 얹고 그녀의 눈을 가만히 들여다보았다. 그러고는 다시 고개를 돌려 여인을 데려온 바리사이인들을 한참동안 바라보았다. 그러다가 허리를 굽혀 손가락으로 땅에 무엇인가 쓰기 시작했다.

그분은 사람들의 이름을 일일이 적은 다음 그 옆에 그 사람이 저지른 죄를 적었다. 그러자 바리사이인들은 한결같이 얼굴을 붉히면서 도망치듯 사라져 버렸다. 이제 그 여인과 우리만 예수 앞에 남아 있었다.

그분은 다시 그 여인을 바라보며 말씀하셨다.

"당신은 사랑이 지나치고, 당신을 이곳으로 끌고 온 사람들은 사랑이 모자랍니다. 그들이 나를 함정에 빠뜨리려고 당신을 여기로 데려왔다는 것을 잘 압니다. 그러나 이제는 모든 것이 잘되었습니다.

여기 있는 사람들 중 그 누구도 당신을 심판할 수 없습니다. 만약 당신이 사랑을 하면서도 지혜롭고 싶다면 나를 찾아오도록 하시오. 사람의 아들은 결코 당신을 심판하지 않을 것입니다."

그때 그분의 말씀을 듣고 나는 자못 의아한 생각이 들었다. 그렇다면 그분 자신은 아무런 죄도 없단 말인가.

그날 이후 나는 오랫동안 깊은 생각에 잠겼다. 결국 깨끗한 영혼만이 욕망으로 인한 죄를 용서할 수 있다는 것을 깨닫게 되었다. 그것은 마치 똑바로 걷는 사람만이 비틀거리는 사람을 부축해줄 수 있는 것과 같은 이치였다.

다시 한 번 말하지만 내가 맞은 죽음이 아무리 고통스러워도 그분이 없는 삶보다는 덜 고통스러울 것이다.

세상 나라들에 대하여—제베대오의 아들 야고보

어느 해 봄이었다. 그날 예수께서는 예루살렘 장터에 많은 사람들이 모인 가운데 하늘나라에 대한 이야기를 하셨다.

그분의 말씀 중에는 율법학자와 바리사이인들이 하늘나라로 향하는 사람들의 길 위에 덫과 함정을 파놓았다는 질책도 있었다.

그날 군중 속에는 바리사이인과 율법학자들을 옹호하는 사람들도 많았다. 그들은 몹시 화가 나서 예수와 우리를 붙잡으려고 일제히 달려들었다.

우리는 예수와 함께 그들의 손길을 피해 시의 북문 쪽으로 급히 걸어갔다. 그때 그분은 우리에게 이렇게 말씀하셨다.

"아직은 나의 때가 오지 않았다. 세상을 위해서 내 몸을 바치기 전에 너희에게 들려주어야 할 이야기도 많고 해야 할 일도 여전히 많다."

그분은 다시 기쁨과 웃음이 가득한 목소리로 말씀하셨다.

"너희는 나와 함께 북쪽 땅으로 가서 봄을 맞이하자. 나와 함께 언덕에 오르자. 어느덧 겨울은 가고 레바논에 쌓였던 눈도 골짜기를 따라 녹아내리며 시냇물과 함께 노래를 부르지 않느냐.

들판과 포도밭도 기나긴 잠에서 깨어, 푸른 무화과와 달콤한 포도송이가 태양과 눈을 맞추는구나."

예수께서는 늘 맨 앞에 걸어가셨고, 우리는 그분의 뒤를 따랐다. 그로부터 사흘째 되던 날 오후, 우리는 헤르몬산 꼭대기에 다다랐다. 그분은 산 아래 도시들을 굽어보며 커다란 바위처럼 조용히 서 계셨다.

그분은 금빛 얼굴로 두 팔을 벌리며 우리에게 이르셨다.

"푸른 옷을 입은 저 대지를 보아라. 그 옷의 맵시를 치장해주고 있는 은빛 시냇물도 보아라.

대지는 참으로 아름답다. 그 위에 선 모든 것들도 다 아름답구나. 너희의 눈에 보이는 이 모든 것들의 위에는 한 나라가 있으며, 그곳은 곧 내가 다스리게 될 것이다. 그러므로 너희가 선택하고 진심으로 원한다면 그 나라로 들어가 나와 함께 다스리게 되리라.

나와 너희 그 누구도 자신의 얼굴에 가면을 쓰면 안 된다. 우리의 손으로 칼이나 왕홀을 잡아서도 안 된다. 그리하면 백성들은 다시없는 평화로움 속에서 우리를 사랑할 것이다. 또한 우리를 두려워하지도 않을 것이다."

이렇게 말씀하신 예수께서는 우리가 알지 못하는 지상의 모든 왕국, 성벽과 망루가 있는 커다란 도시들에 대해 가르쳐주셨다. 그 순간 나는 마음의 스승을 따라 그분의 나라에 가 있었다.

그때 가리옷 유다가 앞으로 나섰다. 그는 예수께 바싹 다가가더니 낮은 목소리로 이렇게 속삭였다.

"보세요, 이 세상의 왕국들은 얼마나 거대합니까. 로마인들이 세운 도시보다 다윗과 솔로몬이 세운 도시들이 더욱 훌륭하지 않습니까. 선생님께서 유다의 왕이 되신다면 저희는 칼과 방패를 들고 지켜서서 모든 이방인들을 물리칠 것입니다."

예수께서는 이 말을 듣자마자 분노에 가득 찬 얼굴로 유다를 돌아보셨다. 그리고 그분의 노한 음성이 천둥처럼 울려퍼졌다.

"사탄이여, 물러가라. 너는 내가 이 세상을 그저 잠시 동안 다스리려고 내려온 줄 아느냐? 내 왕관은 너희의 눈에 보이는 그런 왕관이 아니다. 자기 날개로 온 세상을 감쌀 수 있는 새가 어찌 버려지고 잊혀진 둥지에서 쉬기를 원하겠느냐? 산 사람이 수의를 입은 시체에게 칭송을 받아야하겠느냐?

내 왕국은 이 땅에 있지 않을 뿐더러, 내 옥좌는 너희 조상들의 해골 위에 놓여진 것이 아니다. 만일 너희가 깨끗한 영혼의 나라가 아닌, 단지 죽은 혼들의 왕국을 원하고 있다면 한시 바삐 내게서 떠나는 편이 좋다. 그런 다음 너희 자신의 무덤 속으로 들어가라. 그곳에서는 그 옛날 왕관을 쓰고 거들먹거리던 자들이 다시 궁궐을 차려놓고 이 순간에도 너희 조상들의 해골에게 관직을 하사하고 있을 것이다.

일곱 개의 빛나는 별로 치장된 관을 얹어야 할 내 머리에 너희가 감히 초라하고 볼품없는 왕관을 씌우려는 것이냐, 아니면 가시관을 씌우겠다는 것이냐?

어떤 잊혀진 종족이 꾼 꿈만 아니었다면 나는 쨍쨍 내리쬐는 너희의 태양 때문에 고통받지도 않았을 것이다. 또한 내 그림자를 너희의 길 위로 던져놓는 달 때문에 괴로움을 겪지도 않았으리라.

한 어머니의 간절한 소망만 없었더라면 나는 스스로 강보에서 빠져나와 저 우주로 되돌아갈 수 있었을 것이다. 너희 모두의 슬픔만 없었더라도 나는 이곳에 남아 매서운 채찍질을 견뎌낼 필요가 없을 것이다.

가리옷 유다. 넌 누구냐? 네 정체는 도대체 뭐란 말이냐? 너는 왜 나를 유혹하는 것이냐?

지금 너희는 마음속으로 나를 저울질하며 혹시라도 내가 난쟁이들이 사는 곳으로 이끌고 갈 사람일지도 모른다고 생각하는 것이냐?

내가 너희의 증오 속에 진을 치고서 너희의 공포 속으로 진군해 오는 적을 향해 형체도 없는 전차를 몰아갈 대장으로 아는 것이냐?

감히 내 발 밑으로 기어다니는 벌레들이 너무나 많지만 나는 그 벌레들에 맞서 싸우고 싶지 않다. 이제 나도 그들의 비웃음에 지쳤다. 내가 그들의 성벽과 망루를 바라보며 조금도 움직이지 않는다고 해서 나를 겁쟁이로 생각하는 그 벌레들을 동정하는 것도 지쳤다.

그 동정은 어디까지나 내가 선택한 일이다. 물론 나는 언제라도 거인들이 살고 있는 더 큰 세상으로 걸음을 옮길 수 있다. 하지만 내가 어떻게 그럴 수 있단 말이냐.

지금 이 순간에도 너희의 제사장과 황제는 내 목숨을 원하고 있다. 그러므로 나 스스로 떠나버리면 그들은 더욱더 만족해할 것이다. 하지만 나는 내가 걸어가는 길을 바꾸고 싶지 않다. 그렇다고 바보들을 다스리고 싶지도 않다. 무지가 짝을 이루어 무지를 낳는 것이다. 나는 그것을 그냥 두고 보리라. 낳고 또 낳다 보면 언젠가는 제가 낳은 것에 스스로 질리게 될 것이다.

또한 장님이 장님을 인도하여 함께 함정에 빠질 때까지 내버려두라. 죽은 사람으로 하여금 죽은 사람을 묻도록 하라. 이 땅은 곧 그 자신의 쓰디쓴 열매로 질식하게 될 것이다.

분명히 말하지만 내 나라는 이 땅 위에 있는 것이 아니다. 진정한 내 왕국은 너희 둘, 혹은 셋이 사랑으로 만나는 날 바로 그곳에서 이루어진다. 또한 삶의 아름다움에 경탄하는 순간이나 따뜻한 위로 속에서, 또 나를 기억하는 너희의 마음속에서 이루어질 것이다."

예수께서 갑자기 유다를 돌아보셨다. 그리고 이렇게 말씀하셨다.

"가거라. 내 나라는 결코 네가 원하는 그런 나라가 아니다."

그분의 얼굴은 황혼에 물들어 있었다.

예수께서 다시 말씀하셨다.

"자, 모두 내려가자. 이제 곧 밤이 우리에게 내리리라. 아직 한낮의 빛이 우리와 함께 할 때 그 빛 속에서 걸어가자."

그러고는 앞장서서 언덕을 내려가셨다. 우리도 묵묵히 그의 뒤를 따랐다. 다만 유다만이 고개를 숙인 채 멀찌감치 떨어져서 걸었다.

우리 일행이 산 아래에 도착했을 때는 이미 밤이었다. 그래서 쌍둥이라고 도 불리는 토마가 예수께 말씀드렸다.

"선생님, 너무 어두워서 더 이상 길을 찾을 수가 없습니다. 저희들과 함께 건너편의 마을로 가시는 것이 좋겠습니다. 그곳에 가면 먹을 것과 잠자리를 구할 수 있을 것입니다."

예수께서 토마에게 대답하셨다.

"그러고 보니, 내가 배고픈 너희를 데리고 산으로 올라갔구나. 지금은 한 층 더 배가 고프겠지. 그러나 나는 오늘 밤 너희와 함께 있을 수 없구나. 오 늘은 나 혼자 있고 싶다."

그분의 말씀을 들은 시몬 베드로가 이렇게 말했다.

"선생님, 저희끼리 어둠 속을 걸어가게 두지 마십시오. 비록 춥고 어두운 길가에 앉아 밤을 지새더라도 선생님 곁에 있도록 해주십시오. 어둠은 오래 지 않아 물러갈 것입니다. 선생님께서 저희와 함께 계신다면 이 어둠이 결코 두렵지 않습니다. 그러다 보면 아침 햇살이 곧 저희를 찾아낼 것입니다."

예수께서 베드로의 얼굴을 바라보며 말씀하셨다.

"이렇게 밤이 되면 여우도 제 몸을 눕힐 굴이 있고, 낮 동안 하늘을 날던 새들도 제 둥지가 있다. 그러나 사람의 아들들은 그 어디에도 머리 둘 곳이 없구나. 오늘 밤 나는 정말로 혼자 있고 싶다. 내일 아침 나를 다시 만나고 싶거든 내가 너희와 처음 만났던 그 호숫가로 오너라."

너무도 간곡한 말씀에 우리는 더 이상 조르지 못하고 그분의 곁을 떠났다. 우리는 잠시나마 그분과 헤어진다는 사실에 너무도 마음이 아팠다.

우리는 무거운 발길을 몇 걸음 옮기다 멈춰 서서는 뒤를 돌아보고 또 돌아보고 하였다. 그분은 홀로 서쪽을 향해 걸어가고 있었다.

우리 가운데 단 한 번도 뒤를 돌아보지 않은 사람이 있었는데 바로 가리옷 유다였다.

그날 이후로 유다는 늘 시무룩한 표정을 지었고, 우리에게도 거리를 두기 시작했다. 그런 그의 눈빛에는 뭔가 일을 저지를 것만 같은 불안한 느낌이 감돌고 있었다.

동방의 종교의식—로마 총독 본티오 빌라도

내 아내는 예수가 재판정 내 앞에 서기 전부터 그에 관한 얘기를 몇 차례 꺼낸 적이 있다. 그러나 나는 아내가 말하는 그 사람에 대해 별다른 관심을 갖지 않았었다.

다른 여인들과 마찬가지로 아내는 꿈을 먹고 사는 사람이다. 그래서인지 대개의 여인들처럼 아내도 동방의 종교에 흠뻑 빠져 있다. 그러나 이러한 동방의 신과 그 의식이 로마제국 안위에 커다란 위협으로 작용하고 있는 것도 사실이다. 이들의 종교는 우리 로마의 여인들에게 은밀히 접근하여 예상치 못한 해를 끼치게 되기 때문이다.

그 예로 에짚트는 아라비아의 힉소스인들이 전파한 어떤 사막의 신 때문에 멸망했다. 또 그리스는 시리아의 해안에서 왔다는 이슈타르와 그의 일곱 여인들에게 정복당하여 먼지처럼 사라지고 말았다.

나는 예수라는 사람이 로마인에게는 물론 자기 민족에게까지 적으로 몰려 죄인의 신분으로 끌려오기 전까지 한 번도 직접 본 일이 없었다.

그날 그는 밧줄에 꽁꽁 묶인 채 재판정으로 끌려나왔다. 나는 높다란 재판장석에 앉아 있었다. 그는 천천히 그러나 조금도 흔들림이 없는 걸음걸이로 내게 다가왔다. 비록 마른 몸이 힘들어 보였지만 몸을 곧게 세우고 얼굴도 꼿꼿이 들고 있었다.

그런 그를 가까이 마주보는 순간 무엇인가가 내 몸을 뚫고 지나가는 듯한 느낌이 들었다. 그리고 내 의지와는 상관없이 얼른 재판장석 아래로 내려가 그 사람 앞에 엎드리고 싶은 충동을 느꼈다. 위대한 로마제국보다 더 높고 성스런 카이사르가 걸어 들어오는 듯한 착각에 빠졌던 것이다.

나는 머리를 흔들며 애써 제정신을 찾았다. 그리고 자기 동포들에 의해 반역죄로 고발당한 그를 담담하게 바라보았다. 잠시 마음이 흔들리긴 했으나, 나는 그를 지배하는 로마 총독이었다. 더구나 이제부터 그의 반역죄를 냉정하게 심판해야 할 재판장이 아닌가.

먼저 그에게 몇 가지 질문을 했다. 그러나 그는 아무 대답도 하지 않았다. 그저 묵묵히 나를 바라보고 있었다.

그런 그의 얼굴이 왠지 슬퍼 보였다. 그리고 어쩐지 그 슬픔이 나를 위한 것이라는 생각마저 들었다. 마치 재판장인 내가 죄인이고, 예수 그 자신은 너그러운 재판관이 되어 나를 바라보고 있는 듯한 느낌이었다.

그때 재판정 밖에서 유대인들의 외침이 들려왔다. 하지만 그는 연민이 가득한 눈으로 나를 바라보며 여전히 침묵을 지키고 있었다.

나는 재판정 밖으로 나와 연설대로 올라갔다. 그러자 함성을 지르고 있던 군중들이 일시에 입을 다물었다.

나는 잠시 숨을 고른 다음 그들을 향해 이렇게 물었다.

"예수라는 자를 어떻게 하는 것이 좋겠소?"

그러자 그들은 미리 약속이라도 한 듯 일제히 외쳤다.

"그를 십자가에 못 박읍시다. 그는 우리의 적이며, 로마제국의 적이오!"

어떤 사람은 이렇게 소리를 질렀다.

"그는 우리 성전을 파괴하려고 했소. 이 땅에 자신의 왕국을 세우겠다는 허풍까지 떨었소. 허나 우리는 카이사르 외에 그 어떤 왕도 필요 없소!"

나는 다시 재판정 안으로 들어왔다. 예수는 여전히 곧은 자세로 조용히 서 있었다.

문득 어느 그리스 철학자의 말이 떠올랐다.

"가장 외로운 사람이 가장 강한 사람이다."

순간 이 초라한 나자렛 사람이 그가 속한 민족에 비해 더없이 위대하다는 생각이 뇌리를 스치고 지나갔다. 그러나 나는 그에게 일말의 동정심도 가질 수 없었다. 내가 로마 총독이자 재판장의 신분이기도 했지만, 나로서는 그가 도저히 감당하기 어려운 사람이었기 때문이다.

나는 마음을 가다듬고 그에게 물었다.

"당신이 바로 유대인의 왕인가?"

그러나 그는 묵묵부답이었다. 나는 인내심을 가지고 다시 물었다.

"그럼 당신을 유대인의 왕이라고 부르는 소릴 들은 적은 없는가?"

그는 나를 똑바로 쳐다보았다. 그리고 이렇게 대답했다.

"지금 당신 입으로 나를 왕이라 했소. 아마도 내가 이 세상에 온 목적이 바로 그것이며, 그 진리를 증언하러 왔을 것이오."

나는 머릿속이 복잡했다.

'이런 처지에 진리 따위를 운운하다니……'

도리어 마음이 조급해진 나는 목소리를 높여 그에게 물었다. 아니 어쩌면 나 자신에 대한 질문인지도 모른다.

"뭐라고? 진리? 당신이 말하는 진리란 대체 무엇인가? 사형집행인의 칼날이 이미 죄 없는 사람의 목을 베어버린 뒤에 그 진리란 것이 무슨 가치가 있단 말인가?"

예수는 힘이 실린 목소리로 대답했다.

"이 세상을 다스릴 수 있는 것은 진리와 성령뿐이오."

"그렇다면 당신에게 성령이 깃들어 있다는 말인가?"

나 역시 큰 소리로 그에게 되물었다.

"자신이 알지 못할 뿐, 성령은 당신과도 함께 계시오."

나는 기가 막혔다.

'지금은 내가 자신의 종교를 지키기 위해 광분하는 사람들과 로마제국의 안전을 위해 죄 없는 사람에게 죽음을 선고해야 하는 순간이다. 이 상황에서 진리니 성령이니 하는 것들이 무슨 소용이란 말인가?

개인이든 민족이든 나라든 자신의 이익이 걸린 문제라면 진리 때문에 멈 칫거리는 일은 결코 없을 것이다.'

나는 그에게 다시 물었다.

"당신이 유대인의 왕인가?"

"지금 당신이 그렇게 말하지 않았소? 나는 이미 이 자리에 서기 전에 온 세상을 정복했소."

그의 이번 대답은 내게 좀 우습게 들렸다.

'오로지 우리 로마제국만이 세계를 정복하지 않았던가.'

그때 재판정 밖에서 사람들이 외치는 소리가 점점 크게 들려왔다.

나는 자리에서 일어서며 그에게 말했다.

"나를 따라오시오."

나는 예수와 함께 연설대 위에 섰다. 예수를 본 군중들은 일제히 으르렁거렸다. 어찌나 고함소리가 컸는지 마치 천둥소리와도 같았다. 그러나 그 소란 속에서도 "그를 십자가에 못 박아라!" 하는 외침이 또렷이 들려왔다.

나는 예수를 데려온 제사장들에게 다시 그를 넘겨주었다. 그리고 이렇게 일렀다.

"여기 죄 없는 사람을 당신들에게 맡기겠소. 만약 당신들이 필요하다면 로마 병사들을 붙여주겠소."

그들이 예수를 데리고 나갈 때, 나는 예수가 못 박힐 십자가 위에 써 붙일 말을 결정했다.

'유대인의 왕 나자렛 예수.'

아니, 사실은 이렇게 말해야 옳았으리라.

'왕이신 나자렛 예수.'

결국 예수는 벌거벗기고 채찍질을 당한 다음 십자가에 못 박혀 죽었다.

내가 마음만 먹었다면 예수를 죽음으로부터 벗어나게 할 수도 있었으나 만일 그렇게 했다면 폭동과 같은 심각한 문제가 발생했을 것이 틀림없다.

피정복민을 다스리는 로마의 총독으로서 그런 종교적인 문제는 관여하지 않는 것이 좋다. 그냥 그들의 손에 맡겨두는 것이 가장 현명한 처사이다.

어쨌든 나는 예수를 단지 시대를 앞선 선구자 이상의 어떤 존재로 믿게 되었다. 당시 예수의 십자가에 붙인 문구는 내 개인적인 뜻이라기보다는 오직 로마제국의 안위를 위한 것이었다.

그 일이 있고 난 뒤 나는 곧 시리아를 떠났다. 그러나 그 후로 오랫동안 아내는 깊은 슬픔에서 벗어나질 못했다. 지금도 나는 때때로 그녀의 얼굴에 드리운 슬픈 그림자를 보곤 한다. 또한 내 아내는 로마의 다른 여인들에게 예수에 관한 이야기를 자주 들려준다고 한다.

결국 내가 내린 사형선고에 의해 목숨을 잃은 사람이 그 어둠의 세계에서 다시 돌아와 내 집에서 함께 살고 있는 셈이었다.

나는 자신을 향해 끊임없는 질문을 던졌다.

'도대체 무엇이 진리이고, 무엇이 진리가 아니란 말인가?'

예수라는 사람은 고요히 잠들어서도 우리를 지배하고 있지 않은가. 이러다가 그의 말대로 그가 세상의 주인이 되는 것은 아닐까.

물론 그렇게 되도록 그냥 두지는 않을 것이다. 위대한 로마는 로마의 여인들이 악몽에 빠지지 않도록 모든 필요한 수단을 강구할 것이기 때문이다.

자유와 평화를 주신 예수—빌라도의 아내가 어떤 로마 부인에게

그날 나는 예루살렘에서 조금 떨어진 숲속을 하녀들과 함께 걷고 있었다. 그러다가 몇몇 사람들에게 둘러싸여 있는 예수의 모습을 보았다.

그는 사람들에게 이야기를 하고 있었는데, 나는 그 말을 반 정도밖에 알아들을 수가 없었다.

하지만 빛의 정화로 이루어진 기둥과 아름다운 수정으로 만들어진 산을 알아보는 데 말이 무슨 소용이겠는가. 오히려 마음은, 결코 혀로는 말할 수 없고 결코 귀로는 들을 수 없는 것을 알아낼 수 있다.

그는 사랑의 힘에 대해 이야기하고 있었다. 나는 그의 목소리에 담긴 느낌만으로도 그 내용을 모두 알 수 있었다. 또한 그의 몸짓에 담긴 강렬한 힘도 그대로 느낄 수 있었다.

내 남편의 말에서는 한 번도 느껴보지 못한 힘과 권위가 묻어 있었지만, 어쨌든 예수는 무척 부드러운 사람이었다.

우리를 발견한 그는 잠시 하던 말을 멈췄다. 그러고는 내가 경험하지 못한 그런 눈길로 나를 바라보았다. 나는 부끄러웠다. 그때 나는 내 영혼이 하느님 앞에 서 있다는 것을 알게 되었다.

그날 이후로 내가 혼자 있을 때면 그는 어김없이 내 마음속으로 나를 찾아왔다. 숨을 죽인 채 가만히 눈을 감고 있으면 그의 눈빛이 내 영혼을 비쳤고, 그의 목소리는 고요한 밤하늘에 가득 찼다.

나는 돌로 빚은 조각상처럼 그 자리에 서 있었다. 내 고통 속으로 평화가, 내 눈물 속으로 무한한 자유가 밀려들었다.

사랑하는 나의 친구여, 그대는 그를 본 일이 없고 앞으로도 결코 볼 수가 없을 것이다. 그는 이미 우리 곁을 떠났으니까.

그러나 지금 이 순간 그는 세상 그 누구보다도 내게 가까이 있다.

예수를 처음 만난 날—막달라 마리아

내가 그분을 처음 만난 것은 6월이었다. 그분은 홀로 밀밭을 거닐고 계셨고, 나는 하녀들과 함께 그곳을 지나던 길이었다.

그분의 발걸음은 여느 사람들과 무척 달랐다. 또 그분의 몸짓도 그때까지 내가 본 많은 사람들과는 전혀 다른 특별한 것이었다.

우리와 같은 땅 위의 인간이라면 그 누구도 그렇게 걷지 못할 것이다. 그분의 걸음걸이는 빨리 걷는지 아니면 천천히 걷는지조차 구별하기 어려울 정도로 신비로웠다.

내 하녀들도 그분을 가리키며 수줍은 얼굴로 소곤거렸다. 나는 한참동안 밀밭을 엿보고 있다가 쑥스러운 손짓으로 그분을 불렀다. 하지만 그분은 내 손짓을 따라오기는커녕 숫제 나를 거들떠보지도 않았다. 그래서 나는 처음 본 그분을 미워하게 되었다.

한순간의 가슴 떨림에서 깨어나 다시 원래의 내 자신으로 돌아왔지만 내 마음은 눈 내리는 벌판에 혼자 서 있는 것처럼 춥고 외로웠다. 영원히 깨지 못할 꿈에 빠진 나는 가슴을 떨고 있었다.

그날 밤 나는 꿈에서 그분을 만났다. 잠에서 깨어나니 곁에 있던 사람들은 내가 잠결에 뭐라고 소리지르며 몹시 불안해하더라는 것이었다.

내가 그분을 다시 본 것은 그로부터 두 달 후인 8월이다. 그때 나는 창가에서 밖을 내다보며 생각에 잠겨 있었다. 그러다가 우리 집 뜰 건너편에 있는 사이프러스나무 그늘 아래 앉아 쉬고 계시는 그분의 모습을 보았다.

잔잔한 호수의 물결처럼 고요하면서도 너무나 웅장한 모습이었다. 마치 안티오키아나 북쪽 나라의 다른 도시에 서 있는 석상들처럼 위엄과 품위가 넘쳐흐르고 있었다.

그때 우리 집의 에집트 노예가 내게 와서 알렸다.

"아가씨, 지난번 그분이 이곳에 와 있습니다. 지금 정원 건너편 나무 아래 홀로 앉아 있답니다."

그분을 다시 보자 내 영혼은 송두리째 흔들렸다. 그분은 너무나도 아름다웠다. 그분의 몸은 그 자체로 하나의 완벽한 조각상과 같아서 몸의 각 부분이 서로 다른 부분을 지극히 사랑하고 있는 것처럼 보였다.

나는 조급하고 떨리는 가슴을 주체할 수 없었다. 그래서 얼른 다마스커스 의상으로 치장한 다음 한달음에 뜰을 지나 그에게로 다가갔다. 그분께 끌리는 내 마음의 정체가 무엇인지는 알지도 못한 채.

나를 그분에게 이끄는 힘은 어쩌면 내 외로움일까? 혹은 그분에게서 흘러나오는 알 수 없는 향기 때문일까? 이제는 열정에 지쳐 고요한 눈 속의 평화를 갈구하는 내 굶주림 탓일까? 그도 저도 아니라면 그저 내 눈에 비친 그의 아름다움에 반한 것일까? 아직까지도 나는 그 비밀을 알지 못한다.

하여튼 나는 아름다운 옷을 걸치고, 꽃향기가 나는 향수를 뿌린 다음 황금 샌들을 신고 그에게로 갔다. 그 황금 샌들은 로마의 기병대장이 내게 선물한 것으로 매우 귀한 것이었다.

그분 앞에 가까이 다가간 나는 다소곳한 목소리로 인사를 건넸다.

"안녕하세요?"

그러자 그분도 내 인사에 대답해주셨다.

"네, 안녕하세요, 미리암."

그분은 나를 똑바로 쳐다보았다. 그런 그분의 검은 눈동자는 누구도 흉내낼 수 없는 신비한 빛을 발하고 있었다.

나는 갑자기 실오라기 하나 걸치지 않은 알몸이라도 된 듯 부끄러워졌다. 그분은 단지 '안녕하세요' 하는 인사만 했을 뿐인데 말이다.

"저희 집으로 가시지 않겠어요?"

내가 수줍은 목소리로 그분의 방문을 청하자, 그분은 내게 되물었다.

"이미 그대의 집에 있지 않습니까?"

그때는 그 말이 무슨 뜻인지 몰랐다. 물론 지금은 잘 알고 있다.

"저와 함께 술잔을 나누며 식사라도 하시지요."

내가 다시 한 번 권했지만 그분은 이렇게 말씀하셨다.

"좋습니다. 미리암! 하지만 지금은 아닙니다."

'지금은 아니다, 지금은 아니다.' 그 말이 내 가슴을 때렸다.

그분의 목소리에는 바다의 격정이 깃들여 있었고, 서로의 몸을 부대끼는 바람과 나무들의 속삭임이 녹아 있었다.

그 말, '지금은 아니다'라고 말씀하시던 그분은 마치 산 사람이 죽은 사람에게 말을 건네는 것처럼 느껴졌다.

난 이미 죽은 사람이었고, 자신의 순수한 영혼을 떠나 빈 껍데기로 살아가는 여자였으니까. 그때의 나는 지금 여러분이 알고 있는 것과는 전혀 다른 모습이었다.

모든 남자들의 소유물인 동시에 그 누구에게도 얽매이지 않은 여자, 그게 바로 나라는 여자였다. 이미 짐작하셨겠지만 그 당시 나는 사람들에게 창녀, 혹은 일곱 마리의 마귀와 함께 사는 요사스런 여자로 통했다. 그들은 나를 저주했으며, 더러는 시샘의 눈길을 보내기도 했다.

그러나 그분이 새벽을 닮은 눈빛으로 내 눈을 들여다보시자 나를 감싸고 있던 모든 어두운 밤은 별들과 함께 흩어져버렸다. 그분에 의해 나는 미리암으로 다시 태어난 것이다.

자신이 알고 있던 과거의 세상을 잃어버리고 전혀 새로운 곳에서 자신을 되찾은 바로 그 여인, 미리암으로.

나는 그분께 다시 한 번 청했다.

"제 집으로 가셔서 함께 식사를 하셨으면 좋겠어요."

"나를 손님으로 청하는 이유가 뭐지요?"

"선생님, 부디 제 집에 와주세요."

나는 간절한 마음으로 그분의 방문을 청했다.

그분은 더없이 그윽한 눈빛으로 내 눈을 들여다보셨다.

"지금 그대에게는 아주 많은 연인이 있소. 그러나 그대를 진심으로 사랑하는 사람은 나밖에 없소. 다른 사람들은 모두 당신을 가까이 하면서도 오직 자기 자신만을 사랑할 뿐이오.

나는 그대의 영혼 속에 있는 그대를 사랑하오. 다른 이들은 그대의 겉모습, 즉 머잖아 사라지고 말 육신의 아름다움에 반한 것이오. 그러나 난 영원히 사라지지 않을 내면의 아름다움을 보고 있소.

인생의 황혼이 찾아와도 거울 속에 비치는 자신의 모습에 실망할 필요가 없소. 그것은 결코 사라지지 않는 영혼의 아름다움이기 때문이오. 나는 그대 내면 속의 보이지 않는 모습을 사랑하오."

그러고는 자신의 어린 딸에게 이르듯 잔잔한 목소리로 말씀하셨다.

"자, 이제 돌아가시오. 이 사이프러스나무가 그대의 것이니 내가 그늘에 앉아 있는 것을 허락하지 않는다면 그만 일어나 길을 떠나겠소."

그분의 말씀을 듣고 나는 절박한 심정으로 애원했다.

"부디 제 집에 와주세요. 선생님을 위해 태울 향유와 피곤한 발을 씻으실 은 대야도 준비했어요. 예전에는 제게 낯선 분이셨지만 이제는 그렇지 않잖 아요. 제발 부탁이에요. 제 집으로 가주세요."

그러나 그분은 자리에서 일어나시더니 높은 하늘이 들판을 대하듯이 내 얼굴을 바라보시며 미소를 지으셨고 이렇게 말씀하셨다.

"잊지 마시오. 모든 남자들은 그들 자신을 위해 그대를 사랑한 것이오. 난 오로지 그대 자신을 위해 그대를 사랑하오."

그 말씀만을 남기고 그분은 홀연히 떠나가셨다. 이 세상 누구도 그분처럼 걷지는 못할 것이다. 마치 내 뜰에서 일어난 가벼운 숨결이 동녘으로 부는 것처럼, 아니 모든 것들의 뿌리까지 흔들어대는 폭풍우처럼 그렇게 가셨다.

그날 그분은 황혼 무렵의 하늘빛 같은 눈빛으로 내 안의 모든 악을 씻어주 셨다. 그리고 나는 비로소 온전한 한 여인이 되었다. 바로 지금의 미리암이 라는 여인이 된 것이다.

석류알 같은 그분의 입술—막달라 마리아

그분의 입술은 기쁨을 이기지 못해 벌어진 석류처럼 끓었고, 두 눈은 깊고 푸른 바다 속처럼 그윽했다.

그분은 자신의 강함을 잘 알고 있는 사람 특유의 부드러움도 함께 지니고 있었다. 나는 꿈속에서 그분을 보고 두려움에 떠는 세상의 모든 왕들을 볼 수 있다.

그분의 얼굴은 무어라 한마디로 표현하기가 무척 어렵다. 다소 의아하게 생각할지 모르지만, 마치 한 조각의 어둠도 존재하지 않는 밤, 혹은 소리라 고는 조금도 느낄 수 없는 한낮 같다고 할까?

굳이 말하자면 깊은 슬픔이 흐르는 동시에 더없는 즐거움이 넘치는 그런 얼굴이었다.

그분이 손을 들어 하늘을 가리킬 때면 다섯 손가락이 마치 느릅나무 가지 같았다.

지금도 저녁 무렵의 길을 가시던 그분 모습을 잊을 수가 없다. 하지만 정말 우리처럼 걸으셨던 것은 아니다. 그분은 대지의 길 위에 놓인 또 하나의 길이나 마찬가지였으니까.

그분은 우리 눈에는 보이지 않는 높은 하늘에 떠 있는 구름 같으셨다. 때로 시원한 빗줄기로 변해 지상으로 내려와 온갖 더러운 것을 말끔히 씻어주는 그런 구름 말이다.

내가 말을 건네려고 가까이 다가갈 때면 그분의 얼굴은 늘 아침햇살처럼 눈부시게 빛나고 있었다.

그분은 이렇게 물었다.

"무슨 일인가요?"

그러면 나는 아무 말도 하지 못했다. 그래서 내 가슴속 깊은 곳에 감추어둔 비밀은 언제나 그대로 머물러 있을 수밖에 없었다. 그러면서도 내 마음은 기쁨으로 따뜻하게 차올랐다.

나는 그 눈부신 모습을 감당할 수가 없어 그분 앞에서 물러났다. 결코 내 자신의 부끄러움 때문은 아니었다. 다만 내 마음 위에 그분의 손길이 드리워져 있음을 느끼고 조금 수줍어졌을 뿐이다.

탄식의 노래—빌로스의 여인
이슈타르의 딸과 타무즈의 모든 연인들이여!
저와 함께 울어요.
우리의 심장이 피눈물 되어 흐르고 있어요.
너무나 아름다웠던 그가 우리 곁을 떠났기에
깊은 숲속의 멧돼지가 그에게 달려들었지요.
멧돼지의 날카로운 어금니가 그의 살을 찢었답니다.
그는 기억 속의 낙엽에 묻히고
그의 발소리도 봄의 품안에 잠든 씨앗들을
더 이상 깨우지 못합니다.
그의 목소리는 새벽과 함께 우리 창으로 날아오지도 않습니다.
이제 저는 영원히 혼자입니다.

이슈타르의 딸과 타무즈의 모든 연인들이여!

저와 함께 울어요.

그토록 사랑하던 사람이 제 곁을 떠났답니다.

강물도 목놓아 웁니다.

그의 목소리와 시간은 쌍둥이 같아요.

고통받던 그의 입술은 부드러워졌지요.

쓸개처럼 쓰디쓴 그의 입술이 달디단 꿀로 변했답니다.

이슈타르의 딸과 타무즈의 모든 연인들이여!

우리 모두 함께 울어요.

그의 관을 에워싸고 흐느끼는 별처럼

창가에 부서져 내리는 달빛이

그의 상처를 어루만지듯 그렇게 말이죠.

그대들의 눈물로 제 잠자리를 적셔주세요.

제 꿈속의 사랑하는 사람이

눈을 뜨자마자 사라져버렸어요.

이슈타르의 딸과 타무즈의 모든 연인들이여!

가슴을 열고 저를 위해 울어주세요.

나자렛 예수께서 돌아가셨답니다.

내쫓긴 자 예수―논리학자 엘마담

여러분은 내게 나자렛 예수에 대한 얘기를 해달라지만 좀 곤란하다. 그에 대해 말할 것은 많지만 아직은 때가 이르다.

그러나 내가 예수에 대해 말한다면 그것이 어떤 이야기든 사실임에 틀림없다. 나는 진실을 외면한 말이란 아무런 가치도 없다고 믿는 사람이기 때문이다.

기존 질서를 거부하고 모든 소유를 부정하면서 빌어먹고 사는 사람, 걸인이나 부랑자 등 주변으로부터 소외된 인간들과 어울리기 좋아하는 주정뱅이, 바로 그가 예수란 사람이다.

그는 자기 나라의 자랑스러운 아들이 아니었다. 또 위대한 로마제국의 보호를 받는 떳떳한 로마시민도 아니었다. 그래서인지 그는 자기 나라와 로마 제국을 마냥 비웃었다.

그는 자신이 하늘을 나는 새라고 여긴 듯 어떤 책임이나 의무도 지지 않고 자유롭게 살았다. 그런 까닭에 유능한 사냥꾼들이 그를 활로 쏘아 떨어뜨렸던 것이다.

과거의 탑이 무너지면 어느 누구도 떨어지는 돌덩이를 피할 수 없다. 마찬가지로 조상들이 쌓아놓은 제방을 무너뜨리면 그 물에 빠져 죽지 않을 사람 또한 하나도 없다.

그것은 곧 우리가 지켜야 할 율법이다. 그럼에도 불구하고 나자렛 예수는 그 율법을 존중하지 않고 어겼으므로 역시 현명하지 못한 자신의 제자들과 함께 심판받았던 것이다.

세상에는 나자렛 예수처럼 우리 인간의 운명을 바꿔놓으려고 시도하는 사람들이 더러 있다. 그러나 그들은 자기 자신만을 바꿔놓았을 뿐 결국 이 세상과는 등지게 되었다.

성벽을 타고 오르는 향기 없는 포도 덩굴이 있다. 그 덩굴은 계속하여 위로 자라오르면서 돌 틈에 뿌리를 박고 살아간다. 그런데 만약 이 포도 덩굴이 "이까짓 성벽쯤은 내 힘과 무게로 얼마든지 무너뜨릴 수 있어" 하고 떠들어댄다면 그 말을 들은 다른 식물들이 뭐라고 할까? 아마 모두들 그 포도 덩굴의 어리석음을 비웃고 나무랄 것이다.

그러므로 나는 나자렛 예수와 그의 어리석은 제자들에게 비웃음을 보내지 않을 수가 없다.

예수의 운명에 대하여—자캐오

대부분의 사람들은 자신의 귀에 직접 들려오는 이야기만을 믿는 경향이 있다. 그러나 굳이 이야기되지 않은 것들도 믿을 수 있는 마음의 귀를 열어 둬야 한다. 말보다 더 진실 가까이 있는 것이 침묵이기 때문이다.

어떤 사람들은 예수가 그토록 치욕스럽게 죽지 않고도 자신의 신도들을 박해에서 구할 수 있지 않았겠느냐는 의문을 가질지도 모른다.

그들에게 나는 이렇게 말하고 싶다.

"물론 예수 자신의 앞에 놓인 위험한 길을 피할 수도 있었다. 그러나 그는 결코 그렇게 하지 않았음은 물론 캄캄한 밤 자신의 어린 양들을 늑대로부터 지키려고 하지도 않았다."

그는 자기 운명이나 자신이 사랑하는 사람들에게 닥칠 일에 대해 잘 알고 있었다. 실제로 그는 우리들에게 일어날 일에 대해서 예언하지 않았던가.

그날 그가 언덕 위의 십자가에서 본 것은 결코 죽음이 아니었다. 추운 겨울을 대비하여 곳간 가득 양식을 쌓아둔 농부들이 다시 따뜻한 봄이 오기를 기다리듯, 집을 짓는 사람들이 그 집의 초석으로 커다란 돌을 놓는 것처럼 그는 자신의 죽음을 묵묵히 받아들였다.

우리는 대부분 갈릴래아나 레바논에서 온 사람들로, 예수는 우리와 함께 고향으로 돌아가 머리가 하얗게 쇠도록 편안한 여생을 보낼 수도 있었다.

그러면 무엇이 그로 하여금 고향으로 돌아가지 못하게 했을까? 그는 왜 "나를 떠미는 서풍을 타고 동쪽으로 가리라"라고 말하지 않았을까? 도대체 왜 미소를 지으며 우리에게 돌아가라고 이르지 않았단 말인가?

그는 이렇게 말할 수도 있었다.

"모두 너희 고향으로 돌아가라. 이 세상은 아직 나를 맞이할 준비가 되어 있지 않다. 나도 다시 돌아갔다가 천 년 후에 다시 오리라. 내가 부활하는 그날까지 너희들의 자손을 잘 가르치도록 하여라."

그는 알고 있었다. 눈에 보이지 않는 교회를 짓기 위해서는 자신의 생명을 머릿돌로 놓아야 함을. 그리고 그 둘레에 우리들을 튼튼히 세워두어야 함을 미리 알고 있었던 것이다.

또한 그는 하늘나라 나무의 수액이 그 뿌리에서부터 솟아나야 함을, 그리고 그 뿌리 위로 자신의 피가 흘러야 한다는 것도 잘 알고 있었다. 그것은 단순한 희생이 아닌 거룩한 부활이었다.

죽는다는 것은 다시 태어남을 의미한다. 예수는 스스로 죽음을 맞이함으로써 또 다른 생명을 얻었다.

만일 그가 자신의 적들과 여러분을 피했더라면 여러분은 이 세상을 지배하게 되었으리라. 그런 까닭에 그는 자신의 죽음을 피하지 않았던 것이다.

모든 것을 얻고자 하는 사람만이 모든 것을 줄 수 있는 법이다.

예수는 자신의 적으로부터 도망쳐 인간으로서의 삶을 유지할 수도 있었다. 그러나 그는 세월의 덧없음을 알고 있었으므로 그 자리에서 자신의 노래를 부르고자 했던 것이다.

이처럼 힘의 논리가 지배하는 세상에 맞서 굴복하지 않고도 삶의 영역을 뛰어넘은 사람이 예수말고 또 누가 있단 말인가?

이제는 때가 되었다. 여러분은 예수를 죽인 사람들이 정말 로마 시민인지 아니면 예루살렘의 제사장들인지 진지한 질문을 준비해야 한다.

로마 시민도 예루살렘의 제사장들도 그를 죽이지 않았다. 이 세상은 오직 십자가에 못 박힌 그의 영광을 위해 존재할 따름이기 때문이다.

죽은 자들로 하여금 죽은 자를 묻게 하라—율법학자 벤냐민

사람들은 예수가 로마와 유다의 적이었다고 말하지만, 나는 그를 세상의 어떤 사람, 어떤 민족에게도 적이 될 수 없는 사람이라고 믿고 있다.

나는 그가 이렇게 말하는 것을 들은 적이 있다.

"높은 하늘과 산봉우리 위로 날아다니는 새들은 땅의 컴컴한 동굴 속에 숨어 있는 뱀에게 관심을 두지 않는다."

또 이런 말도 들었다.

"죽은 자들로 하여금 그들의 주검을 묻게 하라. 너희는 산 자 가운데에서 살아라. 그래야만 하늘 높이 들리게 되리라."

나는 그의 제자가 아니다. 다만 그의 모습과 말을 보고 들으러 따라다니던 수많은 사람들 중 한 명에 불과하다.

그는 로마인들과 그들의 노예로 전락한 우리를 내려다보고 있었다. 마치 더 좋은 장난감을 차지하려고 다투는 자녀들을 바라보는 아버지처럼. 그는 저 하늘 높은 곳에서 대지를 내려다보며 미소짓는 그런 존재였다. 그는 어느 국가나 민족보다도 크고, 내가 알고 있는 그 어떤 혁명보다도 더 위대한 사람이었다.

비록 혼자 외롭게 살았지만 늘 깨어 있는 사람이었다. 아직 흘러나오지도 않은 우리의 눈물에 흐느꼈고, 우리 마음의 부침을 보며 미소지었다.

우리는 앞으로 태어날 모든 생명들이 그의 권능 안에 있음을 안다. 또한 그 새 생명들이 자기가 가진 육신의 눈이 아닌 그의 눈을 통해 세상을 보게 될 것임을 알고 있다.

예수는 이 땅에 새로운 왕국의 기초를 세웠다. 그리고 그 왕국은 앞으로도 영원히 번영하게 될 것이다. 그는 영혼의 왕국을 세운 모든 왕들의 아들이며 손자이다. 이 영혼의 왕들에게만 우리의 세계를 다스릴 수 있는 자격이 주어지는 것이다.

선동자 예수—대제사장 안나스

예수는 본디 비천한 집안의 자손으로 틈만 나면 도둑질을 일삼는 자였다. 또한 그는 협잡꾼에 허풍선이로 유명하다. 그런 까닭에 그의 말은 오직 가난하고 천한 자들에게 짙은 호소력을 갖는다. 그로 인하여 그는 온갖 더러운 일로 가득한 길 이외의 다른 길로는 갈 수 없게 되고 말았다.

그는 우리와 우리의 율법을 비웃었다. 또 우리가 중히 여기는 권위와 명예조차도 하찮은 것으로 만들었다. 심지어는 우리의 신성한 성전을 무너뜨리겠다는 말까지도 서슴지 않았다.

그는 한마디로 너무나 뻔뻔한 인간이었다. 그래서 그런 부끄러운 죽음을 맞을 수밖에 없었던 것이다.

그는 북쪽 지방에서 왔다. 그곳은 바로 타무즈(아도니스)와 이슈타르가 이스라엘과 이스라엘의 하느님에 대항했던 이교도의 땅 갈릴래아이다.

우리 예언자들처럼 설교할라치면 혀가 굳어 더듬거리던 그도 천하고 속된 놈들의 말투로 지껄일 때면 한껏 목소리를 키우며 요란을 떨었다. 그러므로 그에게 내가 해줄 수 있는 일이 죽음을 선고하는 것 외에 다른 무엇이 있겠는가.

나는 성전을 지키고, 율법을 보호하는 사람이다. 그런 내가 그를 외면하고 돌아서서 이렇게 말할 수는 없지 않은가?

"그는 미친 사람이다. 그가 헛소리를 실컷 늘어놓다 제풀에 지치게 그냥 풀어주도록 하자. 저런 귀신에 홀린 미치광이 정도는 이스라엘 앞날에 아무해도 되지 않는다."

또한 그가 우리를 싸잡아 거짓말이나 일삼는 위선자들이라느니, 늑대나 독사처럼 음흉한 자들이라고 비난하는데 귓구멍을 틀어막고 가만히 있어야 했을까?

물론 내가 귀머거리였다면 가능했을지도 모른다. 하지만 나는 일부러 귀머거리가 될 수도 없었다. 그자는 분명 미친 사람이 아니었기 때문이다.

그는 심각한 과대망상증에 빠져 있었다. 그래서 자기 자신은 무척 경건한 체하면서도 뒤돌아서서는 우리를 탓하고 욕하기 일쑤였다.

결국 나는 그에게 죽음의 대가를 치르게 할 수밖에 없었다. 그를 죽인다면 그를 따르는 어리석은 사람들에게 적절한 경고가 되리라 믿었던 것이다.

그의 죽음을 결정한 일로 나를 욕하는 사람이 많다는 것은 나도 잘 알고 있다. 심지어 산헤드린의 몇몇 원로들까지도 말이다.

하지만 그 당시의 내 생각, 즉 어떤 한 사람으로 인해 많은 사람들이 길을 잃고 헤매는 것보다 그 가엾은 사람들을 위해 한 사람을 희생시키는 것이 옳다는 생각은 지금도 변함이 없다.

유대인은 로마라는 이민족에게 정복당했다. 그러므로 우리 내부의 적으로 인해 다시 한 번 무너져서는 안 된다. 북쪽에서 온 그는 물론 어느 누구도 우리의 성전을 무너뜨리지는 못한다. 나는 그들의 그림자가 성궤 위에 드리우는 것조차도 결코 용납하지 않으리라.

물건을 매매하는 일에 대하여—띠로의 상인 바르카

로마인이든 유대인이든 그 누구도 나자렛 예수를 진정으로 이해하지 못했을 것이다. 그것은 그분의 복음을 전하는 열두 사도 역시 예외는 아닐 것이라고 나는 생각한다.

결국 로마인들은 그분을 죽이는 큰 죄를 저질렀다. 갈릴래아 사람들도 그분을 여러 신들 중 하나로 만드는 크나큰 실수를 저지르고야 말았다.

예수는 우리 인간의 마음을 지닌 분이었다.

나는 배를 타고 세상 이곳저곳을 두루 돌아다니는 장사꾼이라 왕이나 귀족, 또 거짓말쟁이와 악랄한 사기꾼 등 별의별 사람들을 다 겪었다. 하지만 우리 장사꾼에 대해 예수보다 더 잘 알고 있는 사람은 본 적이 없다.

한번은 그분이 이런 이야기를 들려주셨다.

어떤 상인이 고향을 떠나 먼 나라로 장사하러 가게 되었지요. 그는 집을 떠나기 전 하인 두 명을 불러 한 움큼씩의 금화를 건네주며 말했습니다.

"내가 없는 동안 금화를 더 많이 불려보도록 해라. 금화를 다른 물건과 바꿔보는 거야. 그것이 바로 장사의 시작이란다."

그로부터 일 년이 지난 뒤 상인은 다시 집으로 돌아왔습니다. 그는 예의 두 하인을 불러 자기가 주고 간 금화로 무엇을 했는지 물어보았지요.

첫 번째 하인이 대답했습니다.

"주인님, 이 금화를 보십시오. 처음의 금화를 밑천으로 물건을 사고팔아 이렇게 많은 이윤을 남겼습니다."

상인은 그 하인을 칭찬했습니다.

"네가 번 돈은 모두 네 몫이다. 바로 주인인 나와 너 스스로에게 성실했던 결과이다."

이번에는 두 번째 하인이 입을 열었지요.

"주인님, 부디 용서해주십시오. 저는 주인님의 돈을 날릴까 걱정이 되어 아무것도 사고팔지 않았습니다. 그때 주신 금화는 여기 주머니 속에 그대로 있습니다."

그 하인으로부터 금화주머니를 받아든 상인은 이렇게 일렀습니다.

"허허, 너는 믿음이 약하구나. 자기 소신껏 장사를 해서 손해를 입는 것이 아예 아무것도 하지 않는 것보다 더 나은 것이다. 바람이 씨앗을 날린 뒤에야 열매가 맺히기를 기대할 수 있듯이, 장사란 바로 그런 것이다. 너는 장사보다 다른 사람을 섬기는 일에 훨씬 잘 어울리겠구나."

예수께서는 장사꾼이 아님에도 불구하고 장사의 비결을 그런 식으로 가르치셨던 것이다.

그분의 이야기들은 내가 장사하면서 다녔던 먼 나라들보다 더 먼가 하면, 어떤 때는 내 집보다도 더 가까운 곳으로 나를 인도했다.

예수라는 젊은 나자렛 사람은 결코 신이 아니었다. 그런데도 그분의 제자들은 그처럼 현명한 한 인간을 신으로 만들려고 하다니 참으로 안타까운 일이다.

예수를 따르는 사람들의 미래—베드로

어느 해질녘 예수께서는 우리를 이끌고 베짜이다라는 곳으로 가셨다. 오랜 여행에 지친 우리는 너나없이 뽀얀 먼지를 온몸에 뒤집어쓰고 있었다. 그러다가 넓은 뜰이 있는 집에 다다랐다. 마침 집주인이 문 앞에 서 있었다.

예수께서는 주인에게 부탁하셨다.

"우리 모두 몹시 지쳤고, 발도 부르터 더 이상 걸을 수가 없습니다. 부디 우리 일행이 하룻밤 쉬어 갈 곳을 빌려주셨으면 합니다. 제법 추운 밤이라 이제는 푹 쉬어야 할 시간입니다."

그러나 부자인 그 집주인은 딱 잘라 거절하는 것이었다.

"형편이 딱하긴 하나 그건 좀 곤란하겠소."

예수께서는 다시 한 번 정중히 부탁하셨다.

"정 그렇다면 이 뜰에서라도 쉬게 해주시지요."

이번에도 부자는 단호한 말로 거절했다.

그러자 예수께서는 우리에게 이렇게 말씀하셨다.

"보아라. 지금 겪고 있는 일이 바로 너희의 앞날이다. 세상의 모든 문들이 너희 앞에서는 굳게 닫히리라. 오늘처럼 추운 뜰에서 별을 보며 잠을 청하는 것조차 허락되지 않을 것이다. 만약 너희가 진실로 이 자갈길을 이겨내고 나를 따른다면 아늑한 잠자리와 빵과 포도주를 구할 수 있을지도 모른다. 하지만 그것들 가운데 아무것도 주어지지 않는다 하더라도 내 사막 중 하나를 너희가 건넜음을 기억하도록 하라. 자, 그럼 다시 길을 떠나자꾸나."

그분의 말씀을 듣고 난 부자의 얼굴에 몹시 당황한 기색이 역력했다. 그는 조금 전 예수의 청을 거절할 때와는 다른 낯빛으로 뭐라 알아들을 수 없는 말을 중얼거리며 돌아섰다. 그러고는 고개를 숙인 채 허겁지겁 문 안쪽으로 사라졌다.

그날 예수와 우리는 계속해서 길을 걸었다.

말씀 그 자체이신 예수―사랑받았던 제자 요한

내가 아는 많은 사람들은 늘 나자렛 예수에 대한 이야기를 해달라고 조르곤 한다. 하지만 어찌 그 수난의 노래를 내 갈대피리로 표현할수 있겠는가?

예수께서는 지상에 사시는 동안 단 한순간도 하느님의 존재를 잊지 않으셨다.

그분은 푸른 바람을 따라 고요히 흘러가는 구름, 혹은 그 그림자에서도 하느님의 모습을 찾으셨다. 잔잔한 우물에 비친 하느님의 얼굴, 끝없는 사막의 모래 위에 놓인 하느님의 희미한 발자국, 더러는 두 눈을 감은 채 하느님의 거룩한 눈길을 온몸으로 느끼셨다.

그뿐만이 아니다. 그분은 깊은 밤마다 하느님의 목소리를 들었고, 혼자 있을 때면 자신을 부르는 하늘나라 천사들의 노래를 들으셨다. 또 잠시 주무실 때조차 꿈을 꾸시면서 천상의 속삭임에 귀를 기울이셨다.

그분은 우리와 함께 지내는 것을 무척 기뻐하셨고, 기꺼이 형제라고 불러주셨다. 말씀 그 자체이신 그분이 우리에게 형제라고 부르실 때, 우리는 그 말씀을 이루는 하나하나의 음절이 되었다.

이제 내가 왜 그분을 태초의 말씀이라고 부르는지, 그분에 대한 이야기를 들려드리겠다.

여러분도 아다시피 태초에 하느님은 세상을 창조하셨다. 그분의 놀라운 역사로 하늘과 땅이 생겼으며, 하나이던 계절이 사계절로 바뀌었다.

그분은 모든 것들에 자신의 생명을 불어넣어 주셨고, 그로 말미암아 삶에 대한 열망도 점점 자라나게 되었다.

또한 하느님께서는 "예수는 태초의 내 말씀이며, 그 말씀은 너무도 완벽하다"라고 하셨다. 나자렛 예수가 이 세상으로 올 때 태초의 그 말씀이 우리에게 들렸고, 그 말씀이 살과 피를 가진 사람으로 되었던 것이다.

진정 기름 부음을 받는 자 예수는 우리에게 전해진 하느님의 첫 말씀이시다. 과수원의 사과나무 중 어느 한 나무가 다른 나무들보다 하루 앞서 꽃봉오리를 맺고 꽃을 피우는 것처럼, 우리들의 하루가 하느님의 과수원에서는 바로 영원의 시간이다.

우리는 모두 하느님의 자녀로, 예수는 그분의 맏아들이다. 그분은 나자렛 예수로 살면서 우리 사이로 걸어다녔고, 우리는 그분을 똑똑히 볼 수 있었다.

내가 들려준 모든 이야기들은 여러분의 마음으로, 그리고 순수한 영혼의 눈으로 받아들여야 한다.

우리의 마음에는 각기 다른 크기와 깊이가 있다. 하지만 삶의 한가운데 존재하면서 그 삶의 진실을 붙잡을 수 있는 것은 오직 영혼뿐이며, 그 영혼의 씨앗은 영원히 시들지 않는 싹을 틔우는 것이다.

아무리 세찬 바람도 때가 되면 잠잠해지고, 높이 치솟던 거센 물결도 점차 수그러들게 마련이다. 태풍의 눈이 그러하듯, 삶의 중심은 늘 고요하고 평화롭고 그곳에는 영원히 지지 않을 빛나는 별들이 촘촘히 수를 놓고 있다.

노예, 그리고 버림받은 사람들―에페소의 바르톨로메오

대부분의 예수를 비난하는 사람들은 이렇게 말한다.

"그는 주로 노예와 가난한 사람 등 미천한 자들을 선동하여 폭동을 일으키려 했다. 그 이유인즉 자신 또한 그들처럼 비천한 신분으로 태어났기 때문이다. 그래서 자신과 비슷한 처지의 사람들만을 골라 감언이설로 꾀었지만 자신의 출생에 대한 진실은 결코 밝히려 하지 않았다."

여기에서 우리는 예수 본인과 그 제자들의 지도력에 대한 냉정한 평가를 내려볼 필요가 있다.

처음에 그는 북쪽 지역에서 흘러온 자유인들을 친구로 사귀었다. 그들은 대개 강인한 육체를 가졌으나 더없이 황량한 영혼의 소유자들이었다.

그런데 불과 40여 년의 세월이 흐른 뒤, 그들은 자신의 죽음 앞에서도 의지와 용기를 잃지 않는 자들로 변했다. 누가 이들이 미천한 신분의 노예나 가난한 사람들이었다고 믿겠는가?

여러분은 진정 레바논과 아르메니아의 귀족들이 자신의 신분을 저버리고 예수를 하느님의 대리인으로 인정했다고 생각하는가?

또는 안티오키아나 비잔티움, 아테네와 로마 등지의 귀족에 이르기까지 높은 신분의 그들이 한낱 노예 지도자의 목소리에 사로잡혔다고 생각할 수 있겠는가?

그렇지 않다. 결코 그런 게 아니다. 그 나자렛 사람은 노예나 가난한 사람들을 대변하여 지배자에 맞서는 일 따위는 하지 않았다. 그렇다고 지배자의 편에 서서 그들을 탄압한 적도 없었다. 그는 그 어느 쪽에도 치우치지 않고 한가운데 서 있었다.

분명한 것은 그가 모든 사람들 위에 우뚝 솟아 있는 특별한 사람이었다는 사실이다. 작은 시냇물이 한 줄기로 모여 힘차게 흐르듯 자신만의 열정과 힘으로 뜨거운 노래를 부르는 사람이었다. 그 누구보다도 고귀한 사람이었고, 새처럼 자유로운 사람이었으며, 가장 높은 신분의 사람이었다.

남보다 강하고 빠른 자만이 오직 승리의 월계관을 쓸 수 있다. 예수는 그를 사랑하는 사람들에 의해, 심지어 그의 목숨을 노리던 적들의 손에 의해 왕관을 머리에 얹게 되었던 것이다.

지금 이 순간에도 예수는 아르데미스 여신의 여제사장들에 의하여 그들 제단의 가장 신성한 곳에서 왕으로 숭배받고 있다.

어리석은 자들과 협잡꾼들—산헤드린의 율법학자 니고데모

어떤 사람들은 '예수 스스로 자신의 앞날을 가로막았으며, 파멸의 구렁텅이로 걸어갔다'라고 말한다. 그러나 이들은 모두 어리석기 짝이 없는 사람들이다.

또 '예수는 자신에 대해 정확히 알지 못함으로써 혼란에 빠져들었다'라는 말로 비난을 일삼는 사람들도 그들과 다를 바 없다.

그런 부류의 사람들은 자기 울음소리말고는 그 어떤 노래도 제대로 듣지 못하는 올빼미와 같다.

우리는 자신보다 더 뛰어난 사기꾼을 섬기면서 온갖 거짓말과 모함을 일삼는 협잡꾼들을 잊지 않고 있다. 그리고 자기보다 키가 크다는 이유만으로 남을 미워하는 난쟁이들도 있음을 익히 알고 있다.

또한 아무 쓸모도 없는 잡초가 참나무나 삼나무에 대해 뭐라고 욕을 하는지도 잘 알고 있다. 나는 다른 나무들을 욕하는 그 잡초가 절대로 참나무나 삼나무만큼 자라날 수 없음을 딱하게 생각한다.

이리저리 엉켜 구부러진 가시 덩굴이 늘 허리를 펴고 꼿꼿이 서 있는 느릅나무를 시샘하는 것도 가엾게 여기고 있다.

물론 이런 내 동정심이 그들에게는 아무런 도움도 되지 못한다.

남루한 옷차림으로 들판을 지키는 허수아비는 아름다운 노래를 부르면서 지나가는 바람을 시샘하지 않는다. 자신의 주위를 오가는 모든 생명들에게 표정 없는 얼굴로 인사할 뿐이다.

우리는 거미란 곤충에 대해 잘 알고 있다. 자유로이 날아다니는 벌레들을 잡기 위해 하루 종일 허공에 집을 짓지만 그 자신은 날개가 없다.

숲속에는 온종일 나팔을 불고 둥둥 소리내어 북을 치지만 정작 그 북소리 때문에 종달새나 바람이 부르는 노래를 듣지 못하는 재주꾼들도 있다.

어디 그뿐인가. 세찬 물결을 헤치며 노를 저어 모든 강을 여행한 뱃사공도 그 강의 근원은 결코 알 수가 없다. 또한 그보다 넓은 세상인 바다에는 감히 도전할 용기조차 갖지 못한다.

어떤 목수가 있다. 그는 서툰 기술을 숨긴 채 성전 쌓는 일에 참여했다가 결국 더 나은 솜씨의 일꾼에게 밀려나고 말았다. 그러나 그는 자신의 무능을 탓하기는커녕 앙심을 품고 이렇게 말했다.

"세상의 모든 쌓아올려지는 것들을 허물어버리고 말 테다."

이렇듯 우리 주변에는 다양한 종류의 사람들이 있다.

그들은 대개 예수의 말을 믿지 않는다. 예수가 하루는 '내가 온 것은 너희에게 평화를 주기 위함이다'라고 말하고, 또 어떤 날은 '나는 너희에게 칼을 주러 왔다'라고 말하니 도무지 앞뒤가 맞질 않는다는 것이다.

이것은 그들이 예수의 말에 담긴 참뜻을 모르기 때문이다.

"내가 이 세상에 온 목적은 착한 이들에게 평화를 주기 위함이다. 그리고 평화를 원하는 자와 싸움을 원하는 자 사이에는 칼을 놓으러 온 것이다."

그들은 하나같이 예수의 말에 의심을 품는다.

"내 왕국은 이 지상에 있지 않다."

"카이사르의 것은 카이사르에게 주어라."

진정 자신이 원하는 나라에 들어가고 싶다면, 그 나라로 통하는 문 앞에 서 있는 사람의 뒤를 따라야 함을 그들은 모르는 것이다. 그 나라로 가려는 사람이 다른 우상을 섬기면 안 된다는 것은 당연한 일이 아닌가.

그들은 또 이런 말을 한다.

"예수는 형제를 사랑하고 남에게 친절하라고 설교하지만 정작 자신은 그렇지 못했다. 언젠가 자신의 어머니와 형제들이 예루살렘 거리에서 그를 찾았을 때 그들을 못 본 척하지 않았던가."

그때 예수의 안위를 걱정한 어머니와 형제들은 그를 집으로 데려가기 위해 찾아왔다. 그들은 예수가 자신의 눈을 활짝 열고 새 시대의 아침을 보고 있다는 사실을 알지 못했던 것이다.

예수의 어머니와 형제들은 그를 모든 평범한 사람들이 머무르는 죽음의 그늘 밑에서 살게 하려고 했다. 그러나 그는 기꺼이 육신의 죽음에 맞서 골고다 언덕 위의 십자가에 못 박혔다. 그럼으로써 우리의 기억 속에 영원히 살아 있고자 했던 것이다. 그들은 결코 그런 사실을 알 수가 없었다.

내가 생각할 때 그들은 세상 어느 곳으로도 길을 내지 못하는 눈먼 두더지에 불과하다. 그런 까닭에 그들은 예수가 사람들 앞에서 '나는 구원의 길이요, 그 구원으로 통하는 유일한 문이다'라고 말하는 것을 비웃었을 것이다. 또 예수 자신이 곧 부활이요, 생명이라고 한 말을 문제삼아 재판에 부치고 죽음의 길로 내몬 거 아니겠는가.

분명 예수는 자신이 곧 길이요, 생명이요, 부활이라고 했다. 그리고 나는 그 숨김없는 진리의 산증인이다.

아마도 여러분은 나를 똑똑히 기억할 것이다. 언제나 율법의 가르침에 따라 살고, 율법에 복종하며, 율법 이외에는 아무것도 믿지 않았던 이 니고데모를 말이다.

지금의 나를 보시라. 빛나는 햇살이 언덕 위에 머리카락을 드리우며 웃음 지을 때, 기쁨에 가득 찬 얼굴로 활기차게 걸어가는 사람이 바로 나 니고데모이다.

여러분은 왜 '구원'이라는 말 앞에서 머뭇거리고 있는가? 나는 이미 하느님의 아들인 예수를 통해 구원을 얻었다.

내일 벌어질 일에 대해 나는 조금도 걱정하지 않는다. 내 깊은 잠 속으로 찾아오시는 예수께서 사랑하는 가족과 친구들이 있는 곳으로 나를 이끌어주실 것임을 잘 알고 있기 때문이다.

시인 예수께서 내게 말을 건넸을 때 내 육신의 살과 뼈의 장벽은 속절없이 허물어지고 말았다. 그리고 나는 영혼의 날개에 의지하여 저 높은 곳으로 올랐다. 내 날갯짓은 그대로 갈망의 노래가 되었다.

천상의 바람을 타고 내려온 내가 한쪽 날개를 다쳤을 때조차 내 갈비뼈와 깃털 빠진 날개는 그 노래와의 포옹을 풀지 않았다. 그 누구의 위협이나 힘으로도 내게서 그분이 주신 선물을 빼앗지는 못한다.

지금 귀가 들리지 않는 이들은 죽은 귓속으로 밀려드는 세속의 소리들을 땅 속 깊이 묻어버리라. 오직 그분이 연주하는 하프 소리면 충분하다. 그분이 손에 못이 박혀 뚝뚝 피가 흐를 때까지 들려주시는 그 하프 소리 말이다.

그로부터 1900년 뒤—레바논에서 온 사람

주여, 하나의 노래이신 주여!

침묵의 말씀이여,

저는 일곱 번 태어나
일곱 번 죽었지요.
당신은 너무 빨리 오셨고
우리의 꿈은 너무 짧았습니다.
제가 다시 태어나는 것을 보십시오.
언덕과 언덕 사이에 걸려 있는
낮과 밤을 기억하면서
당신의 손길이 우리를 끌어올린 날,
그날 이후로 저는
수많은 바다와 육지를 건넜습니다.
제가 험한 바다를 노 저어갈 때
당신의 이름은 차라리 기도였습니다.
사람들은 당신을 찬미하거나 비난합니다.
당신의 실패에 대한 비웃음,
그리고 항의와 찬미,
사랑하는 이를 위해 식탁에 올릴
사냥감을 짊어지고 돌아오는
사냥꾼의 찬송.
당신의 친구들은 저와 함께 있습니다.
위안받고 의지할 곳을 찾고자.
당신의 적들도 저와 함께 있습니다.
힘과 믿음을 기르기 위해.
당신의 어머니도 저와 함께 계십니다.
모든 어머니의 모습이 그렇듯이.
저는 그녀의 얼굴에서 한 줄기 빛을 보았습니다.
그녀의 손은 부드럽게 요람을 흔들었고
그녀의 손은 따사로운 수의를 입혔지요.
막달라 마리아도 우리 곁에 있습니다.
그녀는 생명의 신 초를 마시고
포도주를 맛보았지요.

작은 욕망과 큰 고통에 사로잡힌
유다는 아직도 대지 위를 걸어갑니다.
굶주린 그는 아무것도 발견하지 못하자
자기 스스로를 먹이로 삼았습니다.
그리고 그는 파멸의 구렁텅이에서
더 큰 자신을 찾으려 합니다.

요한, 아름다움을 사랑했던
그 젊은이도 여기 있습니다.
듣는 사람이 아무도 없어도 그는 노래를 부릅니다.
당신을 위해 조금 더 살려고 당신을 부정했던
성급한 시몬 베드로 역시,
우리가 피운 모닥불 가까이 앉아 있습니다.
그는 날이 밝기 전에 또 한 번
당신을 부정할지도 모릅니다.
하지만 그는
당신의 뜻이라면 기꺼이 십자가에 못 박혀 죽을 것이나
스스로에게는 그런 영광을 받을 가치가 없다고 생각합니다.
가야파와 안나스도 아직 살아 있습니다.
여전히 죄인 아닌 죄인들을 재판하면서
그들에게 재판받은 사람이
채찍질당하는 동안
그들은 폭신한 깃털침대에서 잠을 잡니다.

간음의 죄를 저지른 여인,
그녀도 이 도시의 거리를 걷고 있습니다.
배가 고파도 먹을 것이 없지요.
그리고 빈집에서 홀로 삽니다.
빌라도, 그도 여기 있습니다.
당신 앞에서 겁먹은 얼굴로

여전히 질문을 던지며,
그러나 자기 자리를 박차고 나가거나
식민지 사람들을 모욕하지 않습니다.
그는 부지런히 손을 씻습니다.
예루살렘은 대야를, 로마는 물주전자를
손에 들고 있습니다.
수천수만의 손들이 그들에 의해
눈부시도록 희게 씻겨질 것입니다.

주여, 노래로 말씀하시는 시인이신 주여!
그들은 성전을 지어 당신의 이름을 부릅니다.
그리고 모든 언덕마다
당신의 십자가를 세웠습니다.
그러나 그 자신들이 가는 길을 지키기 위한 표시와 상징일 뿐
결코 당신의 기쁨을 위한 것이 아닙니다.
당신의 기쁨은 그들의 눈으로는 보이지 않는 언덕이기에
그들을 위로하지 않습니다.
그들은 알지도 못하는 사람을 존경합니다.
그들과 같은 사랑·친절·위안을 가진.
그들의 자비는 스스로에게서 솟아난 것일까요?
그들은 살아 있는 그 사람을 존경하지 않습니다.
그는 눈을 뜬 채로 태양을 바라보았습니다.
그의 속눈썹은 조금도 떨리지 않았지요.
그래요, 그들은 그를 알지 못했고
그와 같이 되기를 원하지도 않았습니다.

그들은 서로의 존재를 알려고도 하지 않은 채
눈물을 삼키며 낯선 사람들 틈에서 걸었습니다.
그러나 그들은
당신의 기쁨 속에서도 위안을 찾지 못했습니다.

그들은 당신의 말씀과 노래 속에서도
평화를 얻지 못했습니다.
고통과 침묵은
그들을 더욱 외롭고 쓸쓸하게 만들었습니다.
많은 사람들에게 둘러싸여 있지만
그들은 마냥 두려울 뿐 단 한 명의 친구도 없습니다.
하지만 홀로 있으려고도 하지 않습니다.
서풍이 불어오면 그들은
다만 동쪽으로 엎드릴 뿐입니다.

그들은 당신을 왕이라 부릅니다.
그리고 당신의 왕국으로 들어가려 애씁니다.
그들은 당신을 구세주라 부릅니다.
그리고 그들은 성유로 축성되길 원합니다.
그래요, 그들은 당신의 삶을 본받으려고 합니다.

주여, 노래 부르시는 주여!
당신의 눈물은 5월의 소나기와 같습니다.
그리고 당신의 웃음은
하얗게 부서지는 파도와도 같습니다.
타오르는 입술에서 흘러나오는
당신의 말씀은 아득히 먼 속삭임입니다.

아직도 마르지 않은 그들의 눈을 보며
당신은 우십니다.
그들의 생각이나 이해심은 모두
당신의 목소리에서 비롯됩니다.
그들의 말과 숨결도 모두
당신의 목소리에서 자라납니다.

저는 일곱 번 태어나 일곱 번 죽었습니다.
지금 저는 다시 태어나 당신을 바라봅니다.
투사 중의 투사, 시인 중의 시인이시며 왕 중의 왕.
당신의 길동무들과 마찬가지로 반벌거숭이 인간 그 자체인 당신.
주교들은 날마다 머리를 조아려
당신의 이름을 부릅니다.
거지들도 날마다 이렇게 말합니다.
'예수의 이름으로 청하오니
빵을 살 수 있는 돈 한 푼만 주십시오.'
우리는 서로의 이름을 부르지만
사실은 당신을 부르는 것입니다.
우리의 욕망과 소원이 물결치듯
썰물처럼 가을이 스쳐가듯
높거나 혹은 낮게 당신의 이름은
우리의 입술에 묻어 있습니다.
끝없는 갈망을 가진 당신.

주여, 우리 외로운 날들의 주인이시여!
요람에서 무덤 사이의 여기저기에서
당신의 말없는 형제들을 만납니다.
사슬을 풀어버린 자유로운 사람들,
당신의 어머니이신 대지와 하늘 사이에서 나온 아들들.
그들은 하늘의 새처럼 즐겁고
들판에 피어난 백합처럼 아름답습니다.
당신의 삶을 따라 살고
당신이 생각한 대로 생각하며
당신의 노래를 부릅니다.
그러나 그들의 손엔 아무것도 없고
그들은 십자가에 못 박히지도 않습니다.
그들의 고통은 거기에서 비롯됩니다.

이 세상은 날마다 그들을 죽이지만
그 방법은 아주 하찮은 것입니다.
하늘도 땅도 갈라지지 않습니다.
그들은 죽임을 당하지만
누구도 그들의 고통을 노래하지 않습니다.
이리저리 아무리 둘러보아도
그의 왕국에 자리를 약속하는 사람은
찾을 수 없습니다.
그들은 앞으로도 죽고, 또 죽을 것입니다.
당신의 하느님은 그들의 하느님,
당신의 아버지는 그들의 아버지입니다.

주여, 사랑이신 주여!
향기로운 방에서 공주가 당신을 기다립니다.
그리고 새장 속에 갇힌, 결혼한 혹은 결혼하지 않은 여인들.
거리에서 빵을 구하는 매춘부,
남편을 갖지 않는 수도원의 수녀,
창가에 서 있는 아이 없는 여인들.
찬 서리가 숲을 수놓은 곳에서
그녀들은 당신을 찾아냅니다.
그리고 여인들은 당신을 돌보며 위안을 얻습니다.

주여, 시인이신 주여!
우리 말없는 갈망의 주인이시여!
세상은 당신의 맥박으로 요동칩니다.
그러나 당신의 노래는 세상의 심장을 태워버리진 않습니다.
조용히 기쁨에 싸여
세상은 당신의 목소리를 듣습니다.
당신의 언덕에 오르기 위해 당신 꿈을 꾸지만
당신의 새벽을 깨우지는 않습니다.

그 커다란 꿈.

그는 당신의 계시로 세상을 보려 합니다.
그러나 그 무거운 걸음을 옮겨 당신의 옥좌로 향하진 않습니다.
당신의 이름으로 옥좌에 오르고
당신의 권능으로 주교관을 씁니다.
그리고 당신의 황홀한 방문은
그들을 위한 왕관과 왕홀로 바뀝니다.

주여, 빛이신 주여!
장님의 더듬거리는 손끝에 머무는 당신의 눈길.
당신은 여전히 놀림받고 무시당합니다.
하느님이라 부르기엔 너무나도 약한 사람.
찬양을 드리기엔 너부나도 인간적인 신이라고.
그들의 찬송과 기도,
그들의 성찬과 묵주는
오로지 자신을 자유롭게 하기 위한 것입니다.
당신은 아직 그들에게서 멀리 있는 자아요,
열망이며 고통이십니다.

그러나 주여, 하늘의 중심이시여,
우리 꿈의 주인이시여!
당신은 오늘도 이 대지를 밟고 계시며
활도 창도 당신의 걸음을 멈추게 하지 못합니다.
당신은 우리의 화살을 뚫고 오셔서
당신의 미소를 우리에게 주십니다.
당신은 우리 가운데 가장 젊으시며
아버지 역시 그러하십니다.

노래 부르는 시인이시며

한없이 너그러우신 주여!
당신의 이름에 축복이 있으며,
당신을 낳은 자궁과 젖을 먹인 가슴에 축복이 가득하기를.
그리고 우리 모두를 용서해주시옵소서.

칼릴 지브란의 생애와 작품

'예언자'의 탄생과 어린 시절

'예언자' 칼릴 지브란은 1883년 1월 6일, 레바논의 북쪽 비샤리에서 태어났다. 그의 이름은 지브란 칼릴 지브란(Gibran Kahlil Gibran)으로서, 아랍 전통에 따라 아버지의 가운데 이름을 물려받았다.

세리였던 그의 아버지는 멋 부리기를 좋아하고 술과 도박으로 수입을 탕진하는 사람이었다. 권위주의적이고 변덕이 심하여 그의 아내와 아이들은 아버지를 무서워했다. 지브란의 어머니 카밀레 라메는 마론파 그리스도교의 독실한 신자로 총명하고 너그러운 여인이었다. 그녀는 정식 교육을 받지는 못했지만, 아랍 어와 프랑스 어를 유창하게 구사했고 미술과 음악에도 재능이 있었다. 또 아이들에게 동화와 성경, 옛 이야기들을 들려 주는 어머니였다. 자상한 어머니의 사랑은 아이들에게 좋은 인도자가 되었다. 지브란은 작품《부러진 날개》에서 어머니에 대한 자신의 느낌을 이렇게 피력한다.

인간이 입술에 올릴 수 있는 가장 아름다운 단어는 '어머니'이고, 가장 아름다운 부름은 '우리 엄마'라는 부름입니다. 어머니라는 단어는 희망과 사랑으로 가득 차 있고 마음 깊은 곳으로부터 울려나오는 달콤하고 다정한 단어이기도 합니다. 어머니는 모든 것입니다.

당시 오토만 투르크에 의해 합병되었던 레바논에서 대학살이 일어났다. 그리스도교와 그리스정교 신자들이 이슬람 교도들에 의해 죽음을 당한 끔찍한 유혈극이었다. 무려 3만여 명이나 학살당했을 정도로 종교적 갈등은 골이 깊었다. 비샤리 마을 사람들은 다행히 산속의 요새로 도망하여 살아남았지만, 이 비극에 대한 이야기는 지브란의 마음속에 깊이 새겨졌다. 지브란은 그리스도 교도였지만 아랍 인이었으므로 이슬람교에도 영향을 받았는데, 특

지브란이 태어난 레바논의 비샤리

히 이슬람 신비주의 교단인 수피파의 영향을 크게 받았다.

또래의 아이들과는 달리 유난히 혼자 놀기를 좋아한 지브란은 집 근처의 옛 수도원 마르 사르키스에서 홀로 그림을 그리며 놀았다. 종이가 없으면 흙바닥이 그의 도화지가 되었다. 여섯 살 때는 어머니가 준 레오나르도 다빈치의 그림에 매혹되었는데, 이것은 그에게 '미지에 대한 동경'을 가득 채워 주었고 그의 평생 동안 예술에 대한 변치 않는 자극제가 되었다.

아홉 살 때 지브란은 부모와 함께 태양의 도시이며 바알 신의 도시인 바알 벡의 폐허를 구경했다. 그곳에서 캠핑하던 어느 날, 폐허가 된 사원의 문간에 앉아 동쪽을 마냥 바라보고 있던 한 '외로운 사람'을 발견했다.

지브란은 용기를 내어 그에게 뭘 하느냐고 물었다. 그러자 그가 대답했다.

"인생을 보고 있지."

"그것뿐이에요?"

"그 이상 뭐가 더 필요하지?"

이 일은 지브란에게 강한 인상을 던져 주어 잊히지 않는 기억이 되었다. 이때의 감상은 그의 초기 작품 여러 군데에서 찾아볼 수 있다.

그는 12살이 되도록 학교를 가 보지는 못했지만 세리였던 아버지를 따라다니며 유목민, 양치기 등을 만났다. 양치기들 역시 학교를 다니지 못했으나 시를 읊고 플루트를 불었다. 맑은 공기와 자유로움, 별이 가득한 밤하늘은 그에게 순수한 신앙과 깊은 통찰을 일깨웠다. 이러한 자연환경은 그의 영감의 원천이 되어 여러 작품 속에서 환상적으로 묘사되곤 하였다.

지브란은 어릴 때부터 자연에 대한 호기심과 사랑이 남달랐다. 산속을 헤매고 다녔으며, 천둥 번개가 빚어내는 장엄함에 압도되어 바깥으로 뛰쳐나가 온몸으로 받아들이기도 했다. 이러한 자연에 대한 사랑과 경외는 그의 심성을 평화롭고 아름답게 일깨웠다. 또한 대자연에 신의 역사가 그대로 드러난다고 생각하였다. 이것은 아마도 그의 전 생애에 걸친 자연과 신에 대한 사랑의 기초가 되었을 것이다.

기회의 땅, 미국으로 가다

1892년, 가족들은 아버지가 정치적으로 동조하는 사람의 집으로 이사를 했다. 그러던 어느 날, 지브란의 아버지는 횡령혐의로 체포되었다. 어머니는 남편의 결백을 증명하려 애썼으나 3년 후 아버지는 유죄선고를 받았고 전 재산이 몰수되었다.

1895년 아버지를 제외한 지브란의 가족은 더 나은 삶을 찾아 신대륙으로 떠났다. 당시 미국에는 급격한 산업화의 바람이 불고 있었다. 많은 사람들이 꿈과 희망을 좇아 미국으로 건너왔다. 지브란 가족이 자리잡은 곳은 미국 보스턴의 변두리에 위치한 사우스 엔드의 올리브 플레이스였다. 환경이 열악하고 빈곤한 사람들이 들끓는 동네였지만, 신기한 문물과 접한 가족들은 눈이 휘둥그레져 여기저기 둘러보기에 바빴다.

어머니 카밀레는 낮에는 행상을 하고 밤에는 바느질로 생계를 꾸렸다. 90kg에 달하는 무거운 보따리를 이고 다니느라 힘이 들었지만 이를 악물고 버텨냈다. 어찌나 부지런하게 일했던지 보스턴에 정착한 지 1년이 채 되지 않아 포목점을 차릴 수 있었다.

보스턴에서 지낸 2년 동안 지브란은 퀸시 남자 초등학교에 다녔다. 그는 빠르게 영어를 습득하여 두각을 나타냈고 독특한 그림으로 교사들의 눈길을 받았다. 그를 눈여겨 본 교사들은 지브란이 미술수업을 들을 수 있게 하였고, 미술 교사 중 한 사람이 그를 한 사회사업가에게 소개했다. 그 사회사업가는 다시 프레드 홀랜드 데이(Fred Holland Day)라는 사진작가를 소개해 주었다. 데이는 지브란에게 종종 사진 모델이 되어 달라고 요청했다. 그러면서 그가 자신의 혈통에 자긍심을 가질 수 있도록 격려하였다. 영어 실력이 향상될수록 지브란은 영문학에도 심취하게 되었다. 또한 종종 넘치는 영감

을 화폭에 옮기기도 했다. 15세 소
년이었던 지브란의 지지자가 된 데
이는 자신이 운영하는 출판사를 통
해 책표지 디자인을 맡기기도 했다.

꽃처럼 피어나는 재능

지브란의 어머니 카밀레는 아들이
레바논의 전통을 이해하고 그 안에
서 예술적 감성을 꽃피우길 바랐다.
그러한 어머니의 기대와 고향에 대
한 그리움을 안고 그는 15세가 되던
1898년 8월 베이루트행 배에 몸을
실었다.

레바논에 도착한 지브란은 마드라
사트 알 히크마 대학에 등록하였다.
이 당시 지브란은 아랍 어를 읽기만

레바논 알 히크마 대학에 입학한 지브란
(1898. 15세)

할 뿐 쓸 줄은 모르는 상태였다. 그러나 그의 지도교수 유수프 하다드 신부
는 소년을 열정적으로 가르쳤다.

처음에 지브란은 자신이 영어 공부를 끝마쳤으며, "내 나라의 언어와 문
학을 공부하고 그것으로 생각을 표현하기 위해" 레바논에 왔다고 말했다.
그래서 초급반에 배정되자 불만을 표시했다. 하다드 교수는 배움이 한 번에
한 단계씩 올라가는 사다리와 같다고 그를 타일렀다.

그러자 지브란이 말했다.

"교수님은 새가 사다리 없이 날아오른다는 것을 모르세요?"

이에 탄복한 교수는 지브란이 원하는 수준의 공부를 할 수 있도록 도와 주
었다. 다음날 하다드 교수의 책상 위에 지브란의 쪽지가 놓여 있었다.

"석 달 동안은 제게 아무것도 묻지 말아 주세요. 그 이후에는 뭐든지 물어
보셔도 좋아요."

지브란은 마치 스펀지처럼 눈과 귀를 모두 열고 모든 지식을 마구 빨아들
였다. 얼마 지나지 않아 지브란은 아랍어 작문을 교수에게 제출하기 시작

했다. 교수는 자신의 제자가 특출한 인물이 될 것을 예견하고 세심한 지도를 펼쳤다.

알 히크마의 아랍 어 교과 과정에는 고대와 현대 문학강독이 있어서 지브란은 위대한 수피 시인들의 작품을 접할 수 있었다. 그는 낭만주의 시대의 불문학도 공부하여 프랑스 작가의 책도 읽었다.

졸업하던 해 지브란은 친구인 유수프 후와익과 비샤라 쿠리의 도움으로 〈알 마나라〉(불빛)라는 문예지를 창간했다. 이 문예지를 통해 그는 자신의 생각을 자유롭게 펼칠 수 있었을 뿐만 아니라 그림에 대한 재능도 뽐낼 수 있었다. 지브란의 독특한 행동에도

35세 때의 지브란(1918)

불구하고 교수들은 그의 재능을 인정해 교내 시문학상을 주었다.

이렇게 장래가 촉망받는 지브란이었지만 아버지와 함께 있을 때는 별 볼 일 없는 소년으로 여겨졌다. 아버지는 전보다 더 포악한 술꾼이 되었고, 권위주의적인 아버지와의 갈등은 뒷날 권력에 대한 반항의 시초가 되었다.

어느 날 밤, 친지들이 모였을 때 손님 하나가 지브란에게 자작시를 한 편 읊어 주길 요청했다. 지브란 생애 최초의 공식 낭독회였지만 아버지는 시종일관 비웃으며 말했다. "이런 미친 짓은 다신 하지 마라."

지브란은 집을 뛰쳐나가 사촌과 그의 어머니가 살던 집으로 가 버렸다.

지브란은 곧 여러 분야의 사람들과 교류하기 시작했다. 그러다가 명망이 높은 집안의 타누스 아사드 한나 다히르를 만나게 되었다. 재능 있는 청년 지브란을 좋아하게 된 다히르는 그가 자신의 딸인 사이디와 할라의 집안일을 돕도록 했다. 지브란과 그보다 두 살 위였던 할라는 곧 사랑에 빠졌다. 하지만 1899년 여름, 할라의 오빠는 자기 여동생과 비천한 신분의 지브란의 사이가 심각함을 깨달았다. 이후 두 사람은 근처의 숲에서 몰래 만나야 했

지브란 자화상(연필화, 1910)

다. 결국 그들의 사랑은 오래 가지 못했다.

1912년, 단편 《부러진 날개》에서 지브란은 재산처럼 이리저리 팔려 다니는 여성에 대한 차별과 진실한 사랑을 할 수 없게 막는 사회를 비판하고 있다. 반(半)자전적인 이 작품은 중동세계에서 최초로 여성의 권리를 옹호하였다. 또한 세도가인 할라의 집안에 의해 거부당한 아픔은 권력에 대한 분노로 표출된다.

지브란 초기 작품에서 교회와 정치권력에 맞서는 주인공들은 지브란 자신으로, 《부러진 날개》에서는 더욱 분명히 드러나고 있다.

끊임없는 불행과 반비례한 인기

1902년 4월, 지브란과 많이 닮은 모습의 둘째 여동생 술타나가 사망했다. 열두 살에 임파선이 부어올랐지만, 워낙 연약한 터라 버텨낼 수가 없을 것 같아 수술도 할 수 없었다. 포목점을 유지하기 위해 밤낮으로 일했던 장남 부트로스는 동생의 죽음에 깊은 우울증에 빠졌다. 이미 결핵에 걸려 있었던 그가 급속히 쇠약해지자 의사는 레바논으로 돌아가 요양할 것을 권유했다. 그러나 부트로스는 사업상의 친구들이 있는 쿠바로 떠났다. 건강이 계속 악화되었지만 편지에서는 그 사실을 숨겼다.

한편 쇠약해진 어머니 카밀레도 큰아들이 쿠바로 떠난 이틀 뒤 악성종양이라는 진단을 받았다. 6주 뒤 수술을 했지만 희망은 없었다. 집안에 어두운 먹구름이 껴 있었다. 지브란과 마리안나는 어머니의 죽음을 예감하고 함께 눈물을 흘렸다. 25세의 건장했던 청년 부트로스가 집으로 돌아온 한 달 뒤 숨을 거뒀고 곧 어머니 카밀레도 아들의 뒤를 따랐다.

이제 막 스무 살이 된 지브란이 가장 역할을 해야만 했다. 그는 채권자 두

명을 동업자로 끌어들여 함께 가게를 꾸려 나갔고 1년 동안 빚을 갚은 뒤 사업을 정리해 버렸다.

마리안나는 오빠의 뒷바라지를 위해 밤낮으로 삯바느질을 하며 한 달에 60달러씩 벌었다. 또 가사를 돌보고 지브란을 위해 레바논 요리를 만들어 주었다. 많은 사람들이 그를 손가락질하며 욕했지만 어떤 사람들은 지브란의 재능을 눈여겨 보았다.

1904년 4월 30일부터 5월 10일까지 지브란의 그림 전시회가 열렸다. 많은 호평을 받고 그림 두 점이 팔렸다. 입소문을 듣고 찾아온 이들 중에는 메리 엘리자베스 하스켈 (Mary Elizabeth Haskell)도 있었다.

메리 엘리자베스 하스켈(연필화, 1910)
보스턴 하스켈 여학교 교장이었다.

그녀는 보스턴 하스켈 여학교의 교장으로, 여학생들의 교육을 위해 젊은 이민자 청년의 작품들을 관람시켰다.

한편 지브란은 뉴욕의 아랍 이민자 신문 〈알 모하제르〉의 편집장과 만나게 되었다. 편집장 아민 구라이예브는 아랍 어 에세이를 연재하는 조건으로 일주일에 2달러씩을 주기로 하였다. 지브란은 자신의 글과 그림을 신문에 실었다.

그해 11월 프레드 홀랜드 데이의 스튜디오에 불이 나 1천여 점의 그림이 소실되었다. 여기에는 지브란의 그림도 몇 점 있었다. 이 소식을 들은 메리 하스켈은 지브란에게 위로의 편지를 보냈다. 이때부터 시작된 서신교환 및 만남은 무려 25년 동안 지속되었다.

1905년 여름, 지브란의 《알 무지카》(음악)가 〈알 모하제르〉에서 출판되었다. 이 책은 그의 최초 아랍 어 저서로 알려져 있는데, 정교하고 안정적인 문체가 열정적인 상상력을 잘 드러내는 작품이다.

보스턴에서의 생활이 차츰 안정되면서 그의 이름도 점점 알려지기 시작했다. 그는 아랍계 지식인들과 자주 만났다. 〈알 모하제르〉에 연재되는 그의 칼럼 《눈물과 미소》는 많은 인기를 얻었다. 그는 자연을 자애로운 어머니이자 에로틱한 연인, '영혼의 복음'을 전파하는 스승으로 그려냈다. 그리고 자연을 파괴하는 인간들에게 경고의 목소리를 냈다. 또한 인류가 하나라는 주장을 폈다. 칼릴 지브란은 모든 종교가 근본적으로는 하나라고 믿고 종교 사이의 반목을 우려했던 것이다.

지브란은 정부와 교회의 횡포에 대해서도 비난의 목소리를 높였다. 《계곡의 님프》라는 제목으로 묶여 나온 세 작품, 《마르타》와 《미친 유한나》, 《천 년의 먼지와 영원한 불》에서 그의 사상을 엿볼 수 있다. 앞의 두 작품에서는 자연에 대한 찬사는 물론이고, 여성에 대한 불평등한 억압과 부패한 교회의 위선적인 모습 등을 고발했다. 특히 《천 년의 먼지와 영원한 불》은 환생과 그 경계에 걸친 낭만적인 사랑을 잘 묘사했다. 동양사상에서 촉발된 19세기 초월주의(超越主義)와 윤회를 인정하는 그리스도교 일부 종파의 교리 또한 영향을 끼친 듯하다. 지브란의 작품은 아랍 문학에서 다뤄지지 않은 주제였으므로 중동세계에 신선한 충격을 던져 주었다.

깨달음을 준 사상과 사랑

1908년 7월 1일, 지브란은 메리 하스켈의 권유로 예술의 도시 파리로 떠났다. 파리의 자유롭고 활기찬 분위기는 지브란을 매혹시켰다. 그는 메리에게 보낸 편지에, 파리가 세상의 중심이며 예술가의 낙원이라고 썼다. 그리고 몽파르나스의 멘느 거리에 아파트를 얻고 쥘리앙 아카데미에 등록해 설렘에 가득 찬 파리 생활을 시작했다.

이 무렵 〈알 모하제르〉에 실렸던 이야기 네 편이 《영혼의 반항》이라는 제목으로 묶여 출간되었다. 이 소설들 역시 기존의 부당한 사회질서에 대해 고발하는 내용이다. 작품들은 부패한 권력에 맞서거나 편파적인 법률 제도의 부당함을 지적한다. 또한 중동세계 특유의 강제적인 결혼제도와 그 안에 갇힌 여성들의 삶을 들여다보고 있다.

이런 내용은 당시 중동에서는 상당히 진보적인 사상으로 지브란을 못마땅하게 생각하는 사람들이 생겨났다. 그래서 어느 날은 마론파의 지도자들이 그를 찾아와 지브란의 마음을 돌리려 애쓰기도 했다. 또 한 괴한이 지브란의

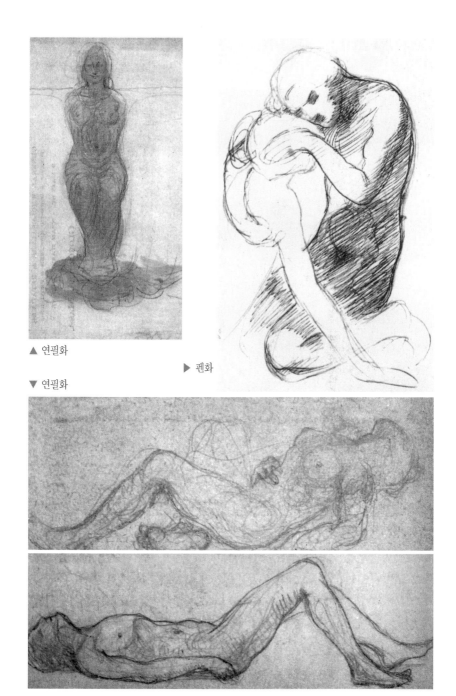

▲ 연필화

▶ 펜화

▼ 연필화

초기의 스케치 작품들

목숨을 노려 총을 쏘는 일도 있었다. 다행히 가까이에서 쏘아 팔에 맞는 것으로 끝났지만 하마터면 목숨을 잃을 뻔한 사건이었다.

아카데미의 교수들에게 배울 만큼 배웠다고 생각할 무렵, 지브란은 화가 귀스타브 모로의 제자인 베로노를 알게 되었다. 베로노는 지브란에게 작품 활동을 잠시 멈추고 《회화 대사전》을 보도록 권하고 '색채의 가치'를 공부하라고 조언했다.

1909년에 그는 일주일에 두 번씩 다섯 명의 학생들에게 구성을 가르쳤다. 그의 '가을'이란 작품은 프랑스 국립미술관이 주최한 전시회에 출품되었고, 하반기에는 국제미술가협회의 초청으로 회화 6점을 선보이기도 했다. 파리 생활은 각국의 여러 예술가들과 활발한 교류가 일어나던 즐거운 시기였다.

1910년 1월, 지브란은 조각가인 오귀스트 로댕을 통해 시인이자 화가인 윌리엄 블레이크에 대해 알게 되었다. 그리고 블레이크의 작품세계에 흠뻑 빠져들었다. 지브란은 그것을 "내 영혼과 형제인 영혼을 만났다"고 표현했다. 블레이크의 세계관과 종교관, 예술관은 지브란에게 오래도록 깊은 영향을 끼쳤다.

지브란은 블레이크의 글과 그림에서 "별빛이 아직도 우리에게 날아오고 있다"고 느꼈다. 그는 블레이크와 진실을 공유하고 있다는 느낌에 황홀해 했는데, 이는 마치 영혼이 춤을 추는 기분이었다. 두 사람의 공통점은 상상력과 비전의 세계를 이성 위에 쌓아올린 데 있다. 상상력은 모든 것을 가능하게 하는 위대하고도 신성한 힘이었다. 따라서 시인이란 예언자이며 통찰력을 가진 사람, 그 상상력의 소유자였다. 그리고 신과 인간, 영원과 덧없는 것을 이어주는 중개자였다. 지브란에게 시인이란 영혼의 치유자이며, 인류 구원을 위한 예언자로 여겨졌다.

그는 알 히크마 대학에서의 친구 유수프 후와익과 다시 만나게 되었다. 후와익도 미술과 조각을 공부하고 있었는데, 두 사람은 함께 그림 모델을 같이 쓰곤 했다. 몇 달 뒤 베로노에게서 더 이상 배울 것이 없다고 판단하여 그의 문하를 떠났다.

지브란은 니체의 사상에도 흠뻑 빠져들었는데, 특히 그의 작품 《차라투스트라는 이렇게 말했다》를 읽곤 완전히 심취했다. 니체의 기존 질서에 대한 반발과 시인을 예언자로 본 태도는 지브란의 상상력을 자극했다. 하지만 신

ⓐⓑ지브란의 자화상 스케치 (1910)
ⓒ오페라 하우스 스케치 (1910)
지브란과 아민 리하니 공동 작품

ⓓⓔⓕ지브란의 초기 작품 (1910)
아민 리하니 저서 《칼리드의 책》에 실린 지브란의
작품. 잉크와 브러시로 그림.

지브란이 마이 지아다에게 보낸 편지 (1912. 5. 30)

을 완전히 부정한 니체와는 달리 지브란은 종교를 부정하지는 않았다. 다만 종교가 하나로 결합하여 더 발전적인 형태로 나아가길 원했을 뿐이었다.

1910년 10월 22일, 그는 예술가들의 땅을 떠나 새로운 에너지가 약동하는 미국으로 향했다. 그리고 마리안나와 함께 지내며 메리 하스켈을 지속적으로 만나기 시작했다. 우아하면서도 열정적이고 다정한 메리 하스켈은 지브란의 생애와 떼려야 뗄 수 없는 인물이다. 두 사람이 같이 보내는 시간은 날이 갈수록 늘어갔다. 함께 있을 때면 메리는 영어를 가르쳐 주고 지브란은 시를 읽어 주었다.

1910년 12월 10일, 지브란은 그녀에게 프로포즈를 했다. 따뜻하고도 섬세한 감성으로 자신을 이해해 주던 메리와 인생을 함께하고 싶은 생각이 들었던 것이다. 하지만 메리는 자신의 나이를 들먹이며 단번에 거절했다. 우정을 어설픈 연애로 망가뜨리고 싶지 않다는 이유였다. 그가 자존심이 상한 것도 잠시 바로 다음날 그녀는 다시 좋다고 말했다. 그러나 몇 달 뒤 메리는 자신이 지브란의 앞길을 붙잡게 될 것을 우려하여 결혼할 수 없다고 했다. 지브란이 육체적 접촉을 꺼리는 것이 사실은 결혼을 원하지 않기 때문이라고 여긴 점도 있었다. 그녀는 지브란의 성(性)의식을 알지 못했던 것이다. 지브란은 준수한 외모와 많은 인기에도 불구하고 함부로 다가서는 사람은 아니었다. 그는 성에 대한 편견은 없었지만 거기에 매이는 것은 싫어했다. 아무튼 두 사람은 결혼하지 않고 우정을 쌓아 나갔다.

1911년 4월, 지브란은 지루해진 보스턴을 떠나 뉴욕으로 향했다. 곧 보스턴의 가라앉은 분위기에서 벗어나 뉴욕의 강하고 활기찬 에너지에 금세 젖

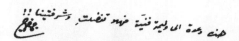

지브란의 그림전시회 초청장(1919)

마이 지아다에게 보낸 초청장으로, 지브란의 아랍어 친필이 들어 있다.

MESSRS. M. KNOEDLER & CO.

ANNOUNCE A SMALL EXHIBITION OF

FOREIGN AND AMERICAN PAINTINGS

AT THEIR GALLERIES

556-558 FIFTH AVENUE

NEAR FORTY-SIXTH ST.

NOVEMBER 27TH TO DECEMBER 16TH

Artists represented

Besnard, Bonnard, Bellows, Brush, Carriere, Cezanne, Cottet,
Cadell, Calder, Daumier, Dagnan, Domingo, Gibran, Glackens,
Henri, Kelly, Kronberg, La Touche, Miller, Orpen, Pissaro,
Perelman, Sargent, Stevens, Sterner, Steer, Thompson,
Vasquez and Weir

어들었다. 그는 이민자 신문 〈알 호다〉(안내자)의 편집장이 주최한 만찬에 참석하여 '자립'을 주제로 짧은 연설을 했다. 그리고 오토만 투르크의 압제에 항거하는 '알 할카알 다하비야'(황금의 원)이라는 단체의 보스턴 지부를 결성하기도 했다.

1912년 1월에는 아랍 어 단편 《부러진 날개》가 출간되었다. 해당 작품은 '아랍 문학을 새롭게 하는 운동의 시발점이 될 것'이라는 등의 호평을 받았다. 이 책을 통해 지브란은 이집트 카이로의 마이 지아다(May Ziadah)라는 여류작가를 알게 되었다. 당시 카이로는 아랍어 권 문학 활동 중심지였는데, 마이는 여기서 저널리스트이자 비평가로 활동했다. 두 사람은 이때부터 20여 년간 편지를 주고받으며 친분을 쌓았다.

1912년 봄에는 에드워드 피츠제럴드의 친척이며 《루바이야트》를 번역한 줄리에트 톰슨과 만났다. 줄리에트는 지브란에게 바하이교의 아랍 어 작품을 빌려 주었다. 그리고 지브란에게 바하이교의 지도자 압둘 바하의 초상화를 그려달라고 요청했다. 지브란은 4월 19일에 뉴욕을 방문한 압둘 바하의 초상화를 그렸다. 압둘 바하는 지브란에게 이렇게 말했다. "영혼으로 일하는 사람들은 좋은 작품을 만듭니다. 알라의 힘이 당신의 안에 있어요." 그리고 무함마드의 말을 인용했다. "예언자와 시인은 신의 빛으로 본다."

아랍세계에서 그의 《부러진 날개》가 상당한 주목을 받아 지브란에겐 행복한 시기였다. 하지만 일에 너무 열중한 데다 고향에 대한 그리움까지 겹쳐 건강이 악화되었다. 지브란은 일을 할 때면 거의 먹지 않고 지냈다. 하루 종일 진한 커피를 마시고 줄담배를 피워댔으며 기껏해야 과일 한두 개로 하루를 버티기 일쑤였다. 잠자는 시간도 불규칙해서 밤을 꼬박 새는 날이 많았다. 건강이 차츰 나빠져 독감에 걸리는 일이 비일비재했다.

한편 메리와 지브란의 사이는 그다지 좋지 않았다. 둘 사이에 대해 의문을 품고 있던 메리는 자신들의 관계가 돈 때문에 유지되고 있다고 여겼다. 물론 지브란은 화를 냈고 메리는 자신이 그에게서 사랑받는다는 사실을 떳떳이 공개할 수 있길 바랐다. 이에 대해 지브란은 많은 사람들이 그를 바람둥이로 생각하고 있어서 고통스럽다고 말했다. 그런 시기가 지나 감정이 누그러진 후 그들은 평화로운 상태에서 대화를 나눴다. 1914년 1월 무렵 메리는 일기에 이렇게 적었다. "오늘은 그를 아주 잘 알게 된 기분이다. 그가 아무것도 감추지 않는 게 정말 기쁘다."

요동치는 세계와 그 변화 속으로

불황으로 실업자들이 늘어나고 각종 시위와 집회가 열렸다. 니체, 보들레르, 마르크스, 졸라 등의 혁명사상에 영향을 받은 젊은 지식인들은 기존의 부르주아적 가치에 냉소를 보냈다.

얼마 지나지 않아 제1차 세계대전이 발발했다. 지브란은 전시회를 준비하며 분주하게 보냈다. 그러면서도 여러 작품을 발표해 눈길을 끌었다. 아랍어 시인《혁명의 시작》에서 오토만 제국과 그의 식민정책을 날카롭게 비판했다. 산문시《바다의 딸들》에서는 억압정치에 반대하고 평화를 호소하며 혁명을 부르짖었다. 그는 물질주의가 인간의 눈을 가려 인간성을 제대로 볼 수 없게 한다고 믿었다. 그리고 이를 치유하기 위해선 자연과의 교감을 회복해야 한다고 주장했다.

12월에 열린 전시회에 대한 평가는 다소 엇갈렸다. 부정적인 쪽이 더 많았지만, 어쨌든 그림 값으로 6천 400달러를 벌 수 있었다. 그림들이 팔리기 시작하면서 지브란은 한동안 경제적인 고통에서 벗어날 수 있었다. 그는 메리에게 단순히 그림을 그리는 그림쟁이나 시만 쓰는 글쟁이가 되고 싶지 않으며, 그 이상의 무엇이 되고 싶다고 털어놓았다. 그는 '진정한 예술가'가 되고 싶어했는데, 그것은 '마음에 영적 생명력이 충만한 사람'이었다.

▲ 지브란이 그린 어머니 카밀레 라메(연필화, 연대미상)

▼ 압둘 바하 초상화(연필화, 1912) ▼ 오귀스트 로댕 초상화(연필화, 1915)

《광인》 '셋은 하나다'
(연필화, 1918)

1916년 터키가 제1차 세계대전에 개입하면서 레바논의 상황도 극도로 악화되었다. 공포정치가 시작되어 정부 반대파 인사들은 추방되거나 투옥되고 사형당했다. 시민들은 가축과 재산을 군대에 빼앗기고 나무들은 마구 잘려나갔다. 전염병이 창궐하고 굶주리는 사람이 늘어나 목숨을 잃는 이들이 속출했다. 이 무렵 사망자는 45만 명 인구 중에 10만에 달했다. 타국의 레바논 사람들은 조국의 상황에 늘 귀를 기울이고 난민촌 건설을 위해 돈을 모았다. 지브란은 시리아—레바논원조위원회의 총무직을 맡아 고국의 동포들을 도왔다.

하지만 그는 한편으로 되도록 사람들을 피하며 홀로 지냈다. 혼자 지내는 동안 그는 작품을 구상하기도 하며 형이상학적인 의문을 탐구하기도 했다.

"하느님은 인간과 땅이 당신을 닮아 당신의 일부처럼 되길 원하십니다. 인간과 땅, 땅 위에 있는 모든 것들은 소망의 힘에 의지해 점점 하느님께 가까이 다가가고 있습니다. 그리고 소망이야말로 만물을 변화시키는 타고난 능력입니다. 그것이 바로 모든 물질과 모든 생명의 법칙입니다. ……영혼은 자연 속에 새로이 나타난 요소입니다. 다른 요소와 마찬가지로 고유한 속성도 가지고 있지요. 더 나은 것을 의식하고 소망하며, 자신을 초월하는 어떤 것을 갈망하는 이런 것들이 바로 영혼의 속성이며, 가장 고차원적인 물질의 형태입니다. ……그리고 물이 거슬러 올라가는 법이 없듯이 영혼도 결코 자기의 길을 잃어버리는 법이 없습니다. ……죽음은 우리를 변화시키지 않습니다. 죽음은 단지 우리 안에 있는 참된 것, 우리의 의식을 해방시켜 줄 뿐입니다."

지브란은 시리아—마운트 레바논지원군위원회를 조직하여 활동하였다. 그는 레바논과 시리아의 기아 현상이 터키 정부의 고의적인 계획 때문이라고 믿었다. 원조위원회는 십자군과 미 해군의 협력으로 기선을 기증받았다. '시저'라는 이름의 이 기선은 75만 달러어치의 식량과 필수품을 싣고 1916년 12월 17일 시리아를 향해 출발했다.

다소 마음을 놓은 지브란은 1917년 1월 29일에 뉴욕의 노들러 갤러리에서 다시 전시회를 열었다. 이 전시회는 사람들의 시선을 집중시켜 칼릴 지브란이란 예술가의 진가를 드러내어 다시 보게 하였다.

《선구자》 '천상의 어머니'
(연필화, 1920)

중립을 선언했던 미국이 독일에 선전포고를 하고 전쟁에 참가하자, 지브란은 시리아—마운트 레바논 지원군위원회를 통하여, "어떤 국민도 본인이 원하지 않는 주권 밑에 억지로 살게 해서는 안 된다"라는 슬로건을 내걸고 시리아의 독립을 위해 활동하였다.

1918년 지브란의 첫 번째 영어 작품집 《광인》이 출판되었다. 보스턴 시절 가족들의 혼란스러운 삶이 투영된 작품으로, 수피 형식의 우화와 등장인물인 '광인'을 차용하여 교훈을 담았다. 그리고 '광인'을 시인이자 예언자로 내세워 기존의 낡은 가치들에 냉소를 보내고 새로운 자아 속에서 태어날 것을 종용했다. 지브란은 인간의 본성이 어떤 틀에 고정되어 불변하는 것이 아니라 오히려 성격을 제한적으로 숨기는 가면 뒤에 명백한 본질이 존재한다는 수피의 사고방식을 도입하고 있다. 이러한 본질은 성격을 희생해야만 비로소 성장할 수 있는 것이다. 이 작품에 대해 메리는 "《광인》 앞에서…… 내

레바논 작가 미카일 나이미 초상화
(연필화, 1920)

영혼과 나 사이에 있는 많은 장막들이 벗겨진다"고 하였다.

1919년 3월 초, 대화 형식으로 쓰인 작품집 《알 마와킵》(행렬)이 출간되었다. 인생의 행복과 자유와 불멸을 추구하다 길을 잃은 사람들의 행렬을 묘사한 시로서, 고전적인 형식과는 거리가 먼 작품이었지만 그 안의 섬세하고 서정적인 매력은 사람들을 매혹했다. 이 작품에서 '숲'은 단어 그대로 자연세계일뿐만 아니라 존재의 완전성이고 유토피아이며 불멸의 세계이다. 사실 《알 마와킵》은 고전적인 시의 양식에 걸맞지는 않다. 하지만 마이 지아다는 구문법과 문법상의 불규칙성을 비판하지 않고, 그것이 시인의 반항적인 목소리를 표현하고 있다고 보았다. 물론 보수주의자들은 그가 아랍 어의 순수성을 더럽혔다며 비난했다. 하지만 새롭게 창조된 운율과 비유법은 아랍문학의 낭만파 시에서 가장 독창적인 시일 것이다.

그해 가을에는 그의 첫 화집 《그림 20선》이 출판되어 좋은 평가를 받았다. 화집 서문에 앨리스 라파엘 엑스타인은 그의 시가 '고대의 비유법과 현대의 자기 관조의 신랄한 풍자가 어우러진' 혼합물이라고 썼다. 그리고 '그것들은 조화를 이루고 공존하며, 결국 생각과 감정이 동등한 비율로 혼합되어 완벽하고 아름다운 표현이 된다'고 하였다.

모든 것에 내재하는 신의 《예언자》

제1차 세계대전이 끝나고 1920년 지브란은 동료 레바논 작가 미카일 나이미, 다른 재미 작가들과 함께 문인연대 '알라비타'를 조직했다. 초기 멤버는 모두 여덟 사람으로 지브란이 대표를 맡았다. 아랍 문학을 정체와 모방의 구렁에서 건져 내는 것을 목표로 한 알라비타는 현대 아랍문학에서 놀라운 파장을 일으켰다. 사람들은 알라비타를 가리켜 '현대 아랍문학의 가장 강력한

재미 아랍문학 학파 '알라비타' 회원들과 함께(1920)
왼쪽부터 나셉 아리다·칼릴 지브란·압둘 마시 하다드·미카일 나이미

학파'이며, '활동 중인 학파 중 가장 완벽한 학파'라고 불렸다.

같은 해 여름, 니체의 영향이 그대로 드러난 《폭풍우》가 출간되었다. 제1차 세계대전을 통해 그가 느낀 허무주의가 강하게 배어 나온 작품 곳곳에서 사탄이 '문명'이라는 이름의 타락한 괴물을 만들어 냈다고 비난하는 모습을 볼 수 있다. 이번에도 역시 종교의 위선적인 면에 대해 부단히 언급되고, 부패한 정치인들에 대한 분노가 표출되기도 한다. 이 작품집에서는 파멸과 갱생을 상징하는 '폭풍우'가 반복적으로 나타나는 모습을 볼 수 있는데, 예수가 이 폭풍우로 묘사되기도 한다.

1920년 9월에는 《선구자》가 출간되었다. 우화와 시 모음집인 이 작품은 개인의 자기 성찰을 중시하는 모습을 보여 준다. 역시 수피파의 사상에서 많은 부분 끌어 쓰고 있는데, 이것은 '신의 어릿광대'나 '속세를 떠난 왕', '노예', '성자' 등의 인물로 표현된다. 이 우화들은 지브란의 사회적 개념을 규정짓고 있다. 그리고 저마다의 개인은 사회적이거나 개인적인 어떤 변화가 일어나기 전에 우선 자신을 이해해야 하고, 그 변화는 자신의 행동이 다른 사람들에게 어떤 영향을 미치는지 깨달은 이후에 수행되어야 한다는 그의 믿음을 드러낸다. 니체의 허무주의가 사그라지고 희망이 엿보이는 긍정적인 힘이 빛을 발하는 작품이다.

1921년 무렵, 《정치적 결별》이라는 아랍 어 시가 중동지역에서 전례 없는 주목을 받았다. 그러나 이 작품은 곧 출판과 반입이 금지되었다. 이집트의 〈알 힐랄〉만이 용기 있게 그의 이름을 밝힌 책을 펴냈다. 중동에서 그에게 오는 모든 우편물은 검열당했다. 검열관들은 뻔뻔스럽게도 편지에 자신들의 의견을 덧붙여 쓰거나 돈을 요구하기도 했다.

코란에 종종 인용되는 제목의 아랍어 희곡 《높은 기둥의 도시, 이람》도 발표되었다. 이 작품에서 지브란은 여자 예언자를 주인공으로 내세워 환상의 도시 이람에서 겪는 일을 그렸다. 지브란의 영적 세계 심취와 그의 종교관이 잘 드러나는 작품이다. 이러한 점은 여자 예언자 아메나의 다음 대사를 들어 보면 잘 알 수 있다.

"지구상의 모든 것은 보이든 안 보이든 오직 영적으로만 존재합니다. 나는 육체로 황금성에 들어갔어요. 육체는 나의 더 큰 영혼이 지상에 나타나는 형태에 불과하고, 모든 사람의 영혼을 안전하게 보관하는 임시보관소에 지나지 않아요. 나는 영혼 안에 감춰진 육체로 이람에 들어갔지요. 왜냐하면 땅 위에 사는 동안 이 두 가지는 항상 존재하고, 영혼에서 육체를 또는 육체에서 영혼을 분리하려고 노력하는 사람은 마음이 진리에서 멀어지게 되거든요. 꽃과 그 향기는 하나랍니다. ……시간과 장소는 영적인 상태이며, 보이고 들리는 것도 모두 영적인 것이에요. 만일 당신이 눈을 감는다 해도 내적 자아의 깊이를 통하면 만물을 감지할 수 있을 거예요. ……만일 눈을 감고 마음과 내적 지각의 문을 연다면, 존재의 처음과 끝을 발견하게 되겠지요. ……처음이 끝이 되고, 끝이 처음이 된다는 것을."

이 희곡에서 반복적으로 연구되고 표현되는 원리인 '존재의 합일'은 현상 세계에 대한 절대자의 동시적 초월성과 내재성을 암시한다. 지브란은 신이 말이나 이름으로 규정되거나 분리되지 않는다고 하였다. 또한 모든 것이 하

느님이라고 주장하며 인간은 신
과 현상세계의 사슬고리가 된다
고 하였다.

지브란은 술이 건강에 좋을 거
라고 생각하여 더 많이 마셔댔
다. 또한 아무것도 먹지 않고 커
피로 배를 채우고 끊임없이 담배
를 피웠다. 지브란을 방문한 메
리가 그의 모습에 놀라 충격을
받을 정도였다. 나날이 쇠약해지
던 그는 그녀에게 만성피로를 호
소하곤 했다. 불면증에 시달리며
흉통을 호소하던 지브란은 전문

《예언자》 맨 앞에 실린 지브란 초상화(연필화, 1923)

의에게 진찰받지만 명확한 병명
은 알 수 없었다. 의사는 그의 질병이 불규칙한 식생활과 수면습관에서 비롯
된 것이라고 지적하였다.

1923년 9월 말, 검은 표지의 작은 책이 서점에 나타났다. 바로 칼릴 지브
란이 메리 하스켈과 함께 20여 년간 준비한 일생일대의 역작 《예언자》였다.
2만 단어에 불과한 이 작품은 많은 반향을 불러일으켰다. 그를 칭송하는 편
지들이 쇄도했고, 콜로라도 대학에서는 자신들의 기념 예배당의 제일 큰 종
에 작품의 시구를 새겨 넣도록 허락을 요청했다. 루마니아 여왕은 옥새를 찍
은 편지에 찬사를 적어 보냈다.

지브란은 《예언자》 속에 자신을 남자 예언자 알무스타파로 그려 넣고 메리
하스켈은 여자 예언자 알미트라로 등장시켰다. 알무스타파는 뉴욕으로 대변
되는 오르팔레즈로 떠나기 전에 26편의 시적 설교를 한다. 사랑과 기쁨, 고
통과 슬픔이 본질적으로는 같은 것이라는 알무스타파의 주장이 《예언자》의
주요 특징이다.

성경의 언어를 사용하여 신에 대한 사랑을 표현했고, 선악의 흑백 개념을
거부했다. 이것은 '죄 없는 자만이 돌을 던지라'는 예수의 말에 해당되며,

유일신 신앙을 통해 사람들을 갈라놓은 그리스도교 교리를 교정하려는 의도였을 것이다. 지브란은 진리는 항상 자발적이며, 이미 존재해 있는 것이 아니라 '만들어지는 과정'에 있다고 하였다. 이 작품은 니체의 《차라투스트라는 이렇게 말했다》에서 많은 영향을 받은 것으로 알려져 있다. 그러나 그의 허무주의와는 달리, 사람들에게 전쟁이 가져온 피폐한 삶에서 벗어나 자연과 융화될 것을 종용한다. 지브란은 이렇게 말한다.

"당신은 당신이 아는 것보다 훨씬, 훨씬 더 위대한 존재이다."

《예언자》는 문학성뿐만 아니라 그의 출중한 미술 실력도 보여 주고 있다. 지브란이 그려 넣은 삽화는 12점이었는데, 그의 시와 너무 잘 어울려 글과 그림이 하나의 완벽한 조화를 이룬다.

다음은 사랑에 대한 알무스타파의 설교이다.

"사랑은 스스로를 충족시키는 것 외에는 다른 욕망이 없는 것.

그러나 만일 그대들이 사랑하며 욕망해야 한다면, 이런 것들로 그대들의 욕망이 되게 하라.

녹아서 밤을 향해 노래하며 흘러가는 시냇물처럼 되기를.

너무 다정하면 고통이 된다는 것을 알게 되기를.

그대들 스스로 사랑을 깨달음으로써 상처받게 되기를.

그리하여 기꺼이 즐겁게 피 흘리기를.

날개 달린 마음으로 잠에서 깨어나 사랑할 수 있는 하루를 주심에 감사하기를.

정오에는 쉬면서 사랑의 황홀함에 묵상하기를.

황혼이 지면 감사하는 마음으로 집에 돌아오기를.

그러고 나서 사랑하는 이를 위하여 마음속으로 기도하고 그대들의 입술로 찬미의 노래를 부르며 잠들게 되기를."

클로드 브래그던(Claude Bragdon)은 이렇게 비평하였다.

"작가는 비범한 극적 능력, 깊은 학식, 번개 같은 직관, 서정적 감정의 고양과 운율의 능숙함으로 메시지를 제시한다. 작품 전체에는 아름다움, 아름다움, 아름다움이 스며 있다."

▲ 사랑에 대하여 　　　　　　　▲ 결혼에 대하여

▼ 자식에 대하여 　　　　　　　▼ 베풂에 대하여

《예언자》에 실린 지브란의 수채화 (1923)

말년의 칼린 지브란

신과 자연의 품으로 돌아가다

메리 하스켈은 1921년부터 함께 살던 제이콥 플로렌스 미니스와의 결혼을 준비하고 있었다. 지브란과 메리, 두 사람의 서신교환은 《예언자》의 공동작업 이후 눈에 띄게 줄어 어느 순간 거의 끊기다시피 했다. 그러나 두 사람의 깊은 유대관계가 끊어진 것은 아니었다.

지브란은 메리 대신 46세의 여성 헨리에타 부튼을 비서로 채용했다. 헨리에타는 그와 함께 살지는 않았지만, 자기 아파트에서 지브란의 집을 오가며 일을 했다. 지브란의 열렬한 후원자 중 하나가 되었고, 3년 후에는 바바라 영(Barbara Young)이라는 필명으로 시집도 냈다. 그녀는 지브란의 마지막까지 그의 곁을 지켰으며, 훗날 그의 평전도 썼다.

칼릴 지브란은 1926년 11월 크노프사로부터 선불로 2천 달러를 받고 《사람의 아들 예수》을 쓰기 시작했다. 그는 예수를 신이 아니라 시인으로 여겨 이렇게 말했다. "예수를 신이라고 부르는 것은 그를 모욕하는 것이다. 왜냐하면 하느님의 말씀이라고 생각하면 그의 얘기는 보잘것없지만 사람의 말에 비하면 너무나도 완벽한 시이기 때문이다."

작품 속의 예수는 동정녀에게서 태어나지도 않고 인간의 구원을 위해 대신 죽지도 않는다. 예수는 부활하지도 않고 그의 기적은 자연현상의 하나일 뿐이다. 지브란은 자신의 상상력을 가미하여 예수를 인간성이 돋보이는 사람으로 묘사했다. 그리고 복음서의 저자들을 통해 예수를 바라보아 사건에 대한 새로운 시각을 제공했다. 비록 예수에 대한 사랑과 찬사를 노래한 책이 길 하나 지브란의 기본 믿음은 모든 종교가 같다는 것이었다.

그는 1928년 책이 출판되기 전 몇 달간 악화된 건강으로 고통을 겪었다.

▶ 지브란이 잠들어 있는 마르
나르키스 수도원 동굴 입구

▼ 지브란 기념관
침실 부분(비샤리)

몸이 아파오자 고향에 대한 그리움은 더욱 짙어만 갔다. 더욱이 레바논에서 관직을 맡아달라는 요청까지 있었다. 하지만 지브란은 정치적 야망도 없었을뿐더러 발과 다리가 부어오르는 등 건강도 좋지 않아 거절할 수밖에 없었다. 음식을 먹고 싶어도 먹을 수 없는 지경이었다. 그러나 그는 작업을 포기하지 않았다.

마리안나는 오빠를 정성껏 간호했고 그가 좋아하는 음식을 만들어 그를 달랬다. 지브란은 자신의 삶이 끝자락에 이르렀음을 직감하고 동생의 노후 대비에 관심을 쏟았다. 그래서 음침한 사우스 엔드를 떠나서 쾌적한 동네로

이사했다.

1930년 지브란이 《대지의 신》을 완성했고, 이후에는 우화적인 요소가 돋보이는 《방랑자》의 마무리 작업에 몰두했다. 이 작품은 또다시 광인을 등장시켜 세계를 통일하지 못하고 혼란만 가중시키는 자들을 꾸짖고 있다. 동시에 평화와 자연에 대한 사랑을 강조한다. 부조리로 가득 찬 세상을 비난하고는 있지만, 삶에 대한 긍정적인 태도를 드러낸다.

1931년 4월 10일, 지브란은 상태가 급속도로 나빠져 다음날 혼수상태에서 병원으로 옮겨졌다. 마리안나가 전보를 받고 달려왔을 때는 아무도 알아보지 못했다. 그리고 밤 10시 50분에 '간경화 및 결핵 초기증세'로 인해 지브란은 48세의 나이로 세상을 떠났다.

다음날 수백 명의 조문객이 장례 행렬을 따랐고 고위층의 각계인사들이 조의를 표했다. 그의 시신은 고향으로 옮겨져 생가에서 멀지 않은 마르 사르키스 수도원의 동굴에 안치되었다.

칼릴 지브란은 여성의 인권에 대해 전혀 관심이 없던 중동세계에서 찾아보기 힘든 열렬한 인권 옹호주의자였다. 그가 보기에 남녀 사이의 불평등은 여자의 자유를 빼앗을 뿐만 아니라 남자에게도 진정한 사랑을 가로막는 짓이었다. 종교적 분열이 일으키는 유혈사태 또한 지브란의 인간애에 분노와 슬픔의 불을 지폈다. 또한 종교와 국가 권력의 국민들에 대한 착취와 핍박은 그가 펜을 놓을 수 없게 만들었다. 지브란은 인간을 억압하고 제약하는 모든 병폐적 사회제도에 반기를 들었다. 신과 자연을 사랑한 그는 인기에 영합하여 방종한 삶과는 거리가 먼 정결한 사람이었다. 칼릴 지브란의 치유력이 깃든 언어의 힘은 '신이 죽은' 시대에 지쳐 있는 현대인을 위로하고 자연으로 돌아갈 수 있도록 인도하고 있다.

칼릴 지브란 연보

1883년   1월 6일, 지브란은 레바논 비샤리라는 읍의 와이 콰디샤(성스러운) 에 있는 홀리 시더 그로브 부근에서 태어났다. 어머니 카밀레는 이스티판 라메라는 목회자의 딸로, 미망인의 몸으로 칼릴 지브란의 아버지와 결혼했다. 카밀레는 첫 남편과의 사이에 보우트로스라는 아들을 두었다. 지브란이 태어났을 때, 보우트로스는 여섯 살이었다.

1885년   큰 여동생, 마리안나가 태어났다.

1887년   둘째 여동생, 술타나가 태어났다.

1895년   지브란은 아버지가 다른 형인 보우트로스와 어머니, 두 여동생과 미국으로 이민을 가서 보스턴의 차이나타운에 정착했고, 아버지는 레바논에 남았다.

1897년   레바논으로 돌아간 지브란은 알 힐크마 스쿨에서 공부했다. 그는 정해진 과목 외에 다양한 분야를 배우며, 아랍 고전문학, 아랍 현대문학에 심취했다. 또 동시대 아랍계 문인들의 움직임을 익혔다.

1989년   비샤리에서 여름방학을 보내는 동안 지브란은 아름다운 아가씨와 사랑에 빠졌다. 이 아가씨의 신분과 두 사람의 관계에 대해서는 추측이 분분하지만, 지브란의 첫사랑이 실망스러웠다는 것은 분명하다. 가을, 그는 보스턴으로 돌아갔고 몇 년 후 이 불행한 관계를 《부러진 날개》에 기술했다.

1902년   지브란은 이번에는 어느 미국인 가정의 안내자 겸 통역으로서 레바논에 갔지만, 여동생 술타나의 사망과 어머니의 중병 소식을 듣고 급히 귀국했다.

1903년   3월에는 형 보우트로스가, 6월에는 어머니가 세상을 떠나 지브란과 큰 여동생 마리안나만 보스턴에 남게 되었다. 어머니와 형, 작은 여동생 모두 사망 원인은 결핵이었다.

1904년   이즈음 지브란은 화가로서 세인의 주목을 받기 시작했다. 유명한
        사진가 프레드 홀랜드 데이가 지브란의 첫 후견인이 되었고, 이 해
        1월에는 데이의 스튜디오에서 지브란의 전람회가 열렸다. 2월, 두
        번째 전람회가 케임브리지 스쿨에서 열렸다. 이 개인교육기관의 소
        유자이자 운영자였던 메리 해스켈은 지브란의 가까운 친구이자 후
        견인이 되었다.
          케임브리지 스쿨에서 그는 아름답고 충동적인 프랑스계 여인 에밀
        리 미셸을 만났다. 주변 사람들에게 '미슬랭'으로 알려졌던 그녀를
        지브란이 사랑했다고 전해진다.

1905년   아랍어로 된 첫 번째 작품 《알 무지카》(음악)를 출판했다.

1906년   《계곡의 님프들》에서 교회와 미국을 맹렬히 공격했고, 이 작품으로
        인해 반항아, 개혁가라는 명성을 얻게 되었다.

1908년   《영혼의 반항》의 출판을 주선한 지브란은 《종교와 신앙의 철학》을
        집필했으나 이 원고는 출판되지 않았다. 위대한 예술가이자 사상가
        가 되려는 그의 야망을 성취시켜 주려고 결심한 메리 해스켈 덕분
        에, 지브란은 파리의 '아카데미 줄리앙'과 '에꼴 데 보자르'에서 공
        부했다.
          파리 체류 중 유럽문학을 접하고, 동시대의 영국과 프랑스 문인들
        의 작품을 읽었다. 또 특별히 윌리엄 블레이크의 작품에 관심을 가
        져 그의 사상과 예술에 깊은 영향을 받았다.

1909년   파리에서 공부를 계속하며 '알 히크마'에서 미술 공부를 같이 했던
        동창생 유수프 알 후와이크와 재회했다. 두 사람은 가까운 친구가
        되었고, 함께 그림에 현대 기법을 도입하려 노력했다. 하지만 입체
        파에 공감하지 못했고, 대신 그들은 고전적인 화풍에 충실했다. 그
        들은 조각가 오귀스트 로댕을 만났는데, 로댕은 지브란의 예술에
        대단한 영향을 미쳤다. 파리에서 지브란을 가르친 선생은 메트르
        로랑스였지만, 지브란은 그의 예술을 혐오해서 결국 그의 휘하를
        떠나 홀로 그림을 그리기 시작했다.
          지브란의 아버지가 레바논에서 사망했다.

1910년   지브란과 아민 리하니, 유수프 알 후와이크는 런던에서 만나, 아랍

세계에 문화 부흥기를 가져올 여러 가지 계획을 세웠다. 이 계획 중 베이루트에 오페라 하우스를 설립하는 내용이 있었는데, 기독교와 이슬람교의 화해를 상징하는 돔 지붕 두 개를 만들자는 아이디어를 냈다. 지브란은 10월 보스턴으로 돌아온 후, 10년 연상인 메리 해스켈에게 청혼했으나 거절당했다.

1911년 아랍 영토를 터키의 통치에서 해방시키려는 정치활동이 활발했던 시기, 지브란은 '골든 서클'을 창설했다. '골든 서클'을 비롯해 시리아, 레바논, 콘스탄티노플, 파리, 뉴욕에는 아랍의 종교사회단체가 많이 퍼져 있었다. 하지만 '골든 서클'은 아랍 이민자들 사이에서 인기가 좋지 않아 첫 회합 후 해산되었다.

지브란은 초상화를 그려서 생계를 꾸려가기 시작했다.

1912년 보스턴에서 뉴욕으로 이주해, 맨해튼 5번가와 6번가 사이의 웨스트 10번가 51번지의 스튜디오를 세냈다. 그는 이곳을 '은신처'라고 불렀는데, 죽을 때까지 이곳에 살았다. 1903년부터 써온 자전적인 글 《부러진 날개》을 출간했다.

이집트에 사는 레바논 여성 작가, 마이 지아다와의 관계가 시작되었다. 서신 교환을 통해서만 서로 알았지만, 문학과 사랑의 관계는 지브란이 사망할 때까지 20년 넘게 지속되었다.

1914년 1904년 이후 여러 잡지에 실렸던 산문시를 모아서, 《눈물과 미소》라는 제목으로 출판했다. 12월에는 뉴욕의 '몬 트로스 갤러리'에서 그림과 드로잉화 전시회를 열었다.

1917년 뉴욕의 '뇌들러 갤러리'에서, 보스턴의 '돌 & 리차드 갤러리'에서 전시회가 열렸다.

1918년 영어로 쓴 첫 작품 《광인》을 출판했다.

1919년 앨리스 라파엘의 설명이 수록된 드로잉화 모음집 《그림 20선》을 출판했고, 직접 그린 드로잉화를 곁들인 철학시 〈프로세션〉을 발표했다.

1920년 1912년부터 1918년 사이에 다양한 저널에 게재된 산문시 모음집 《폭풍우》를 출간한 데 이어, 영어로 쓴 두 번째 저서 《선구자》를 출판했다. 지브란은 '알 라비타르 콸라미야'라는 문학단체의 설립자

겸 회장이 되었다. 이 협회의 회원에는 저명한 아랍 이민자들이 소
속되어 이민 온 아랍 시인들과 후에 배출된 아랍계 문필가들의 작
품에 막강한 영향력을 발휘했다.

1921년　《높은 기둥의 도시, 이람》이라는 희곡을 출간했다. 이 작품은 아랍
어로 쓰여졌으며, 신비주의에 관해 토론하는 형식을 취했다. 그의
건강상태가 악화되기 시작했다.

1922년　1월, 보스턴의 '여성 시티 클럽'에서 전시회가 열렸다.

1923년　아랍의 철학자와 시인들을 그린 스케치들을(17세 때 상상으로 그린
그림) 함께 실은 《아름답고 드문 말들》을 출판했다. 또 가장 성공한
작품 《예언자》를 출판했다.

1926년　아포리즘 모음집인 《모래와 물거품》을 출판했다.

1928년　가장 긴 작품 《사람의 아들 예수》을 출판했다.

1931년　세상 떠나기 2주 전, 《대지의 신》을 출판했다. 그는 오랜 고통스런
투병 생활 끝에 4월 10일 금요일, 뉴욕의 한 병원에서 숨을 거두었
다. '한쪽 폐에 초기 결핵 증상이 보이는 간경화'라는 검시 결과가
나왔다. 그의 시신은 이틀 간 장례식장에 모셔져 숭배자 수천 명의
조문을 받았다. 그 다음 보스턴으로 옮겨져 교회에서 장례식이 열
렸다. 시신은 납골당에 안치되었다가, 8월 21일 레바논의 베이루트
항에 도착했다. 레바논 역사상 대단한 환영을 받은 그의 시신은 비
샤리로 옮겨져 마르 사르키스 수도원에 안치되었다. 비샤리 사람들
은 레바논 정부의 후원과 격려 속에 마르 사르키스에서 멀지 않은
곳에 지브란 박물관을 세웠다. 그가 남긴 두 작품이 사후에 출판되
었다. 1932년 출판된 《방랑자》는 완성된 원고였고, 미완의 원고였
던 《예언자의 정원》은 1933년, 지브란의 생애 마지막 7년을 함께
했다고 주장하는 미국의 여성 시인, 바바라 영이 완성해서 출판했
다.

옮긴이 김유경

숙명여자대학교 미술대학 〈서양화 전공〉 졸업. 창작미협전 「정월」특선 목우회전 「주왕산」입상.
지은책 「조선 세시 열두달 이야기」옮긴책 「잉걸스·초원의 집」, 「몽고메리·빨강머리 앤」 10권,
「몽고메리·앤스북스」 10권, 그림형제 「그림동화전집」, H.C. 안데르센 「안데르센 동화전집」

World Book
124

Kahlil Gibran
THE PROPHET/A TEAR AND A SMILE
예언자/눈물과 미소
칼릴 지브란/김유경 옮김
1판 1쇄 발행/2010. 5. 15
1판 2쇄 발행/2012. 6. 20
발행인 고정일
발행처 동서문화사
창업 1956. 12. 12. 등록 16-3799〔윤〕
서울 강남구 도산대로 163〔신사동, 1층〕
☎ 546-0331~6 〔FAX〕545-0331
www.dongsuhbook.com

*

*

사업자등록번호 211-87-75330
ISBN 978-89-497-0665-8 04080
ISBN 978-89-497-0382-4 〔세트〕